初めて学ぶ
図解 ツーバイフォー工法
［改訂3版］

枠組壁工法教材研究会編
鈴木 秀三・友井 政利著

井上書院

推薦のことば

　枠組壁工法は年を追って着実に普及しているが，この間，住宅金融公庫の共通仕様書が設計施工の拠り所として果たしてきた役割の大きさは計り知れないものがある。しかしその性格上，記述が教科書的でないのは当然で，したがって初心者向きの教科書の出現が各方面から待望されていた。枠組壁工法教材研究会の手により実現した本書は，正にそれに応えることのできるもので，斯界のため喜びに堪えない。

　本書は職業訓練大学校の教官が中心になって執筆されたもので，多くの写真と図を用いて親切に記述している。特に工程の解説に力を入れている点が素晴らしい。枠組壁工法に初めて接する初心者にとって，またとない座右の書と言うべきであろう。

　枠組壁工法の発展を強く願う者の一人として，本書の刊行を喜ぶとともに絶賛の拍手を送りたい。上記研究会の中心である谷卓郎，鈴木秀三両氏が日頃親しくしている私の教え子であることは，私にとって二重の喜びである。

　1984年10月

東京大学教授・工学博士

杉山英男

枠組壁工法（ツーバイフォー工法）がオープン化されて10年を迎え，建設戸数は着々と増大しています。ツーバイフォー工法がより一層正しく普及するためには，現場の技術者および技能者を対象とした標準施工マニュアルが必要であると考えておりました。

　先般，枠組壁工法教材研究会より本書の出版についての相談があり，検討したところ内容が優れており標準的なマニュアルとして適当なものと考えます。

　現在，ツーバイフォー住宅に対する一般ユーザーの関心が高まり，当協会に加入される会社も増えてきておりますが，新規に本工法に取り組もうとするビルダーにとっては，住宅金融公庫工事共通仕様書だけでは理解しにくい面もあるように思います。

　本書は，以下の点に特長があり，特に初めてツーバイフォー工法を勉強しようとする方々に最適なマニュアルとしてご推薦致します。

　第一に，概説があるので初めて勉強するものでも全体を理解しやすい。

　第二に，図・写真を多く使い，文章は平易であるので誰でも理解しやすい。

　第三に，施工部分は工事工程別になっており，各工事における作業手順や要領が明記してあるので現場作業に応用しやすい。

　本書によりツーバイフォー工法に関する技術・技能が一層高められ，高品質なツーバイフォー住宅が全国各地に建設されることを期待します。

1984年10月

㈳日本ツーバイフォー建築協会　技術開発部会長

阿 部 市 郎
（三井ホーム㈱取締役システム統括部長）

カナダ・ブリティッシュ・コロンビア州林産業審議会と致しましては，本書の作成に協力できましたことをうれしく思うとともに，谷卓郎・鈴木秀三両先生が，日本のビルダーや大工さんたちにツーバイフォー工法を教育される重要な役割を果たされていることについて特に感謝しております。

　本書が，ツーバイフォー工法のオープン化からちょうど10年という時期に出版されたことは大きな意味があると思います。この工法はすでに消費者の多様なニーズに応えて採用されています。従来もそうでしたが，これからもツーバイフォー工法の普及には，関係機関，ビルダー，大工さんたちの努力および協力によるところが大きいと思います。

　本書がツーバイフォー工法において高い品質を保ちつづける上で，多大な貢献を果たすことを信じてやみません

1984年10月

カナダ・ブリティッシュ・コロンビア州林産業審議会アジア地区代表

ジョセフ・P・キャロン

まえがき

　北米で生れたツーバイフォー工法が，北米規格の製材とともにわが国に輸入され，枠組壁工法としてオープン化されて，すでに満10年が経過した。この間，技術開発が積極的に進められ，2度の建設省技術基準告示改正を経て，小屋裏利用の3階建や地下室付き住宅など多様な設計ニーズに応えられる工法に発展し，建設戸数も着実に増加してきている。

　このような状況下において，業界にあってはフレーマー（大工），スーパーバイザー（施工管理技術者），設計技術者などの養成・技術向上教育が大きな課題となっており，また，関連業界やこの工法に興味を持つ人びとからは基礎的な技術習得を希望する声が強まってきている。

　本書は，枠組壁工法教材研究会が昭和55年度労働省主催職業訓練教材コンクールで受賞した作品をもとに，本研究会の鈴木秀三氏を中心とした執筆者が改訂・増補したもので，初学者に必要とされるツーバイフォー工法の構造，材料，施工に関する知識を系統的に解説したものである。解説に当たっては，可能な限り図表・写真を用い，さらに設計・施工に当たっての留意点，ポイント，ヒントなどを《参考》として加えることにより，ツーバイフォー工法の全体から細部までを容易に理解できるよう配慮してある。

　本書が，枠組壁工法を学ぼうとする人びとの一助となり，この工法の発展に少しでも寄与することができれば幸いである。

　終わりに，枠組壁工法教材研究会は昭和50年より活動を開始し，現在に至っているが，この間，本研究会の活動を御援助下さった，東京大学教授　杉山英男先生，カナダ・ブリティッシュ・コロンビア州林産業審議会(COFI)，社団法人日本ツーバイフォー建築協会，新井建築工学研究所所長・新井信吉先生をはじめとする関係各位に厚く御礼申し上げる。また，本研究会の趣旨に賛同して出版をお引き受け下さった井上書院ならびに編集部・関谷勉氏にお礼申し上げたい。

1984年10月

枠組壁工法教材研究会代表

谷　卓郎
（職業訓練大学校・助教授）

改訂3版によせて

　1974（昭和49）年にオープン化された枠組壁工法は，その後の設計自由度拡大を目指した地道な研究開発の成果を採り入れる形での幾多の告示改正を経て，現在では，鉄筋コンクリート造・鉄骨造などを併用した異種構造，木質プレハブ工法との融合，4階建建物など，当初には予想もできなかった構造・耐火性能を実現させており，その道程は，わが国の木造建築工法の技術発展に対して先導的な役割を担ってきたといっても過言ではないと思います。2006（平成18）年度には枠組壁工法による新規住宅着工戸数が10万戸を超え，今後，地球環境を視野に入れたCO_2削減・長寿命建築物の実現など，環境に優しい木造建築への期待はますます大きくなり，それに対応するための研究開発が活発に行われていくと思われます。その反面，それが工法の複雑性を増大させることも事実で，初学者にとって枠組壁工法の根本を理解することがますます容易ではない状況になると思われます。

　本書は，1984（昭和59）年の初版出版以降，大規模な告示改正に対応した改訂を行い，1989（平成元）年に［改訂版］を，2000（平成12）年には［改訂2版］を出版しました。その後，2001（平成13）年（枠組壁工法と木質プレハブ工法を併記する形の告示），2004（平成16）年（石綿含有材料の使用禁止），2007（平成19）年（構造計算による構造安全性確認手順の変更，設計自由度の拡大）に告示改正がなされ，これらに対応させる準備を進めてきていました。もとより，本書は枠組壁工法の基本について記したものですから，全面的に改訂すべき部分は多くはありませんでしたが，積年の小改訂の結果として頁割りに無理が生じていること，使用図版・写真の変更・追加が望ましいと判断されたことから，版を改め，全編にわたり再編集することとしました。

　技術開発が急速に進んでいる状況下にあっても，初学者向けに枠組壁工法の原点ともいうべき内容を記した本書の存在意義は変わらないと考えています。
　本書が，枠組壁工法を学ぼうとする人々のfirst stepとして，また，わが国の枠組壁工法の原点を知る一助となり，今後の枠組壁工法発展にすこしでも寄与できれば幸いに思います。
　終わりに，本改訂にご尽力くださった井上書院編集部鈴木泰彦氏にお礼申し上げます。

2008年2月10日

執筆者を代表して　鈴木秀三

初めて学ぶ 図解・ツーバイフォー工法［改訂3版］　　目次

推薦のことば …………………………………………………………………3
　東京大学教授／杉山英男
　㈳日本ツーバイフォー建築協会技術開発部会長／阿部市郎
　カナダ・ブリティシュ・コロンビア州林産業審議会アジア地区代表／ジョセフ・P・キャロン
まえがき ………………………………………………………………………6
改訂3版によせて ……………………………………………………………7

1章 ツーバイフォー工法概説
　1. ツーバイフォー工法とは ……………………………………………12
　2. 住宅工事の工程 ………………………………………………………14
　3. 躯体工事の工程 ………………………………………………………16
　4. 躯体の構成と部材名称一覧 …………………………………………20

2章 構造用材料
　1. 構造用材料とは ………………………………………………………22
　2. 枠組材 …………………………………………………………………22
　3. 構造用面材 ……………………………………………………………30
　4. 釘・金物 ………………………………………………………………32

3章 ツーバイフォー工法の構造
　1. 建物に作用する荷重・外力 …………………………………………46
　2. 力の流れ ………………………………………………………………49
　3. 構造計画 ………………………………………………………………53
　4. 釘の耐力 ………………………………………………………………56

4章 躯体各部の構成
　第1節　躯体工事にあたって …………………………………………62
　1. 躯体工事の目標 ………………………………………………………62
　2. 釘・金物の重要性 ……………………………………………………63
　3. 各部位の矩（かね） …………………………………………………65
　4. 鉛直方向の沈み ………………………………………………………65
　5. 床下配管工事の時期 …………………………………………………66
　6. 作業台としての床組 …………………………………………………66

7．仕上げ下地としての構造用枠組 ……………………………… 66
　　8．部材の現場での保管 …………………………………………… 67
　　9．躯体工事に必要な器工具 ……………………………………… 68
　第2節　基礎 …………………………………………………………… 72
　　1．基礎の配置位置 ………………………………………………… 72
　　2．基礎の構造 ……………………………………………………… 74
　　3．アンカーボルト ………………………………………………… 77
　　4．床下換気口 ……………………………………………………… 77
　　5．床下防湿工事 …………………………………………………… 78
　　6．設備配管 ………………………………………………………… 79
　第3節　土台 …………………………………………………………… 80
　　1．土台の据付け工程 ……………………………………………… 80
　　2．土台の材料 ……………………………………………………… 84
　　3．土台の構成 ……………………………………………………… 84
　第4節　床組（床版） ………………………………………………… 86
　　1．床組の組立て工程 ……………………………………………… 86
　　2．床組の構成材料 ………………………………………………… 90
　　3．床組各部の構成 ………………………………………………… 92
　第5節　壁組 …………………………………………………………… 118
　　1．壁組の組立て工程 ……………………………………………… 118
　　2．壁組の構成材料 ………………………………………………… 126
　　3．壁組各部の構成 ………………………………………………… 127
　　4．壁組と床組の緊結 ……………………………………………… 165
　　5．両面開口部の構成 ……………………………………………… 168
　第6節　小屋組 ………………………………………………………… 172
　　1．小屋組の構成材料 ……………………………………………… 172
　　2．小屋組の構成方法の種類とその特徴 ………………………… 173
　　3．たるき方式による小屋枠組 …………………………………… 176
　　4．屋根ばり方式による小屋枠組 ………………………………… 208
　　5．トラス方式による小屋組の構成 ……………………………… 219
　　6．束建て方式による小屋組の構成 ……………………………… 224
　　7．特殊な形状屋根の構成 ………………………………………… 225
　　8．屋根下張り ……………………………………………………… 228

付録　1．枠組壁工法に関する国土交通省告示　*234*
　　　　［枠組壁工法技術基準告示改正年表］
　　2．横架材を決定するための構造計算　*260*
　　3．ドライウォール工法　*264*
　　4．防腐・防蟻処理　*266*
　　5．設計例　*268*

1章　ツーバイフォー工法概説

1. ツーバイフォー工法とは

ツーバイフォー（2×4）工法は，昭和49（1974）年建設省告示によって，在来軸組工法と同様な一般的工法として認められ，その後，約10回（付録 枠組壁工法技術基準改正年表を参照）の告示改正を経て現在に至っている木造構法です。この工法は，北アメリカの伝統的かつ一般的な工法であるプラットフォーム・フレーム工法を採り入れたもので，正式には枠組壁工法といいます。したがって，これ以後本書においては原則として正式名称である枠組壁工法と記すことにします。

枠組壁工法は，壁と床版とによって建物全体を一体化し，一種の箱を組み立てることを基本とした工法です。

枠組壁工法の特徴は次の点にあります。

① 構造耐力上使用される木材の断面寸法の種類が少なく，また，製材の断面寸法などの規格は北アメリカの規格と同じなので，北アメリカの製材品をそのまま使用できる（日本は，年間木材消費量の4/5を輸入に頼っています）。

② 構造部材組立ての仕口・継手が簡単で，釘・金物によって緊結する。

③ 躯体（建方）工事にあっては，床組を利用するなどの合理性をもっている。

④ 基本的に大壁式構造であるので，耐火性能・断熱性能を向上させやすい。

枠組壁工法による独立住宅

《参考／基準寸法（モデュール）》

　北米では，基準寸法として16インチ（≒40cm）または24インチ（≒61cm）が使用されていますが，日本では91cm（3尺）が基準寸法として使用されています。したがって日本のボード類の幅は91cmのものが多く使用されてきており，たて枠・床根太間隔を455mm，303mm（それぞれ91cmの1/2，1/3）とすることが一般的でした。

　しかし，外国製の材料を合理的に使用することを考えた場合には，上記の基準寸法以外に基準寸法610mmもあると便利であることから，日本の枠組壁工法でもこの基準寸法を採り入れています。ただし，基準寸法を大きくすることは，部材に加わる荷重も大きくなることから，基準寸法455mm，303mmの場合に比べて制約が多くなりますので十分注意してください。

《参考／北米のツーバイフォー工法》
❶プラットフォーム・フレーム工法

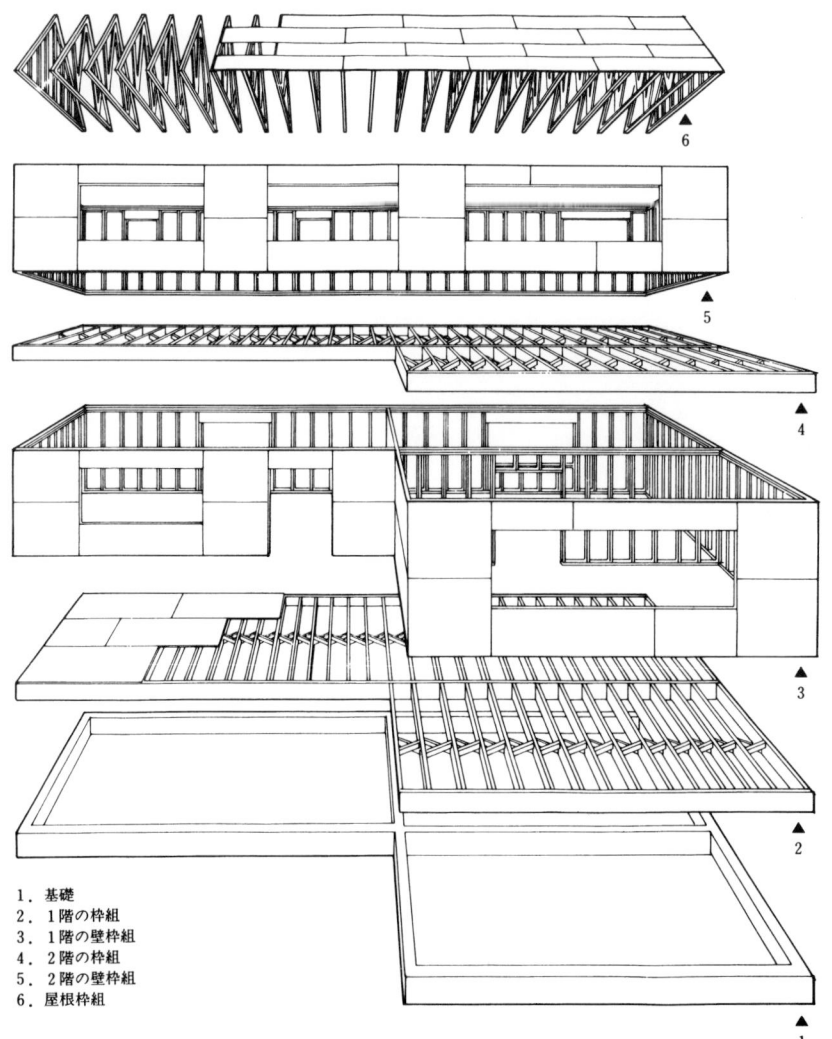

1．基礎
2．1階の枠組
3．1階の壁枠組
4．2階の枠組
5．2階の壁枠組
6．屋根枠組

13

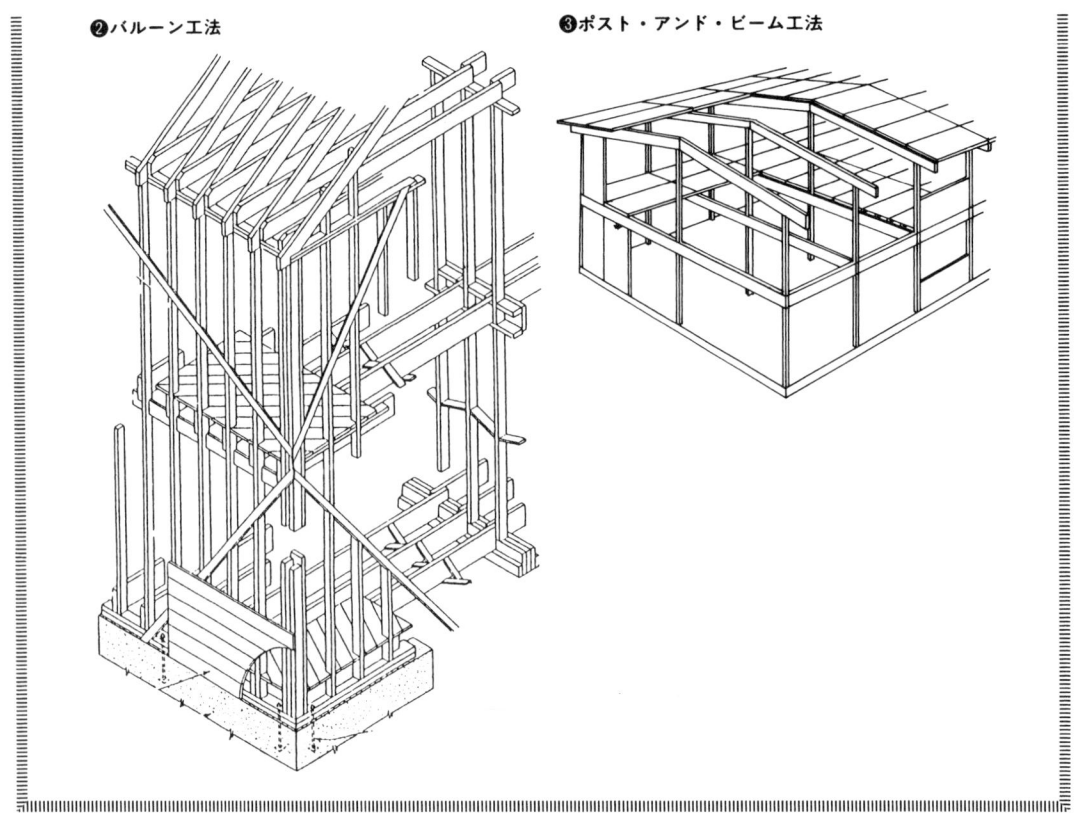

❷バルーン工法　　❸ポスト・アンド・ビーム工法

2．住宅工事の工程

　枠組壁工法による住宅工事は，次のような工事から成り立っています。
① 仮設工事
② 土工事および基礎工事
③ 躯体(建方)工事
④ 給排水・衛生・ガス設備工事
⑤ 電気設備工事
⑥ 屋根・樋工事
⑦ 左官工事
⑧ 断熱工事
⑨ 内・外装工事
⑩ 建具・造作工事
⑪ 塗装工事
⑫ 雑工事

　標準的な工事の工程は，次表のようなものです。
　着工から竣工までの工事日数は，標準的な住宅の場合には，平均3か月半程度です。

1章 ツーバイフォー工法概説

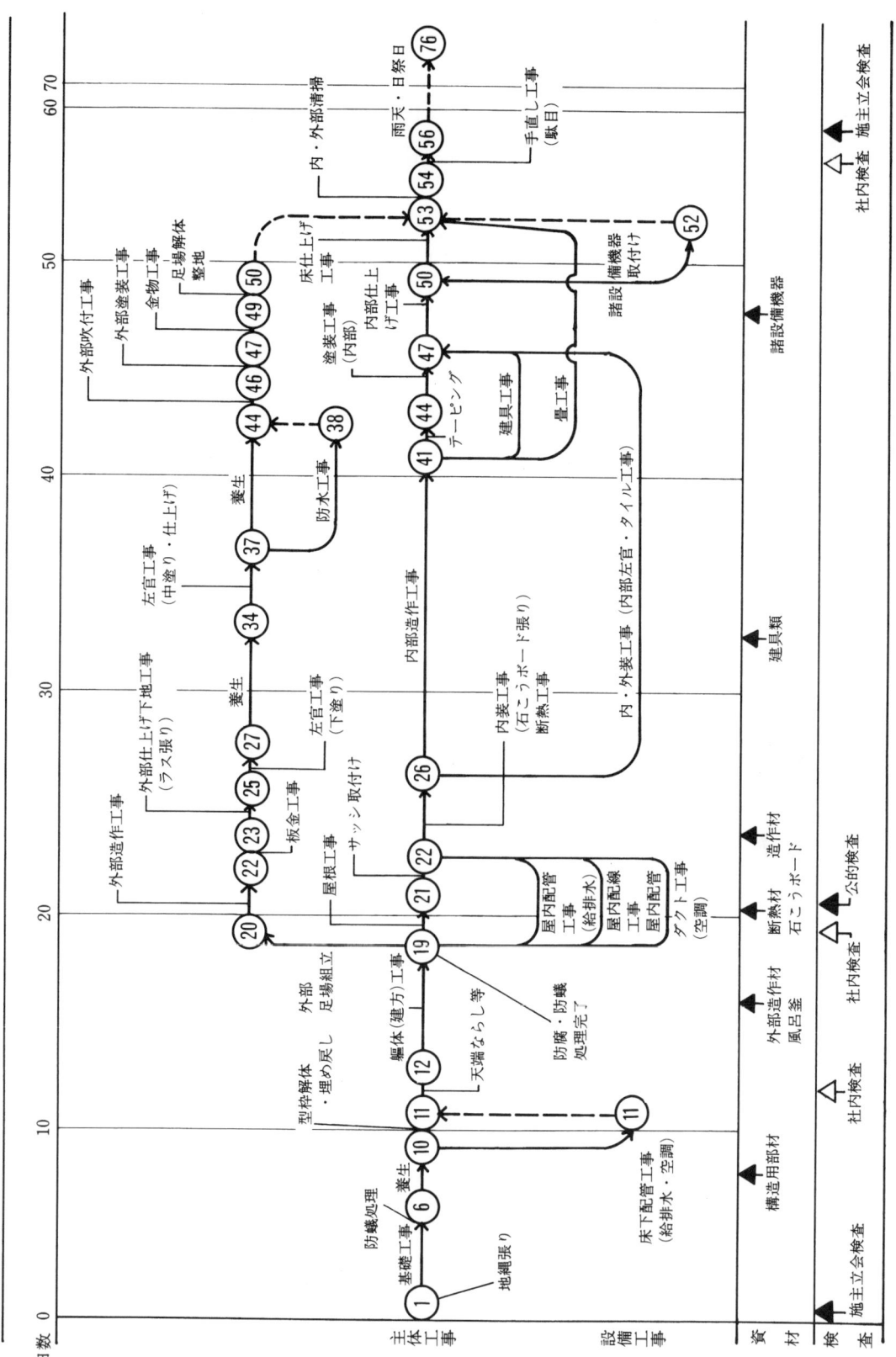

3. 躯体工事の行程

2階建住宅の場合の躯体工事工程とポイントを，順を追って説明します。

1. 基礎および土台

基礎：基礎は，原則として一体の鉄筋コンクリート造の布基礎とし，建物の外周および1階内部の耐力壁線下に平面的に矩形となるように配置します。布基礎で囲まれる区画の面積は 40m² 以下（補強した場合には 60m² 以下，建物形状によっては 70m² 以下），かつ一辺の長さは 12m 以下としなければなりません。

また，布基礎の幅は 12cm 以上とし，地盤面から立上りは 30cm 以上としなければなりません。

アンカーボルトは建物の隅角部付近および土台の継手・仕口部分には必ず配置し，その他の部分には 2m 以内ごとに配置するようにします。床下防湿のために床下地盤面に厚さ 60mm 以上のコンクリートを打設するか，または防湿フィルムを敷きつめます。

土台：原則として，耐力壁の下部には土台を設けます。土台には寸法形式 204・206・208・404 などを使用しますが，加圧注入防腐処理材など所定の防腐・防蟻処理をしたものを使用します。土台の取付け作業は，基礎天端への墨出し，防水紙の敷込み，土台の取付け，アンカーボルトの締付けの順に行います。

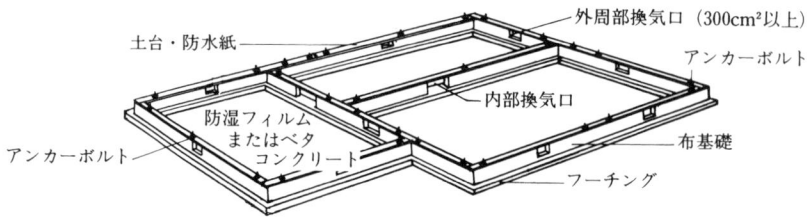

● 基礎・土台の主な部材・部位の名称：布基礎, フーチング, 防湿フィルム, 防水紙, 換気口, アンカーボルト, 土台

2. 1階床版（床組）（床根太類の組立て）

床根太類は寸法型式 206・208・210・212 などを縦使いとし，床根太相互の間隔は通常 50cm 内（場合によっては 65cm 以内）とします。床根太の支点間距離は 8m 以下とし，4.5m 以上以の場合は 3m 以内ごとにころび止めを設けます（最近は束立て床とすることが一般的）。

床版（床組）の施工は，土台上端面に床根太の位置の墨出し，床根太類の土台への取付け，床根太相互の緊結，ころび止めの取付け，床下張り材の張り込み，接合および補強金物の取付けの順に行います。

1章 ツーバイフォー工法概説

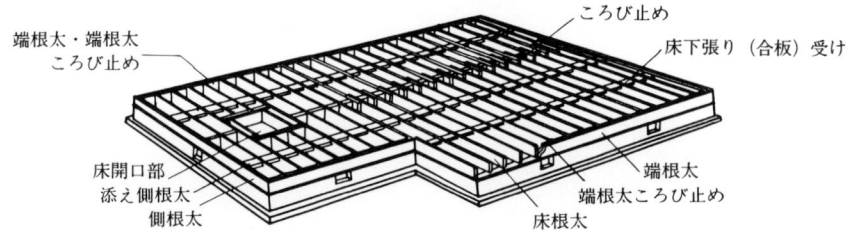

● 床組の主な部材・部位の名称：床根太，側根太，端根太，添え側根太，端根太ころび止め，ころび止め，床下張り（合板）受け材，床開口部（開口部側根太，開口部端根太，尾根太）

3. 1階床版（床組）（床下張り，帯金物の取付け）

床（下張り）材は，構造用合板・パーティクルボード・構造用パネル・硬質木片セメント板などとし，長手方向が床根太と直交する方向にちどり張りします。なお，床鳴り防止や床組の剛性増加を図るために，床用現場接着剤を併用することがあります。

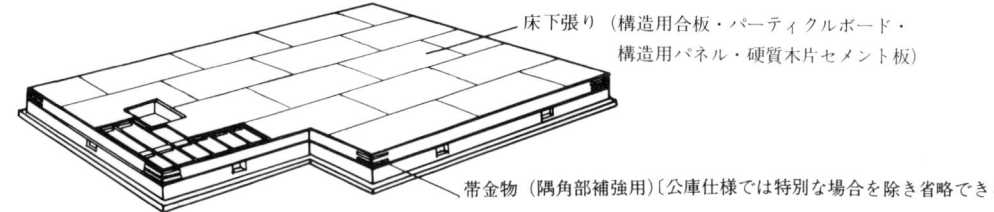

● 床組の主な部材・部位の名称（つづき）：床下張り（構造用合板・パーティクルボード・構造用パネル・硬質木片セメント板など），帯金物（枠組壁工法用金物），床用現場接着剤

4. 1階壁組（壁組の組立て）

壁組の施工は，床組上に壁位置の墨出し，床組上での壁枠組の組立て，壁枠組の矩の確認および壁（下張り）材（構造用合板など多くの種類がある）の張り込み，建起し，床組への留付け，壁組相互の緊結の順で行います。

壁組の組立ておよび建起しは，作業スペースを確保しやすいように，大きい壁から小さい壁，外周部から内部の順に行います。

● 壁組の主な部材・部位の名称：たて枠，上枠，下枠，頭つなぎ，まぐさ，まぐさ受け，開口部（開口部上部たて枠，開口部下部たて枠，窓台），壁下張り，すべり止め，仮筋かい

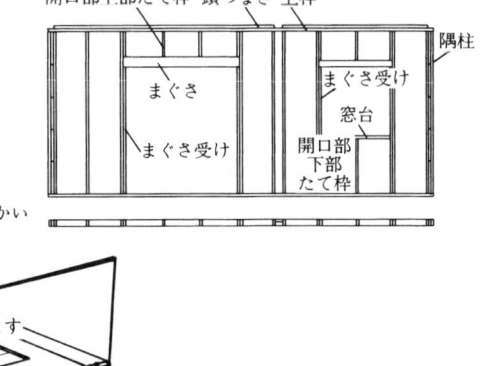

5. 1階壁（壁組相互の緊結）

　建て起こした壁組相互の緊結は，頭つなぎおよびたて枠相互を釘打ちすることにより行います。壁組相互の緊結は，壁枠材相互にすき間のないように行うことが大切です。

　壁組と床組との緊結は，釘のほか接合金物（帯金物など）で行いますが，壁組の組立てが終了した時点では金物は壁組に取り付けておき，外壁仕上工事の始まる直前に床組に留め付けるようにします。

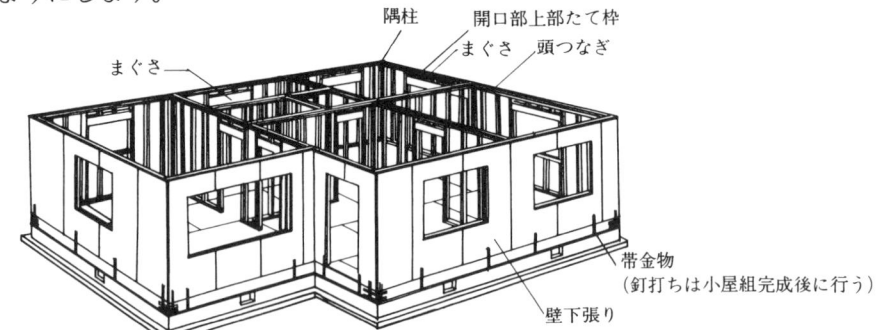

● 壁組の主な部材・部位の名称：隅柱，帯金物，外（周）部壁組，内部壁組，耐力壁，非耐力壁，1階壁組

6. 2階床版（床組）

　壁の頭つなぎの上に床根太の墨を出し，頭つなぎ上で1階床組の場合と同じ手順で施工します。

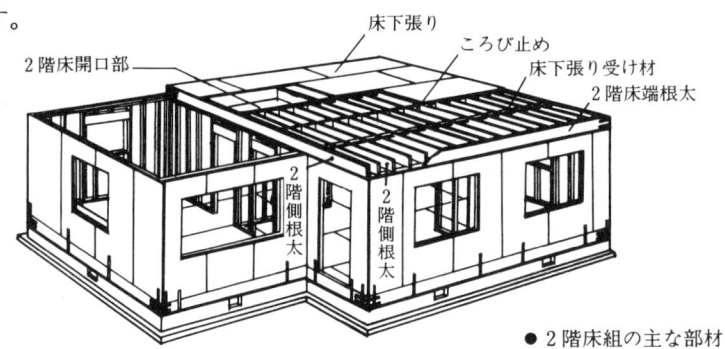

● 2階床組の主な部材・部位の名称：1階床組と同じ

7. 2階壁（壁組）

　2階床組上で，1階壁組の場合と同じ手順で施工します。

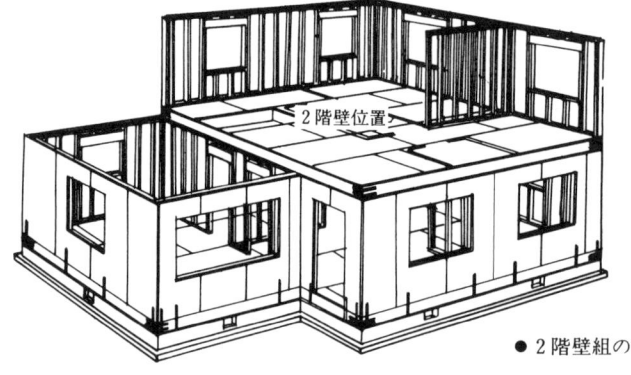

● 2階壁組の主な部材・部位の名称：1階の壁組と同じ

1章 ツーバイフォー工法概説

8. 小屋組

小屋組の構造方法には，①たるき方式，②屋根ばり方式，③トラス方式，④束建て方式の4種類がありますが，図はたるき方式の場合を示しています。

たるき方式による小屋組の施工は，頭つなぎ上端にたるき・天井根太位置の墨出し，天井根太・むなぎ・たるきなどの取付け，小屋組と2階壁組との緊結金物（あおり止め金物）による緊結，屋根下地（下張り）材の張り込み，という手順で行います。

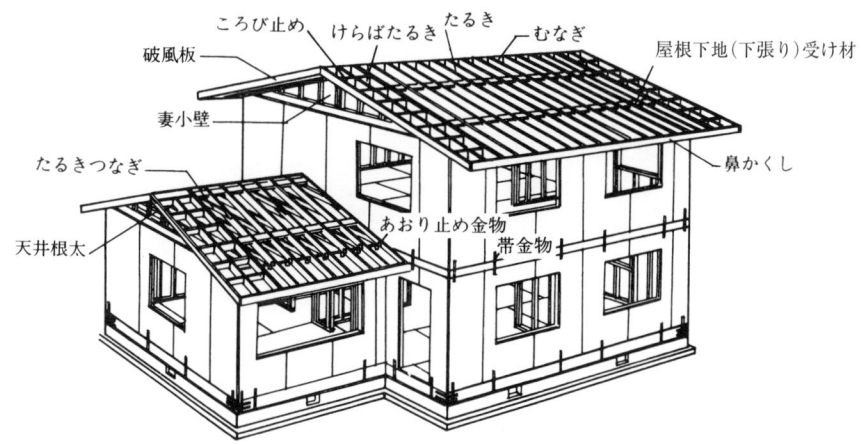

● 小屋組（たるきによる切妻屋根）の部材と名称：たるき，むなぎ，たるきつなぎ，天井根太，妻小壁（妻小壁たて枠・下枠・上枠），けらばたるき，破風板，鼻かくし，屋根下地（下張り）受け材，あおり止め金物

9. 小屋組（屋根下地（下張り））

屋根下地（下張り）材は，床組の場合と同様，構造用合板・パーティクルボード・構造用パネル・硬質木片セメント板のなどとし，長手方向がたるきと直交する方向にちどり張りします。小屋組完成後，壁と床版との緊結用帯金物の釘を打ちます。

10. 躯体工事完了

施工もれ・不良がないかを点検し，施工不良があった場合には手直しをして躯体工事が完了します。

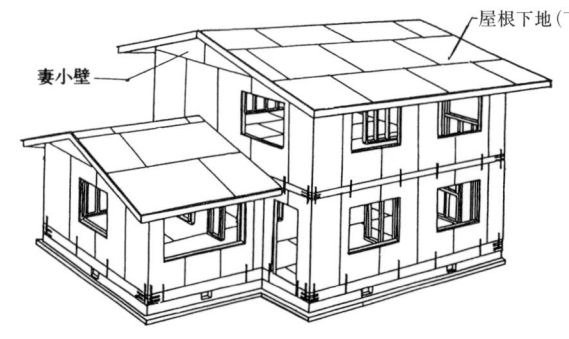

4．躯体の構成と部材名称一覧

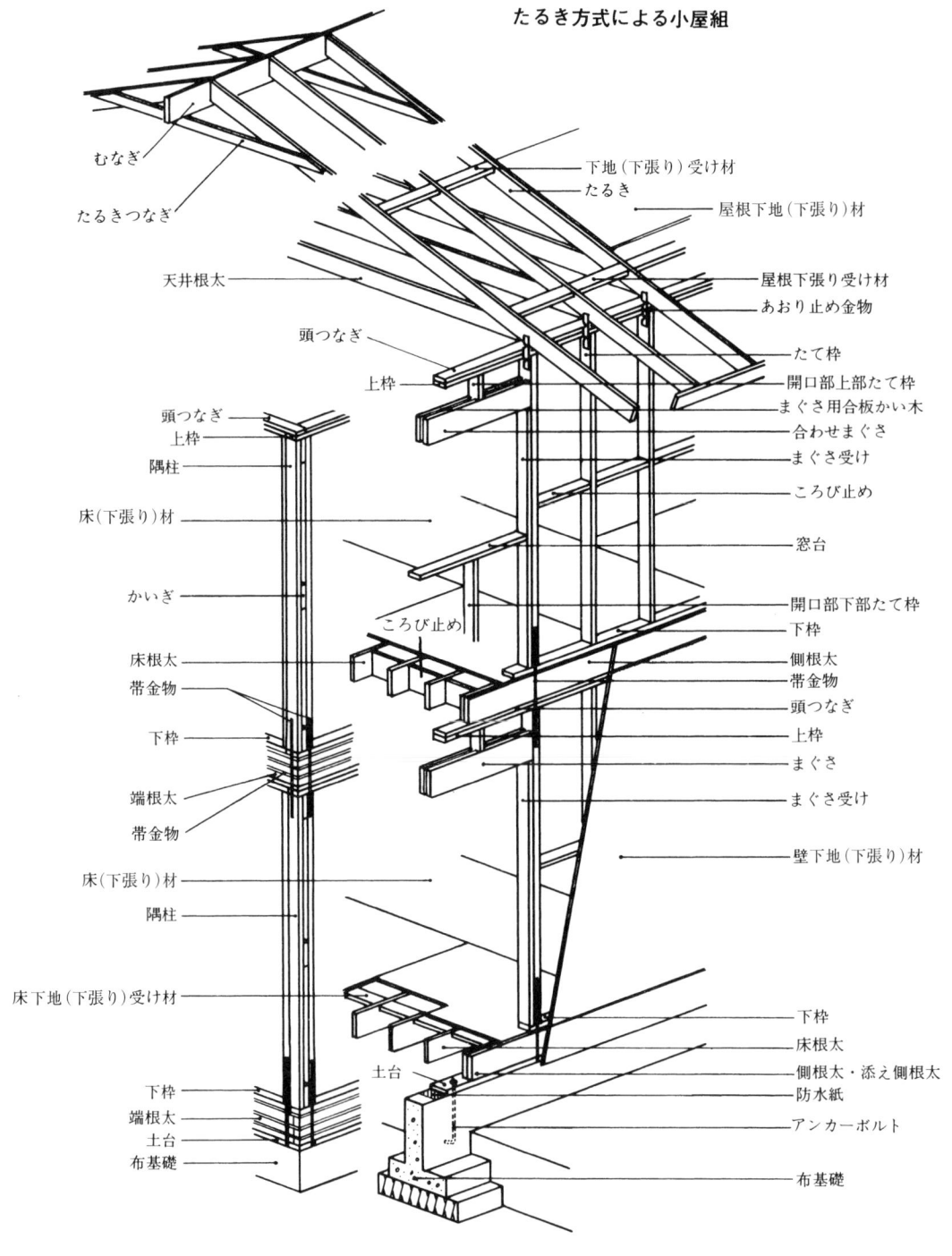

2章　構造用材料

1. 構造用材料とは

建築物は，さまざまな種類の材料・部品によって構成されています。それらのうちのあるものは建物の構造種別・構法にかかわらず使用できますが，反対にその構造・構法でしか使用されない材料・部品もあります。

枠組壁工法の工事についていえば，仕上げ関係については一般に使用されている材料・部品が使われますが，構造躯体関係については枠組壁工法専用の材料・部品が多用されます。

特に，枠組壁工法の場合には，広い意味の構造耐力上の安全性を確保するために，構造耐力上主要な部分に使用する材料・部品の規格が決められています。

構造耐力上主要な部分に使用する材料は，基本的には日本農林規格（JAS），日本工業規格（JIS）に適合したもの，または国土交通大臣が認めたものでなければなりません。また部位によって使用できる材料・部品の種類・等級が決められていることが多いので，構造用材料についての正しい知識を身につけて材料の選択を誤ることのないようにしなければなりません。

本章では，枠組壁工法用構造材料を主体に説明します。

---

2. 枠組材

土台・床組・壁組・小屋組の枠組材としては，
① 枠組壁工法構造用製材［MSR（機械による曲げ応力等級区分を行う）材を含む］（JAS）
② 構造用集成材，化粧ばり構造用集成柱（いずれもJAS）
③ 構造用単板積層材（JAS）
④ 枠組壁工法構造用たて継ぎ材（JAS）
⑤ 針葉樹の下地用製材（JAS）
⑥ Ｉビームなど国土交通大臣が認めたもの
　・木質接着成形軸材料　　・木質断熱複合パネル
　・木質複合軸材料　　　　・木質接着複合パネル

が使用できます。これらのうち，①枠組壁工法構造用製材が最も多く使用されます。

1．枠組壁工法構造用製材

枠組壁工法構造用製材とは，「枠組壁工法建築物の構造耐力上主要な部分に使用する材面に調整を施した針葉樹の製材」という定義がされています。材面の調整とは，４面かんな掛け・面取りをすることです。

枠組壁工法構造用製材は，大きく分けて①種別・等級，②寸法型式，③樹種グループの3項目から区別されています。そして製材1本ごとにそれらが表示してありますので，ひと目でその製材の性能がわかるようになっています。また，枠組壁工法構造用製材はディメンジョンランバー（Dimension lumber）とも呼ばれます。

（1） 種別・等級

枠組壁工法構造用製材は，曲げ性能によって，次のように種別・等級分けがされています。

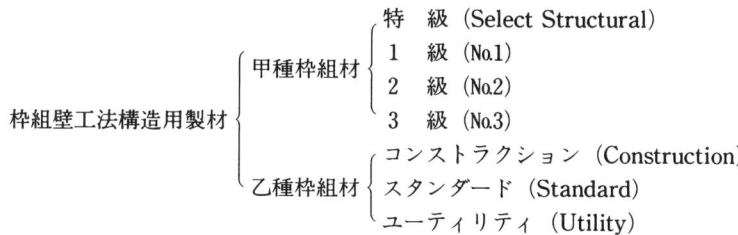

甲種枠組材は，基本的に高い曲げ性能（強度とたわみにくさ）を有する材で，床根太・たるきなど高い曲げ性能を必要とする部分に（一般的には水平部材として）使用する材です。また，乙種枠組材は，たて枠など主として圧縮を受ける部分に使用されます。

枠組壁工法では，構造耐力上の理由から部位によって使用可能な材種・等級が下表のように決められていますので，材料の選択を誤らないようにすることが大切です。

各種枠組材の規格と使用可能箇所

材料の規格		構造部材の種類（用途・使用部分）	(1) 土台 端根太 側根太 まぐさ たるき むなぎ	(2) 床根太 天井根太	(3) 壁上枠 頭つなぎ	(4) 壁たて枠	(5) 壁下枠	(6) 筋かい
枠組壁工法構造用製材	甲種枠組材	特級，1級，2級	○	○	○	○	○	○
		3級	×	×	○	○	○	○
	乙種枠組材	コンストラクション	×	×	○	○	○	○
		スタンダード	×	×	○	○	○	○
		ユーティリティ	×	×	×	×	○	×
	MSR材（機械による曲げ等級区分材）		○	○	○	○	○	○
集成材	構造用集成材	同一等級	○	○	○	○	○	○
		対称異等級構成集成材	○	○	○	○	○	○
		特定対称異等級構成集成材	○	○	○	○	○	○
		非対称異等級構成集成材	○	○	○	×	×	×
	化粧ばり構造用集成柱		○	○	○	○	○	○
構造用単板積層材		特級，1級，2級	○	○	○	○	○	○
枠組壁工法構造用たて継ぎ材	甲種たて継ぎ材	特級，1級，2級	○	○	○	○	○	○
		3級	×	×	○	○	○	○
	乙種たて継ぎ材	コンストラクション	×	×	○	○	○	○
		スタンダード	×	×	○	○	○	○
		ユーティリティ	×	×	×	×	○	×
	たて枠用たて継ぎ材		×	×	×	○	○	×
製材の日本農林規格：針葉樹の下地用製材　板類の1級			×	×	×	×	×	○
鋼板，鋼帯（スチールハウス用の軽量形鋼）			×	○	△	△	△	×

○：使用可　　×：使用不可　　△：耐力壁の場合は×

《参考／木材の強度と含水率》

　木材の強度は含水率と大きな関係にあります。強度は，含水率が繊維飽和点（樹種等により異なり普通は25〜35％の値をとるが，一般的には28％前後であることが多い）を超えると変化しませんが，それ以下の場合には強度が増大します。木材の強度は含水率15％前後（気乾状態という）を基準として決められていますので，乾燥した状態で使用することが前提となっています。

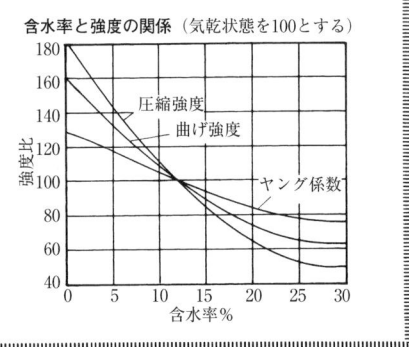

含水率と強度の関係（気乾状態を100とする）

(2) 寸法型式

　枠組壁工法構造用製材では，公称断面のことを「寸法型式」と呼びます。

　規定寸法は未乾燥材・乾燥材とに分けて規格が定められていますが，寸法型式とそれに対応する規定寸法は表のとおりです。

製材・集成材の寸法型式と寸法　　　　　　　　　　　　　　　　　　　　　　［単位：mm］

区分	寸法型式	未乾燥材（含水率25％以下） 厚さ×幅〔G〕	乾燥材（含水率25％以下） 厚さ×幅〔D〕	備考
製材	104 106	20× 90 20×143	19× 89 19×140	
製材 および 集成材	203 204 205 206 208 210 212 304 306 404 406 408	40× 65 40× 90 40×117 40×143 40×190 40×240 40×292 65× 90 65×143 90× 90 90×143 90×190	38× 64 38× 89 38×114 38×140 38×184 38×235 38×286 64× 89 64×140 89× 89 89×140 89×184	規定寸法の許容誤差はプラス，マイナス1.5mm。
集成材	406 408 410 412 414 416 606 610 612	— — — — — — — — —	89×140 89×184 89×235 89×286 89×336 89×387 140×140 140×235 140×286	

（注）　1．左記寸法はＪＡＳの格付け時の寸法を表しており，現場搬入時での実寸法は乾燥の度合い等で若干の誤差がある。未乾燥材はG，乾燥材はDと表示される。
　　　　2．集成材の含水率は15％以下とする。

未乾燥材と乾燥材との区別は，製材をするときの含水率で行われます。乾燥法については人工乾燥，天然乾燥いずれでもかまいませんが，含水率が19％以下のものを乾燥材，19％を超えるものを未乾燥材と呼んでいます。

寸法についての規定は製材をするときの値ですので，実際の施工時点では乾燥収縮等により規定通りの寸法であることは保証されていませんので注意が必要です。特に同一部位では乾燥に伴う収縮・強度の違いなどの点から，乾燥材と未乾燥材の混用は絶対に避けなければなりません。

(3) 樹種グループ

枠組壁工法構造用製材として加工される針葉樹の樹種は数10種に及びますが，これらの樹種は強度性状によって2グループ5樹種群に分類されています。

樹種グループ	樹種群
SⅠ（エスイチ）	D Fir-L（ディー・ファー・エル）
	Hem-Tam（ヘム・タム）
SⅡ（エスニ）	Hem-Fir（ヘム・ファー）
	S-P-F（エス・ピー・エフ）またはSpruce-Pine-Fir（スプルース・パイン・ファー）
	W Cedar（ダブル・シーダー　または　ウエスタン・シーダー）

《参考／樹種グループと樹種》

それぞれの樹種グループに属する樹種は表の通りです。

樹種グループの略号	樹種群の略号	樹　種
SⅠ	D Fir-L	ダグラスファー，ウエスタンラーチ，クロマツ，アカマツ，ダフリカカラマツ，ショートリーフパイン，スラッシュパイン，ブリーパイン，ロングリーフパイン，その他これらに類するもの
	Hem-Tam	パシフィックコーストイエローシーダー，タマラック，イースタンヘムロック，カラマツ，ヒバ，ヒノキ，タイワンヒノキ，その他これらに類するもの
SⅡ	Hem-Fir	パシフィックコーストヘムロック，アマビリスファー，グランドファー，ツガ，その他これらに類するもの
	S-P-FまたはSpruce-Pine-Fir	バルサムファー，ロジポールパイン，ポンデローサパイン，ホワイトスプルース，エンゲルマンスプルース，ブラックスプルース，レッドスプルース，コーストシトカスプルース，アルパインファー，モミ，エゾマツ，トドマツ，オウシュウアカマツ，メルクシマツ，ラジアタパイン，ジャックパイン，その他これらに類するもの
	W Cedar	ウエスタンレッドシーダー，レッドパイン，ウエスタンホワイトパイン，スギ，アガチス，ベニマツ，その他これらに類するもの

《参考／輸入材の現状》

日本において使用されている枠組壁工法構造用製材のほとんどは，Hem-Fir または S-P-F です。S-P-F の場合はすべて乾燥材で輸入されますが，Hem-Fir の場合にはほとんどが未乾燥材で輸入されています。

輸入された材には1本ずつ北米の規格による等級，乾燥・未乾燥の別，樹種群等がスタン

プ表示されている場合もありますが，日本ではJASに基づいて格付されたものを使用することが基本となっていますので注意が必要です。

カナダから輸入された材料には，日本農林規格とは別にカナダ製材規格によって等級づけされたスタンプ（例）が押されています（下図参照）。

カナディアン・ランバー・スタンダード・格付表示スタンプ

スタンプの例
- 格付機関名
- 格付機関に属する製材工場の番号 → 100
- 樹種名 → HEM-FIR
- 乾燥材・未乾燥材の表示 → S-DRY(N)
- 等級 → No.1

なお，輸入住宅に使われる材料については，別途使用できる外国規格が定められています。

(4) 種別などの表示

枠組壁工法構造用製材には，製材1本ごとに種別，等級，乾燥材・未乾燥材の別，樹種グループなどが表示されています。表示は，ラベルまたはスタンプによりますが，その表示によって，その材料の性能をひと目で知ることができます。

種別	等級	スタンプの色
甲種枠組材	特級 1級 2級	赤
	3級	
乙種枠組材	コンストラクション スタンダード	黒
	ユーティリティ	緑

甲種枠組材  乙種枠組材

●表示では次のようになる。
コンストラクションは CONST
スタンダードは STAND
ユーティリティは UTIL

(5) 定尺長さ

枠組壁工法構造用製材の定尺長さの標準は，寸法型式ごとに決められています。

定尺長さの標準　〔カッコ内はフィート換算値〕　　　　　　　　　　［単位：mm］

寸法型式＼定尺長さ	2,440 (8F)	3,050 (10F)	3,660 (12F)	4,270 (14F)	4,880 (16F)	5,490 (18F)	6,100 (20F)
204	○	○	○	○	○	○	○
206	—	○	○	○	○	○	○
208	—	○	○	○	○	○	○
210	—	○	○	○	○	○	○
212	—	○	○	○	○	○	○

●参考：定尺長さはフィートをメートル法で換算した値をmmの単位で四捨五入した数値

2. MRS材（機械による曲げ応力等級区分を行う枠組壁工法構造用製材）（JAS）

等級区分機（グレーディング・マシン）により等級区分を行った枠組壁工法構造用製材でMSR（Machine Stress Rated）製材と呼ばれています。MSR製材の寸法型式は203〜212の6種類で，曲げ応力等級により29種に分類されています。使用箇所は構造用製材と同じですが，一般的にはトラス部材など要求される強度性能が明確な箇所に使用されます。

3. 構造用集成材，化粧ばり構造用集成柱

構造用集成材のJAS（日本農林規格），化粧ばり構造用集成柱のJASの品質に適合したもので，枠組壁工法用製材の寸法型式に準じた寸法のものを使用します。

《参考／集成材》

集成材とは，ひき板（ラミナ：幅方向に接着および長さ方向にスカーフジョイント，フィンガージョイントなどにより接着した板も含む）を接着積層した材のことをいいます。集成材の特徴は，①小断面の木材を利用できる，②接着することにより自由な断面形・寸法が得られる，③乾燥材を使用するので狂いや割れが少ない，④品質を一定にすることが容易，などにあります。集成材は構造用と造作用の2種に大別されますが，用途によって次の5種類があります。

枠組壁工法の躯体工事に使用できるのは構造用のものです。

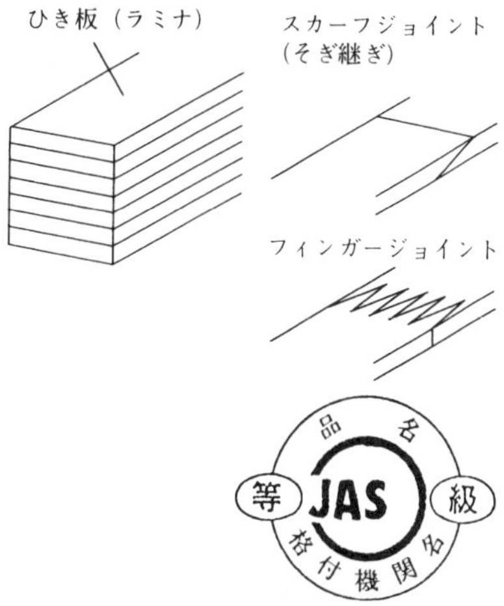

1 構造用集成材

①所要の構造耐力を目的としたもので，ひき板の構成により同一等級集成材，対称異等級構成集成材，特定対称異等級構成集成材，非対称異等級集成材の4種類に分類される。

②断面により，大断面（短辺≧15cm，断面積が≧300cm²），中断面（短辺≧7.5cm，長辺≧15cm），小断面（短辺＜7.5cmまたは長辺＜15cm）に区分される。

③使用できる環境条件に応じ，使用環境A（接着剤の耐水性，耐候性・耐熱性に関して高度な性能が要求される環境），使用環境B（使用環境AとCの中間の環境），使用環境C（通常の性能が要求される環境）に区分される。

④強度等級区分が「曲げヤング係数（E）- 材料強度（F）」で表示される（たとえば，「E75-F255」）。

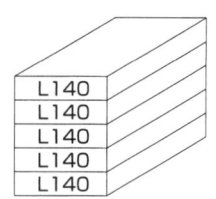

L140は，ひき板の曲げヤング係数を示す

同じ強さのひき板で構成
同一級構成集成材

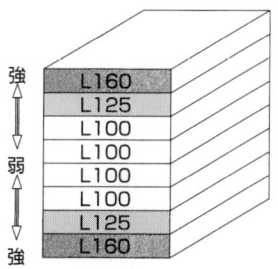

材の上下側に強いひき板を配置
異等級構成集成材（対称構成）

2　化粧ばり構造用集成柱

　柱としての耐力を持つ集成材の表面に美観のために薄板を張り付けたもの

3　造作用集成材（躯体には使用できない）

　内部造作用の集成材

4　化粧ばり造作用集成材（躯体には使用できない）

　美観のために造作用集成材の表面に薄板を張り付けた集成材

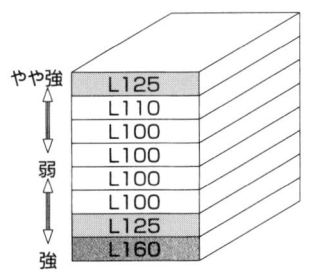

材の下側に最も強いひき板を配置
異等級構成集成材（非対称構成）

4．構造用単板積層材（JAS）

　構造用単板積層材とは，単板（ベニヤ）を繊維方向に平行して積層接着した材で，LVL（Laminated Veneer Lumber）とも呼ばれています。等級は積層数・ヤング係数などの違いにより特級，1級，2級の3種に分類されますが，使用できる箇所は，枠組壁工法構造用製材と同じです。

5．枠組壁工法構造用たて継ぎ材（JAS）

　ひき板をフィンガージョイントによって長さ方向に接着した針葉樹材で，枠組壁工法のたて枠に使用するものです。寸法型式は204，206の2種で，強度的には乙種枠組材のスタンダードと同程度の性能があります。

6．その他

(1) 木質Ⅰ形ビーム

　木質複合材料の一種で，弦材（フランジ）にLVLやMSR材を，腹材（ウェブ）に構造用合板などを使用してⅠ形に接着して組み立てたはりで，スパンの大きい場合に床根太，たるきに代えて使用されます。Ⅰ形ビームを使用する場合は，その種類に合った部位構成・接合方法が規定されていますので，それに従って施工することが必要です。

(2) その他

　木質接着成形軸材料，木質複合軸材料，薄板軽量形鋼などの新しい材料も枠材として使用することができます。

　木質断熱複合パネルは，外皮をOBSや合板，内部を断熱材（EPSなど）から構成されるもので，枠組と面材が一体化された部材を使用できることになっています。

　合板ボックスビームは芯材と構造用合板により構成されたプレハブ部材で，床ばり・屋根ばり・まぐさなど，通常大断面とする必要のある部位に使用できます。Wマーク表示（財団法人日本住宅・木材技術センターの定める規格に合った製品であることを示す）のあるものしか使用できません（現在では，ほとんど使われていません）。

　これらの材料については，使用できる位置（部位）・納まりなどがその材料ごとに規定されていますので，注意が必要です。

●Wマークの例

（注）
BB.No10-1の意味
10→承認製造者番号
1→承認製造工場番号

《参考／木質材料》

　木質材料とは，木材を原料として人工的につくられた材料で，その形状から面材と軸材に分類できます。

　その特徴は，①天然材より長大な材を作成できる，②天然材の欠点を除去して安定した材料を作成できる，③廃材・端材などを有効に利用できる，ことです。木質材料はエンジニアリング・ウッド（Engineering Wood）とも呼ばれています。

　下図は木材の加工方法とエレメントの形状，製造方法の概要と最終製品の関係を図示したものです

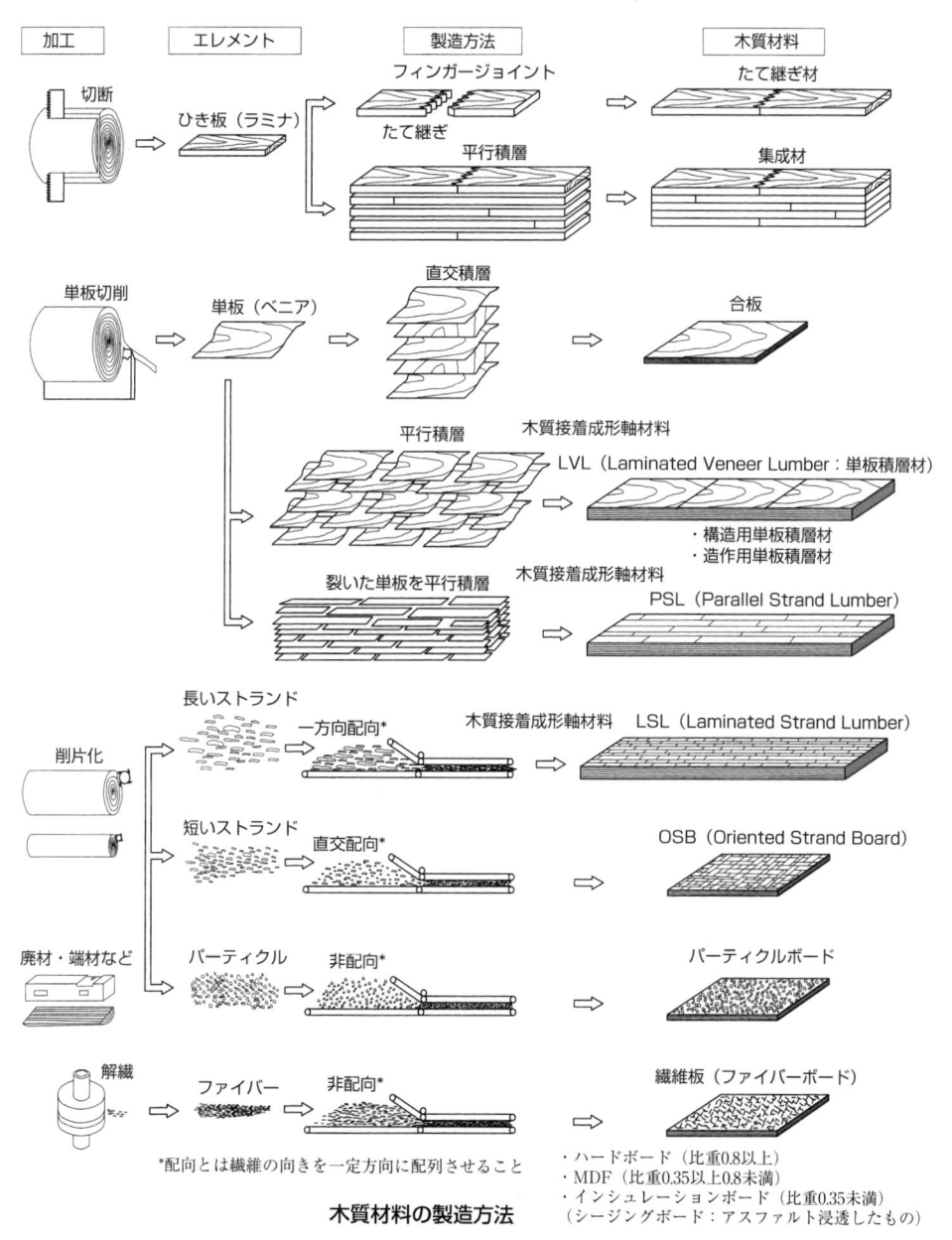

木質材料の製造方法

3. 構造用面材

　床・壁・屋根の下張り材として（構造耐力に関係する部分に限る）使用できる材料（面材）の種類・品質は，構造部位に応じて次表のように定められています。

	構造部分の種類	材料の種類	規　　　格
（1）	屋外に面する部分に用いる壁材または常時湿潤の状態となるおそれのある部分に用いる壁材	構造用合板 等	構造用合板の日本農林規格（昭和44年農林省告示第1371号。以下「構造用合板規格」という。）に規定する特類〔厚さ7.5mm以上〕
		構造用パネル（OSB）	構造用パネルの日本農林規格（昭和62年農林水産省告示第360号。以下「構造用パネル規格」という。）に規定する1級，2級，3級または4級〔厚さ12mm以上〕
		パーティクルボード	日本工業規格 A5908（パーティクルボード）－1994に規定する18タイプ，13タイプ，24－10タイプ，17.5－10.5タイプまたは30－15タイプ〔厚さ12mm以上〕
		ハードボード	日本工業規格 A5905（繊維板）－1994に規定するハードファイバーボード45タイプまたは35タイプ〔厚さ5mm以上〕
		硬質木片セメント板	日本工業規格 A5404（木質系セメント板）－2001に規定する硬質木片セメント板〔厚さ12mm以上〕
		フレキシブル板	日本工業規格 A5430（繊維強化セメント板）－2001に規定するフレキシブル板〔厚さ6mm以上〕
		パルプセメント板	日本工業規格 A5414（パルプセメント板）－1993に規定する1.0板〔厚さ8mm以上〕
		製材	針葉樹の下地用製材の日本農林規格（平成8年農林水産省告示第1085号）に規定する板類の1級〔厚さ13mm・幅210mm以上〕
		シージングボード	日本工業規格 A5905（繊維板）－1994に規定するシージングボード〔厚さ12mm以上〕
		ミディアムデンシティ・ファイバーボード（MDF）	日本工業規格 A5905（繊維板）－1994に規定するミディアムデンシティファイバーボード30タイプ（Mタイプ，Pタイプ）
		火山性ガラス質複層板	日本工業規格 A5440（火山性ガラス質複層板（VSボード））－2000に規定するHⅢ
		ラスシート	日本工業規格 A5524（ラスシート）－1994〔厚さ0.4mmまたは0.6mm以上〕
（2）	（1）に掲げる部分以外の部分に用いる壁材	（1）に掲げる材料	（1）に掲げるそれぞれの規格（構造用合板については，構造用合板規格に規定する1類を含む。）
		せっこうボード	日本工業規格 A6901（せっこうボード製品）－2005に規定するせっこうボード，構造用せっこうボードA種・B種，強化せっこうボード
（3）	床材または屋根下地	構造用合板 等	構造用合板規格に規定する特類または1類
		構造用パネル	構造用パネル規格に規定する1級，2級，3級または4級
		パーティクルボード	日本工業規格 A5908（パーティクルボード）－1994に規定する18タイプ，13タイプ，24－10タイプ，17.5－10.5タイプまたは30－15タイプ
		硬質木片セメント板	日本工業規格 A5417（木片セメント板）－1992に規定する硬質木片セメント板
		ミディアムデンシティ・ファイバーボード（MDF）	日本工業規格 A5905（繊維板）－1994に規定するミディアムデンシティファイバーボード30タイプ（Mタイプ，Pタイプ）
		火山性ガラス質複層板	日本工業規格 A5440（火山性ガラス質複層板（VSボード））－2000に規定するHⅢ

《参考／構造用合板・構造用単板積層材・構造用パネル》
① 構造用合板

　建築物の構造耐力上，主要な部分に使用するための合板を構造用合板といい，構造用合板の日本農林規格によってその規格が定められています。

　構造用合板は，接着性能により特類と1類とに分けられます。特類は72時間連続煮沸に耐える性能を有するもの，1類は煮沸繰返しに耐える性能を有するものです。通常，特類にはフェノール系樹脂接着剤，1類にはメラミン・ユリア共縮合樹脂接着剤が使用されています。

　枠組壁工法では，構造用合板のうち外壁下地としては特類を，屋根・床下地では特類または1類を使用することになっています。また，構造用合板は構造性能により1級と2級に分けられています。耐力壁の強さを表わす壁倍率の値は，1級を使用した場合は2級を使用した場合より高くなっています。なお，トラスなどのガセットとして用いる構造用合板は1級としなければなりません。

　また，環境問題に対応して，ホルムアルデヒドの放散量の程度の少ない順に，F☆☆☆☆，F☆☆☆，F☆☆，F☆という区分が設けられています。

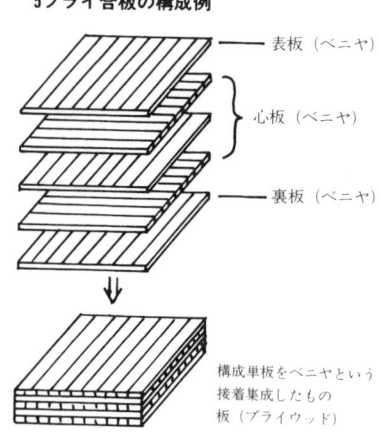

5プライ合板の構成例

② 構造用単板積層材

　合板が単板（ベニヤ）の繊維方向を交互に変えて積層するのに対して，単板積層材は同じ方向として積層したものです。強度的には繊維方向によって大きな差がありますが（異方性），強度的にばらつきの少ない長尺材をつくることができます。

③ 構造用パネル

　構造用パネルの日本農林規格（第360号）では木材の小片を接着した材をパネルと呼び，構造物の耐力部材として用いられるものを構造用パネルと呼んでいます。構造用パネルにはOSB（オリエンテッド・ストランド・ボード）やウェファーボードがありますが，OSBではストランド，ウェファーボードはウェファーと呼ばれる木材の小片をフェノールやレゾルシノール樹脂接着剤で成形したものです。

《参考／せっこうボード類》

　せっこうボードは，芯材としてのせっこうの両面を紙（ボード用原紙）で覆って板にしたものです。

　せっこうは無機質で燃えることはありませんが，熱が加わるとせっこう内部の結晶水が水蒸気となって放出されるため，耐火性能が高く，壁・天井などの防・耐火被覆材として多用されています。

　平成19年6月告示が改正され，枠組壁工法において使用できるせっこうボード類の種類が増えるとともに，耐力壁としての壁の倍率も見直しが行われました。

　枠組壁工法で使用できるせっこうボード類とその特徴は次のとおりです。

◎せっこうボード（GB-R）倍率1.0（従前1.5であった）（区別のため普通せっこうボードとよぶこともある）

◎強化せっこうボード（GB-F）倍率1.3（新規）
　　せっこうボード（GB-R）の芯に無機質繊維などを混入し，耐火性・耐衝撃性向上を図ったボード

◎構造用せっこうボード（GB-St-A）A種　倍率1.7（新規）

◎構造用せっこうボード（GB-St-B）B種　倍率1.5（新規）
　　強化せっこうボード（GB-F）の性能を保持したまま，釘側面抵抗を向上させた（A種750N以上，B種500N以上）ボード

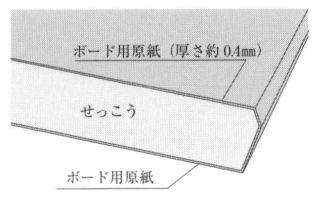

4．釘・金物

1．釘およびねじ

　枠組壁工法による構造躯体の構成は，部材を釘によって接合する方法を基本としていますので，釘使用法の適否が構造物の安全性に直接影響を与えることになります。このため枠組壁工法では，各構造部位ごとに使用する釘の種類・本数・打ち方が詳細に決められていますので，釘打ちにあたってはくれぐれも間違いのないようにすることが大切です。なお，枠組壁工法の場合には在来工法の場合の約4倍の釘が使用されるといわれています。

　構造体を構成する場合に使用できる釘にはJIS A 5508（くぎ）に規定されるCN釘，CNZ釘，GNF釘，SN釘，ZN釘，SFN釘，BN釘の7種類があります。このほか，自動釘打ち機専用の国土交通大臣の認定を受けた特別な釘がありますが，ここでは触れません。

　また，せっこうボード留付け用としてWSNねじとDTSNねじなどがあります。

(1) CN釘，CNZ釘

　木材同士の接合に使用される釘で，太め鉄丸くぎと呼ばれるものです。

　品質は鉄丸くぎ（N釘）と同等ですが，寸法形状がN釘と異なり，同じ長さのものを比

較すると，CN釘のほうが釘径が大きくなっています。釘径が大きいことは，釘接合部の耐力・耐久性のうえから有利となります。

JIS A 5508-2009で規定されているCN釘の種類は9種類ですが，枠組壁工法の躯体工事で使用される釘の種類はCN50・CN65・CN75・CN90の4種類で，プラスチックコーティングにより釘長さがわかるように色分けされている釘や頭部に識別のための刻印がある釘があります。

CNZ釘は，CN釘にめっき処理を施したものです。

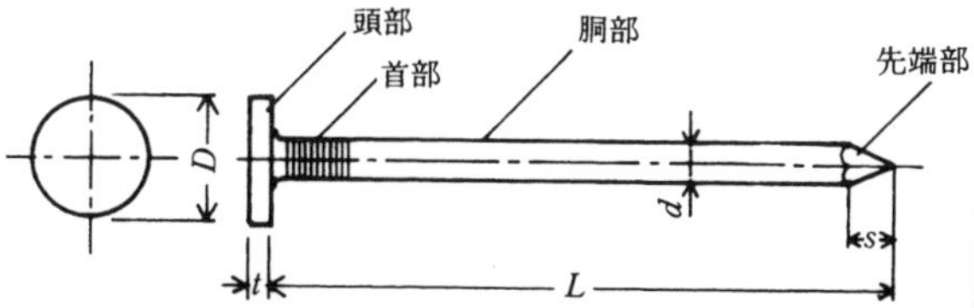

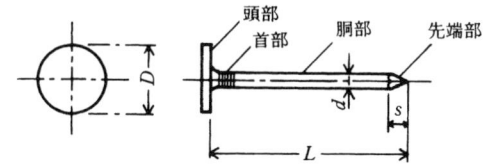

CN釘の寸法　　　　　　　　　　　　　　　[単位：mm]

釘の種類	長さ	胴部径	色
CN50	50	2.8	緑
CN65	63	3.3	黄
CN75	76	3.7	青
CN90	88	4.1	赤

L：長さ（頭部下面から先端までの長さ）
d：胴部径　　t：頭部厚さ
D：頭部径　　s：先端部の長さ（$2d > s > d$）

(2) GNF釘

せっこうボード（Gypsum Board）類用の釘で，CN釘と比較すると，GNF釘は，径が細く頭径が大きく電気亜鉛めっきが施されているのが特徴です。

釘の種類はJISでは8種類が規定されていますが，枠組壁工法の躯体工事で使用するのはGNF40の1種類です。GNF釘は，せっこうボードのほか，耐力壁下張り用の各種ボード類の取付けにも使用されます。

GNF釘の寸法　　　　　　　　　　　　　　　[単位：mm]

	長さ	胴部径	頭部径
GNF40	38.1	2.34	7.54

L：長さ（頭部下面から先端までの長さ）　D：頭部径
d：胴部径　　　　　　　　　　　　　　　s：先端部の長さ（$2d > s > d$）

(3) SN釘

シージングボード（Sheathing board）用の釘で，長さに比べて外径・頭径が大きいのが特徴です。

釘の種類はJISでは7種類が規定されていますが，枠組壁工法の躯体工事で使用するのはSN40の1種類です。

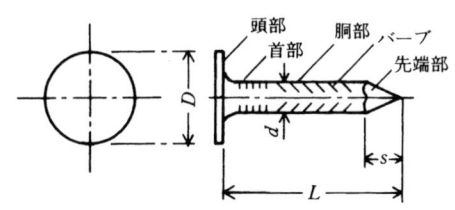

SN釘の寸法　　　　　　　　　　　　　　　[単位：mm]

	長さ	径	頭部径
SN40	38.1	3.05	11.13

(4) ZN釘

接合・補強金物取付け用の釘で，亜鉛めっき（Zinc coat）を施したものです。2009年にJIS A 5508 で「溶接亜鉛めっき太め丸釘」として規格化されました。枠組壁工法で使用されるものは ZN40・ZN65・ZN80・ZN90 の4種類です。姿図は p.44 に示してありますので参照してください。

ZN釘の寸法　　　　　　　　　　　　[単位：mm]

種類	長さ	胴部径
ZN40	38.1	3.33
ZN65	63.5	3.33
ZN80	78.3	5.26
ZN90	88.9	4.11

(5) SF釘（ステンレス鋼釘）

せっこうボード類・炭酸マグネシウム板などの壁下張り材を留め付けるためのステンレス製の釘です。この釘は GNF 釘と同等として使用できます。

JIS で規定されるステンレス鋼釘には，形状によって平頭（SF）・丸頭（SON）・さら頭（SDN）3種類がありますが，枠組壁工法で使用するのは平頭（SF）だけです。SF 釘は 11 種類が規定されていますが，SF45 だけが GNF40 釘同等として使用できます。

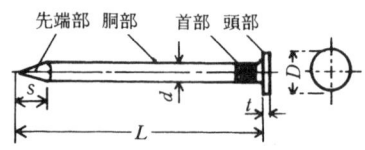

L：長さ　　　　t：頭部厚さ
d：胴部径　　　s：先端部長さ（$2d > s \geq d$）
D：頭部径

SF45釘の寸法　　　　　　　　　　　[単位:mm]

	長さ	胴部径	頭部径
SF45	45	2.45	5.6

(6) WSN ねじ，DTSN ねじ

WSN ねじ・DTSN ねじともにせっこうボードの留付けに用いられるねじです。

① WSN ねじは十字穴付き木ねじ（JIS B 1112）のことで，鋼，ステンレス鋼，黄銅製があります。また，頭部の形状には丸，さら，丸さらの3種類があります。

WSN ねじには種々の寸法のものがありますが，枠組壁工法で使用できるのは呼び径3.8mm，長さ 32mm 以上のものです。

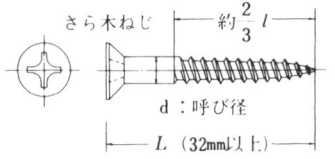 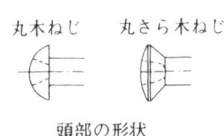

② DTSN ねじは，ドリリングタッピングねじ（JIS B 1125）のことで，本来は主としてせっこうボードを鋼製下地材に取り付けるためにつくられた鋼製のねじです。

DTSN ねじのきり先にはとがり先ときり先の2種類があります。

DTSN ねじには種々の寸法のものがありますが，枠組壁工法で使用できるのは頭部がトランペット型，呼び径4.2mm，長さ 30mm 以上のものです。

 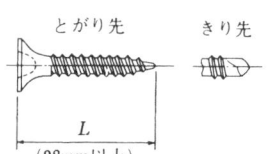

(7) BN釘

木材同士の接合に使用される釘で細め鉄丸釘と呼ばれるものです。品質は CN 釘と同じですが，釘径が小さいので耐力上不利となりますので，CN 釘に比べて釘打ち本数を増すこと

が必要です。使用できる釘の種類は4種類です。

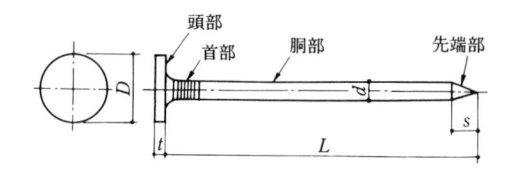

釘の種類	長さ	胴部径
BN 50	50.8	2.51
BN 65	63.5	2.87
BN 75	76.2	3.25
BN 90	88.9	3.43

2. 接合および補強金物

　構造耐力上主要な部分には，必要に応じて枠組壁工法用の接合および補強金物を使用しなければなりません。接合および補強金物には，次のような種類があります。

① 柱頭・柱脚金物（独立柱の支持・柱とはりの緊結）
② 帯金物（枠組材相互の緊結）
③ あおり止め金物（小屋組と壁組との緊結）
④ 根太受け金物（根太の支持）
⑤ はり受け金物（はり材の支持）
⑥ かど金物（壁枠組の隅角・T字部の補強）
⑦ まぐさ受け金物（まぐさとたて枠の緊結）
⑧ パイプガード（配線・配管の保護）
⑨ アンカーボルト（土台と基礎の緊結）
⑩ ストラップアンカー（土間コンクリートスラブと枠材の緊結）
⑪ ホールダウン（引き寄せ）金物（たて枠と基礎・土台・たて枠の緊結）

　枠組壁工法用接合および補強金物は，Cマーク表示（財団法人日本住宅・木材技術センターの定める規格に合っていることを示す）のあるものか，これと同等以上の性能のあるものを使用し，金物の取付けにはZN釘を使用します。

(注) No.25.6の意味
25→承認製造者番号
6→承認製造工場番号

●接合および補強金物の種類

　財団法人日本住宅・木材技術センター規格の接合および補強金物には，次のようなものがあります。

種　類	記　号	形状・寸法（単位：mm）	使用釘等の種類と本数	用　　途
柱脚金物	PB-33	板厚4.5　鋼管φ27.2	ボルト　φ12mm　M12	独立柱の支持
柱脚金物	PB-42	板厚4.5	M12	
柱脚金物	GL-PB	板厚4.5	床枠組に 8-ZN65　打込みピン φ14	支持柱脚部と床枠組の緊結
柱頭金物	PC	板厚1.6	はりに　6-ZN65　柱に　6-ZN65	柱とはりの緊結

2章 構造用材料

種類	記号	形状・寸法（単位：mm）	使用釘等の種類と本数	用途
柱頭金物	GL-PC	140, 140, 50　板厚3.2	はりに　8-ZN65 柱に　6-ZN65	支持柱頭部とはりの緊結
帯金物	S-45	25, 450　板厚1.2	太め釘　6-ZN40	根太，上枠または頭つなぎの緊結
帯金物	S-50	30, 500　板厚	太め釘　12-ZN65	壁と床枠組の緊結 ２階に両面開口を設けたときの隅柱，側壁のまぐさ受けおよびたて枠と１階壁との緊結等
帯金物	S-65	30, 650　板厚1.6	太め釘　16-ZN65	
帯金物	S-90	25, 900　板厚1.2	太め釘　12-ZN40	棟部たるきの相互の緊結 オーバーハング等の隅角部の緊結
帯金物	SW-67	60, 670　板厚1.6	太め釘　26-ZN65	両面開口を設けたときの側壁のまぐさ受け，およびたて枠と土台の緊結 ３階建の１階部分のはき出し窓の両端部と土台との緊結

種　類	記　号	形状・寸法（単位：mm）	使用釘等の種類と本数	用　　途
ストラップアンカー	SA-65	（板厚1.6）	太め釘　12-ZN65 六角ボルト　M8（150，75以上） 小形角座金（φ9，23×23） 蝶ナット（40，20）	土間コンクリート床スラブで構成し両面開口を設けた場合の隅柱、およびたて枠ならびにまぐさ受けと土台の緊結 3階建の1階を土間コンクリート床スラブで構成し、はき出し窓を設けた場合の両端部と土台との緊結
あおり止め金物	TS	（板厚1.2）	たるきに　　4-ZN40 頭つなぎに　2-ZN40 上枠に　　　2-ZN40	たるきまたはトラスと頭つなぎ、上枠の緊結
あおり止め金物	TW-23	（板厚1.2）	たるきに　　4-ZN40 頭つなぎに　1-ZN40 上枠に　　　1-ZN40 たて枠に　　4-ZN40	たるきまたはトラスと頭つなぎ、上枠、たて枠の緊結
あおり止め金物	TW-30	（板厚1.2）	たるきに　　4-ZN40 頭つなぎに　1-ZN40 上枠に　　　1-ZN40 たて枠に　　4-ZN40	
根太受け金物	JH-S 204.206	（板厚1.2）	（204および206用） 端根太に　　4-ZN40 根太に　　　4-ZN40	床根太、たるき、屋根根太または天井根太の接合部に支持点がない場合の緊結

2章 構造用材料

種類	記号	形状・寸法（単位：mm）	使用釘等の種類と本数	用途
根太受け金物	JH 204.206	板厚1.2	（204および206用） 端根太に　6-ZN40 根太に　　4-ZN40	
	JH 2-204 2-206	板厚1.2	（2-204および2-206用） 端根太に　6-ZN65 根太に　　4-ZN65	
	JH 208.210	板厚1.6	（208および210用） 端根太に　8-ZN65 根太に　　6-ZN40	
	JH 212	板厚1.6	（212用） 端根太に　10-ZN65 根太に　　6-ZN40	
はり受け金物	BH 2-208	板厚2.3	（2-208用） 受け材に　10-ZN65 はりに　　6-ZN65	はり接合部に支持点がない場合のはりの緊結
	BH 2-210	板厚2.3	（2-210用） 受け材に　10-ZN65 はりに　　6-ZN65	

種類	記号	形状・寸法（単位：mm）	使用釘等の種類と本数	用途
はり受け金物	BH 2-212	板厚2.3	(2-212用) 受け材に　12-ZN90 はりに　　6-ZN65	
	BH 3-208	板厚2.3	(3-208用) 受け材に　14-ZN99 はりに　　6-ZN90	
	BH 3-210	板厚2.3	(3-210用) 受け材に　14-ZN90 はりに　　6-ZN90	
	BH 3-212	板厚2.3	(3-212用) 受け材に　16-ZN90 はりに　　6-ZN90	
	BHH 2-210	板厚	(2-210用) 受け材に　10-ZN80 はりに　　6-ZN65	

2章 構造用材料

種類	記号	形状・寸法（単位：mm）	使用釘等の種類と本数	用途
はり受け金物	BHH 3-210		（3-210用） 受け材に　14-ZN80 はりに　　6-ZN90	
	BHS 2-210R		（2-210R用） 受け材に　12-ZN65 はりに　　4-ZN65	45°にはりを接合する場合の接合部に支持点がない場合のはりの緊結
	BHS 2-210L		（2-210L用） 受け材に　12-ZN65 はりに　　4-ZN65	
かど金物	CP.L		太め釘　10-ZN65	土間コンクリート床スラブの隅角部および開口部両端の補強 半地下室のたて枠の隅角部および開口部両端の補強
	CP.T		太め釘　10-ZN65	

種類	記号	形状・寸法（単位：mm）	使用釘等の種類と本数	用途
まぐさ受け金物	LH-204	厚2.3　43-43　86　55　52-37　89　板厚2.3	たて枠に　6-ZN65 まぐさに　2-ZN65	開口部の幅が1m以下の場合のまぐさとたて枠の緊結
まぐさ受け金物	LH-206	厚2.3　43-43　86　55　100-40　140　板厚2.3	たて枠に　10-ZN65 まぐさに　2-ZN65	
パイプガード	PG	40　160　板厚1.2	太め釘　4-ZN65	たて枠，床根太等の配線，配管の保護
ホールダウン（引き寄せ）金物	HD-B10	80　220　80　板厚3.2	六角ボルト またはラグスクリュー 2-M12	たて枠と基礎（土台）またはたて枠相互の緊結
ホールダウン（引き寄せ）金物	HD-B15	80　310　80　板厚3.2	六角ボルト またはラグスクリュー 3-M12	
ホールダウン（引き寄せ）金物	HD-B20	80　400　80　板厚3.2	六角ボルト またはラグスクリュー 4-M12	
ホールダウン（引き寄せ）金物	HD-B25	80　490　80　板厚3.2	六角ボルト またはラグスクリュー 5-M12	

2 章 構造用材料

種類	記号	形状・寸法（単位：mm）	使用釘等の種類と本数	用途
ホールダウン（引き寄せ）金物	HD-N5	板厚3.2	太め釘　6-ZN90	
	HD-N10	板厚3.2	太め釘　10-ZN90	
	HD-N15	板厚3.2	太め釘　16-ZN90	
	HD-N20	板厚3.2	太め釘　20-ZN90	
	HD-N25	板厚3.2	太め釘　26-ZN90	
	S-HD10	S-HD-10	六角ボルト（2-M12）または ラグスクリュー（2-LS12）	
	S-HD15	S-HD-15	六角ボルト（3-M12）または ラグスクリュー（3-LS12）	
	S-HD20	S-HD-20	六角ボルト（4-M12）または ラグスクリュー（4-LS12）	
	S-HD25	S-HD-25	六角ボルト（5-M12）または ラグスクリュー（5-LS12）	

種　類	記　号	形状・寸法（単位：mm）	使用釘等の種類と本数	用　　　　途
アンカーボルト	M12	$L=400, 450, 500$	角座金 W4.5×40　40×40×4.5　六角ナット	基礎と土台の緊結
	M16	$L=600, 700, 800, 900, 1000$	角座金 W6.0×54　W6.0×60　例　または　角座金 RW6.0×68　RW9.0×90　例	ボールダウン金物と基礎または基礎と土台の緊結
座金付ボルト	M16W	$L=150〜600$	六角ナット　M16	ボールダウン金物と土台の緊結
溶接亜鉛めっき太め丸釘	ZN40	胴経3.3	ZN40はブラウンに着色されている。	金物接合用の釘
	ZN65	胴経3.3		
	ZN80	胴経5.26		
	ZN90	胴経4.1		

（注）1．かど金物（CP・LおよびCPT・T），アンカーボルト（A-40，A-60，A-70）座金付ボルト（M16W），釘・ねじ類は日本住宅・木材技術センターの規格によるZマーク表示品とすることもできる。

3章　ツーバイフォー工法の構造 3

1. 建物に作用する荷重・外力

　建物に作用する力を荷重あるいは外力といいますが，荷重・外力には，固定荷重・積載荷重・積雪荷重・風圧力・地震力などがあります。

　これらの荷重のうち，固定荷重・積載荷重・積雪荷重は地球の重力によって作用し，建物の鉛直方向に働くので鉛直荷重と呼ばれ，風圧力・地震力はおもに水平方向に作用するので水平力あるいは水平荷重と呼ばれています。

　また，これらの荷重を建物に作用する時間（継続時間）に注目して，常時荷重・臨時荷重という区分をすることがあります。すなわち，常時荷重と考えられるのは固定荷重，積載荷重，多雪区域における積雪荷重などで，臨時荷重と考えられるのは地震力，風圧力，一般地域における積雪荷重などです。

1．固定荷重

　固定荷重とは，構造体・仕上材料など建物自身の重量をいいます。建物の固定荷重は建物の実況に応じて計算されますが，枠組壁工法の場合には次のような値を目安とすることが多いようです。

部　位	種　　　類	重量　N/m²		備　　考
屋根面	瓦葺き（葺き土なし）	屋根面につき	790	たるき（280材程度）を含む
	石綿スレート葺		390	
	金属板葺き		300	
天　井	せっこうボード張り（厚さ12mm）	天井面につき	150	直張り
床	板張り	床面につき	290	床根太（210材程度）を含む
	畳敷		440	
壁	モルタル塗り（内壁せっこうボード張り）	壁面につき	790	壁枠組（240材）を含む
	せっこうボード（12mm 両面張り）		390	

2．積載荷重

　家具・物品など比較的簡単に移動できるものの重量を積載荷重といいます。積載荷重には人間の重量も含まれます。

　積載荷重の大きさは，荷重の性質・集中性・衝撃性などを考慮して，床・はり・柱など計算対象によって，その値を変えて考えることになっています（たとえば，床には物品の重量

が直接作用しますし，そのうえ部分的に集中して作用することが多いわけですから，荷重を割増しておく必要があるわけです）。

積載荷重　　　　　　　　　　　　　　　　　　　　[単位：N/m²]

計算対象 室の種類	床　用	はり・柱 基 礎 用	地震用
住宅の居室	1800	1300	600

3．積雪荷重

　積雪荷重は，雪の単位重量，屋根の水平投影面積およびその地方における垂直積雪量によって決定されます。垂直積雪量は地域によって異なりますが，垂直積雪量が1m未満または積雪期間（積雪の初終間日数の平年値）が1か月未満の地域を一般区域，1mを超える地域を多雪区域と区分しています。

　その地域の垂直積雪量は，標高，海率（地域内の海の面積の割合）などの地形要因を考慮して決定されます。

　積雪の単位重量は，通常，一般区域では20N/m²/cm（積雪1cm・面積1m²当たり20N），多雪区域では30N/m²/cm とすることが多いようです。

　たとえば，一般区域で垂直積雪量50cmの場合の積雪荷重は，1000N/m²（＝20N/m²/cm×50cm）となります。

　なお，積雪荷重は屋根勾配・雪おろしなどを考慮して，その値を低減することができることになっています（施行令86条）が，この条項は，多雪区域に建つ建物の必要壁率を算定する場合にも考慮できることになっています。

4．風圧力

　建物に作用する風圧力は，建物の形状によって異なります。建物の各部位に作用する風圧力の大きさは，速度圧に風力係数を乗じて計算されます。

　通常の木造住宅の場合，一般地では風速50m/s，強風地では60m/s で建物が倒壊しないことを目安としています。

　建物に作用する風圧力は，単純な水平力として働くほか，屋根を吸い上げる力や局部的に大きな力を生じさせるので，軒先・むね・けらば・ひさしなどには十分な耐風的な配慮をしておくことが必要になります。枠組壁工法の場合，あおり止め金物などによって対処をしていますので，金物は確実に取り付けておくことが必要となります。

　なお，風圧力は高い位置ほど大きくなりますので注意が必要です。また，道路の突き当た

り・山腹・山上などでは，予想外の大きさになることがありますから特に注意が必要です。

風圧力の作用方向と風力係数の例

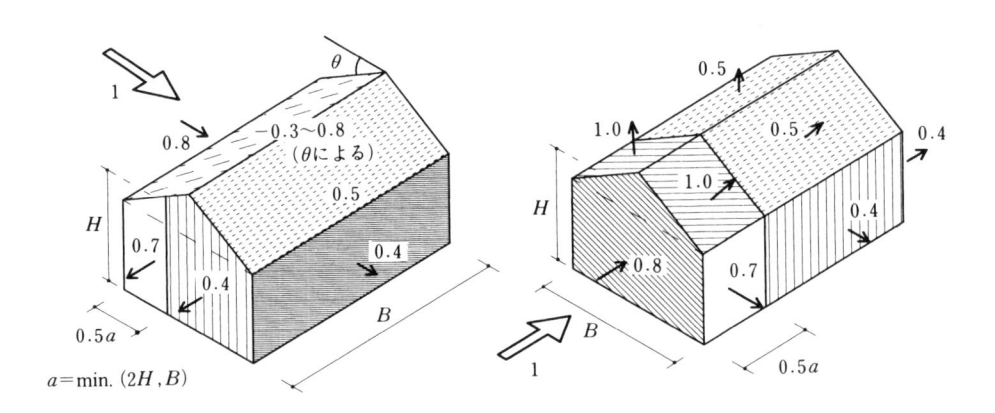

5．地震力

　地震力は，地震によって建物が振動することによって生ずる力で，鉛直方向・水平方向の2方向が考えられますが，一般に水平方向の力だけを考えます。建物に作用する地震力は，建物の重量 W と地震層せん断力係数 C の積として計算されます。

　木造の場合の地震層せん断力係数 C は，2階建の2階部分0.28，2階建の1階・平家建0.2とするのが一般的です。このことは，たとえば，平家建の場合の場合には建物重量の20％が水平方向から作用すると考えるということです。

　また，軟弱地盤に建つ木造住宅には，普通地盤に建つ場合の1.5倍の大きな力が作用すると考えられており，軟弱地盤に建つ木造住宅の必要耐力壁量は，普通地盤の必要耐力壁量の1.5倍としておくことが必要です。

　通常，建物の安全性を検討する場合の地震力は静的な荷重として考えていますが，実際の建物に作用する地震力は，建物の平面形状・立面形状・粘り強さ・地盤状態などが複雑に関連した動的な力であることを忘れてはなりません。

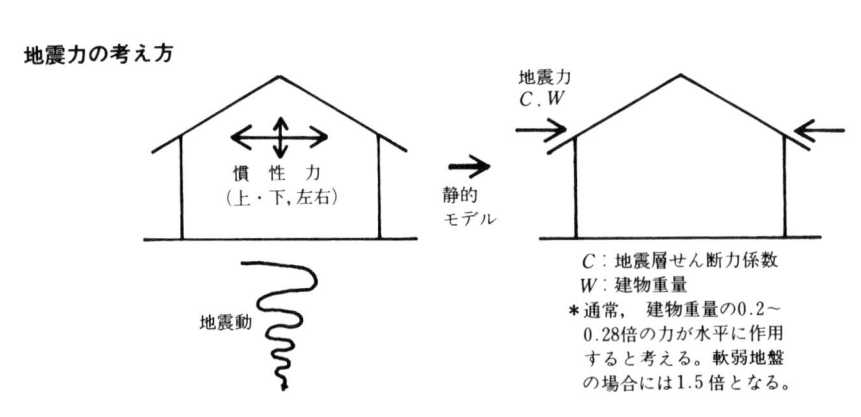

地震力の考え方

2．力の流れ

　建物に作用する荷重・外力は，鉛直荷重・水平力とではその経路は異なりますが，最終的には地盤に流れることになります。

　建物の構造を考える場合には，建物の各部位・部材を流れる力に見合ったものとしておくことが必要になります。

　建物の各部位・部材と力の流れの関係はよく雨樋や鎖などにたとえられますが，いずれも，他の箇所に余裕があっても全体のうちどこか1か所でも弱点があると，その部分が全体の働きを損なうことになります。建物の場合も，力の流れる経路に1か所でも弱い部分があれば，他の部位・部材が必要以上に丈夫であっても弱い部分が破壊し，最終的には建物全体が破壊することになりますら，建物全体として流れる力に見合ったバランスの良い構造とすることが重要です。また，以下で説明する力の流れをふまえて各部位・部材の設計・施工を行いたいものです。

1．鉛直荷重の流れ

　次頁の図は，たるき方式の小屋組をもつ2階建建物に作用する鉛直荷重とその流れを模式的に示しています。

　なお，図からわかるとおり，鉛直荷重の流れの経路の大部分は，重ねられた木材から木材へ伝達する方法によります。鉛直荷重に対して釘・金物が重要な役割をする部分は，むなぎとたるきの接合，たるきと天井根太の接合，床根太と床ばりの接合などです。

鉛直荷重とその流れ（たるき方式の小屋組をもつ2階建建物）

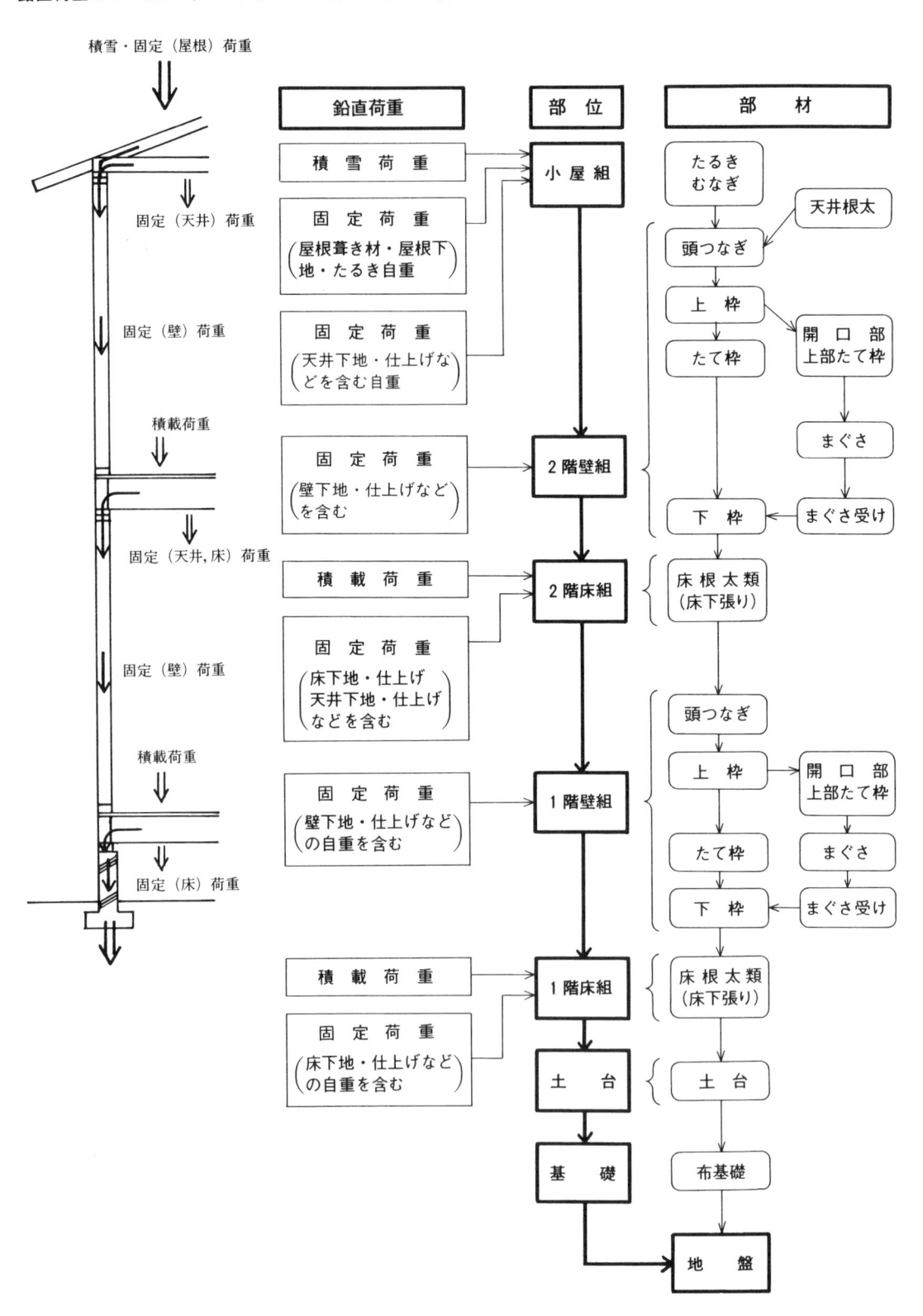

鉛直荷重	部位	部材
積雪荷重	小屋組	たるき / むなぎ
固定荷重（屋根葺き材・屋根下地・たるき自重）		天井根太
固定荷重（天井下地・仕上げなどを含む自重）		頭つなぎ → 上枠 → たて枠 → 下枠
		開口部上部たて枠 → まぐさ → まぐさ受け
固定荷重（壁下地・仕上げなどを含む）	2階壁組	
積載荷重	2階床組	床根太類（床下張り）
固定荷重（床下地・仕上げ 天井下地・仕上げなどを含む）		
固定荷重（壁下地・仕上げなどの自重を含む）	1階壁組	頭つなぎ → 上枠 → たて枠 → 下枠
		開口部上部たて枠 → まぐさ → まぐさ受け
積載荷重	1階床組	床根太類（床下張り）
固定荷重（床下地・仕上げなどの自重を含む）	土台	土台
	基礎	布基礎
		地盤

左側の荷重の流れ：
- 積雪・固定（屋根）荷重 ↓
- 固定（天井）荷重 ↓
- 固定（壁）荷重 ↓
- 積載荷重 ↓
- 固定（天井,床）荷重 ↓
- 固定（壁）荷重 ↓
- 積載荷重 ↓
- 固定（床）荷重 ↓

《参考／鉛直荷重と部材》

① 床根太類・床ばり・たるき・屋根ばり・まぐさなど

　これらの部材の寸法型式（部材断面）は，鉛直荷重による曲げモーメントにより決定されますので，一般に曲げ材と総称されます。曲げ材は十分な曲げ性能を必要とされますので，第2章・構造用材料で説明したように，使用できる製材の種別・等級が規定されています。

　また，曲げ材は十分な曲げ強さをもつことが必要とされますが，そのほか，有害なたわみや振動を防止するために許容される変形量が決められています。変形量が多いと屋根葺き材，天井仕上げ，壁仕上げ，建具の開閉困難などのほか，振動障害や心理的不快感などの原因となります。また，木材や木質系材料では長期間にわたって荷重が載荷されると，時間の経過とともに変形が増大する性質があります（この現象をクリープ現象といい，クリープによる変形を変形という）ので，このことを考慮して部材を決定しておくことが必要です。

　部位別の許容たわみ量は，一般に次表のような数値がとられています。

　実際の曲げ材の寸法型式決定は構造計算によりますが，一般的には，種々のスパン表が用意されていますので，それを使用すれば個別に構造計算をしないですみます。なお，構造計算については付録で説明していますので参照してください。

② たて枠・まぐさ受け・はり支持材など

　これらの部材は，鉛直荷重を下方へ伝達する役割をしています。これらの部材は主として圧縮力を負担しますので，圧縮材と総称されています。

　圧縮材の断面を決定する場合には，座屈現象を考慮しておく必要があります。座屈現象とは，圧縮力を受ける部材が特定の荷重以上を受けた場合，急激に横方向に変形を起こしてしまう現象をいいます。座屈の起こる荷重を座屈荷重といいますが，座屈荷重は部材の長さ，断面形状寸法，支持条件などによって決まります。また，荷重点が断面の図心からはずれている場合（偏心圧縮），部材に元わん曲がある場合，部材の中間に横方向の力が作用している場合などには，より起こりやすくなります。圧縮を受ける部材の断面寸法は，構造計算によりますが，一般にはスパン表によって決定することができます。

　外壁の長いたて枠では，寸法型式に応じた長さ制限がありますが，風荷重などの横方向力を受ける場合には別途検討が必要です。

　また，断面の幅と背が異なる場合には，座屈は弱い方向に起こります。壁のたて枠の場合，材料を有効に働かせるため，弱い方向に座屈が起きないようにたて枠間にころび止めを設けます。なお，筋かい材がたて枠の1/3以上に掛かっている場合や面材として構造用合板を用いた場合にはころび止めは省略できることになっています。

鉛直荷重　偏心圧縮

元わん曲

中間に加わる横方向力

ころび止めなどの中間支持

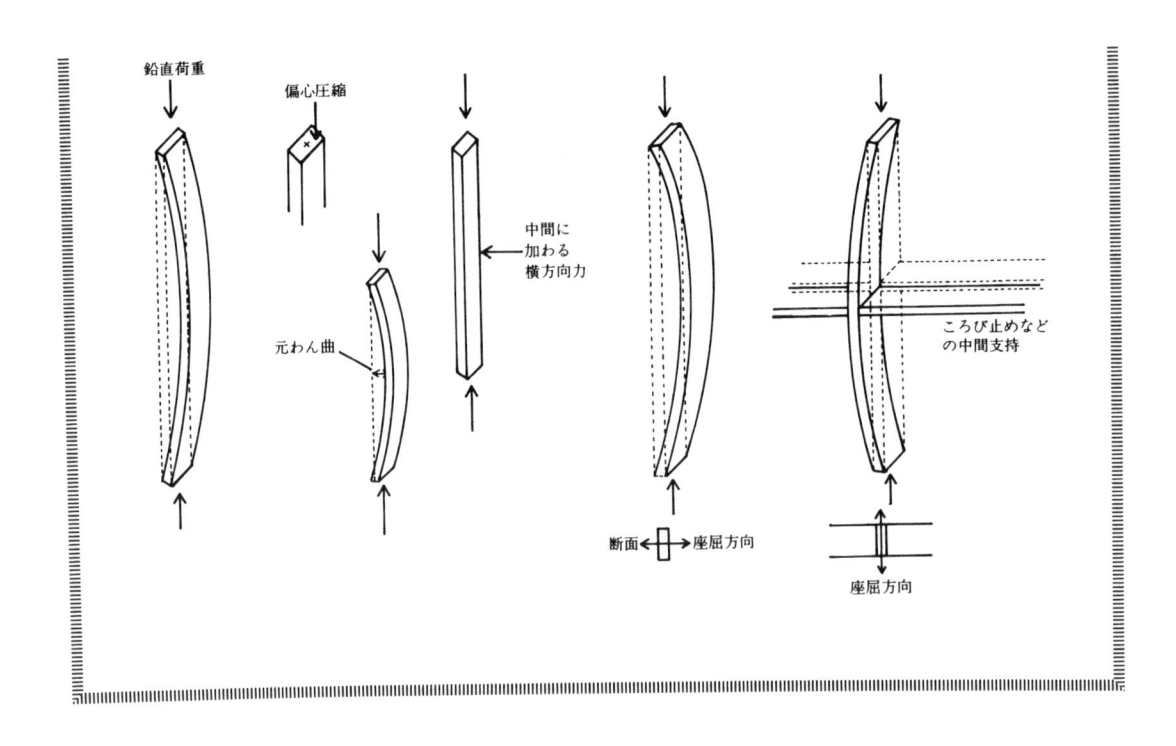

断面　座屈方向

座屈方向

2．水平力の流れ

　下図は，建物に作用する水平力の流れを模式的に示したものです。このような水平力の流れに対して，大部分の釘打ち仕様が定められています。

水平力の流れ

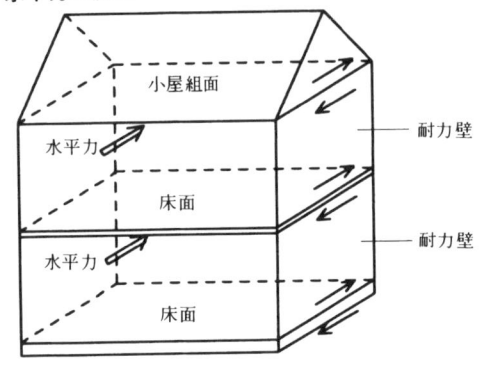

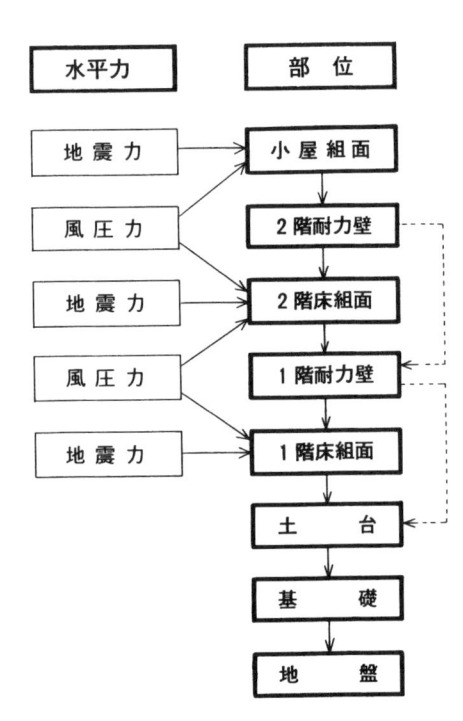

小屋組面
水平力
耐力壁
床面
水平力
耐力壁
床面

水平力	部　位
地震力	小屋組面
風圧力	2階耐力壁
地震力	2階床組面
風圧力	1階耐力壁
地震力	1階床組面
	土　台
	基　礎
	地　盤

3．構造計画

1．鉛直荷重に対する計画

　鉛直荷重を無理なく地盤まで流れるように，鉛直荷重の流れが明確で有効な形式を考える必要があります。

　耐力壁，支持壁などの配置はなるべく均等とし，各階の耐力壁，支持壁は上下階ともに同一位置とすることが望ましいことですが，やむを得ず上下位置がずれる場合には有効な補強をしておくことが必要です。

　特に，屋根ばりや床ばりを使用した場合には部分的・局部的に大きな力が作用しますので，支持材の納め方とともに支持材の受けた荷重が無理なく地盤に流れるように，各部の納まり，配置を決定する必要があります。

　また，基礎への力が不均等になると不同沈下を起こす原因となりますので，基礎への力が均等になるような部材配置，基礎配置としておくことも必要です。なお，不同沈下は地盤状態によっても生じますので，地盤状態（地耐力の大きさ・分布など）に応じた基礎形式を選択することも重要です。

2．水平力に対する計画

　地震・台風の多いわが国では，鉛直荷重に対する以上に水平力に対する計画が重要です。木造建物の水平力に対する構造計画の基本は，建物をあたかも一体化した箱のように固めて水平力に抵抗させることにあります。

　建物を一体化した箱とみなした場合，箱の側面に相当するのが耐力壁，箱の底・フタに相当するのが床組面・小屋組面ということになります。

(1) 水平構面と耐力壁配置

　箱の底・フタに相当する床組面・小屋組面のことを水平構面と呼びますが，この面が弱いと水平力を受けたとき建物は下図のように部分的に大きな変形をしてしまい，破壊することになります。

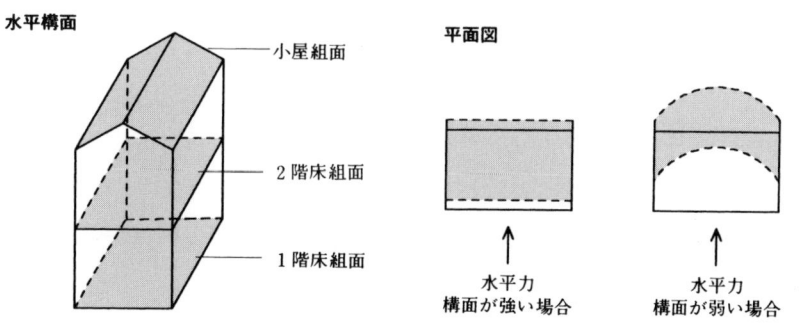

枠組壁工法による建物の水平構面は，床面の場合，床根太と床下張りにより，小屋組面の場合，たるきと屋根下張り（加えて天井根太と天井下地ボード）により構成されます。

　水平構面の働きを十分発揮させるために，床下張り・屋根下張りのちどり配置，使用釘と間隔などが定められているほか，耐力壁線間距離の制限（12m以下）・耐力壁線で囲まれる面積の制限（40m^{2}以下，補強した場合には60m^{2}以下，短辺／長辺，1/2超の場合72m^{2}以下）などがあります。

　また，建物が一体化されたとしても，水平力に抵抗させる耐力壁が偏在すると，水平力が作用したときに建物にねじれが生じます。ねじれが生じると，建物には局部的に大きな変形が生じ，その部分から破壊することになります。したがって，建物の耐力壁はバランスよく在来軸組工法では，配置してねじれの量をできるだけ小さくすることが必要となります。このことは，たとえ同じ耐力壁の量でも配置のしかたによって建物全体としての優劣が生じることを意味しています。

　耐力壁配置のバランスを検討する方法として，4分割法によるか，偏心率を計算してチェックする方法とがありますが，枠組壁工法では耐力壁線に関する規定が設けられており，軸組工法のようなチェックは義務づけられていません。

建物のねじれ　　　　　　　　**耐力壁の配置（つりあいよく配置することが必要）**

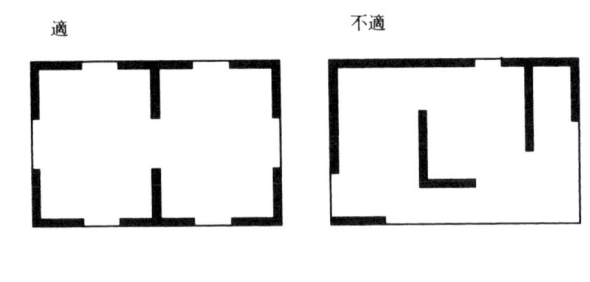

剛心　水平力の中心　　　　　　適　　　　　　　不適

水平力　　　　　　　　　　同じ耐力壁量でも配置によって優劣が生じる

・剛心：建物の剛さの中心
　耐力壁がバランスよく配置されていないと建物はねじれを起こす

(2) 耐力壁と耐力壁線

　箱の側面に相当する耐力壁は，水平力に対して直接抵抗するものです。したがって，耐力壁の配置については建物の安全性を確保するためのさまざまな制限が設けられています。

ⓐ耐力壁

　耐力壁として認められる壁は，技術基準告示で認められた仕様の壁で，無開口部分の水平長さが90cm以上のものです。耐力壁として認められる壁の材料，使用釘，留付け方法などについては詳しい規定が設けられていますので，第4章第5節・壁組を参照してください。

　また，耐力壁の強さは壁の仕様によって異なりますが，耐力壁の強さを表わすものが壁の倍率です。壁の倍率は，仕様によって0.5～5.0の値が定められています。たとえば，倍率

5.0の耐力壁は倍率1.0の耐力壁の5倍強いということを表わします。このことは，たとえば，倍率1.0の耐力壁の水平長さに換算して20m必要な場合，倍率5.0の耐力壁ならば水平長さが4mあればよいということを意味しています。

このように，倍率1.0の耐力壁長さに換算された壁長のことを有効壁長と呼びます。

なお，倍率4.0を超える耐力壁を配置する場合の布基礎は，鉄筋コンクリート造とすることが望ましいとされています。

《参考／耐力壁の動き》

耐力壁が水平力を受けた場合の頂部の動きは，次の4種の変形・変位の組み合わさったものと考えることができます。

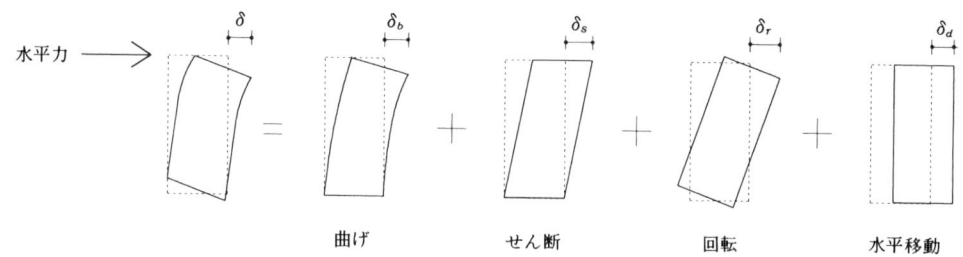

水平力 → δ = δ_b 曲げ + δ_s せん断 + δ_r 回転 + δ_d 水平移動

① 曲げによる変形は，水平長さに比較して背の高い壁の場合に大きくなりますので，壁の水平長さが背に比べて小さい場合には耐力壁として認めないようにする必要があります。このために水平長さが90cm未満の壁については耐力壁として認めない規定が設けられています。

② せん断力による変位は枠組がひし形に変形することによって生じます。せん断による変形を少なくするために，枠組に面材を張ったり筋かいを入れたりするわけです。面材種類や面材を張るための釘種類・間隔などによって，水平力に対する抵抗度合いが異なりますので，壁の仕様によって倍率が定められています。

③ 回転によっても耐力壁の頂部は水平方向に動きます。この動きを少なくするために，帯金物・アンカーボルトなどによって床組・土台・基礎と耐力壁とを緊結しておきます。回転を拘束しないと耐力壁が転倒してしまうことになります。

④ 壁の下枠から床組に打たれた釘が水平移動を防止する働きをします。これに関連して，アンカーボルト，土台・頭つなぎと床根太・たるき・天井根太などを緊結する釘なども水平移動を防止する働きをします。

壁の下枠から床組に打たれる釘本数は，建物全体を平均的にみて決定されていると考えられますので，開口部両端にある耐力壁や倍率の高い耐力壁の場合には，その耐力壁の下枠から床組へ打つ釘本数を増しておくのがよいでしょう。

以上述べたように，枠組壁工法の建物に使用されている釘打ち仕様の大部分は，水平力を受けたときに最大限その働きをするように決定されています。したがって，釘打ちのミスなどは地震や台風のときに，大きな被害をもたらす原因となりますので，正確・確実な施工を心掛ける必要があります。

ⓑ **耐力壁線**

　枠組壁工法の建物については，水平力に対して有効に抵抗できる"耐力壁を含む壁通り"を耐力壁線という名称で表現し，耐力壁線に関する制限を設けて建物の安全性を確保するようにしています。ここで，たとえ耐力壁を含む壁通りであっても，水平力に対して有効に抵抗できない壁通りは，構造計算で安全を確かめない限り耐力壁線とは認められないことに注意する必要があります。

　特別な場合を除き，次の①～③の規定をすべて満足する場合に，耐力壁線と認められます。

① 　原則として耐力壁線の両端部に耐力壁がある場合

　　耐力壁線の両端部に直交耐力壁がある場合，直交壁がない場合でも隅角部の開口部の合計が4 m以下で，かつ有効な補強をした場合にはこの限りではありません。

② 　耐力壁線に設ける耐力壁以外の部分（開口部の幅）の合計が3/4以下である場合

③ 　耐力壁線に設ける開口部の幅（耐力壁以外の部分の長さ）が4 m以下である場合

ⓒ **壁率**

　建物を箱のように固め，耐力壁をバランスよく配置することが必要ですが，それだけで建物の安全性が確保されるわけではありません。

　当然のことですが，建物に作用する水平力に十分抵抗できるだけの耐力壁の量を配置しておくことが必要となります。

　建物に最低必要とされる耐力壁の量（壁量）は，壁率によって規定されています。壁率の値は，地震力・風圧力それぞれによって異なり，地震力に対しては床面積当たりの有効壁長さ，風圧力に対しては見付面積当たりの有効壁長さとして表わされています（数値は付録1の技術基準告示を，計算例は付録5の設計例を参照してください）。

　建物の各階のはり間・桁行各方向に必要とされる耐力壁量（有効壁長さ）を配置しておくことが必要です。

4．釘の耐力

　枠組壁工法による構造躯体の構成は，部材を釘・金物によって接合することを基本としていますが，金物も釘によって取り付けられることを考えれば，枠組壁工法の躯体は釘によって組み立てられるといっても差し支えありません。

　枠組壁工法では釘の働きが重要ですから，釘の働きについて十分理解し，誤った使用法を避けることが必要です。

1. 釘の抵抗する力

釘によって接合された部材は，せん断・引抜きに抵抗することができます。

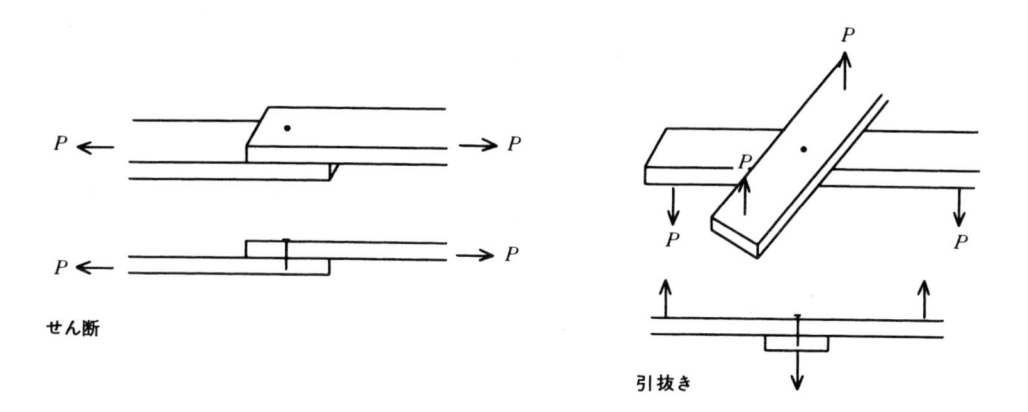

(1) せん断に抵抗する力

釘をせん断に抵抗させる場合，釘のせん断面の個数によって，1面せん断・2面せん断という区別をします。2面せん断接合の場合には，釘1本当たりのせん断面が，1面せん断接合の2倍あることになりますから，耐力も1面せん断接合の2倍としてよいことになっています。

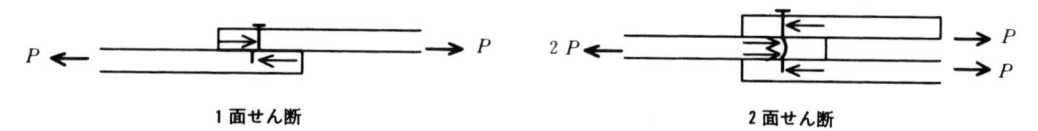

せん断に対して抵抗する力は，釘の種類，打ち方，部材の樹種などによって異なります。

次頁の表には，太め鉄丸釘（CN）を平打ちした場合のせん断耐力が示してあります。表より，許容応力度の大きな樹種の場合や，釘径（釘長さ）の大きな場合ほど，せん断耐力が大きいことがわかります。

CN 釘の基準1面せん断耐力値（平打ち：250年相当） [単位：N/本]

釘の種類	D Fir-L	Hem-Fir	S.P.F. W.Ceder	参考：平打ちの場合の材厚(mm)
CN 50	250	240	220	10～20
CN 65	310	290	270	15～25
CN 75	380	360	330	30～40
CN 90	450	430	400	40～

（注）1．側材（製材）の厚さは釘径の7倍以上，打込み長さは側材厚の1.5倍以上の条件を考慮した値。
2．設計に使用するせん断耐力は，長期1.1倍，中長期1.43倍，中短期1.6倍，短期2倍として適用する。

表の値は，木材が気乾状態の場合の値ですが，湿潤状態の場合には約25％低下するといわれています。また，未乾燥の材に打ち込まれた釘が乾燥後，力を受ける場合には約20％低下するといわれています。

　なお，表の値は同じ樹種を対象としていますが，異なった樹種の材を接合した場合には，耐力の小さな樹種に対する値とすることが必要です。

　また，木材の厚さに見合った釘を使用しないと木材が割れたり，釘が抜け出たりして所定の耐力を期待できないことになりますので，材厚に見合った釘を使用する必要があります。

　木材同士の接合にあたっては，斜め打ちにはCN65・CN75を，材厚38mm以上の材を平打ち・木口打ちする場合にはCN75・CN90を，板・材厚30mm程度の材を平打ち・木口打ちする場合にはCN65・CN75を使用することが原則となっています。

　また，厚さ9～12mmの下張り材をCN釘で留め付ける場合にはCN50を，厚さ15mm以上の下張り材の場合にはCN65を使用することになっています。

(2) 引抜きに抵抗する力

　引抜きに対して抵抗する力は，釘の種類と打込み長さによって異なります。

　引抜き耐力をせん断耐力と比較すると，同じ釘については引抜きのほうがその値が小さいので，構造耐力上主要な部分においては，釘を引抜き方向に抵抗させることは避けることが必要です。

　また，木口面に打たれた釘を引抜き力に抵抗させることはできませんので注意してください。

　以上述べたように，釘を用いる接合では釘のせん断耐力を期待するのが合理的ですので，せん断となるような使用法とすることが基本となっています。

2．釘打ち方法によるせん断耐力の違い

　釘の打ち方には，平打ち〔F〕，斜め打ち〔T〕，木口打ち〔E〕がありますが，3種の方法による場合のせん断耐力を比較すると，平打ち〔F〕を1.0とした場合，斜め打ち〔T〕5/6（≒0.83），木口打ち〔E〕2/3（≒0.67）となるといわれています。

釘打ち方法の違いによるせん断耐力比

平打ち	斜め打ち	木口打ち
〔F〕	〔T〕	〔E〕
1.0	5/6（≒0.83）	2/3（≒0.67）

《参考／釘接合部のせん断耐力》

　釘のせん断耐力は，釘の種類，打つ方法によって異なりますが，釘接合の方法を変えたい場合には，次のような検討をすることによって耐力をチェックできます。

〈例〉

　　1面せん断接合で 2-CN90F の場合，これを CN75T とするためには何本の釘が必要か。
［部材は S.P.F とする］

　　2-CN90F の耐力は，　2 × 400 N × 1.0 = 800 N
　　　　　　　　　　　　↑　　↑　　　　〔F〕
　　　　　　　　　　　本数　前々頁の表

　　1-CN75T の耐力は，　1 × 330 N × 0.83 = 274 N
　　　　　　　　　　　　↑　　↑　　　　〔T〕
　　　　　　　　　　　本数　前々頁の表

　　　∴ n = 800/274 ≒ 2.9 ───→ 3本　　すなわち，3-CN75T とすればよい。

4章　躯体各部の構成 4

　枠組壁工法は1974年のオープン化以来，約10回の告示改正を経て，ますます設計の自由度を高めた工法となってきています。
　新しい材料やそれに伴う新しい構成方法が出現してきており，それらすべてを一冊の本で解説することは難しい状況になってきています。
　本書で述べる躯体各部の構成方法は，枠組壁工法の原点とも言うべきもので，次の場合を対象としたものです。
① 平家建・2階建
② 基準寸法（モデュール）が500mm以下
　したがって，3階建や基準寸法（モデュール）が500mmを超える場合，新材料を使った構成方法については，本書の目的の範囲を超える特別な場合として，原則的には取り扱いませんので，注意してください。

第1節　躯体工事にあたって

1. 躯体工事の目標

　躯体工事は，建物の安全性を確保するうえで重要であるばかりでなく，仕上げの美しさを確保するという点からみても，非常に重要な工事です。施工にあたっては，次の3つの目的をよく理解し，それを達成するよう心掛けて作業することが必要です。

●躯体工事の目標
(1) 確実な施工を行うことにより建物の安全性を確保する。
(2) 正確な施工を行うことにより仕上げの美しさを実現する。
(3) 確実かつ正確な施工を行うと同時に，作業能率を高めることにより工期を短縮し，経済性を高める。

小屋裏利用の3階建建物

2．釘・金物の重要性

　在来軸組工法では，部材の継手・仕口を，木材を加工することにより行うのを原則としているため，釘・金物は構造的には補助的な役割をすることが多いのですが，枠組壁工法においては，釘・金物だけが建物の構造安全性を確保するための唯一の手段ですので，釘・金物の施工にあたっては，次の点に十分留意して行うことが大切です。

1. 釘打ちにあたって
   - 釘の種類
     （CN，CNZ，GNF，SN，SFN，ZNの区別）
   - 釘の長さと本数，間隔
   - 打ち方（平打ち，木口打ち，斜め打ち）

2. 金物取付けにあたって
   - 金物の種類と使用箇所
   - 釘の種類と本数（使用釘はZN）

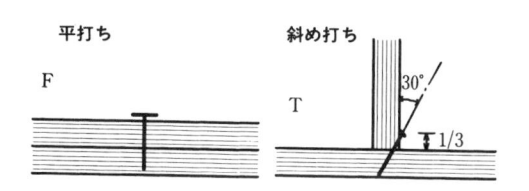

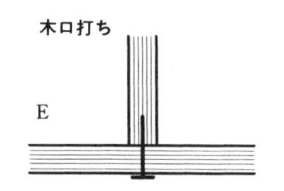

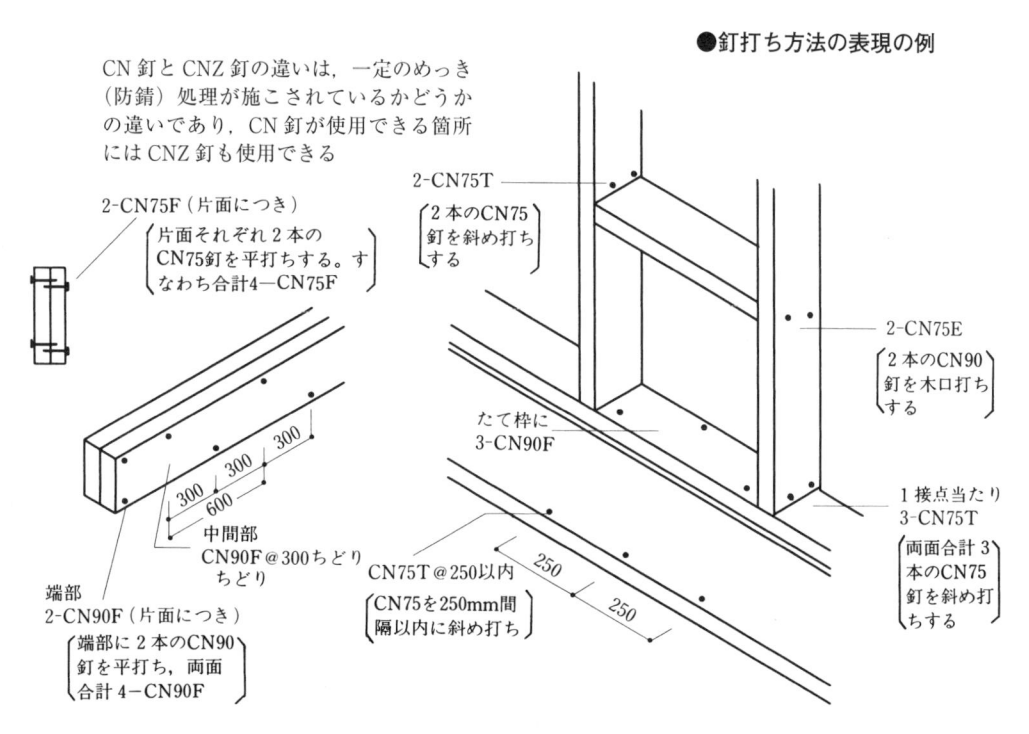

●釘打ち方法の表現の例

平打ち　F

斜め打ち　T　30°　1/3

木口打ち　E

CN釘とCNZ釘の違いは，一定のめっき（防錆）処理が施こされているかどうかの違いであり，CN釘が使用できる箇所にはCNZ釘も使用できる

2-CN75F（片面につき）
〔片面それぞれ2本のCN75釘を平打ちする。すなわち合計4-CN75F〕

2-CN75T
〔2本のCN75釘を斜め打ちする〕

2-CN75E
〔2本のCN90釘を木口打ちする〕

たて枠に
3-CN90F

1接点当たり
3-CN75T
〔両面合計3本のCN75釘を斜め打ちする〕

中間部
CN90F＠300ちどり
300　300　300　600　ちどり

端部
2-CN90F（片面につき）
〔端部に2本のCN90釘を平打ち，両面合計4-CN90F〕

CN75T＠250以内
〔CN75を250mm間隔以内に斜め打ち〕
250　250

《参考／ネイラーと空気圧》

　枠組壁工法では多量の釘を使用するため，生産性向上を目的として，ネイラー（自動釘打ち機，オートネイラー，エアネイラー）を使用することが一般的に行われています。

　ネイラーはコンプレッサーによる圧縮空気を利用して釘を打ち込む機構になっています。

　市販のネイラーは，$40～70N/cm^2$（$4～7\ kgf/cm^2$）の空気圧で適正に作動するものが大部分です。ネイラー使用に当たっては，空気圧を材の硬さ・釘打ちスピードなどに見合った状態にしておくことが必要です。ネイラーの空気圧を適正に保持するためにレギュレターを使用することも必要です。

　適切な空気圧の場合には，釘頭上面と材面が一致しますが，圧力不足の場合には釘頭が残ってしまい後で手打ちが必要となりますし，圧力過多の場合には釘頭が材にめり込むことになります。

　実際の現場では，手打ちなどの後始末のないように，釘頭を若干めり込ませる程度の圧力でネイラーを使用しているのをよく見掛けます。

　また，釘打ち速度が大きい場合には，途中で空気圧が適切になるように空気圧を高く設定しておくために，使用初めに釘頭めり込みを生じている例も見掛けます。

　このほか，1台のコンプレッサーで多数のネイラーを使用する場合にも釘頭めり込みを起こしやすいようです。

　枠組材などの材厚が大きいものの場合には，若干の釘頭めり込みはそれほど大きな問題にならないと思われますが，壁下張り・床下張り材のように材厚の小さな場合には，釘頭のめり込みは構造耐力上大きな問題となります。

　面材の種類によってその影響度合いが異なりますので，一概に言えませんが，釘頭が下張り材厚の10％程度（9 mm厚で約1 mm）めり込んでいる場合，適正な場合に比較して10～20％耐力が低下するボードがあります。

　さらに，めり込みが材厚の約30％（9 mm厚で3 mm程度）の場合，適正な場合の30～80％低下するものがあります。このことは，設計で期待した構造耐力がほとんど見込めないということを意味しています。

　現実に，1978年宮城県沖地震の際，釘頭のめり込みが原因と考えられる施工途中建物の倒壊の例が報告されています。

　このように，ネイラーで面材を留め付ける場合の釘頭めり込みは，建物に致命的な欠陥を与えることを深く認識して，めり込みのない施工を心掛けることが必要です。また，釘頭めり込みを生じた場合には，打ち直し（通常ではめり込んだ釘を抜く必要はありません）をすることが必要です。特に，耐力壁を構成する面材の場合には，十分な配慮をもって施工してください。

4章 駆体各部の構成

3．各部位の矩(かね)

　床・壁などの枠組に構造用合板などの面材を張った後には枠組の矩の修正は困難なので，各枠組製作時に各部位のゆがみを直してから面材を留め付けることが必要です。矩の確認は，通常，各部位の対角線の長さを測ることにより行います。その場合，対角線の長さの差を 2 mm 以内にすることが必要です。

　また，建物全体の矩を正確にすることも忘れてはなりません。

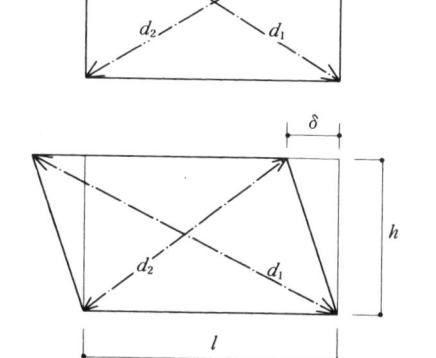

- 対角線の長さ d_1，d_2 は矩（直角）になっているときには等しく，両者の差は 0 である。
- 矩が狂っている場合には対角線の長さが異なり，d_1 と d_2 に差が出てくる。

　　たとえば，高さ h =243cm，水平長さ l =364cm の場合で頂部の変形が 5 mm あった場合の対角線の長さの差は約 8 mm である。また，その場合，両者の差を約 2 mm とした場合には頂部の変形は約1.2 mm となる。

- 同様に，水平長さが546cm の場合で，対角線長さの差が 2 mm の場合頂部の変形は約1.0mm となる。

4．鉛直方向の沈み

　枠組壁工法では部位，部材を組み上げてゆく方法をとるので数多くの部材接点が生じます。たとえば，次頁の図のような 2 階建の場合には，基礎天端からたるき下端までの間に14か所の部材接点ができることになります。

　このことは，仮に各点に0.5mm のすき間があった場合，合計 7 mm ものすき間ができることを意味しています。

　このようなすき間がある状態で荷重が加わると，すき間は小さくなり鉛直方向の沈みによって仕上材がひび割れしたり，ひどいときには**構造耐力上悪影響**が出ることも考えられます。

このようなことを防止するためには，各接合点をできるだけ密着するように施工することが大切です。そのほか，鉛直方向の沈みによる影響を少なくするために，壁組の面材の継目部分に目地を設けておく，壁と床組とを緊結する帯金物を躯体工事完了寸前に取り付けるなどの対策があります。

5．床下配管工事の時期

　給排水やガスの床下配管がある場合には，工事は1階床組に着手する以前に完了していることが必要です。1階床合板を張り込んだ後の床下配管工事は非常に困難ですので，1階床組の工事に取りかかる前に必ず確認しておきます。

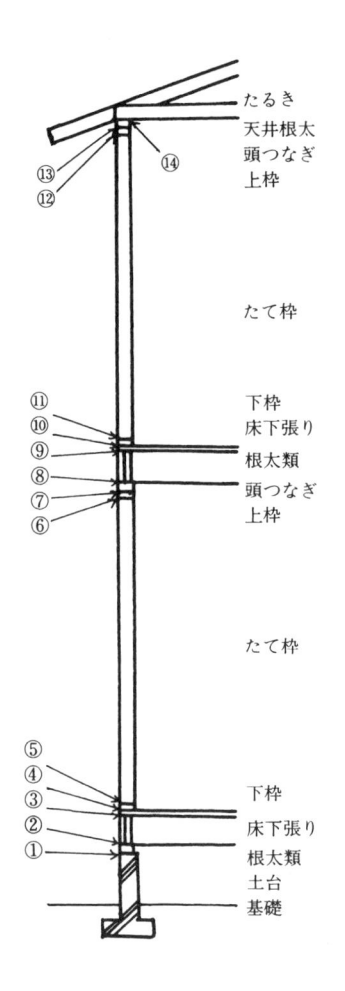

6．作業台としての床組

　枠組壁工法では床面が作業台や現寸の製図台になるので，床組面を常に清掃し，床組上に資材を置く場合には，整理・整頓しておくように心掛けることが大切です。

7．仕上げ下地としての構造用枠組

　枠組壁工法では構造用枠組がそのまま仕上げ下地となることが多いので，壁組・床組・小屋組施工時には後の仕上工事のことまで考えて，面の不ぞろいや不陸がないような施工を行うことが必要です。

8. 部材の現場での保管

1. 製材・合板など

　躯体工事に使用する部材を現場に搬入する場合には，使用工程順に上から下へ積み，施工段階で部材探しの手間を掛けないようにすることが大切です。

　同じ断面寸法であっても使用する部位により製材の等級が異なることがあるので，混同して使用しないように注意して保管しておくことが必要です。

　プレカットした部材の場合には，各部材を識別できるようにしておくことが必要です（使用区分により色分けをしておくことも良い方法です）。

　保管にあたっては，木材や合板などの下には必ず枕木（りん木）を置き，材の曲りや荷くずれがないように積み，雨水などが掛からないようにシートで覆っておくことが必要です。

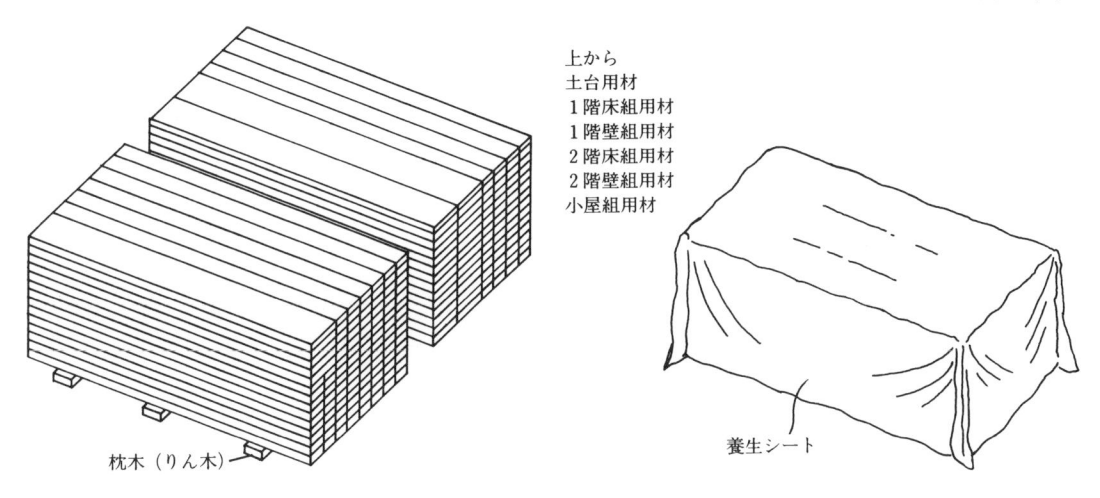

上から
土台用材
1階床組用材
1階壁組用材
2階床組用材
2階壁組用材
小屋組用材

枕木（りん木）

養生シート

《参考／プレカット・パネル化》

　工期の短縮，加工精度の向上，材料の合理的使用をはかるために，設計図に従い工場で前もって部材を所定の長さに切断・加工することをプレカットといいます。なお，現場の加工場で前もって一括切断・加工した材をプレカット材ということもあります。

　最近では，プレカット部材を使用することや壁・床・小屋組を部分的に工場で組み立てて出荷することも多くなっているようです。

2. 釘，補強金物

枠組壁工法用の釘，金物であることを確認し，雨水が掛からないようにすると同時に，取り出しやすいように保管することが必要です。

3. その他

躯体工事には防水紙または防水フィルム，コーキング剤なども使用されます。いずれの材料も使用時期を考えて取り出しやすく保管しておくことが必要です。また材料によっては，直射日光を避ける必要のあるものもあるので注意が必要です。

現場に搬入される資材

9．躯体工事に必要な器工具

1. 手工具類

① 金づち・ハンマー

枠組壁工法では，釘打ちによる部材接合を主体としているため釘本数も多く（30坪程度の建物に使用する釘は平均125kg，本数では約5万本といわれている），したがって，金づち・ハンマーの使用頻度が高く欠かすことのできない工具です。

② のこぎり

躯体工事では電動のこぎりを主体としますが，隅部など電動のこぎりが使用できない箇所のためにのこぎり（両刃30cm程度）が必要です。なお，金切のこ（鉄パイプ切断）を備えておくとなにかと便利です。

③ かんな

躯体工事ではほとんど使用しませんが，小屋組のむなぎ・隅たるきをしのぎ削りする場合や仕上げ面に影響を及ぼすような材の曲りやそりを直す場合には必要となります（電動かんなでも差し支えありません）。

④ レンチ・スパナ……アンカーボルトの締付け
⑤ カッター……防水紙，防水フィルム，養生紙の切断に使用します。
⑥ ドライバー……サッシ用ネジの締込みなどに使用します。
⑦ 釘抜き・バール……不用釘の引抜きなどに使用します。
⑧ カケヤ（木づち）……矩の直し，建て入れのときに使用します。
⑨ コーキングガン……コーキング・接着剤の施工に使用します。
⑩ のみ……配管または筋かいの施工時に枠材を切り欠くときに使用することがありますが，必ずしも必要ではありません。

2．電動工具類

作業能率を向上させるために電動工具は欠かせないものですが，けがなどの危険も大きくなります。電動工具を使用する場合には，その取扱い方法をよく理解し安全に作業することがなによりも大切です。

① 電気のこぎり

部材の切断に使用します。これは作業能率の向上に欠かせないものです。

電動のこぎり　　　　電動のこぎりによる切断

② 自動釘打ち機・コンプレッサー

枠組壁工法の場合には釘の本数がきわめて多く，自動釘打ち機（オートネイラー）は作業能率を向上させるためには欠かせないものです。いうまでもなく，枠組壁工法用釘を打てるものであることが必要です。

自動釘打ち機は，圧縮空気を利用して動くものですから，コンプレッサーが必要です。なお，自動釘打ち機を使用する場合には，常に空気圧の調整に注意し，適正な圧力（通常4～7 kg/cm²）で使用しなければなりません。

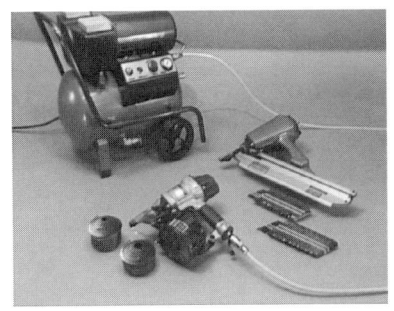

自動釘打ち機・コンプレッサー 　　　　　自動釘打ち機による釘打ち作業

③　電動ルーター

壁下張り・床下張りなどに開口を設ける場合に必要な工具です。

電動ルーター 　　　　　　　　　　　　　電動ルーターによる開口部回りの作業

④　電気ドリル

土台にアンカーボルト用の穴をあける場合や，枠組材に配管用の穴をあける場合などに使用します。

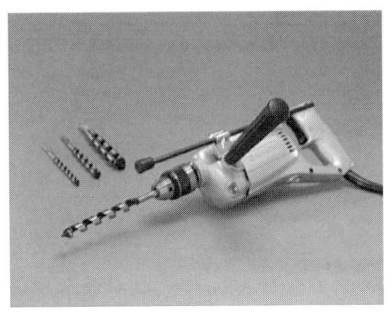

電動ドリル 　　　　　　　　　　　　　　電動ドリルによる孔あけ作業

⑤　電気かんな

手かんなの項で説明した目的に使用します。あまり必要としませんが，軽便なものがあると便利です。

電気かんな　　　　　電気かんなによる不陸の修正

安全作業

3．計測用具

① 巻尺

・携帯用スチール巻尺で長さ5m程度のものを各自一つ持っていることが必要です。

・長巻尺（30〜50m程度のもの）を現場へ常時備えておきます。これは矩の確認のために基礎，土台，枠組等の対角線の長さを測るため必要です。

② 水準器

躯体工事に使用する水準器はできるだけ長いもの（できれば180cm程度）が望ましく，また壁枠組の建て入れの場合には同時に2か所以上で使用する必要が出てくるので，2本以上常備するのがよいでしょう。

③ 指矩（曲尺）

在来工法で使用されているものを使用します。枠組壁工法用のさしがねもありますが，今のところ一般的ではありません。

④ 墨壺・墨指し

使用目的や方法は在来工法と同じですが，シージングボードのように黒いものに対しては朱壺または色もの（チョーク）を使用すると便利です。

⑤ その他

角度定規，トランジットまたはレベルなど。いわゆる尺杖のように根太やたるき等の配置位置を印した道具を各自工夫して使用する場合もあります。これを使用すれば能率よく正確に墨出しができます。

計測用具　トランジット

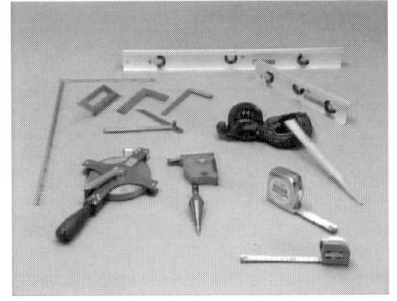

計測用具

第2節　基　礎

1．基礎の配置位置

　基礎は布基礎とし，1階の外周部耐力壁線および内部耐力壁線，支持壁の直下に設けます。この場合，内・外耐力壁直下の基礎は，連続一体化した布基礎としておくことが必要です。最近ではべた基礎を使用することも多くなってきています。べた基礎は布基礎のフーチング部分が1枚の版となったもので，立ち上がり部分（布）は布基礎と同様の位置に配置することができます。

　なお，内部耐力壁の場合には，床組を床ばりなどで補強した場合には，基礎を省略することができます。

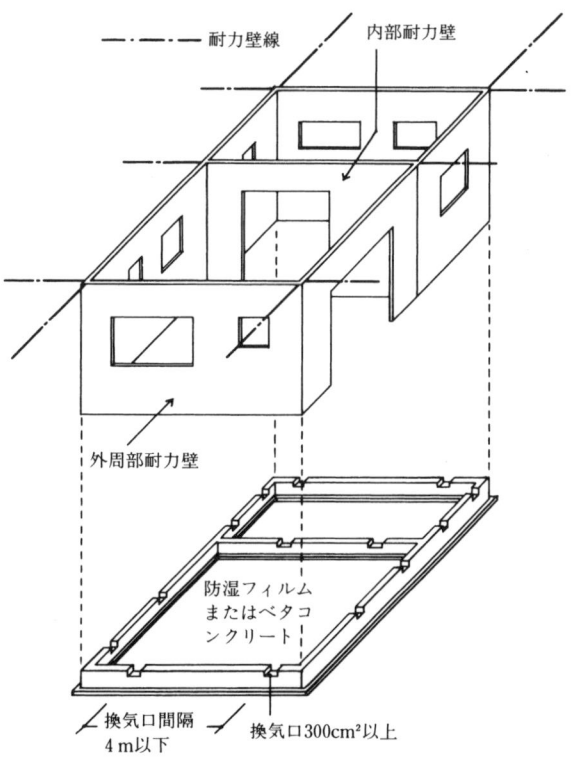

> 《参考》
> 　枠組壁工法では，1階の耐力壁，支持壁の下にだけ設ければよいことになっていますが，実際には在来工法のように耐力壁，非耐力壁にかかわらず，すべての壁の下に設けているのを見かけます。構造的には問題はないのですが，水回り部分は別として，その他の部分については床下換気の点から耐久性の上で問題が生じやすいので，通風や耐力壁，支持壁の役割をふまえた枠組壁工法らしい基礎配置をすることが望まれます。

2．基礎の構造

基礎の構造は，一般に次の5種類の場合が考えられます。
① 布基礎
② 腰高布基礎
③ べた基礎
④ 地下室の基礎壁
⑤ 土間コンクリート床スラブ一体布基礎

本節で説明するのは，①布基礎，②腰高布基礎です。

1．地業

基礎を据え付ける地盤を強化するための地業には，種々の方法がありますが，住宅などの場合には割ぐり地業が一般的に用いられます（なお，建物の用途や地盤の状態によってはくい打ち地業も用いられます）。

割ぐり地業に用いる割ぐり石は硬質なものとします。また，割ぐり石の代用として硬質な玉石を使用することができます。なお，地盤が比較的良好な場合は砕石による地業とすることもできますし，地盤が特に良好な場合は省略することができます。

割ぐりのすき間を埋める目つぶし砂利は，切込み砂利または切込み砕石とします。

割ぐり石は，原則として1層小端立てとし，すき間のないようにはり込み，目つぶし砂利を充てんしたうえで締め固めます。締固めは，ランマーの場合3回突き以上，ソイルコンパクターの場合2回締め以上，振動ローラー締めのいずれかで行い，凹凸部は目つぶし砂利で上ならしをします。

地業　　　　　　　　　　鉄筋組立

フーチングの施工　　　　立ち上がり部の型枠施工

2. 布基礎の形状寸法・配筋

① 地耐力が30kN/m²（3 tf/m²）以上の場合，一体の鉄筋コンクリート造布基礎とします。

　イ　基礎の根入れは120mm以上とし，地盤面からの立上りは300mm以上とします。

　ロ　布基礎幅は，一般地および多雪区域の平家建の場合は120mm以上とし，多雪区域2階建の場合は150mm以上とします。いずれの場合も土台の幅以上となるように基礎幅を決定します。

　ハ　多雪区域および一般地2階建以上の場合には，布基礎の下部に底盤（フーチング）を設けます。

　ニ　寒冷地における布基礎下端は，凍上深度以上に設けます。

　ホ　配筋をする場合には，上下主筋D13または13ϕ，あばら筋D10または9ϕ@300とします。

② 地耐力が30kN/m²未満の場合はべた基礎とし，配筋などは構造計算により決定します。

基礎の配筋

布基礎の断面寸法例

地耐力と布基礎の底盤（フーチング）幅

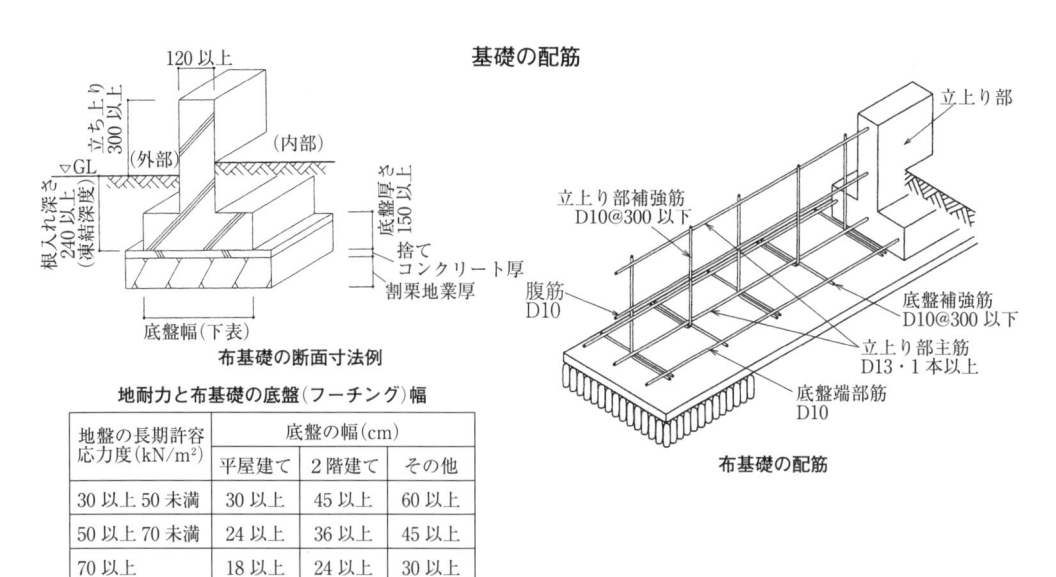

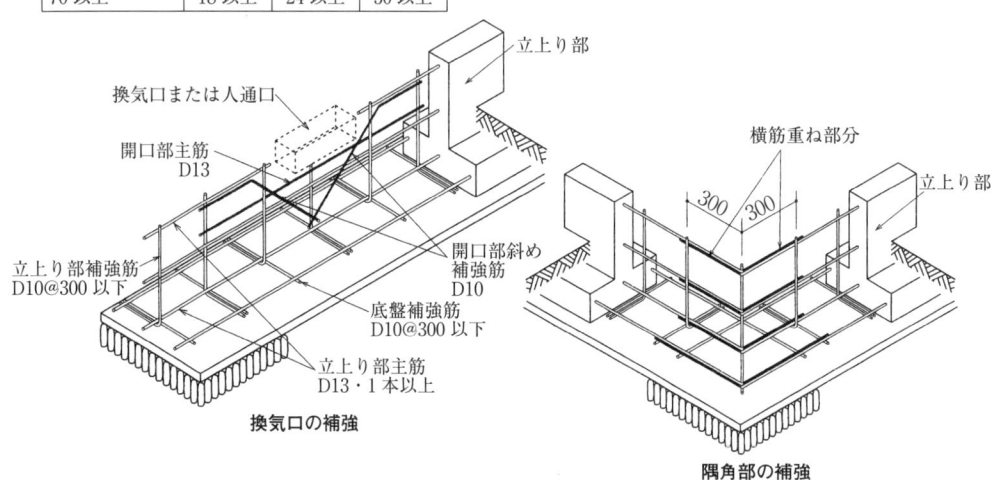

地盤の長期許容応力度(kN/m²)	底盤の幅(cm)		
	平屋建て	2階建て	その他
30以上50未満	30以上	45以上	60以上
50以上70未満	24以上	36以上	45以上
70以上	18以上	24以上	30以上

布基礎の配筋

換気口の補強

隅角部の補強

2. 腰高布基礎の形状寸法・配筋

浴室・便所回りなど布基礎上にコンクリートブロックを積み上げて腰高布基礎とすることがありますが、その場合にはブロックは6段以内とし、右図のような構成を標準とします。

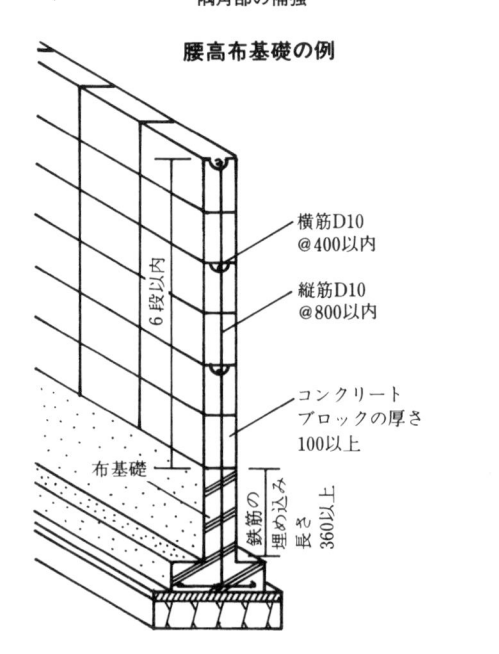

腰高布基礎の例

3．アンカーボルト

① アンカーボルトは，径12mm以上，長さ35cm以上のものを用い，埋込み長さは250mm以上とします（品質はCマーク表示品かそれと同等以上とします）。
② 土台の隅角部および継手付近には必ず設け，その他の部分では間隔2m以内とします。
③ 土台の継手付近では，2本のアンカーボルトが必要ですので，継手の位置を考えてアンカーボルトの位置を決めます。換気口の上で土台の継手を設けることは絶対避けなければなりません。
④ 1階床を土間コンクリート床スラブで構成する場合には，1階の床に達する開口部（掃き出し窓）の両側のたて枠から15cm以内の部分にも配置します。

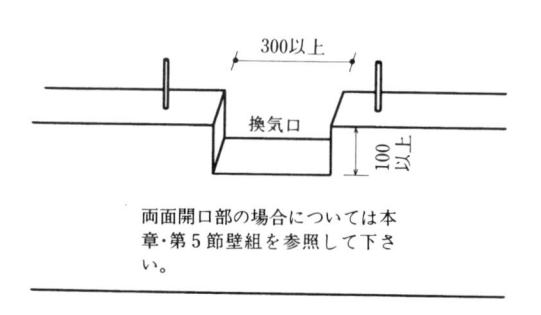

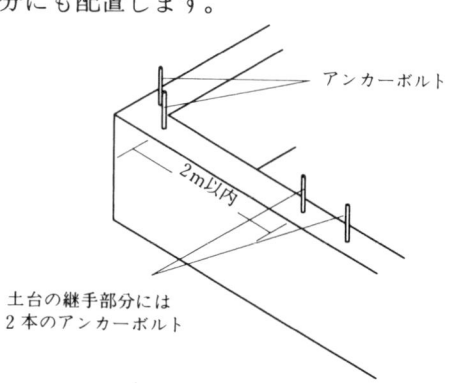

4．床下換気口

布基礎に換気口を設ける場合には次のとおりとします。
① 布基礎には，内外部とも基礎長さ4m（施行令では5m）以内に300cm²以上の有効断面積をもつ床下換気口を設けます。
② 換気口は，換気が床下全体に流れるように配置を検討します。また，内部布基礎のうち特に台所，便所，浴室等の水回り部については，十分な換気が行なわれるよう設けることが必要です。
③ 換気口には，ネズミ等の侵入を防ぐため，防錆された金網・鋳鉄製スクリーン等を取り付けます。

《参考／換気口の位置》

　アンカーボルト埋込み位置や床下換気口位置は，床根太の取り付く位置を避けておくと，無用な床根太の欠き込みや土台に無理な荷重を掛けることを避けることができます。特に，寸法型式404以外の土台を使用するときは，換気口の上に床根太を配置することがないようにしなければなりません。

　また，最近では，基礎と土台の間にプラスチック製の飼木をはさんで通気を確保する方法をとることも多くなってきているようです。

　このような土台構成のことを「ねこ土台」とよぶことがあります。厚さ1cmを超える厚い飼木は，ネズミの侵入を許すばかりでなく，アンカーボルトに過大な曲げモーメントを生じさせるおそれがあり，構造的な弱点になりかねません。なお，飼木は基礎にコンクリート，釘，接着剤などで固定させることが必要です。

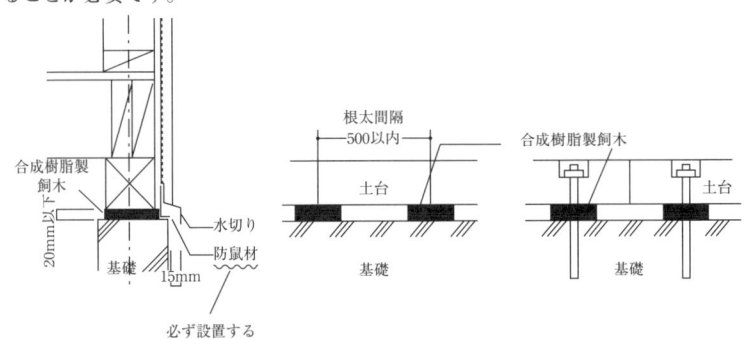

ねこ土台（合成樹脂製飼木を用いた工法）

5．床下防湿工事

1．床下防湿フィルムを使用する場合

① 基礎内部を平坦にし，0.1mm厚以上の防湿フィルムを全面に敷き込みます。

② 防湿フィルムの重ねは150cm以上とし，重ね部分は乾いた砂や砂利で押えます。

2．ベタにコンクリートを打つ場合

床下防湿工事

基礎内部地盤は外部地盤面より高くなるように盛土し，十分突き固めたのち，厚さ60mm以上のコンクリートを打設します。

重ね部分・基礎あたりを、乾燥した砂・砂利で押える

床下防湿用フィルム

重ね部分 15cm以上

床下防湿用ベタコンクリート

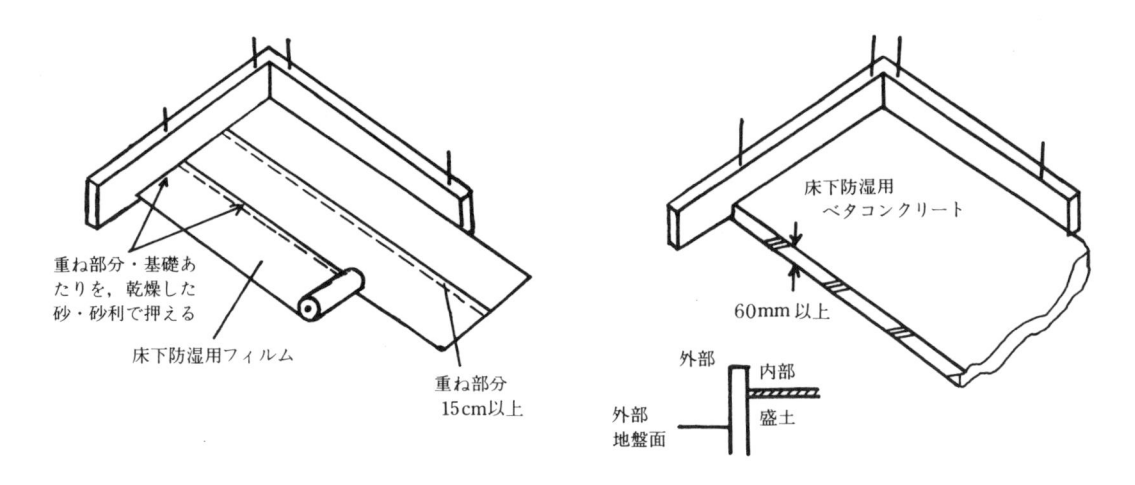

60mm以上

外部 / 内部
外部地盤面 / 盛土

《参考》
　大引き・束を用いた床組の場合で、防湿フィルムを使用する場合には束石回りの施工には注意をはらってください。

6. 設備配管

　給排水・ガス配管のために根太や枠組材に穴あけや欠き込みをすることがありますが、必要以上に欠き込んだり穴あけしないように必ず事前に打合せをしておくことが必要です。

　1階から2階へ立上りがある場合には、配管位置や管径を事前に打ち合わせておいて、枠組施工段階で必要な欠き込み穴あけをしておくと、配管作業を能率的に行うことができます。。

配管スリーブの設置

《参考／配管の立上り》
　配管の立上りが9cm以上あると、壁枠組に壁下張り材を張る場合に支障をきたし、壁の施工能率を落とすことになりますので、配管の立上りは8cm程度が適当です。

第3節　土　台

1．土台の据付け工程

　土台の据付けは基本的には右のような工程ですが，段取りによって部分的に異なることがあります。

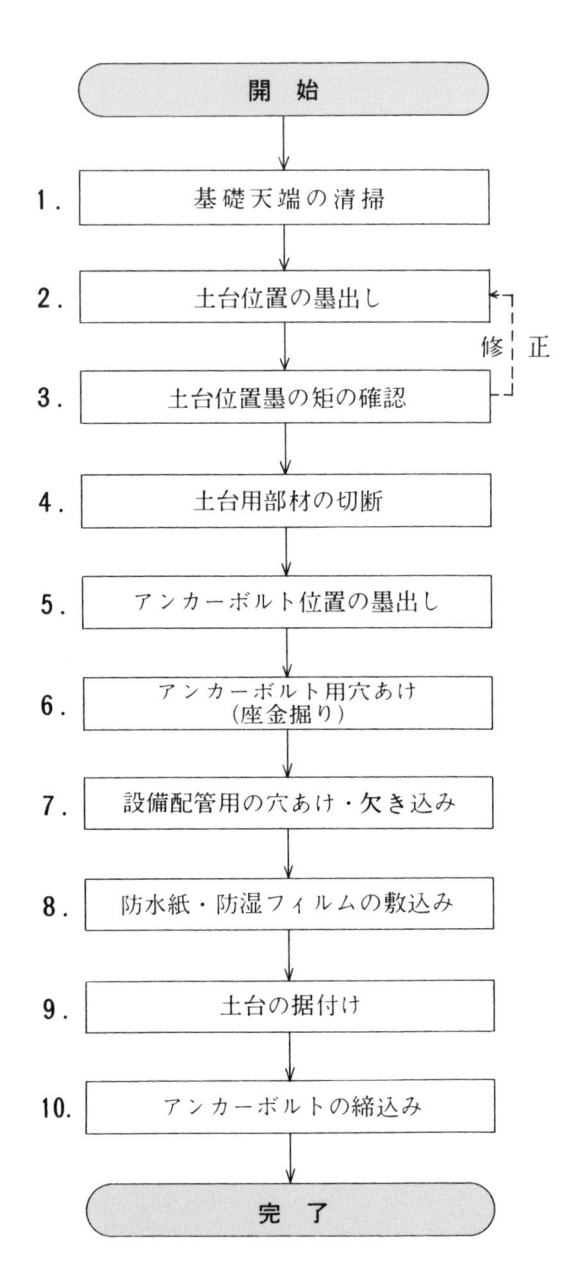

```
        ┌──開　始──┐
             ↓
    1.  基礎天端の清掃
             ↓
    2.  土台位置の墨出し    ┐
             ↓              │修正
    3.  土台位置墨の矩の確認 ┘
             ↓
    4.  土台用部材の切断
             ↓
    5.  アンカーボルト位置の墨出し
             ↓
    6.  アンカーボルト用穴あけ
          （座金掘り）
             ↓
    7.  設備配管用の穴あけ・欠き込み
             ↓
    8.  防水紙・防湿フィルムの敷込み
             ↓
    9.  土台の据付け
             ↓
   10.  アンカーボルトの締込み
             ↓
         ──完　了──
```

4章 躯体各部の構成

1. 基礎天端の清掃

基礎天端を入念に清掃します。これは，基礎天端に土台位置墨を出す際に，砂や木くずがあると正確な墨を出すことができないからです。

2. 土台位置の墨出し

基礎天端に通り芯墨を出します。基本的な通り芯墨は，基礎の側面（立上り部）にも出しておくと，垂直方向の通り確認のときに役立ちます。

土台位置の墨出し

基礎天端と基礎側面に打たれた墨

3. 土台位置墨の矩の確認

打たれた墨が直角（矩）になっているかを，対角線の長さを巻尺で測って確認します（対角線の長さの差が 2 mm を超える場合には，墨を修正したほうがよいでしょう）。

4. 土台用部材の切断

土台用部材を必要長さに切断します。

継手位置には必ずアンカーボルトが必要ですので注意してください。また，切断箇所木口の防腐処理を忘れずに行うことが必要です。

アンカーボルト位置の墨出し

5. アンカーボルト位置の墨出し

切断した土台を基礎天端に仮敷きしてアンカーボルトの位置を移し取ります。土台への移し墨は土台の下端に出すと穴あけの精度が悪い場合でも手戻りが少なくてすみます。

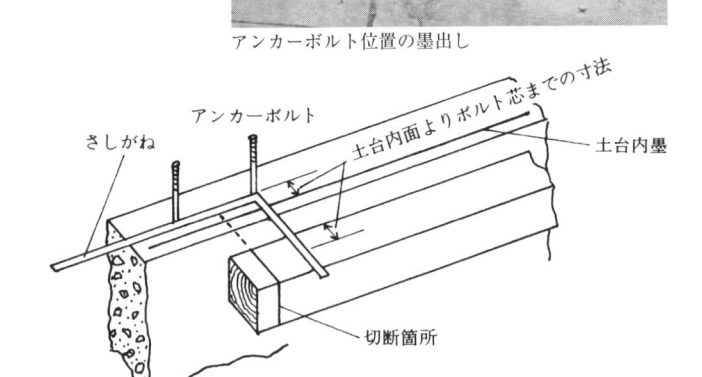

6. アンカーボルト用穴あけ

7. 設備配管用の穴あけ・欠き込み

位置を確認して穴あけ・欠き込みをします。穴あけ・欠き込みをする場合には土台の欠損はできるだけ小さくするようにし，必要な場合には補強をしておきます。

4章 躯体各部の構成

8. 防水紙・防湿フィルムの敷き込み

防水紙・防湿フィルムは基礎天端に敷き込んでおくとよいでしょう。防水紙・防湿フィルムをタッカー釘で土台にあらかじめ取り付けておくことは防湿上好ましくありません。

9. 土台の据付け

基礎の土台墨に合わせて土台を正確に据え付けます。

10. アンカーボルトの締込み

アンカーボルトの締込み

11. 土台材相互の接合

土台間の釘による接合

土台の据付け完了

83

2. 土台の材料

　土台は地盤に最も近い部材で，建物を基礎と緊結する部材ですから，防腐・防蟻処置を施したものとし，耐久性を確保する必要があります。
　土台として使用できる材は，枠組壁工法用製材の特級・1級・2級で寸法型式 204・206・208・404などで，防腐処理（枠組壁工法構造用製材の日本農林規格で規定する処理）をしたものに限られています。
　なお，404などの4系列の場合については防腐剤浸せきまたは2～3回塗布したものでも使用することができますが，この場合薬剤の量は木材の表面積1 m^2につき300ml以上とします。現場処理をする場合には，木口・仕口・継手の接合箇所，木材の乾裂部分，コンクリート・石などに接する部分などは特に入念な処理が必要です。
　また，加圧注入材の場合でも現場での加工・切断・孔あけ箇所には防腐・防蟻剤の塗付・吹付けなど新たに処理が必要です。

---

3. 土台の構成

　土台の構成には，布基礎の場合，土間コンクリートスラブの場合，在来工法的床組の場合の3つの場合があります。いずれの場合も土台が基礎と接する面には防水紙または防湿フィルムを敷き，基礎からの水分が土台に上がらないようにします。

1. 布基礎の場合の土台

　204・206・208を使用した場合の土台の隅角部・T字部の仕口および継手の接合は，2-CN65Tとします。また，404などの場合には3-CN75Tとします。
　継手・仕口付近にはアンカーボルトが必要です。継手の場合には，換気口の上で継ぐことのないよう注意します。また，継手の両側にアンカーボルトがある位置で継ぐことが必要です。なお，座金掘りができるのは404材以上の場合に限られています。

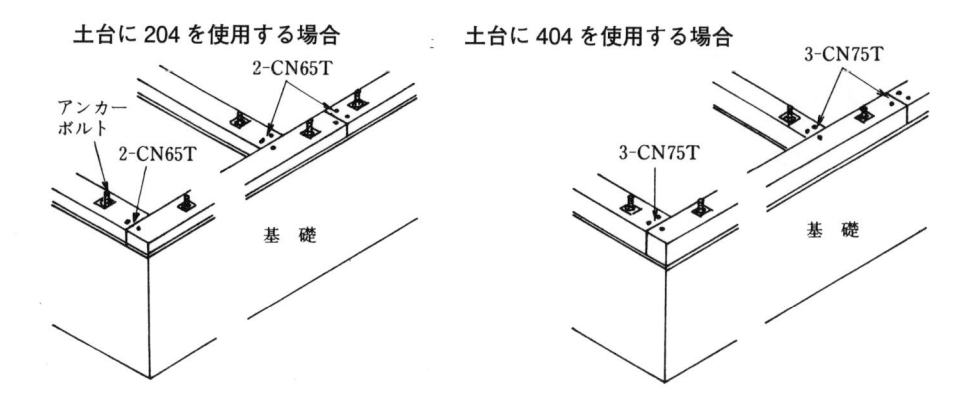

土台に204を使用する場合　　　土台に404を使用する場合

2．土間コンクリート床スラブの場合の土台

　土間コンクリート床スラブの場合には，土台が壁枠組の下枠を兼ねることになりますので，土台（下枠）には防腐処理したものを使用します。

　土台を下枠と併用する場合の土台の継手はたて枠位置に設け，204・206・208材の場合はたて枠から4-CN65Tとするか，土台からたて枠へ4-CN90Eとし，404材の場合にはたて枠から4-CN75Tとします。

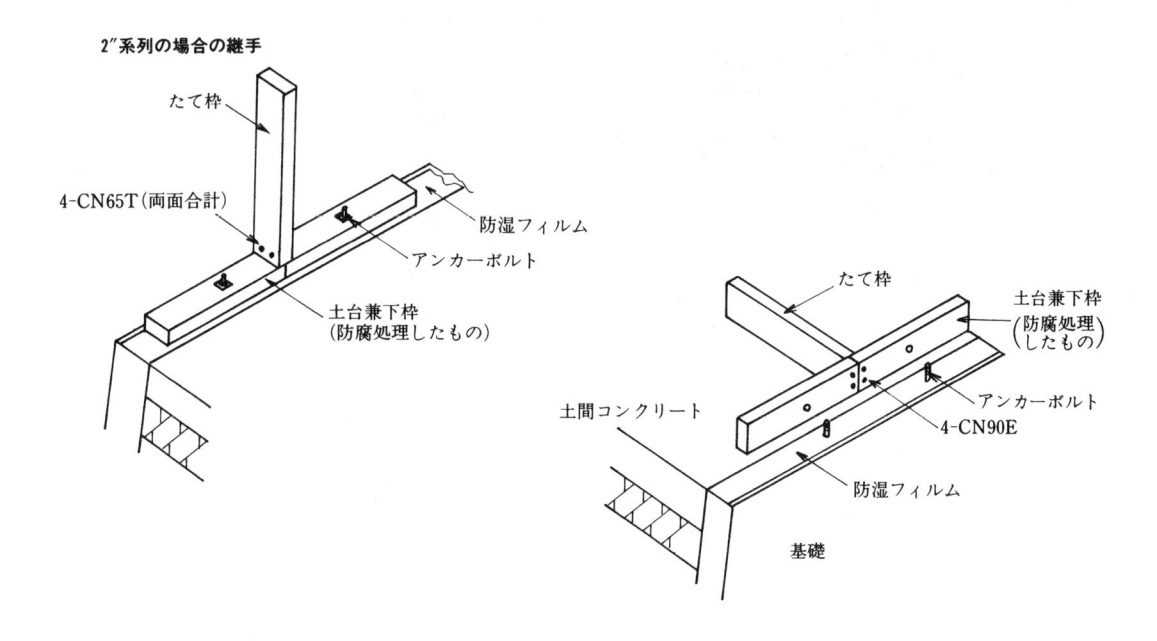

3．大引き・束を用いた床組の場合の土台

　枠組壁工法の1階床組を土台，大引き，束，根太，根がらみなどを用いる在来軸組工法の束建て床組に類似した方法によって構成する場合については，第4章第4節・床組（床版）で詳しく説明していますので参照してください。

第4節　床組（床版）

1．床組の組立て工程

1階床組・2階床組ともに標準的な工程は次のとおりですが，段取りによって部分的に異なることがあります。

```
      開　始
        ↓
1.  床根太位置の墨出し
        ↓
2.  根太類の取付け
        ↓
3.  ころび止め・受け材の取付け  ┐
        ↓                      │
4.  床下の清掃・確認            │ 2階床
    断熱材の取付け              │
        ↓                      │
5.  床下張りの取付け  ←─────────┘
        ↓
      完　了
```

床根太位置の墨出し

1．床根太位置の墨出し

1階床組の場合には土台，2階床組の場合には1階壁頭つなぎの上端に根太類の位置を墨出しします。

墨出しをした場合には必ず床全体の矩を確認してください。

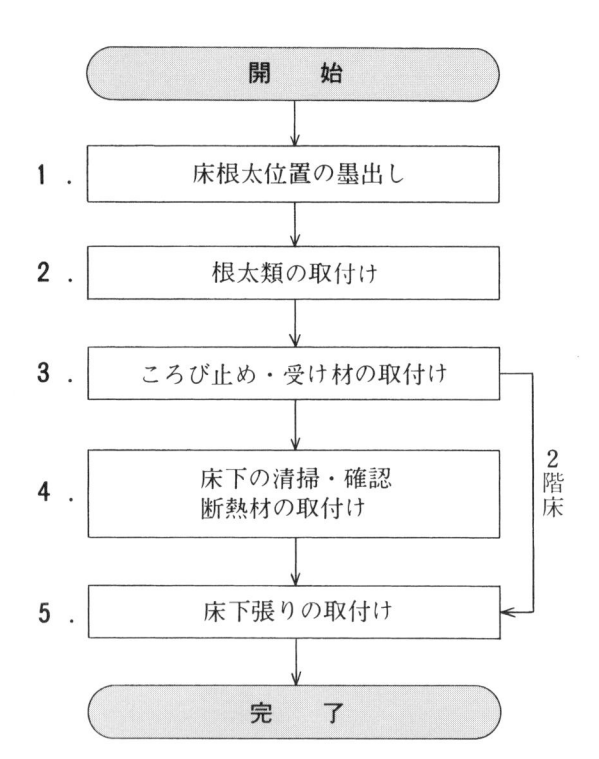

1階床組

2．根太類の取付け

根太類（端根太・側根太・添え側根太・床根太）を墨に合わせて取り付けてゆきます。

1階床組

3．ころび止め・受け材の取付け

設計図に従い，床下張り材割り付け用の位置墨を出し，それに従ってころび止め・受け材を必要な箇所に取り付けます。

ころび止めの取付け

受け材の取付け

全体

床下の清掃

1階床枠組（全景）

4．床下の清掃・確認

　床下張り材を張り込んだ後での床下の清掃は困難ですので，床下にごみ・木くずがないことを確認します（床下に木くずを残しておいたり埋めたりするとシロアリの被害の原因となります）。

5．床下張り材の取付け

　床下に断熱材を入れる場合や床用現場接着剤を使用する場合には，張り込む前に作業をしておきます。

　床張り材を敷き込み，留め付けます。

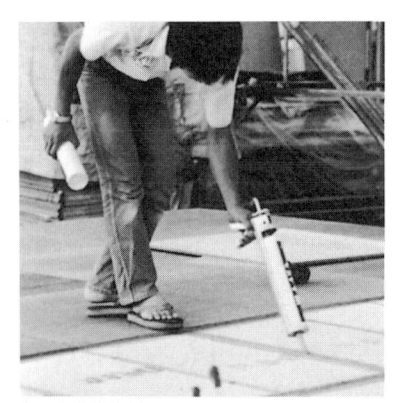

床用現場接着剤の塗布

断熱材の取付け

配管用の穴

4章 躯体各部の構成

床下張りの配置（ちどり張り）

釘打ち

2階床組の全景（2階がセットバックしている）

2．床組の構成材料

　床枠組は，床根太・端根太・側根太・床ばり，ころび止めなどで構成されます。根太・はり類は高い曲げ性能を要求されますので，根太・はり材として使用できる材料は下表のように定められています。

床枠組材の規格と使用可能箇所

材料の規格		構造部材の種類（用途・使用部分）	（1）端根太，端根太ころび止め側根太，添え側根太，床ばり	（2）床根太
枠組壁工法構造用製材	甲種枠組材	特級，1級，2級	○	○
		3級	×	×
	乙種枠組材	コンストラクション	×	×
		スタンダード	×	×
		ユーティリティ	×	×
	MSR材（機械による曲げ等級区分材）		○	○
集成材	構造用集成材	同一等級	○	○
		対称異等級構成集成材	○	○
		特定対称異等級構成集成材	○	○
		非対称異等級構成集成材	○	○
	化粧ばり構造用集成柱		○	○
構造用単板積層材		特級，1級，2級	○	○
枠組壁工法構造用たて継ぎ材	甲種たて継ぎ材	特級，1級，2級	○	○
		3級	×	×
	乙種たて継ぎ材	コンストラクション	×	×
		スタンダード	×	×
		ユーティリティ	×	×
	たて枠用たて継ぎ材		×	×
製材の日本農林規格：針葉樹の下地用製材　板類の1級			×	×
鋼板，鋼帯（スチールハウス用の軽量形鋼）			×	○

○：使用可　×：使用不可

　寸法型式は，荷重・使用樹種と構造用単板積層材など等級・床根太間隔・床用現場接着剤使用の有無，スパンによって異なりますが，通常の場合には，床根太スパン表や床ばりスパン表によって決定します。

床根太スパン表の例（構造用合板：厚12mm，床用現場接着剤利用）　　　　　　　　　　　　　　　　　　　　[単位：m]

床根太の寸法型式	床根太の間隔（mm）	D.Fir-L 1級	D.Fir-L 2級	Hem-Fir 1級	Hem-Fir 2級	S-P-F 1級	S-P-F 2級
206	303	3.55	3.39	3.38	3.31	3.40	3.36
206	455	2.98	2.79	2.91	2.73	2.83	2.79
208	303	4.47	4.18	4.36	4.10	4.24	4.18
208	455	3.69	3.45	3.60	3.38	3.50	3.45
210	303	5.40	5.06	5.26	4.95	5.12	5.06
210	455	4.46	4.18	4.35	4.09	4.24	4.18
212	303	6.28	5.88	6.12	5.76	5.96	5.88
212	455	5.20	4.88	5.08	4.77	4.94	4.88

（注）使用釘　CN50

　床下張り材としては構造用合板(特級・1級)，パーティクルボード(18タイプ，13タイプ，24-10，17.5-10.5または30-15タイプ)，構造用パネル(1級，2級，3級)，硬質木片セメント板（厚さ18mm以上）などが使用できますが，床根太間隔によって使用できる厚さや等級が決められています。

床根太の間隔	65cm 以下（参考）	50cm 以下	31cm 以下
構造用合板 等	厚さ15mm 以上	厚さ12mm 以上	同　　左
パーティクルボード	厚さ18mm 以上	厚さ15mm 以上	同　　左
構造用パネル	1級	2級以上	3級以上
硬質木片セメント板	×	×	厚さ18mm 以上
MDF	―	30タイプ	同　　左
火山性ガラス質複層板（VSボード）	―	HⅢ	同　　左

　床枠組と床下張り材との緊結は基本的には釘によって行いますが，床鳴り防止・床組の曲げ剛性（たわみにくさ）増大のために，床用現場接着剤を併用することがあります。

　床用現場接着剤は，建築現場の苛酷な条件のもとで使用されるものですから，普通の接着剤とは異なった性能が要求されます。床組の剛性増大を期待する場合には，床用現場接着剤として適当と認められる性能をもつものを使用することが必要です。

3．床組各部の構成

　床根太間隔は最大650mmとすることができますが，以下では床根太間隔が500mm以下の場合について説明します。

1．根太類

　床根太は寸法型式206・208・210・212の製材などを縦使いにします。

　床根太相互の間隔は最大650mmですが，床根太間隔が500mmを超える場合については特別な制約がありますのでここでは述べません。

　一般的には910mmモデュールが使用されていますので，根太の間隔は心心455mm（2つ割）または303mm（3つ割）が使用されています。

(1) 根太類の組立て

① 　床根太の土台・頭つなぎ・床はりへの留付け方法は，2-CN75T〔または3-CN65T：告示〕とします。

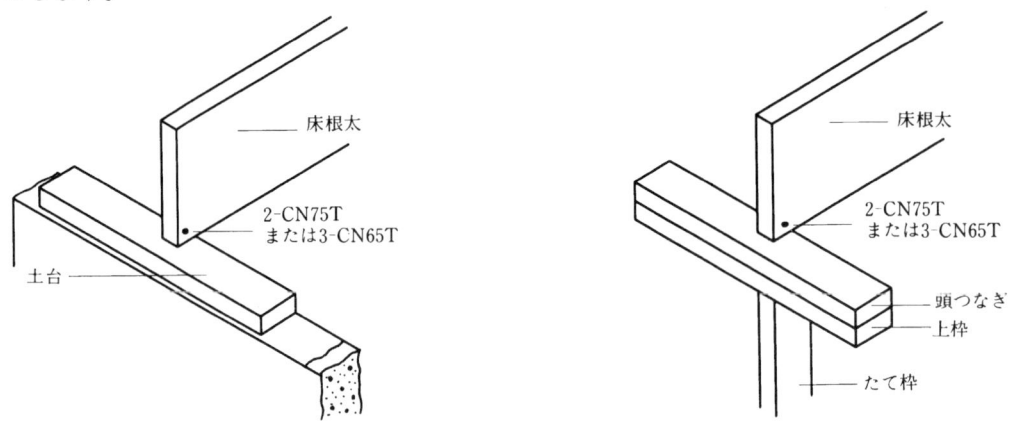

② 　根太類相互の緊結は3-CN90Eで行ないます。

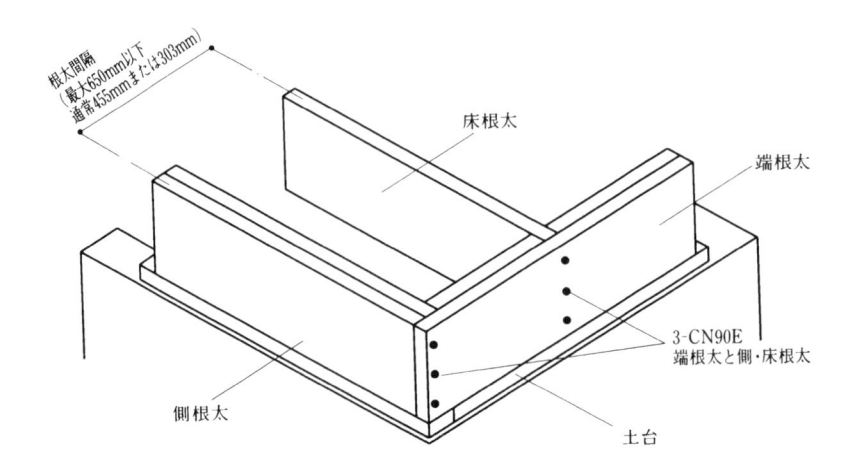

③ 側根太・端根太と土台・頭つなぎとの緊結はCN75T@250以内とすることになっています。また，添え側根太から土台・頭つなぎへはCN75T@500以下とし，端根太ころび止めから土台・頭つなぎへは1-CN75Tとすることになっています（次頁参照）。

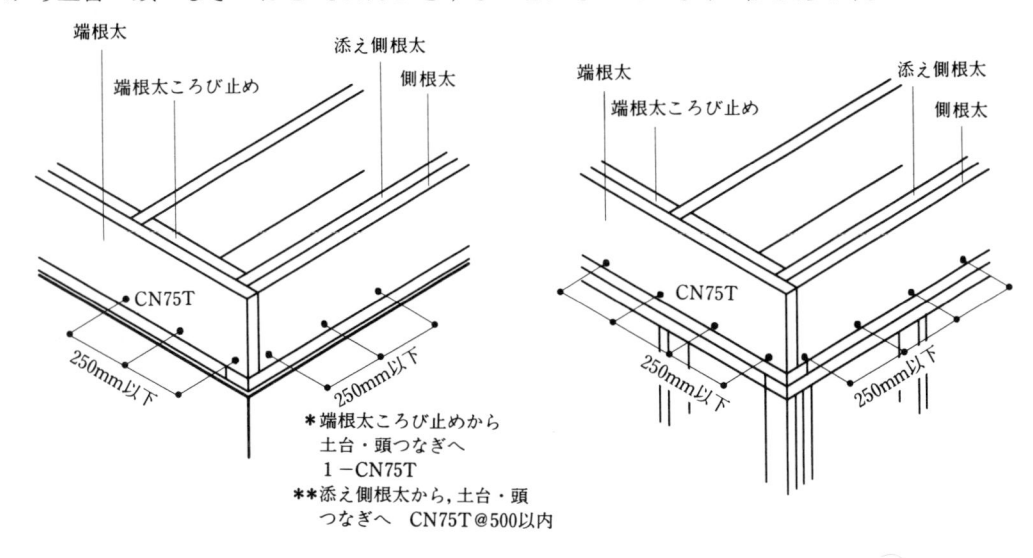

* 端根太ころび止めから土台・頭つなぎへ 1-CN75T

** 添え側根太から，土台・頭つなぎへ CN75T@500以内

《参考》
　国土交通省告示では，床根太・側根太・端根太と土台・頭つなぎとの緊結はCN75T@500以内とし，3階建の1部分ではCN75T@250以下とすることになっています。

④ 床組の隅角部には，帯金物2本をZN釘で取り付け補強します。
　（公庫仕様書ではオーバーハングした床組部分以外は省略できることになっています。）

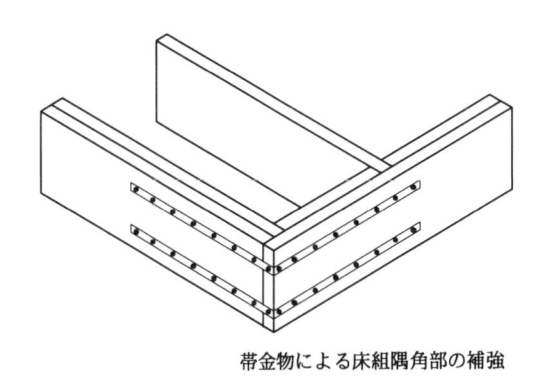

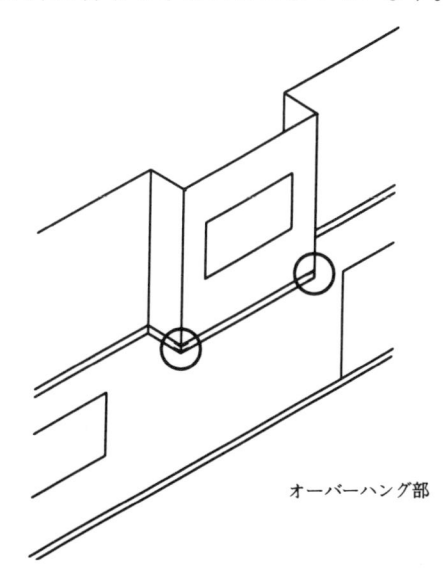

帯金物による床組隅角部の補強

オーバーハング部

(2) 建物外周部の補強

　建物外周部の床枠組は，床根太と同寸の側根太，添え側根太，端根太，端根太ころび止めで補強しなければなりません。これは，建物外周部はほとんどの場合，耐力壁線を構成するので，鉛直力に対する補強と，床面の水平剛性を高めるための2つの意味をもっています。

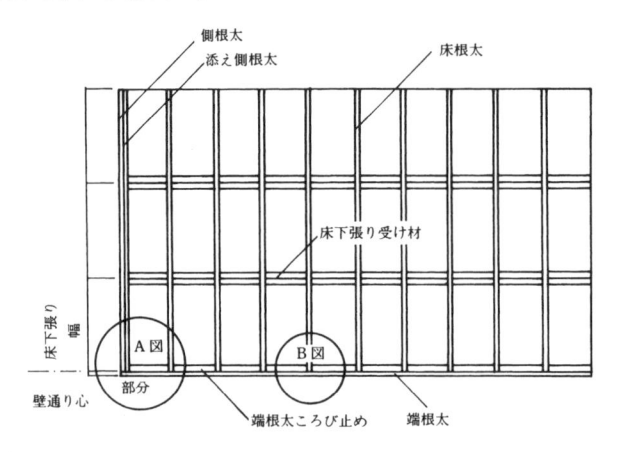

① 添え側根太

　イ 添え側根太は側根太に対しCN75Fとし，両端部2本，中間部@300以内ちどり打ちとします。

　ロ 添え側根太から土台・頭つなぎに対しては，CN75T@500以内とします。

② 端根太ころび止め

　イ 端根太ころび止めは端根太に対し，4-CN75Fで緊結します。

　ロ 端根太ころび止めから土台，頭つなぎに対しては，1-CN75Tで緊結します。

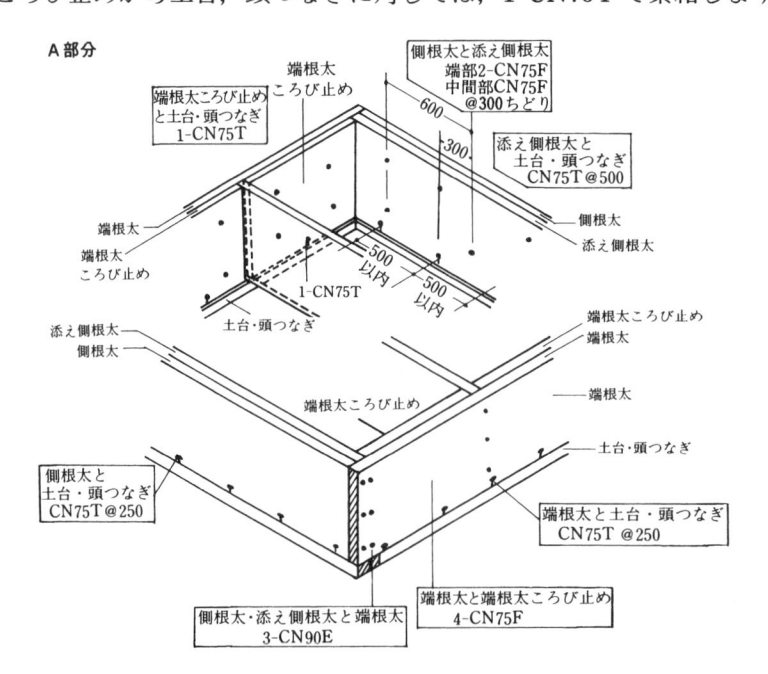

B部分

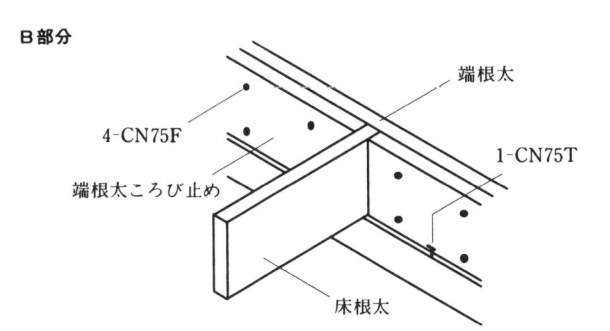

端根太ころび止めの取付け

耐力壁線で囲まれる部分の床面積が40m²以下で，かつ床下張り材を端根太の外側まで張りつめる場合には，端根太ころび止めを省略できることになっています。この場合，端根太から土台・頭つなぎへの釘打ちはCN75T@150としなければなりません。また壁下枠から床組へ打つ釘を打ちはずすことのないように注意することが必要です。

(3) 内部耐力壁直下の床根太類の補強

① 建物の外周部以外の部分では耐力壁（支持壁を含む）直下の床根太を補強しておくことが必要です。耐力壁が床根太と平行する場合，直下の床根太は2枚合せ以上とし，土台・頭つなぎにそれぞれCN75T@250mm以内で緊結します。

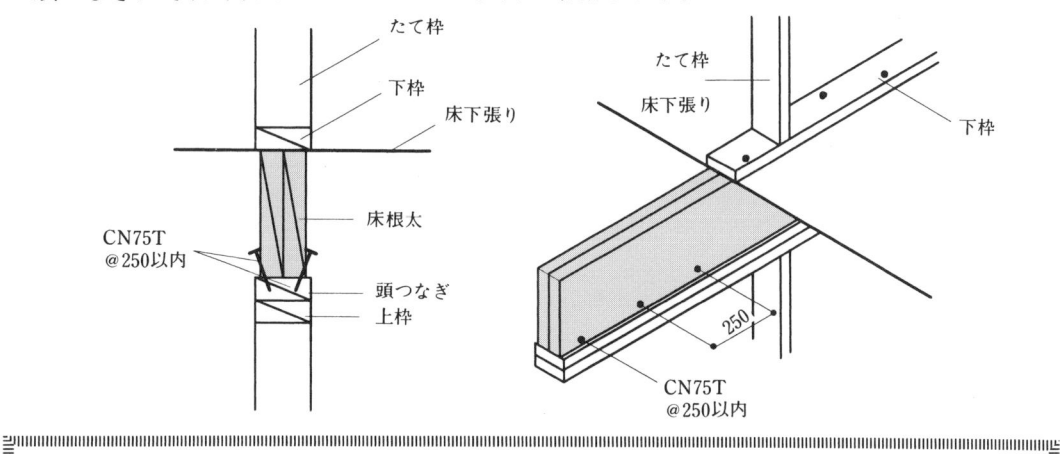

《参考》

天井せっこうボードの受け材として，204材を平打ちしておくと施工が楽になります。取付けは，CN90F@500程度とします。

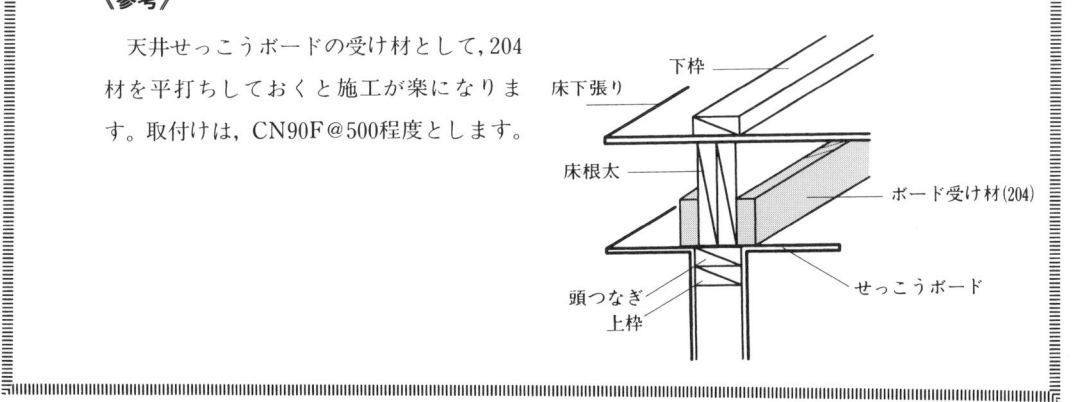

② 耐力壁が床根太と直交する場合

直下の床根太の間には根太と同寸のころび止めを入れ，緊結は端部当たり3-CN75Tとするか，3-CN90Eとします。また，土台・頭つなぎに対してころび止め1枚につき3-CN75Tとします。

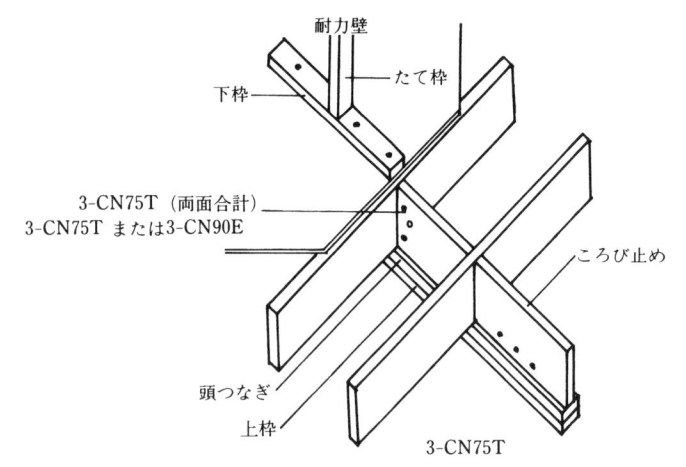

(4) 根太類の継手

① 床根太

床根太の継手の方法には，㋑重ね合わせて継ぐ方法，㋺添え木による方法，㋩金物による方法，㋥構造用合板ガセットによる方法の4種類の方法がありますが，いずれの場合にも土台・頭つなぎ・床ばりの上で継ぎ，継手部分には床根太と同寸のころび止めを入れることが必要です。また，各床根太から土台・頭つなぎへ2-CN75Tとします。

㋑ 重ね合わせて継ぐ場合は，床根太を100mm以上重ね，3-CN90Fで緊結します。この継手の場合には床根太の通り心がずれることになります。

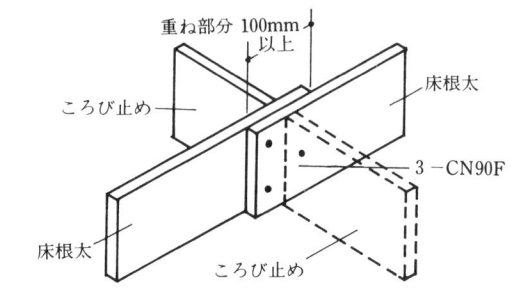

㋺ 添え木を用いて継ぐ場合は，床根太と同寸法の長さ400mm以上の添え木を用い，6-CN90F以上で緊結します。

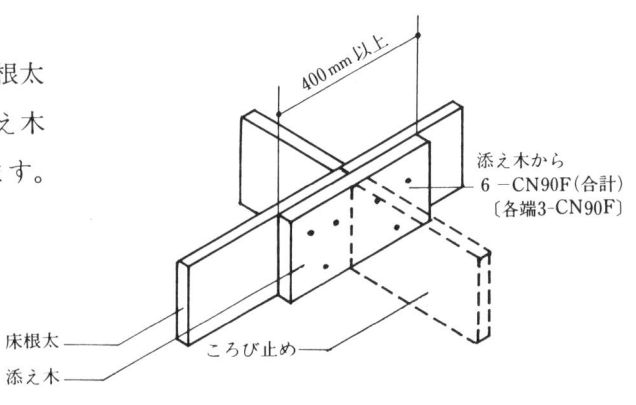

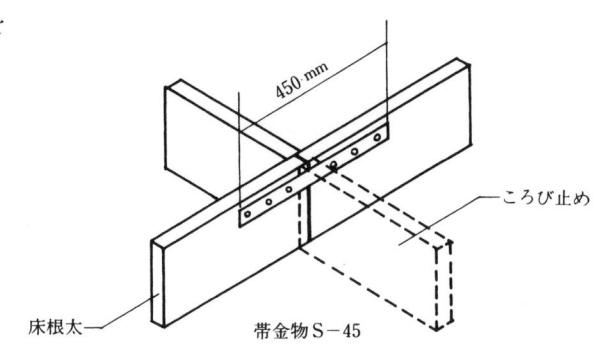

(ハ) 金物で継ぐ場合は，帯金物(S-45)を用い，6-ZN40で緊結します。

(ニ) 構造用合板ガセットを用いて継ぐ場合のガセットは，厚さ12mm以上，床根太と同じせいで長さ400mmとし，6-CN65F以上（10-CN65F程度が適当です）で緊結します。

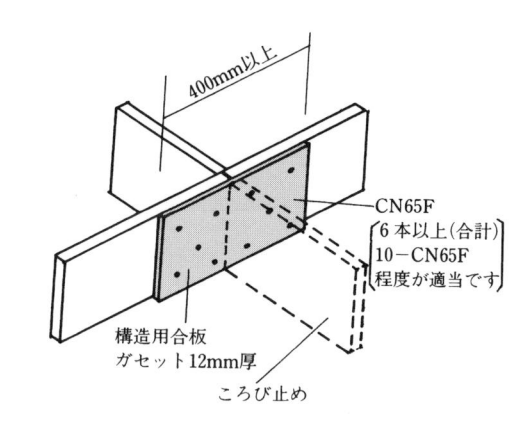

② 端根太の継手

端根太の継手は床根太間に設けます。緊結は各端根太に3-CN75Fとします。

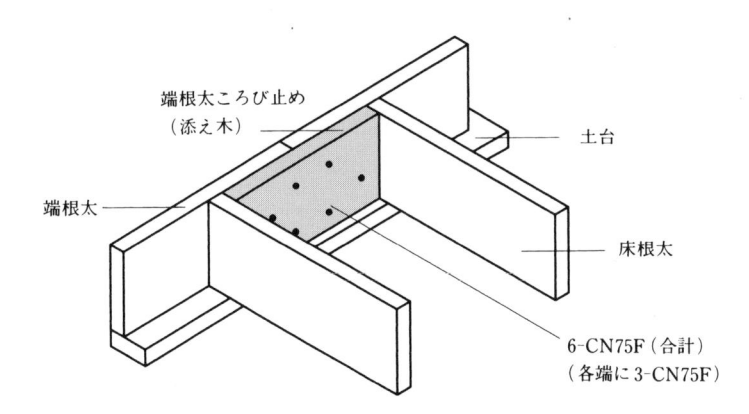

③ 側根太

添え側根太を使用しているので，側根太の継手位置は基本的にはどこの部分でもよいのですが，側根太の継手位置と添え側根太の継手位置は乱に配置する（90cm以上離して配置する）ようにします。

釘打ちは，継目位置の両側20cm内外の範囲内にそれぞれ3-CN75Fとします。

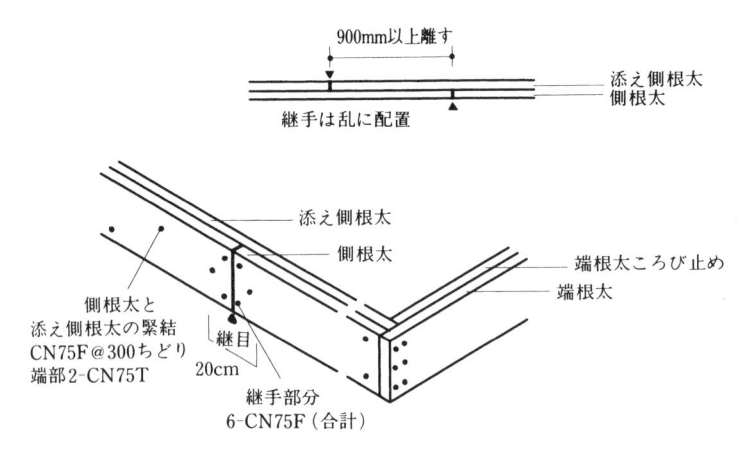

(5) ころび止め・ファイヤーストップ

① ころび止め

床根太の支点間の距離は8m以下としますが，寸法型式212の場合でスパンが4.5m以上になる場合には3m以下ごとにころび止めを設けなければなりません（なお2枚合わせの場合には省略できます）。

ころび止めには，床根太と同寸法のころび止めと交差ころび止めの2種類があります。場所によっては交差ころび止めは使用できませんので注意してください。

　㋑　ころび止めとして床根太と同寸法の材（ファイヤーストップ兼用）を用いる場合および床根太より1ランク下の材を用いる場合3-CN90Eまたは3-CN75Tとします。

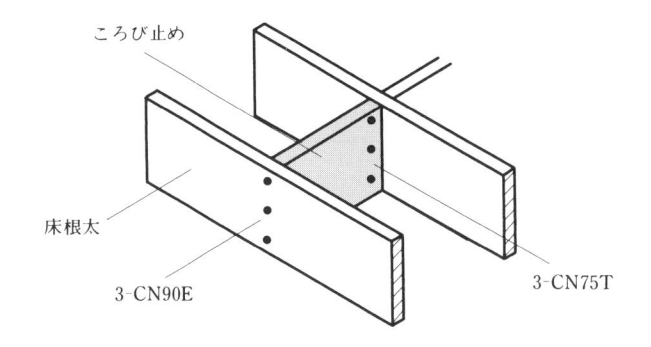

　㋺　交差ころび止めの場合（この方法は現在ではほとんど使用されていません）
　　204材の2つ割（40mm×40mm）以上の木材を用い，両端を2-CN65Tで床根太に取り付

けます。

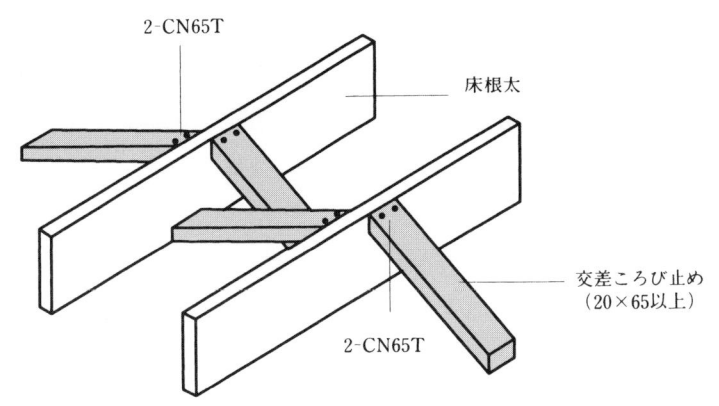

2-CN65T
床根太
交差ころび止め（20×65以上）
2-CN65T

② ファイヤーストップ

　ファイヤーストップとは枠組の防火性能を高めるために入れる部材で，火災が枠組内に入り込むことを抑える働きをします。ころび止めのように構造性能に直接関係する材ではありませんが，ファイヤーストップ材は居住室の間仕切り壁の直上の床根太が直交する場合に必要とされます。したがって，ファイヤーストップ材として認められるのは床根太と同寸の場合に限られます。

> 《参考》
> 　現場では，ころび止めが必要な場合には，床根太と同寸法の材を使うことが多いようです。これは，ころび止めが床下張りの受け材やファイヤーストップを兼用することができるからです。

(6) 床根太の欠き込みと穴あけ

① 根太の上端または下端を欠き込む場合は，根太の支点よりスパン両端1/3以内の範囲としなければなりません（床ばりに欠き込みはできませんので注意してください）。欠き込みは，構造耐力上支障のない限り，最大次の大きさまで行うことができます。

　㋑ 上端を欠き込む場合

　　深さは根太せい(h)の1/6下，幅は根太せい(h)の1/2以下とします。ただし，根太支点部分の場合は深さ$h/3$以下・幅hとすることができます。

　㋺ 下端を欠き込む場合

　　深さは根太せい(h)の1/6以下，幅は根太せい(h)の1/2以下とします。

　　根太の下端を欠き込むことは，あまり好ましいことではありません。特にスパンの大きな場合にはできるだけ支点近くに切り欠きを設けるようにし，多くの根太に欠き込みを設けようとする場合には補強をしておくことが必要です。

(ハ) 上・下端ともに欠き込む場合

(イ),(ロ)の制限を守るとともに，上端・下端の欠き込みは根太せい(h)以上離して設けることが必要です。

② 根太に穴を開ける場合は，根太の上下端よりそれぞれ50mm以上離した位置とし，穴の最大径は根太せいの1/3以内とします。穴を2つ以上開ける場合には，根太せい(h)以上離して行うようにします。

③ 欠き込みと穴あけを行う場合には，欠き込み・穴の位置は根太せい(h)以上離した所で行います。

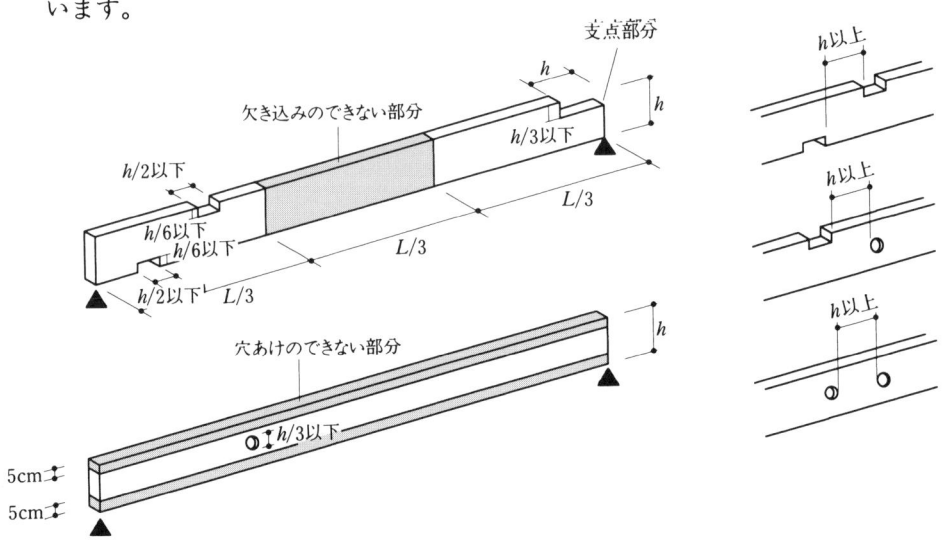

《参考》
　以上の欠き込みと穴あけの制限は，スパンに対して床根太せいの余裕がある場合と考えたほうがよく，特に材下端の欠き込みは床根太に余裕のない場合（建物の最大スパンに掛ける床根太）には極力避けるのがよいでしょう。

(7) 太い管などの納め方

太い管や便器などを取り付けるために，床根太を切る必要のある場合には，次のような方法で納めます。

また，比較的大きな開口を設ける必要のある場合は，床開口部の構成方法に準じて行います。

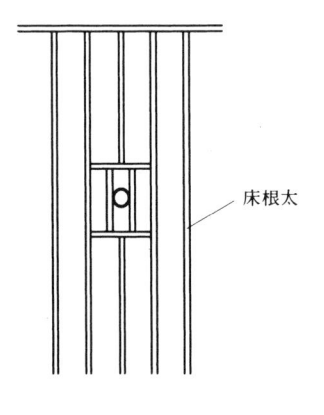

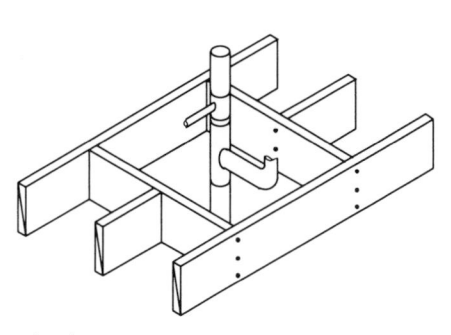

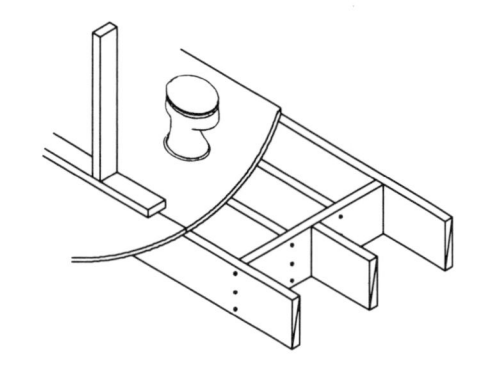

2. 床ばり

根太を支える床ばりは, 合せばり (寸法型式208・210・212の材を2枚合せ, または3枚合せとしたもの), 集成材 (寸法型式408・410・412またはそれ以上の断面) などとします。

合せばりの構成は建物の幅・寸法型式・樹種・等級によって選択します。下表に合せばりの場合の床ばりスパン表の例を示しておきます。

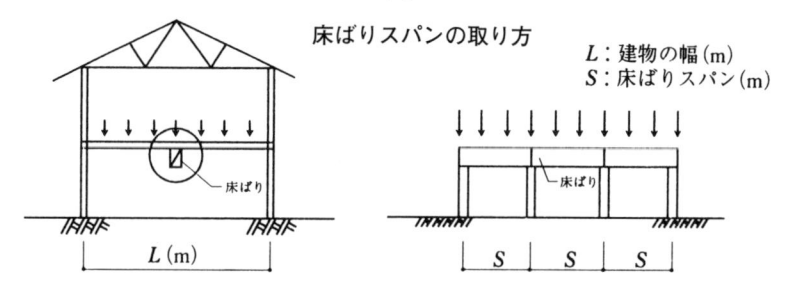

床ばりスパンの取り方
L：建物の幅(m)
S：床ばりスパン(m)

床ばりスパン表の例 (単位：m)

使用樹種等級	床ばりの寸法型式	建物の幅 L (m)			使用樹種等級	床ばりの寸法型式	建物の幅 L (m)		
		5.46	6.37	7.28			5.46	6.37	7.28
D.Fir-L 1級	2-208	1.88	1.74	1.63	Hem-Fir 2級	2-208	1.72	1.59	1.49
	3-208	2.46	2.28	2.13		3-208	2.25	2.09	1.96
	2-210	2.28	2.11	1.98		2-210	2.09	1.94	1.81
	3-210	2.98	2.76	2.59		3-210	2.73	2.54	2.38
	2-212	2.66	2.47	2.31		2-212	2.44	2.26	2.12
	3-212	3.48	3.23	3.03		3-212	3.19	2.96	2.78
D.Fir-L 2級	2-208	1.76	1.63	1.53	S-P-F 1級	2-208	1.78	1.61	1.41
	3-208	2.30	2.13	2.00		3-208	2.33	2.17	2.03
	2-210	2.13	1.98	1.85		2-210	2.16	2.01	1.80
	3-210	2.79	2.59	2.43		3-210	2.83	2.63	2.46
	2-212	2.49	2.31	2.17		2-212	2.53	2.35	2.18
	3-212	3.26	3.03	2.84		3-212	3.30	3.07	2.88
Hem-Fir 1級	2-208	1.83	1.70	1.59	S-P-F 2級	2-208	1.76	1.61	1.41
	3-208	2.40	2.22	2.08		3-208	2.30	2.13	2.00
	2-212	2.22	2.06	1.93		2-210	2.13	1.98	1.80
	3-210	2.90	2.70	2.53		3-210	2.79	2.59	2.43
	2-212	2.60	2.41	2.26		2-212	2.49	2.31	2.17
	3-212	3.39	3.15	2.95		3-212	3.26	3.03	2.84

(1) 合せばりの構成

① 2枚合せの場合はCN90Fを用い両端部2本,中間部200mm間隔にちどり打ちします。

中間部
片面から2-CN90F@200ちどり

端部 2-CN90F（片面）

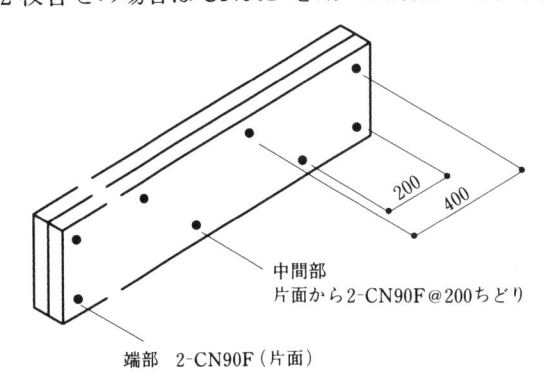

② 3枚合せの場合は,CN90Fにより床ばり両面からそれぞれ両端部2本,中間部400mm間隔にちどり打ちします。

端部両面からそれぞれ
2-CN90F

中間部両面からそれぞれCN90F@400ちどり打ち

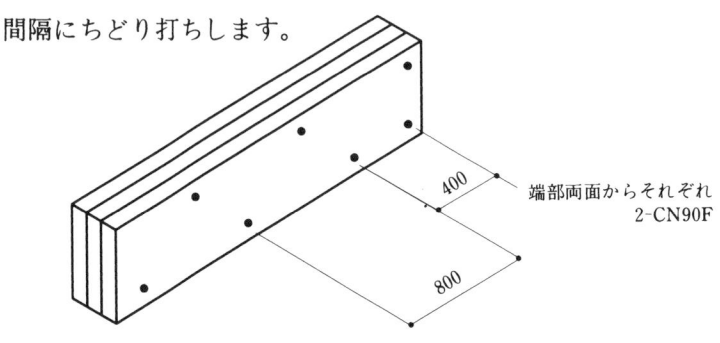

《参考》

合せばりを作る場合には,1本ものを使用するようにし,途中で部材を継ぐようなことは絶対に避けなければなりません。

また,小さなサイズで大きなはりを作るわけですから,各部材を一体化するための釘打ちも非常に大切です。

(2) 床ばりの支持

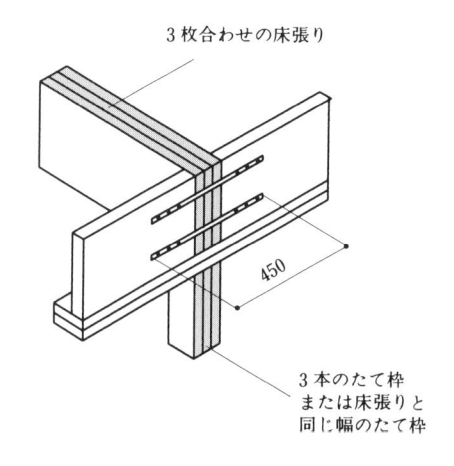

床ばりは,床ばりの合せ枚数と同数のたて枠か,はりと同じ幅のたて枠により支持します。床ばりの納め方には2種類の方法があります。

① 床ばりを耐力壁の頭つなぎ上で支持する場合,側根太を2本の帯金物（S-45）で補強します。なお,この方法の場合には垂れ（下がり）壁はできません。

3枚合わせの床張り

3本のたて枠
または床張りと
同じ幅のたて枠

合せたて枠によるはりの支持材はCN90Fを用い上下端2本，中間部300mm間隔にちどり打ちして構成します（この釘打ち方法はたて枠へのまぐさ受けの取付けの場合と同じです）。

② 床ばりを耐力壁の中で支持する場合

壁の上枠・頭つなぎをはりの幅だけ欠き込んで納めます。

頭つなぎ・上枠は帯金物（S-45）で補強しますが，壁下張り材として構造用合板を用いて欠き込んだ部分をつなぐように張る場合には帯金物を省略することができます。

また，この場合には床ばり支持材のほか，はりを抱くようにして両側から添えたて枠を取り付けます。

添えたて枠の取付けは支持材に対しCN90を上下端2本，中間部300mm間隔にちどり平打ちにします（この釘打ち方法はたて枠へのまぐさ受けの取付けの場合と同じです）。

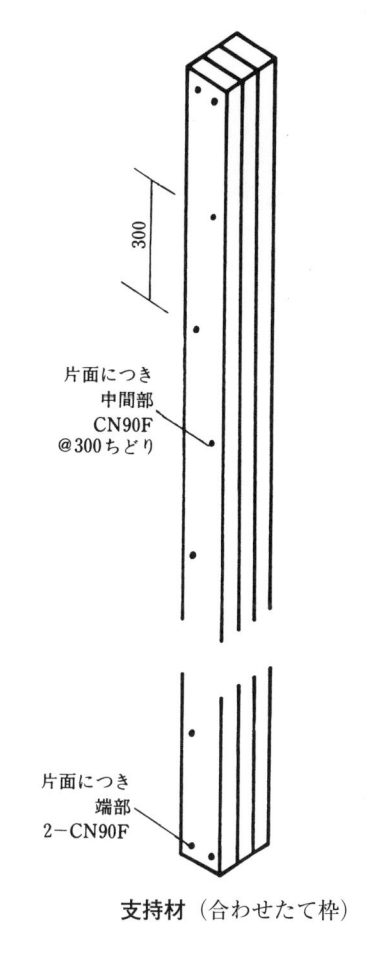

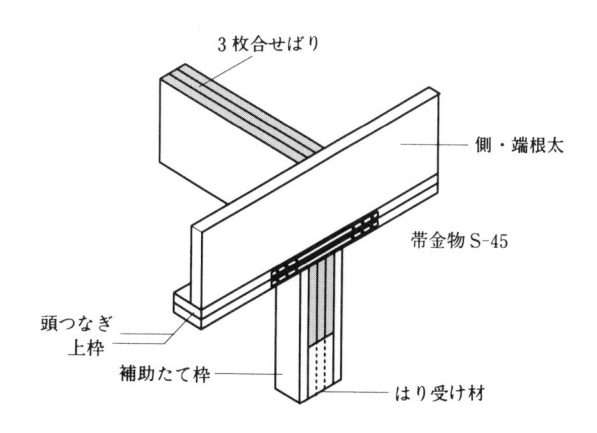

支持材（合わせたて枠）

③　床ばりとして合板ボックスビームを使用する場合

　この場合には，耐力壁中で支持する方法によります。ボックスビームの支持材としては404材を使用しますが，ボックスビームの幅と支持材の幅を調整するために合板かい木を用います。支持材・合板かい木は添えたて枠を用いて固定します。

　釘打ちは次のように行います。

　㋑　はり支持材は，添えたて枠からCN90F@300以内で緊結します。

　㋺　合板ボックスビームと添えたて枠との緊結は，添えたて枠からボックスビームの下弦材へ4-CN90F・中間部CN90F@200以内で緊結します。

　㋩　合板ボックスビームと頭つなぎとの緊結は，頭つなぎから2-CN75Tで緊結します。頭つなぎ・上枠相互は帯金物（S-45）により緊結します。

ボックスビーム周りの釘打ち

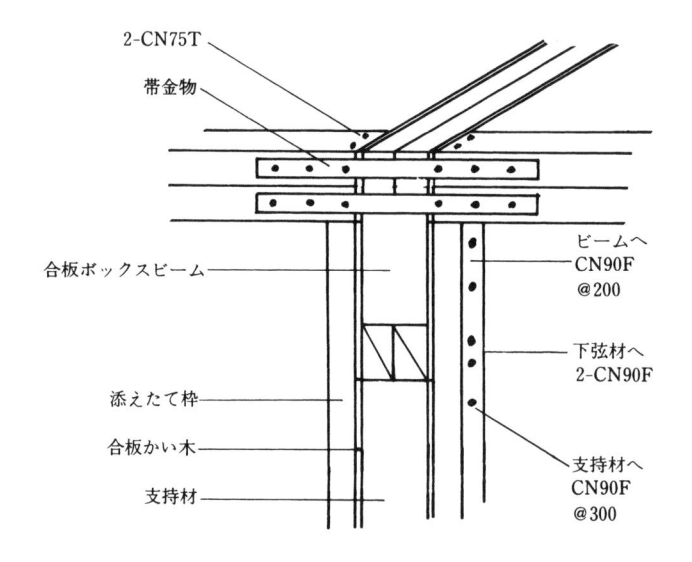

(3) 床ばりと床根太の仕口

床根太の床ばりへの取付け方法には，次のような方法があります。

① 床ばりを耐力壁の頭つなぎ上で支持している場合

　イ　根太掛けを使用する方法

204材2つ割程度の材を根太掛けとして使用し，床ばり下端に床根太掛け当たり3-CN90Fで取り付けます。

床根太と根太掛けとの納まりは，床根太を欠き取る方法と欠き取らない方法の2種類があります。

　ロ　根太受け金物を使用する方法

床根太寸法に応じた根太受け金物を使用し，ZN釘により取り付けます。

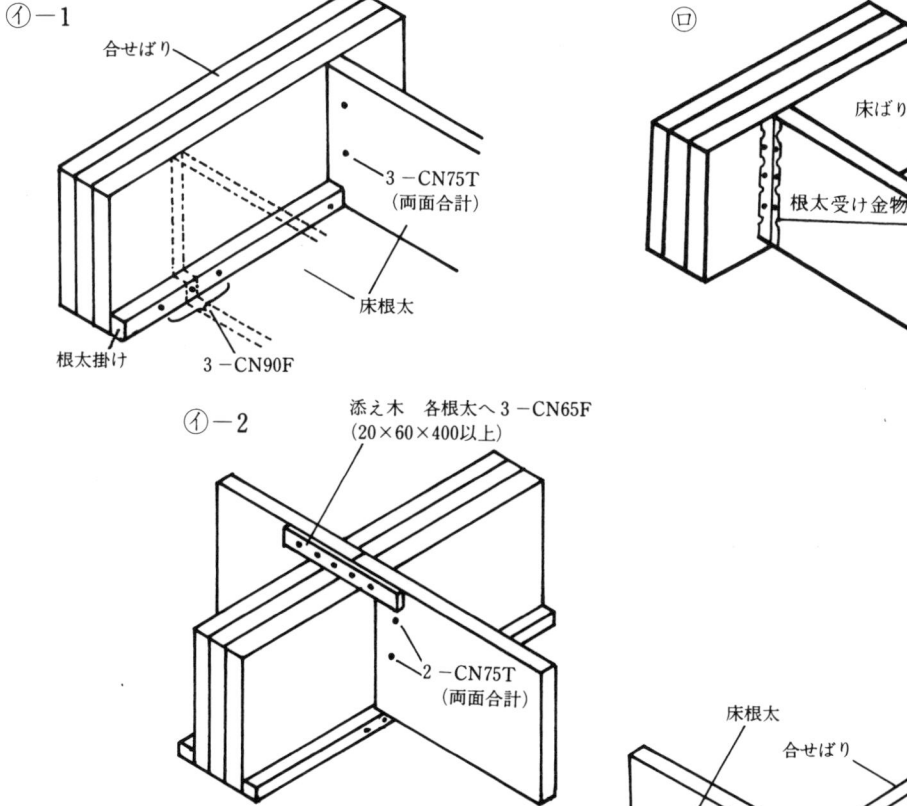

② 床ばりを耐力壁の中で支持している場合

床根太から床ばりへ2-CN75Tで取り付けます。

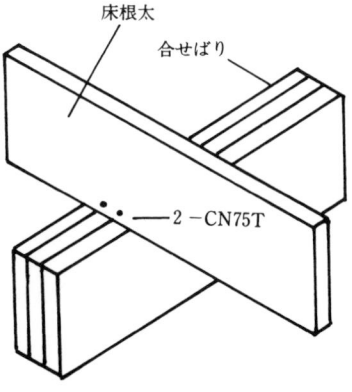

3. 床開口部回りの構成

床開口部は，開口部端根太・開口部側根太・尾根太などによって構成されます。尾根太とは開口部端根太に直交する根太のことをいいます。

床開口部を設ける場合には，位置・大きさに応じて開口部回りの根太類を補強しておくことが必要です。

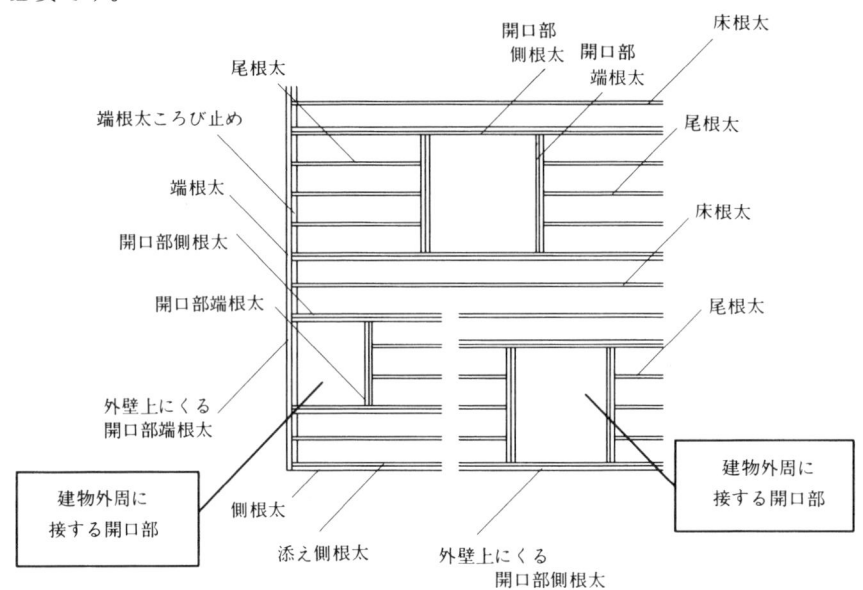

開口部回りの基本的な構成

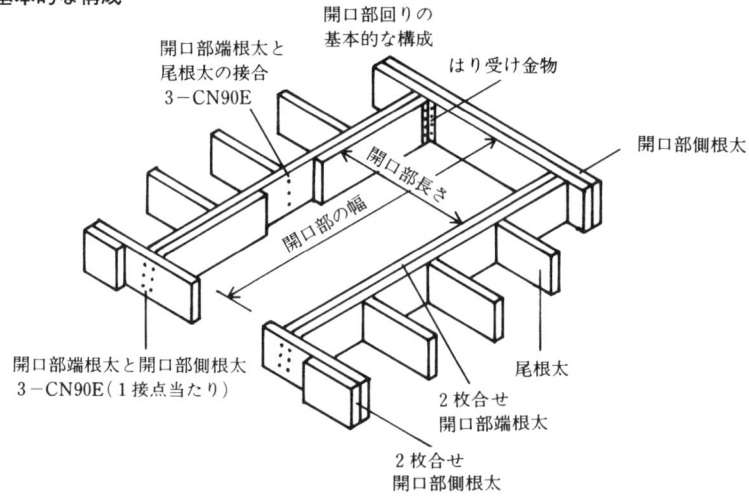

(1) 一般開口部

一般開口部回りの構成および開口部端根太・開口部側根太の部材寸法は，開口部の位置・大きさに応じて次表に示します。

この表にある開口部の構成については，以下の項で説明しますが，この表の範囲外の開口部の構成については構造計算により安全を確かめる必要があります。

① 一般開口部の部材寸法

一般開口部回りの部材寸法は次によります。

開口部の長さ ⓑ	2.73m 以下			
開口部の幅 ⓐ	0.91m 以下	1.2m 以下	1.82m 以下	2.73m 以下
開口部端根太の寸法型式	1-208 以上		2-208 以上	2-210 以上
開口部側根太 支点間距離 1.82m 以下	2-208 以上			端部がすべて支持される場合は206, それ以外は構造計算による
開口部側根太 支点間距離 2.73m 以下	2-208 以上		3-208 以上	
開口部側根太 支点間距離 3.64m 以下	2-210 以上			構造計算による

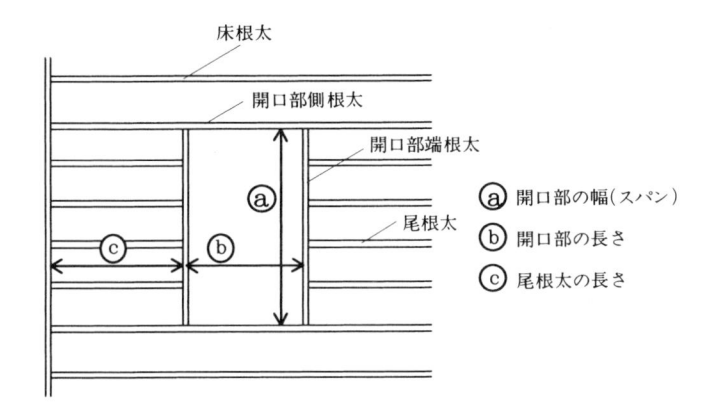

支点間距離の考え方

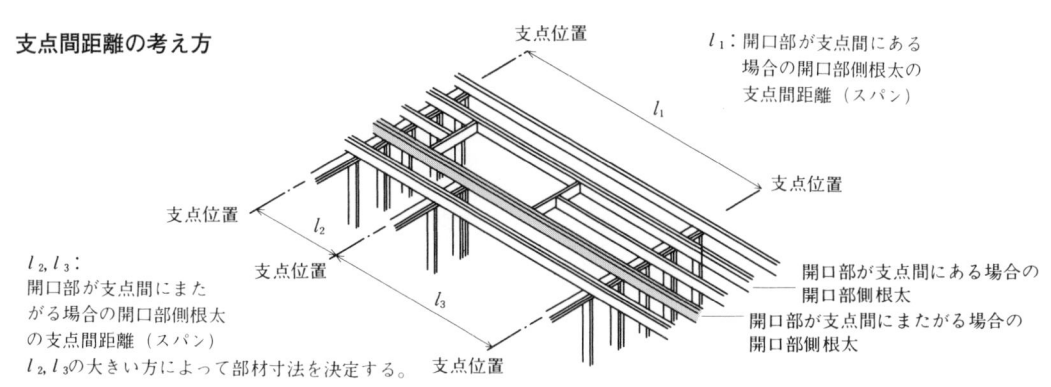

l_1：開口部が支点間にある場合の開口部側根太の支点間距離（スパン）

l_2, l_3：開口部が支点間にまたがる場合の開口部側根太の支点間距離（スパン）

l_2, l_3の大きい方によって部材寸法を決定する。

㋑ 1枚開口部端根太は床開口部の幅が1.2m以内の場合に使用し，2枚開口部端根太は，床開口部の幅が1.2mを超える場合に使用します。

1枚開口部端根太

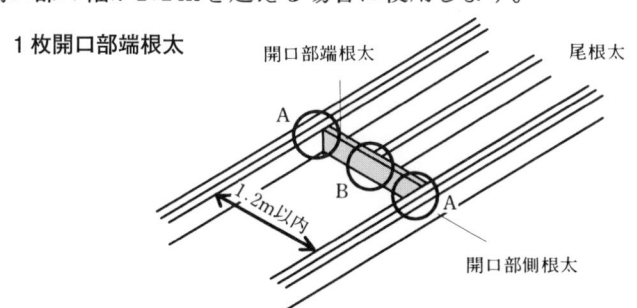

2枚合せ開口部端根太

2-208

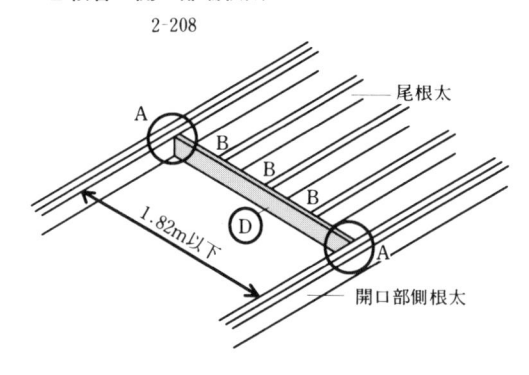

尾根太
開口部側根太
1.82m以下
Ⓓ

2-210

尾根太
開口部側根太
2.73m以下
Ⓓ

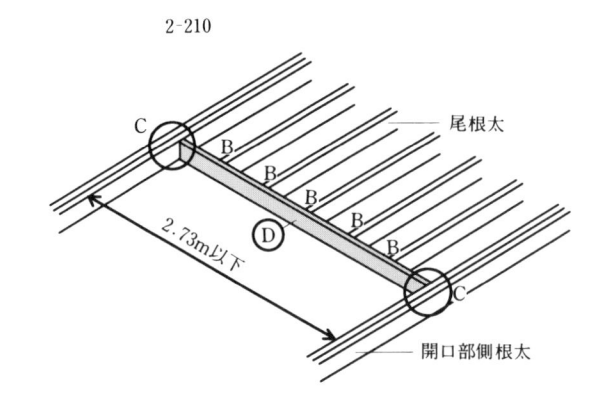

尾根太の開口部端根太への取付け方法

尾根太の長さ ⓒ	1.82m以下	3-CN90E と 2-CN75T 併用
	1.82mを超える場合	床根太と床ばりの仕口と同様の方法による〔(3)床ばりと床根太の項参照〕

ロ　ディテールについては次の通りです。

A部詳細（開口部端根太と開口部側根太の取付け方法）

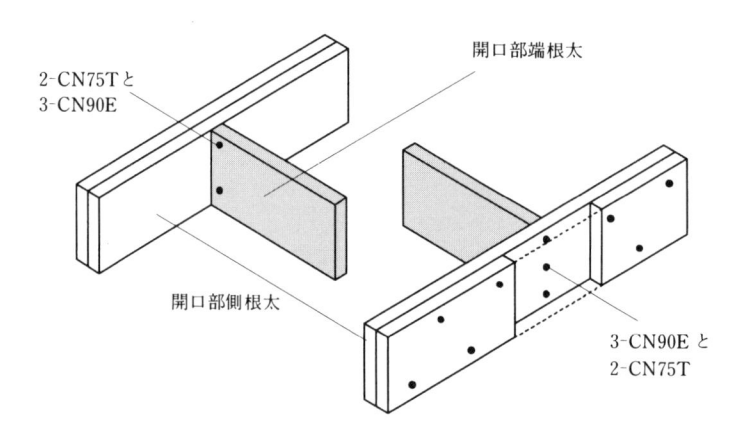

2-CN75T と 3-CN90E
開口部端根太
開口部側根太
3-CN90E と 2-CN75T

B部詳細（尾根太が1.8m以下の場合の開口部端根太への取付け方法）

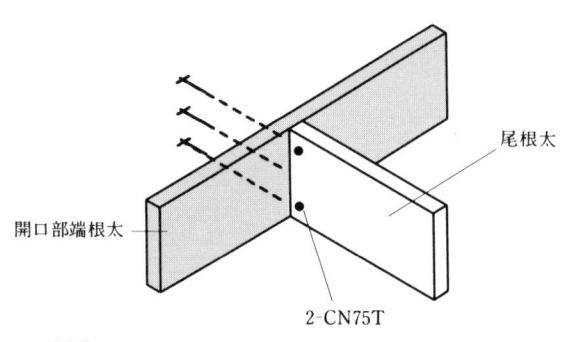

開口部端根太
尾根太
2-CN75T

B部詳細（尾根太が1.8mを超える場合の開口部端根太への取付け方法）

開口部端根太
尾根太
根太受け金物

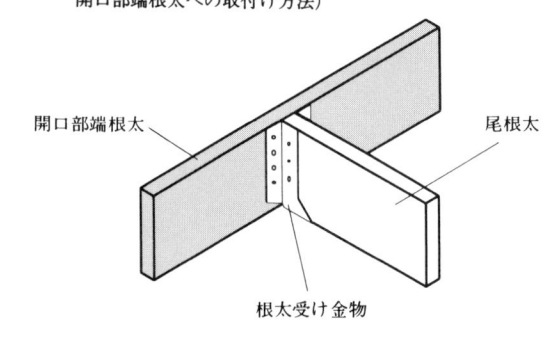

4章 躯体各部の構成

C部詳細 （尾根太が1.8mを超える場合の開口部根太への取付け方法の例）

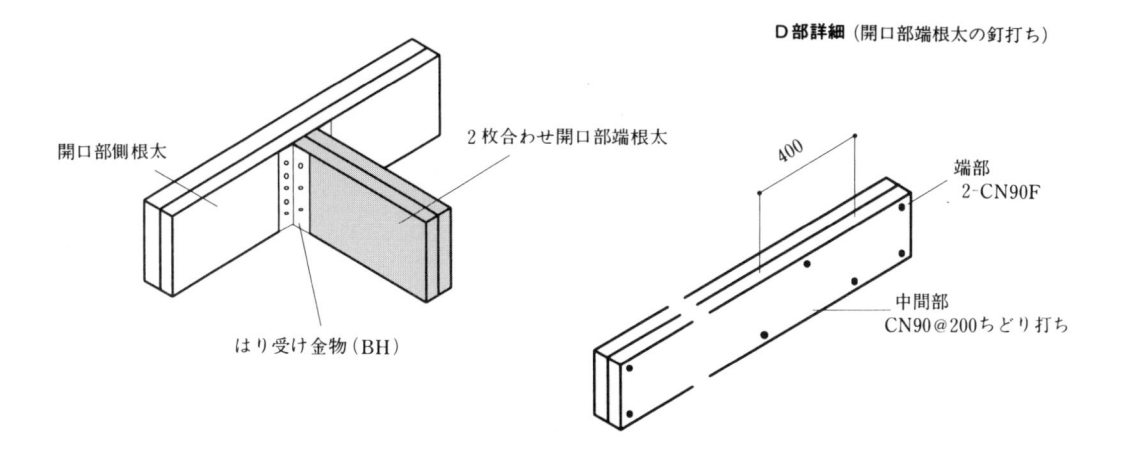

D部詳細 （開口部端根太の釘打ち）

② 開口部端根太の端部に支持壁がある場合

　開口部端根太と平行する耐力壁が開口部端根太の端部にある場合など，開口部端根太の端部を支持できる壁がある場合には，開口部端根太と側根太は3-CN90Eとすることができます。なお，開口部端根太・側根太を支持するたて枠は，3枚合せのたて枠，寸法型式404と1本の添えたて枠による合せたて枠のいずれかとします。

　合せたて枠の釘打ちは，上下端2-CN90F・中間部CN90F@300ちどりとします。

　それ以外の場合は前項で説明したように，はり受け金物（BH）で支持するようにします。

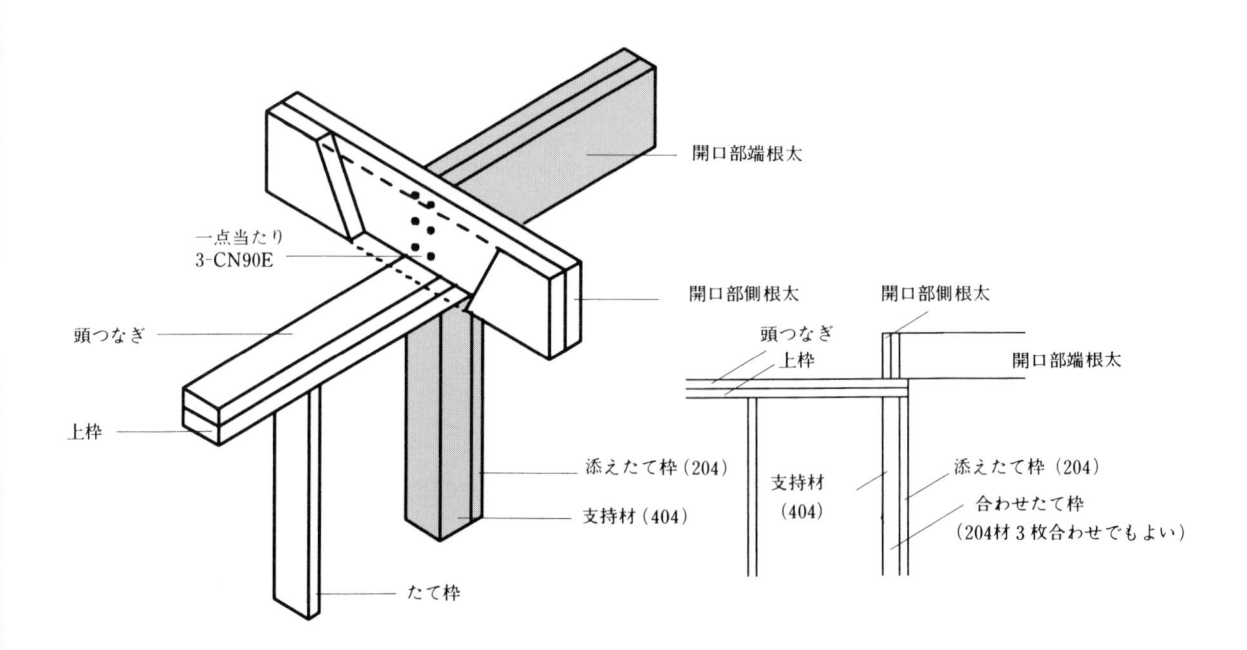

109

③ 開口部側根太を直交壁で支持する場合には，支持部分の壁たて枠は開口部側根太の枚数と同数の合せたて枠とします。頭つなぎとは，それぞれ2-CN75Tとします。

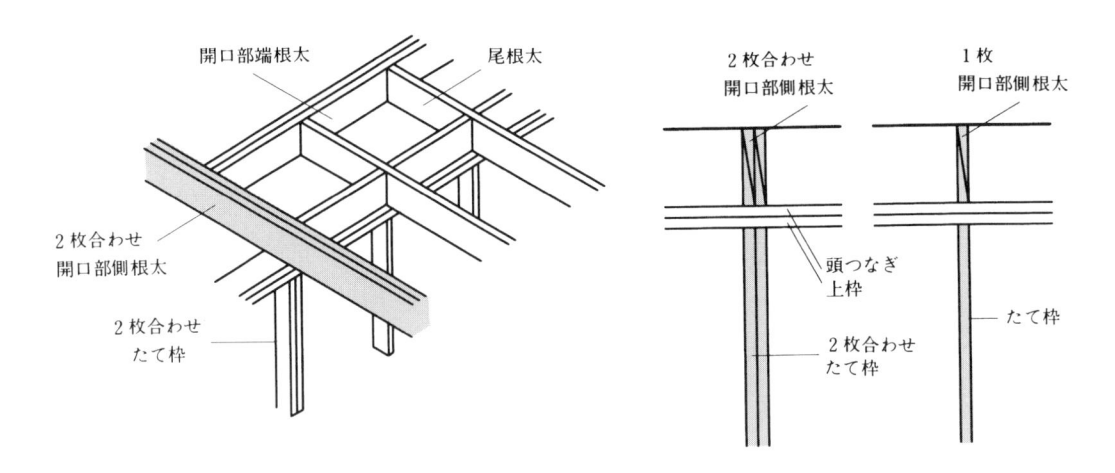

(2) 外壁に接する床開口部回り

外壁に接して床開口部を設ける場合の開口部側根太・端根太は，外壁に接する部分の長さが1.82m以下の場合には2枚合せとし，1.82～2.73mの場合には3枚合せとするか寸法型式408・410の集成材を使用します。

外壁に接する床開口部の補強

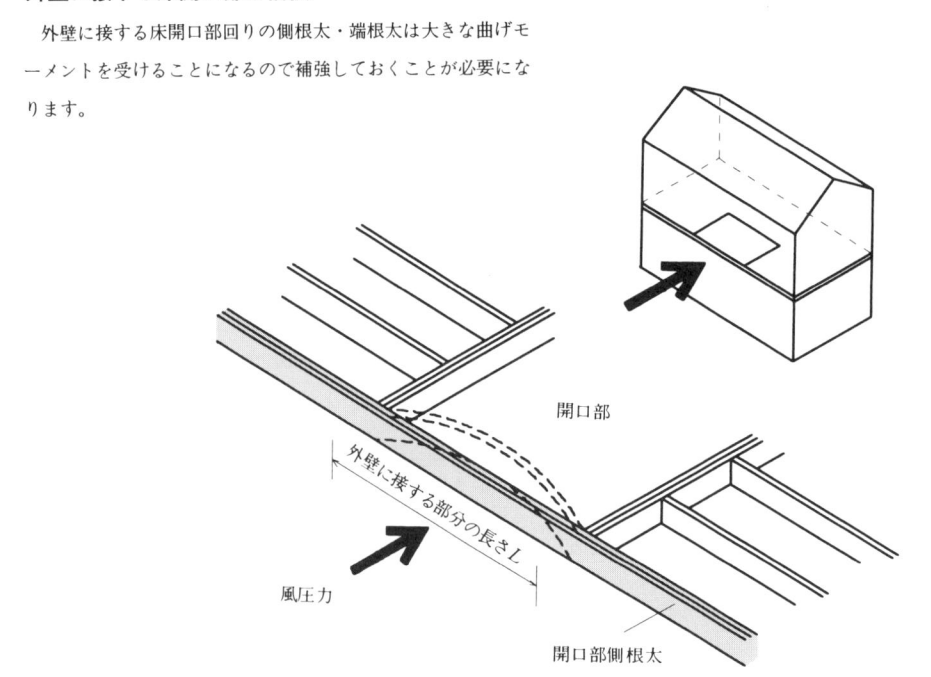

外壁に接する床開口部回りの側根太・端根太は大きな曲げモーメントを受けることになるので補強しておくことが必要になります。

4章 躯体各部の構成

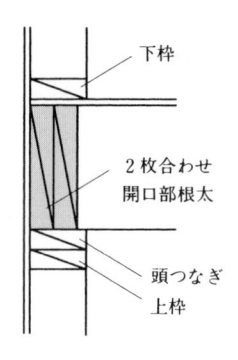

*l*が1.82m以下の場合　　*l*が1.82～2.73mの場合

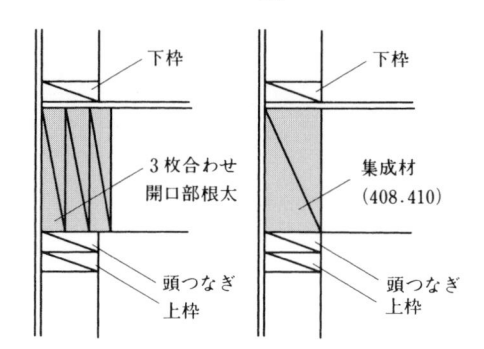

（図：下枠／2枚合わせ開口部根太／頭つなぎ・上枠）
（図：下枠／3枚合わせ開口部根太／頭つなぎ・上枠）
（図：下枠／集成材（408、410）／頭つなぎ・上枠）

4. 床下張り材の取付け

(1) 床下張り

　床下張り材は，構造用合板，パーティクルボード，構造用パネル，硬質木片セメント板などとします。使用できる厚さ・等級などは2．床組の構成材料を参照してください。

① 構造用合板は，表面の繊維方向が根太と直交するように，パーティクルボード・構造用パネル・硬質木片セメント板などは長手方向が根太と直交するようにし，ちどり張りかつ3本以上の床根太にかかるように配します。

② 床下張り材として厚さ12mmのものを用いる場合に使用する釘はCN50とし，厚さ15mm以上を用いる場合はCN65を使用します。釘打ち間隔は床下張り周辺部150mm間隔，中間部200mm間隔以下とし，床根太・床ばり・床下張り受け材に平打ちします。

③ パーティクルボード・構造用パネルなどを用いる場合には，突付け部分を2～3mmあけ，防水措置として，①すべての木口部分にタール系ペイントを塗布する，②目地の部分に防水テープを張る，③床養生シートを張る，のいずれかを行うことが必要です。

パーティクルボード・構造用パネルの場合

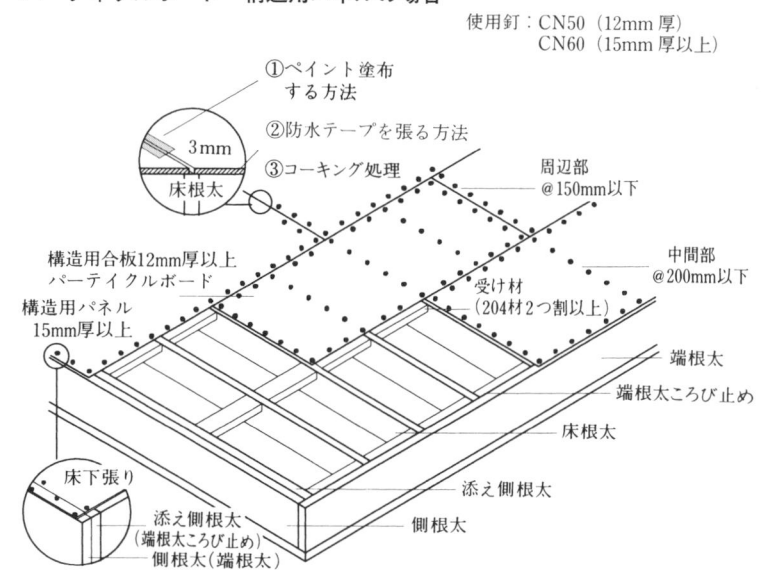

使用釘：CN50（12mm厚）
　　　　CN60（15mm厚以上）

（図：床組斜視図）
①ペイント塗布する方法
②防水テープを張る方法
③コーキング処理
3mm　床根太
構造用合板12mm厚以上　パーティクルボード
構造用パネル15mm厚以上
周辺部 @150mm以下
中間部 @200mm以下
受け材（204材2つ割以上）
端根太
端根太ころび止め
床根太
添え側根太
床下張り
添え側根太（端根太ころび止め）
側根太（端根太）

(2) 床下張り受け材

　床下張り材の継目位置には，寸法型式204の2つ割以上の材による床下張り受け材を配置します。床根太等への取付けは，通常2-CN75Tまたは2-CN90ETで行います。

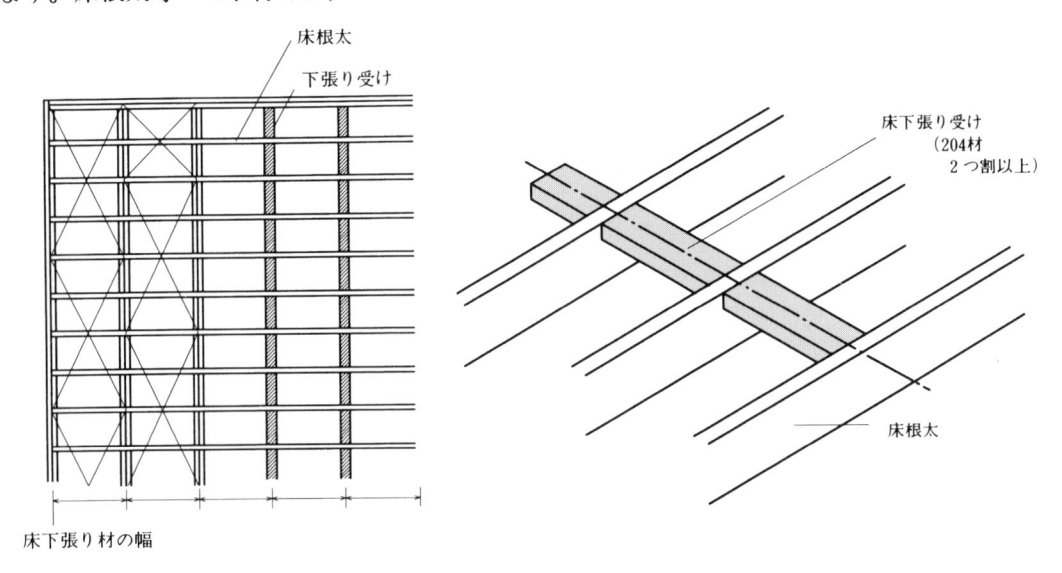

床下張り受け材と根太との接合方法

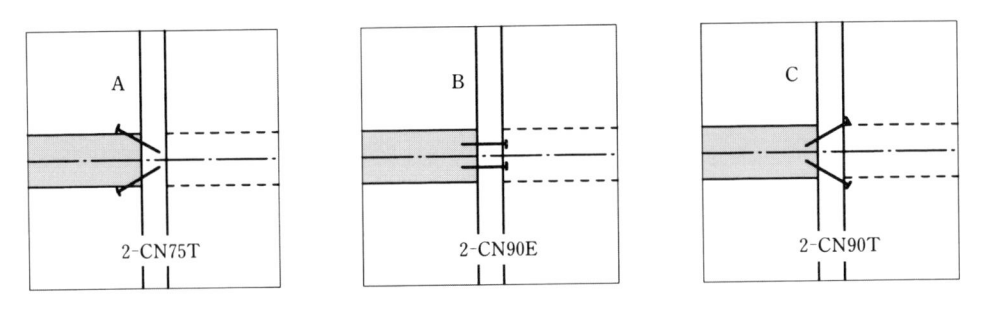

A	B	C
2-CN75T	2-CN90E	2-CN90T

《参考／施工のポイント》

　次の順序で施工すると能率が上がります。

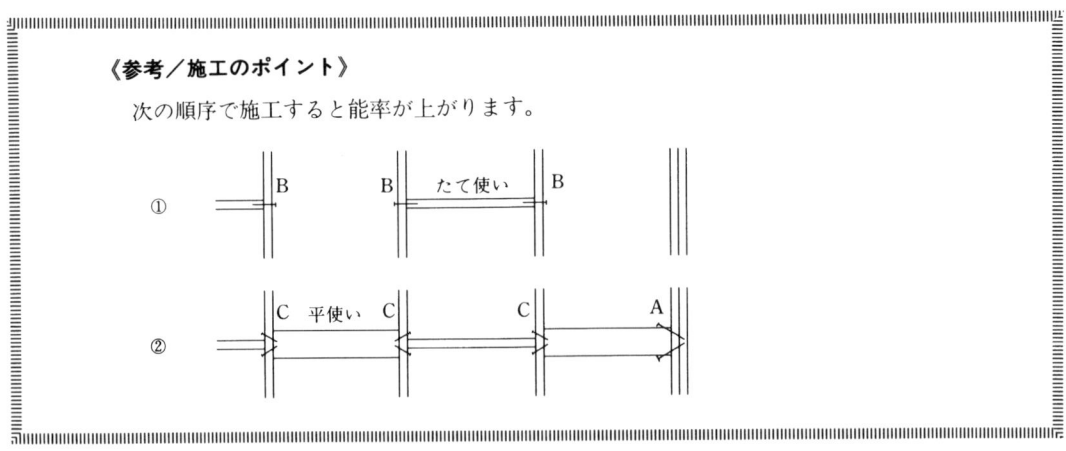

① B，B たて使い B

② C 平使い C，C，A

　次の条件を満たす場合には，受け材を省略することができます。

床下張り受け材の省略条件

面材の種類		床根太間隔	50cm 以下	31cm 以下
構造用合板	厚さ12mm 以上	加工なし	—	—
		継手加工	床用現場接着剤を床根太と継手部分に塗布した場合 可	可
	厚さ15mm 以上	加工なし	—	可
		継手加工	可	
	厚さ18mm 以上		可	
構造用パネル	3級	加工なし	—	—
		継手加工	—	可（厚さ11mm 以上）
	2級	加工なし	—	可
		継手加工	可（厚さ15mm 以上）	可
	1級		可	
パーティクルボード			可（厚さ15mm 以上で継手加工するもの）	
硬質木片セメント板			—	—

継手（本ざね）加工した面材で、受け材を省略できる性能を有する規格は次のものである。
① 構造用合板　　『日本合板工業組合連合会（略称「日合連」）』
　　　　　　　　『カナダ材産業審議会（略称「COFI」）』
　　　　　　　　『APA－エンジニアード・ウッド（略称「APA」）』
② 構造用パネル　　APA
③ パーティクルボード　『日本繊維板工業会』

《参考／面材の継手（本ざね）加工》
　本ざね加工板を使用すると、受け材が省略できるばかりでなく、床のきしみ音の防止にも役立つといわれています。本ざねのことを T&G（ティー・アンド・ジー）と略称することがあります。

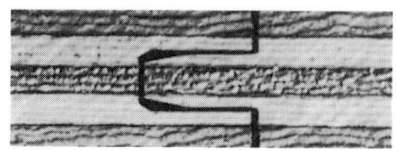

本ざね加工（T&G）合板の断面

---

5. 床断熱材の取付け

　断熱材には大きく分けてフェルト状断熱材（無機繊維系）、ボード状断熱材（無機繊級系、発泡プラスチック系、木質繊維系）、吹込み用断熱材、現場発泡断熱材の4種類があります。
　壁・天井の断熱材施工は枠組工事が完了して後、内装材の施工前に行ないますが、床の場合には床下張りを張り込んだ後には施工できませんので、床組工事の途中で施工することになります。
　床断熱材は根太間に敷き込みますが、断熱材の脱落・たれ下り防止のための受け材を必要とします。

床断熱材を施工するにあたっては，次のことに注意してください。
① 断熱材が雨などによって濡れることのないように十分配慮することが必要です。万一濡れた場合は，乾燥を確かめて使用するようにします。
② 断熱材の受け材は根太類に堅固に取り付けるようにし，断熱材の上面が根太類の上面と一致する（つらいちとなる）ように十分注意して取り付けます。また，根太類（床根太・添え側根太・側根太・端根太・ころび止めなど）との取り合い部分・断熱材相互の継目部分にすき間が生じないように十分注意して取り付けるようにします。万一すき間が生じた場合は，その程度に応じて断熱材の取替え・端材をつめ込むなどの措置が必要です。
　断熱材の施工方法はその種類によって異なりますので，材料に適した方法とすることが必要です。下図は断熱材の施工例ですが，防湿層は必ず室内側に向けることが必要です。

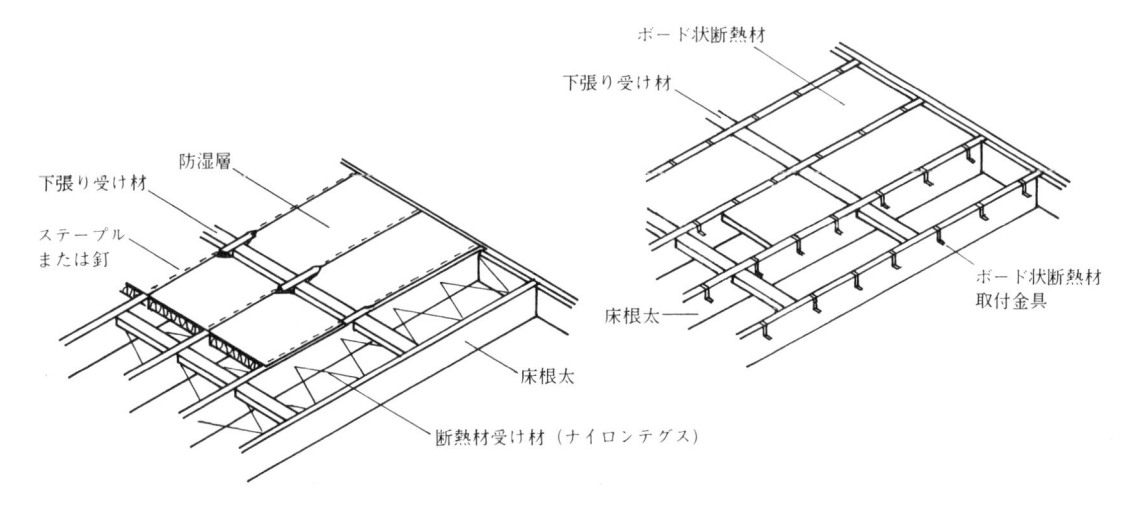

6．大引き・束を用いた床組（束立て床組）

　土台・大引き・束・根太・根がらみなどを用いる在来（軸組）工法の束立て床に類似した方法によって，枠組壁工法の1階床組を構成することができます。

(1) 構成材料

① 土台は防腐処理した404材とします。
② 大引きは404材とし，大引きの配置間隔は1,370mm以下とします。
③ 床根太材としては204材を使用し，500mm間隔以下に配置します。
④ 束は防腐処理した404材を使用します。最近では鋼製・プラスチック製の束も使われるようになっていますが，使える条件が決められていますので注意が必要です。
⑤ 根がらみは防腐処理をした104材とします。
⑥ 床張り材は，一般の場合と同様，構造用合板，パーティクルボード，構造用パネルなどを用います。

4章 躯体各部の構成

(2) 構成方法

① 土台には座金掘りを行ない，アンカーボルトによって基礎と緊結します。この場合，埋め込むアンカーボルトの必要埋め込み長さを確保することに注意してください。

② 土台と大引きとの仕口は，土台を30mm欠き込んで大引きを大入れとし，3-CN75Tで緊結します。

③ 大引きの継手は束の上に設け，両面からそれぞれ2-CN90F（合計4-CN90F）とします。

④ 束と大引きは，大引きから両面合計4-CN75Tとします。

⑤ 束と根がらみは，2-CN65Fで緊結します。

⑥ 床下張りの留付け方法は，本節4．床下張り材の取付けと同じです。

⑦ その他の構成方法は先に説明した方法に準じます。

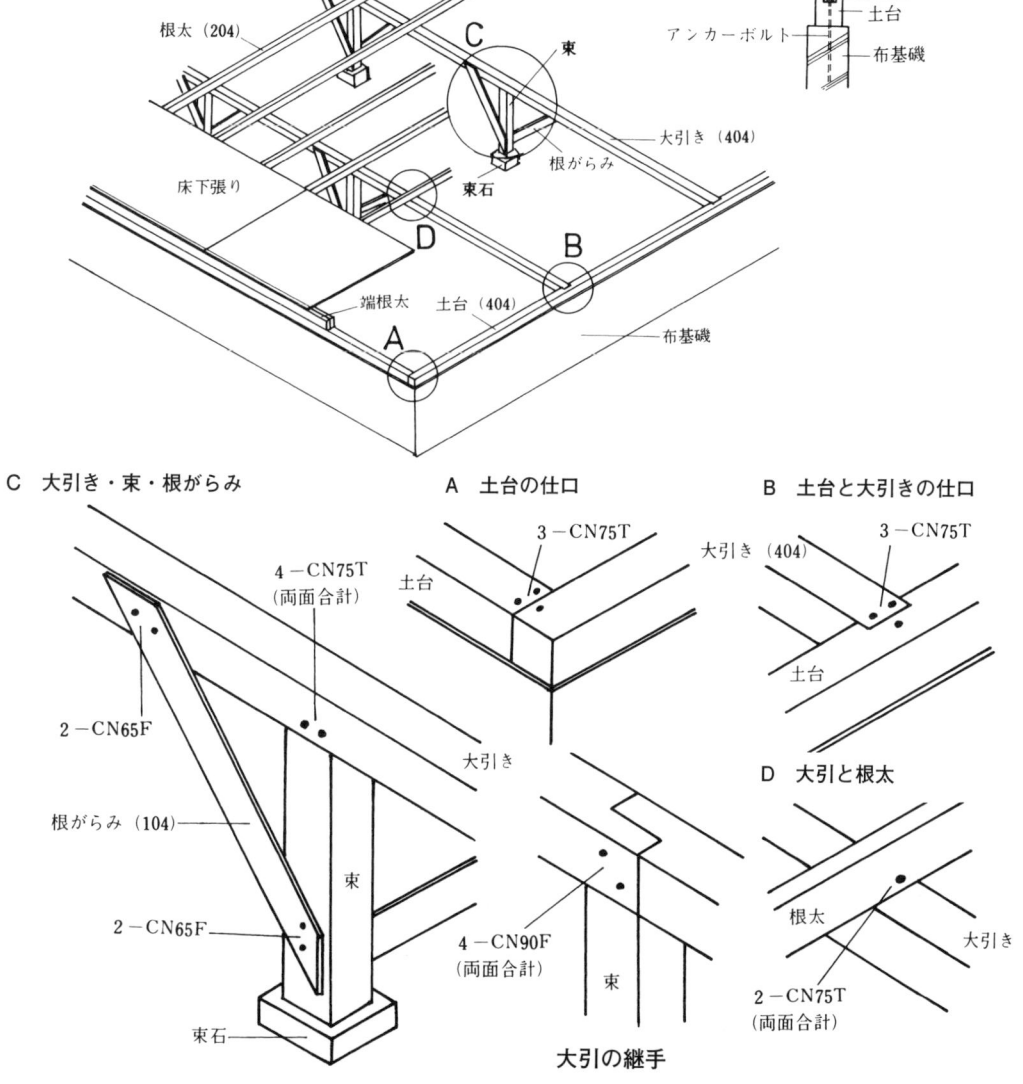

7. スキップフロア（階段の踊り場）

スキップフロア（段差床）を設ける場合，床組の支持方法には次の方法が考えられます。

(1) 独立した壁組を用いる方法

床面のレベルごとにそれぞれ独立の壁組を設ける方法で，床組と壁組との納まり，釘打ちなどは通常の場合と変わりません。ただし，床組を支える壁のたて枠寸法を206材以上とする必要があります。

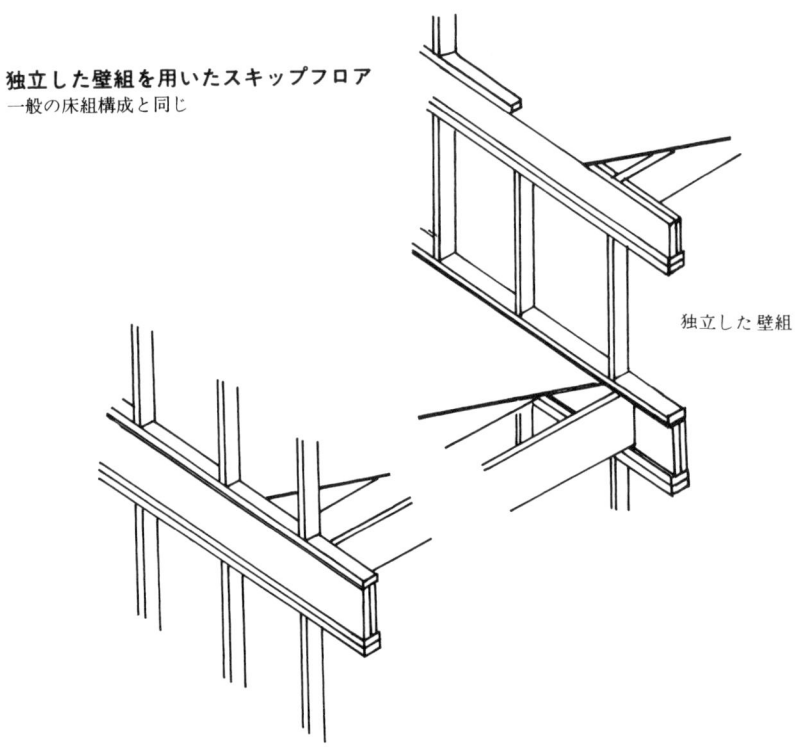

独立した壁組を用いたスキップフロア
一般の床組構成と同じ

独立した壁組

(2) 根太受けを用いる方法

　壁組に根太受けを設けて，床組を支持する方法です。(1)の方法と異なり，壁組の中間で床組を支持する形となりますので，床組から伝達される鉛直荷重や水平力を無理なく流すような納まりとすることが必要です（場合によっては206材をたて枠として使用します）。

　また，防火上の配慮も必要となります。

① 根太受け材（リボンプレート）は寸法型式106以上の材とし，たて枠を欠き込んで入れ，たて枠に2-CN75F以上で緊結します。

② 床根太は根太受け材に乗せ掛け，たて枠に5-CN90Fで留め付けます。

③ 壁組・床組の交差部には，たて枠・床根太と同寸のかい木またはころび止め兼用のファイヤーストップ材を取り付けます。ファイヤーストップ材の取付け寸法はかい木，またはころび止めの取付け方法に準じて行います。

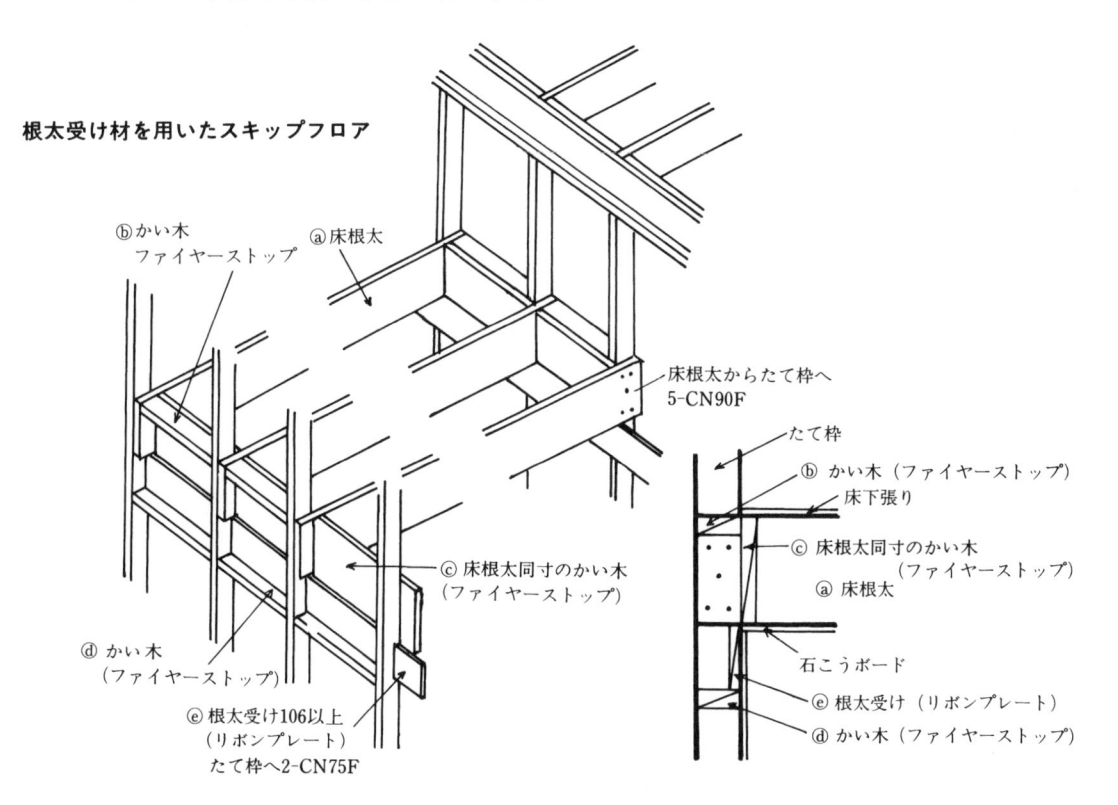

根太受け材を用いたスキップフロア

ⓑ かい木 ファイヤーストップ
ⓐ 床根太
床根太からたて枠へ 5-CN90F
ⓒ 床根太同寸のかい木（ファイヤーストップ）
ⓓ かい木（ファイヤーストップ）
ⓔ 根太受け106以上（リボンプレート）たて枠へ2-CN75F

たて枠
ⓑ かい木（ファイヤーストップ）
床下張り
ⓒ 床根太同寸のかい木（ファイヤーストップ）
ⓐ 床根太
石こうボード
ⓔ 根太受け（リボンプレート）
ⓓ かい木（ファイヤーストップ）

第5節　壁　組

1. 壁組の組立て工程

標準的な工程は次のとおりですが，段取りによっては部分的に異なることがあります。

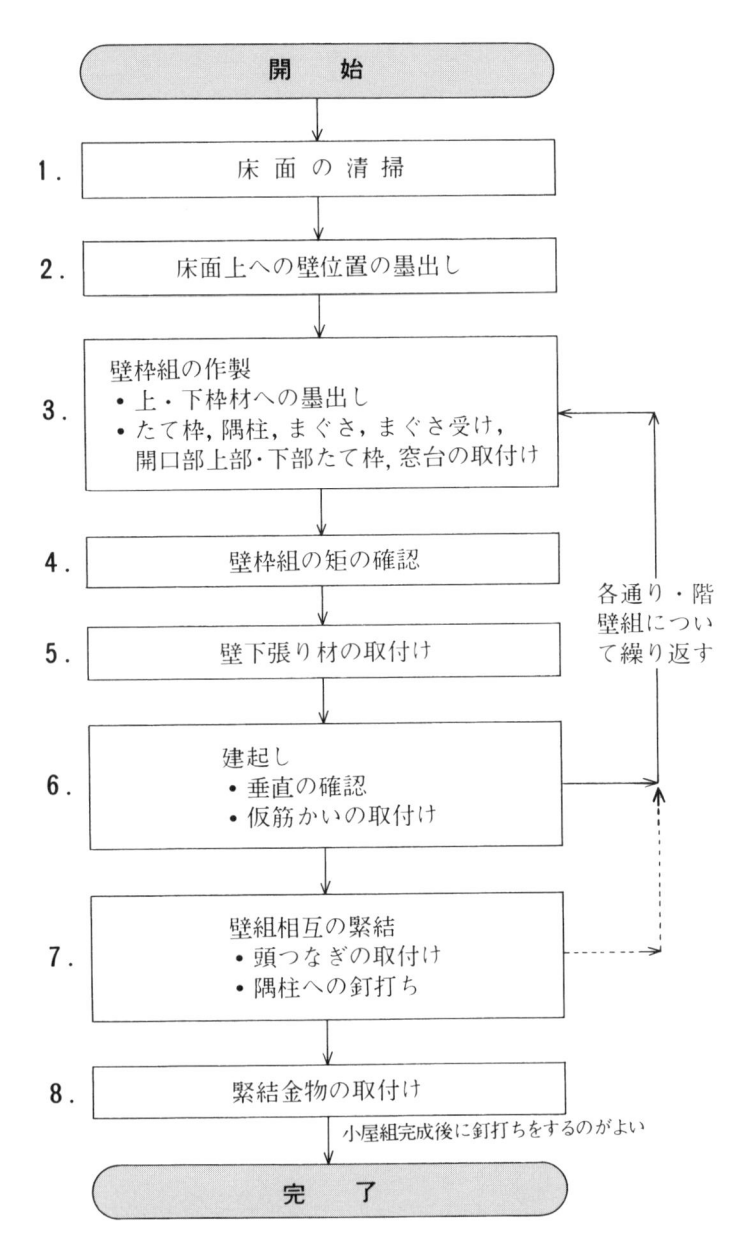

```
開　始
　↓
1. 床面の清掃
　↓
2. 床面上への壁位置の墨出し
　↓
3. 壁枠組の作製
   ・上・下枠材への墨出し
   ・たて枠, 隅柱, まぐさ, まぐさ受け,
     開口部上部・下部たて枠, 窓台の取付け
　↓
4. 壁枠組の矩の確認
　↓
5. 壁下張り材の取付け
　↓
6. 建起し
   ・垂直の確認
   ・仮筋かいの取付け
　↓
7. 壁組相互の緊結
   ・頭つなぎの取付け
   ・隅柱への釘打ち
　↓
8. 緊結金物の取付け
       小屋組完成後に釘打ちをするのがよい
　↓
完　了
```

各通り・階壁組について繰り返す

4章 躯体各部の構成

1. 床面の清掃

床面は壁組作業のための作業台となりますので，常に清掃しておくことが大切です。

2. 床面上への壁位置の墨出し

図面に従い壁下枠位置を床面に墨出しします。この墨によって壁枠組を製作しますので，正確な墨出しをすることが大切です。

3. 壁枠組の作製

壁枠組の組立て作業は，外周壁→内部壁，大きな壁→小さな壁の順に行うのが原則です。手順を間違えるとすべての壁組を床組上で作製できなくなることになりますので，図面（特に隅柱の種類と位置）をよく見て建起し順序を確認して作業にとりかかることが必要です。

● 上・下枠材への墨出し

上下枠材を重ね，たて枠・まぐさ受け材などの位置墨を出します。こうすれば壁の長さを間違えたり，上・下枠の継手位置が規定に合わないといったことが避けられます。

また，最初にすべての上・下枠材を木取りしてみると，最後の段階で壁が納まらないといった事態を避けることができます。

119

●隅柱・まぐさなどはあらかじめ作製しておくと能率が上がります。

隅柱・まぐさの作製

●たて枠，隅柱，まぐさ，まぐさ受け，開口部上下部たて枠，窓台の取付け
　図面に従って，それぞれの部材を所定の位置に配置して壁枠組を構成してゆきます。

たて枠・隅柱・まぐさ・まぐさ受けの取付け

開口部上部たて枠の取付け

4章 躯体各部の構成

開口部下部たて枠・窓台の取付け

4. 壁枠組の矩の確認（ゆがみ直し）

壁枠組の矩の確認は，対角線の長さを測ることによって行います。壁下張り材を張った後での補正は簡単ではありませんので，この時点で正確な矩となるように調整し，矩を確認したら壁枠組を床面に仮り止めしておきます。

矩の確認

矩の調整

121

●筋かいを用いる場合には，筋かいの配置が終わって釘で留め付ける前に再度壁枠組の矩を確認しておくとよいでしょう。筋かいを打ち付けた後での矩の調整は困難です。

筋かいの取付け

ころび止めの取付け

5. 壁下張り材の取付け

壁下張り材を壁枠組面に取り付けます。壁下張り材はいろいろな種類のものを使用できますが，多くの場合水平力に対して抵抗する耐力壁を構成しますので，施工にあたっては細心の注意が必要です。また，下張り材はできるだけ1枚のものを使用し，開口部については切り抜く

壁下張り材の張込み（自動釘打ち機を使用している）

ようにします。開口部回りは端材のような小さなものを張り継ぐことはしてはいけません。

開口部の切り抜き（電動ルーターを使用している）

6. 建起し

すべり止めを外周根太に2〜3個取り付け，壁が外にすべり落ちないようにしてから，壁組をねじれないように均等に建て起こします。建起しをして壁位置の通りを確認してから下枠を床組に緊結し，垂直を確認してから仮筋かいで緊結します。

壁組の建起し

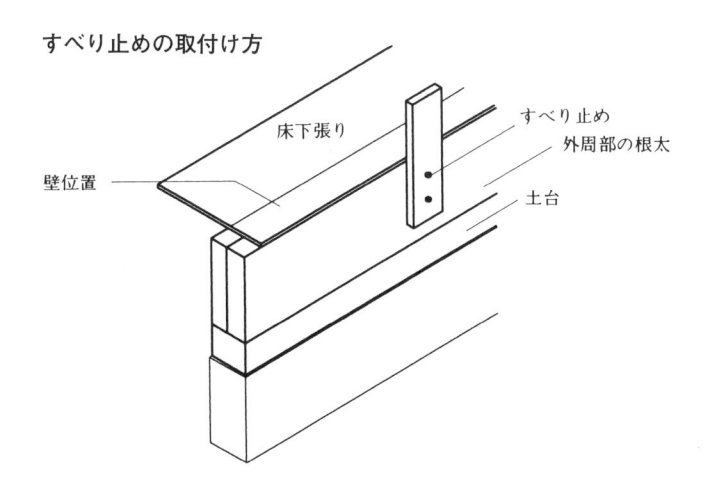

すべり止めの取付け方

ゆがみ・位置の修正  / 仮筋かいの取付け

7. 壁組相互の緊結

各壁組が建ち上がったら、壁組相互を緊結します。緊結は頭つなぎ材とたて枠相互（隅柱による）の緊結によります。壁相互を緊結するにあたっては、壁組上部の通りを確認して行ってください。

たて枠相互（隅柱）の緊結

頭つなぎ材による緊結

8. 緊結金物の取付け

壁組と床組とを緊結するための帯金物を取り付けます。緊結金物の最終的な釘打ちは鉛直方向の沈みを考慮して小屋組が完成してから行います。

《参考／壁組の役割》

建物に作用する鉛直荷重や水平力に抵抗できる壁組を耐力壁，そうでない壁組を非耐力壁といいます。また，鉛直荷重だけを負担する壁組を支持壁と呼びます。

耐力壁に作用すると考えられる応力は，圧縮力・せん断力・面外曲げの3種類です。

わが国では，特に地震や風などの水平力に対して十分な対策をしておく必要がありますので，せん断力に抵抗する壁だけを指して耐力壁と呼ぶことが多いのですが，枠組壁工法の場合の壁組はせん断力だけでなく圧縮力・面外曲げにも抵抗できることが必要とされる場合が多いのです。

耐力壁は建物の安全性を保障するものですから，使用材料・構成方法について詳しい規定があります。これに対して，非耐力壁については大きな制約はありません。施工にあたっては，耐力壁（圧縮力・せん断力・面外曲げのいずれかに抵抗する）・支持壁・非耐力壁のいずれかを正しく認識し，くれぐれも両者を混同しないようにすることが大切です。

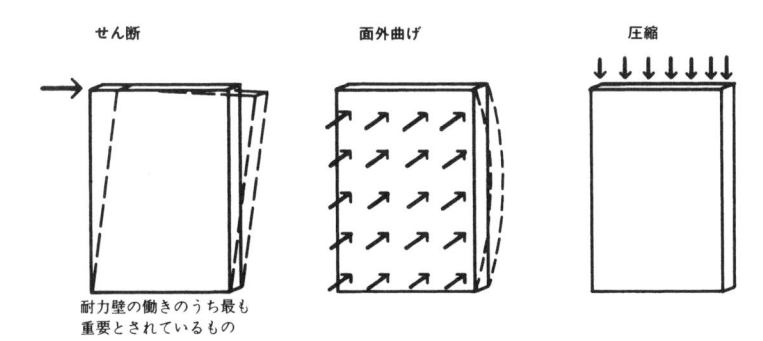

せん断　　面外曲げ　　圧縮

耐力壁の働きのうち最も重要とされているもの

2. 壁組の構成材料

　壁組は，壁枠組材（たて枠・上枠・下枠・頭つなぎ・まぐさ・まぐさ受けなど）と壁下張り材（壁材）とで構成されます。
　耐力壁の枠組材については，その部位によって使用できる寸法型式・等級区分が決められています。同様に，壁下張り材についても使用材料が決められています。

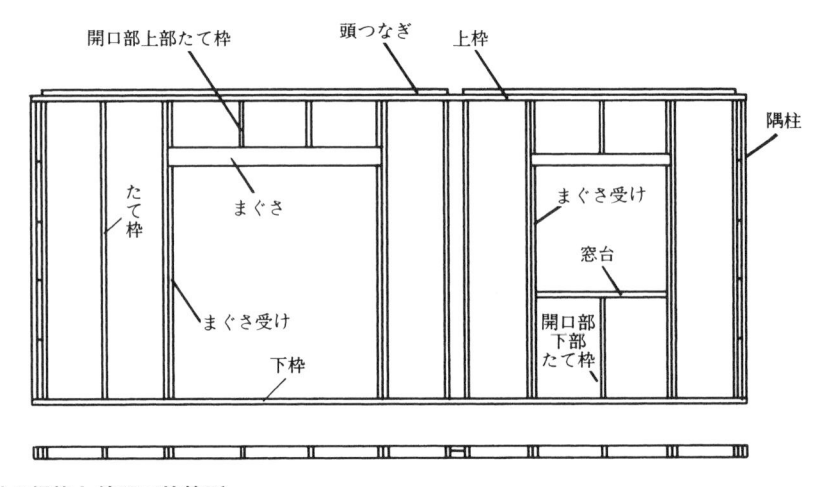

壁枠組材の規格と使用可能箇所

材料の規格			(1) まぐさ	(2) 壁上枠 頭つなぎ	(3) 壁たて枠	(4) 壁下枠	(5) 筋かい
枠組壁工法 構造用製材	甲種枠組材	特級，1級，2級	○	○	○	○	○
		3級	×	○	○	○	○
	乙種枠組材	コンストラクション	×	○	○	○	○
		スタンダード	×	○	○	○	○
		ユーティリティ	×	×	×	○	×
	MSR材　（機械による曲げ等級区分材）		○	○	○	○	○
集成材	構造用集成材	同一等級	○	○	○	○	○
		対称異等級構成集成材	○	○	○	○	○
		特定対称異等級構成集成材	○	○	○	○	○
		非対称異等級構成集成材	○	○	×	×	×
	化粧ばり構造用集成柱		○	○	○	○	○
構造用単板積層材		特級，1級，2級	○	○	○	○	○
枠組壁工法 構造用 たて継ぎ材	甲種 たて継ぎ材	特級，1級，2級	○	○	○	○	○
		3級	×	○	○	○	○
	乙種 たて継ぎ材	コンストラクション	×	○	○	○	○
		スタンダード	×	○	○	○	○
		ユーティリティ	×	×	×	○	×
	たて枠用たて継ぎ材		×	×	○	○	×
製材の日本農林規格：針葉樹の下地用製材　板類の1級			×	×	×	×	○
鋼板，鋼帯（スチールハウス用の軽量形鋼）			○	△	△	△	×

○：使用可　　×：使用不可　　△：耐力壁の場合は×

3. 壁組各部の構成

たて枠間隔は最大650mmとすることができますが，以下ではたて枠間隔500mm以下の場合について説明します。

1. 耐力壁の構成方法

(1) 上枠・下枠・たて枠

① 耐力壁の下枠，上枠，たて枠および頭つなぎとして使用する材の寸法型式は204，206，208，404，406，408です。

② たて枠相互の間隔は500mm以内とします。寸法型式204を多雪区域で用いる場合は350mm以内としますが，構造計算やスパン表による場合には500mm以内にできます。

③ 耐力壁のたて枠の長さ

ⓐ 通常の耐力壁の下枠の下端から頭つなぎの上端までの寸法は2,450mmを標準とします。

ⓑ たて枠の高さの限度は寸法型式204では3.8m，寸法型式206では6.0mまでです。ただし，この規約は細長比の制限から算出された数値ですので，内壁のように荷重が大きいことが予想される場合や，建物外周部のたて枠で風圧力による曲げを受ける場合には構造計算によるチェックをしておくことが必要です。

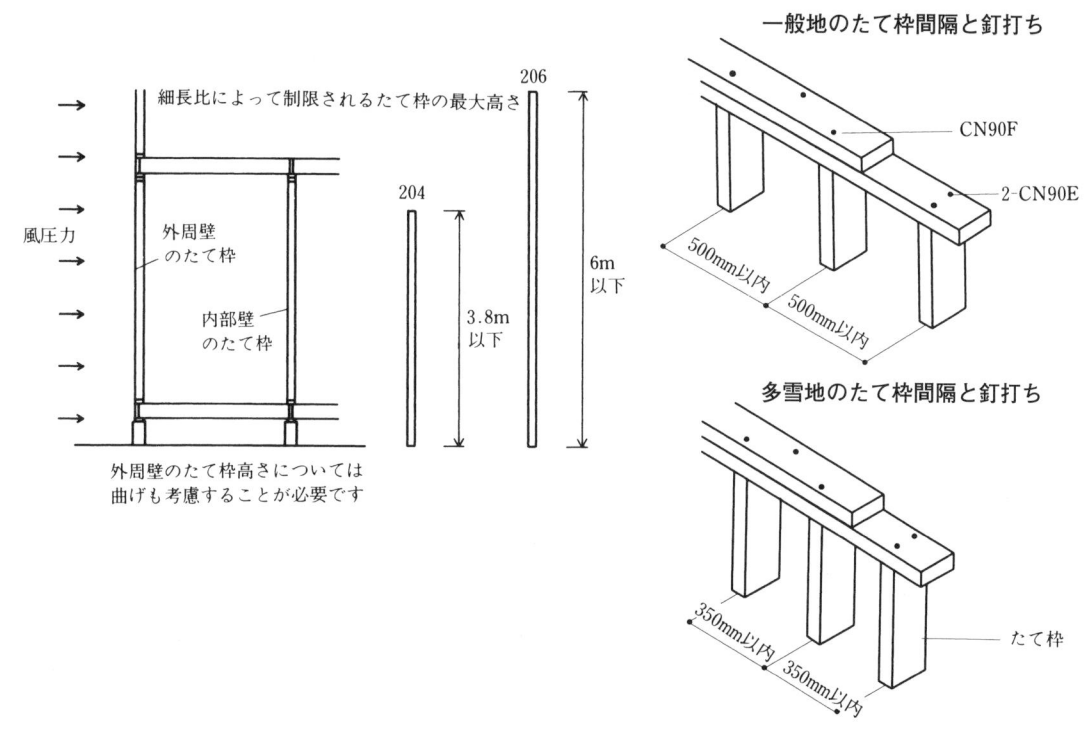

④ 耐力壁の上枠および下枠

ⓐ 上枠および下枠は、それぞれの壁面ごとに一本ものを用いることを原則とします。やむを得ず途中で継ぐ場合は次によります。

イ たて枠の中央で継ぐ場合：上枠・下枠ともに、各枠材端に2-CN90E・継手部合計4-CN90Eとします。この場合、上枠の継手ははりをおさめる場合を除いて、T字部に設けてはいけません。

ロ たて枠相互間の中央で継ぐ場合：上枠については、添え上枠を1-CN90Eで各たて枠に取り付け、各上枠から添え上枠へそれぞれ2-CN90F・継手部合計4-CN90Fとします。下枠については、床組（床根太、はり）に対して、各端2-CN90F・継手部合計4-CN90Fとします。

ハ 上枠と下枠の継手は、同じたて枠・たて枠間で継がないようにし、たて枠中央で継ぐ場合には90cm以上離し、たて枠相互間で継ぐ場合には同一面材内で継がないようにします。

上枠・下枠の継手および位置

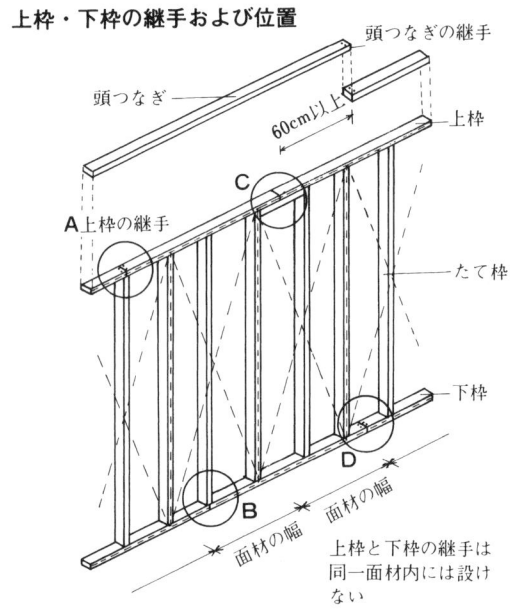

イ たて枠の中央で継ぐ場合

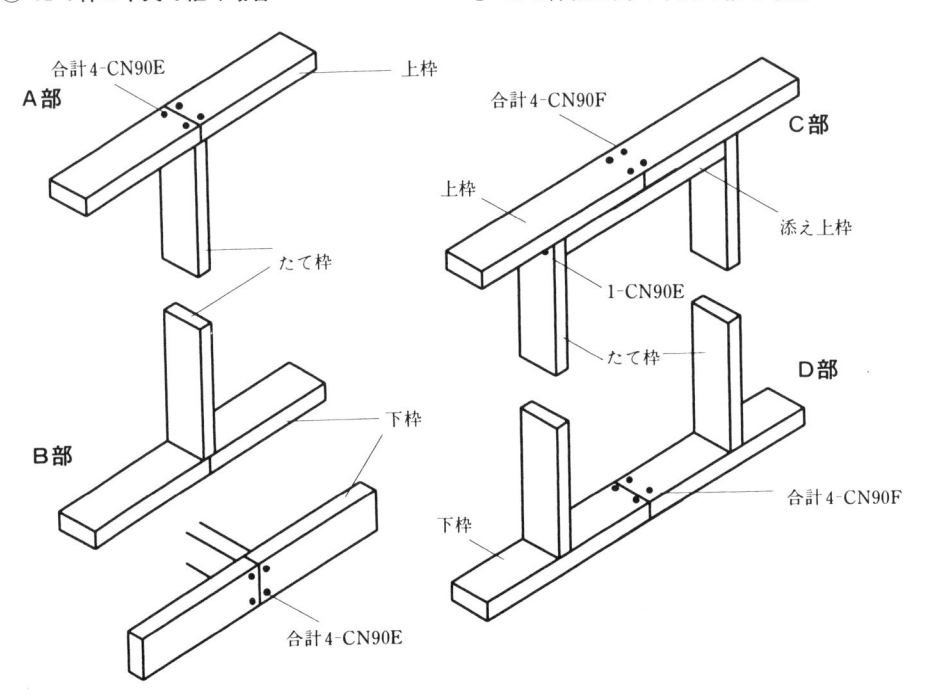

ロ たて枠相互間の中央で継ぐ場合

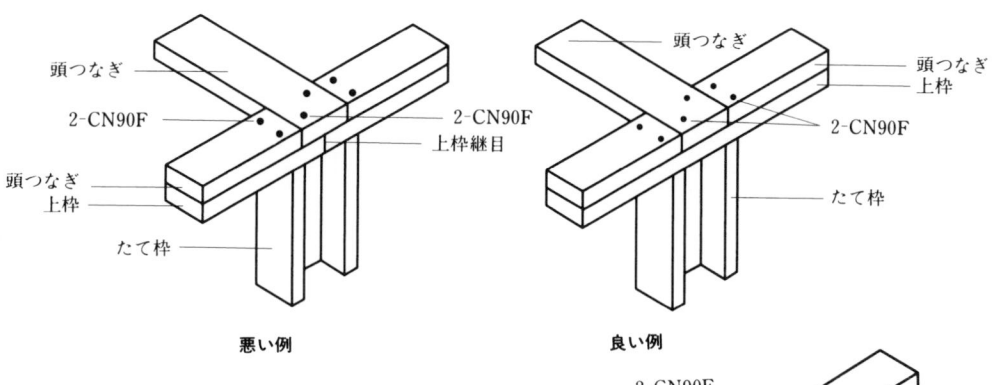

(b) 上枠とたて枠との仕口は上枠側から2-CN90Eとします。下枠とたて枠の仕口は、下枠側から2-CN90Eとするのを原則としますが、場合によってはたて枠から3-CN75Tとすることができます。

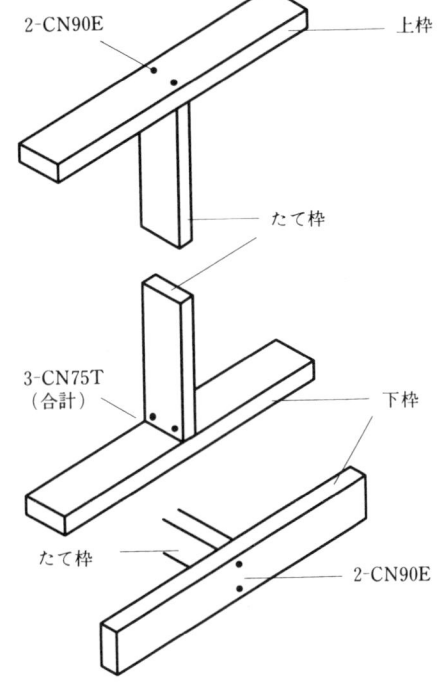

(2) 頭つなぎ

① 頭つなぎは上枠と同じ寸法型式のもとのとし、なるべく長尺材を用いるようにします。

② 頭つなぎに継手を設ける場合の継手位置は、上枠の継手より600mm以上離して設け、各材端に2-CN90F・合計4-CN90Fとします。

③ 隅角部およびT字部での頭つなぎの仕口は、上枠と頭つなぎが相互に交差し重なるようにし、各材端に2-CN90Fとします。

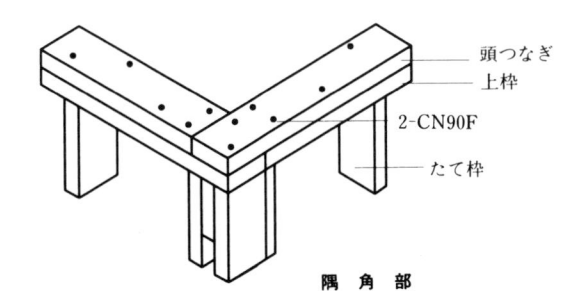

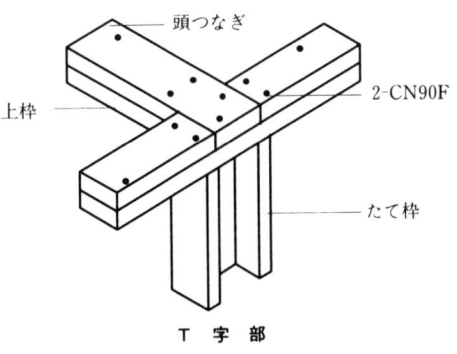

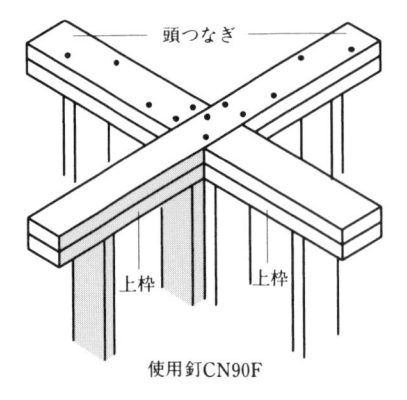

③ 上枠と頭つなぎの接合
　ⓐ 構造用下張り材が頭つなぎに釘打ちされている場合の接合は，頭つなぎから上枠へ500 mm以下の間隔に平打ちします。

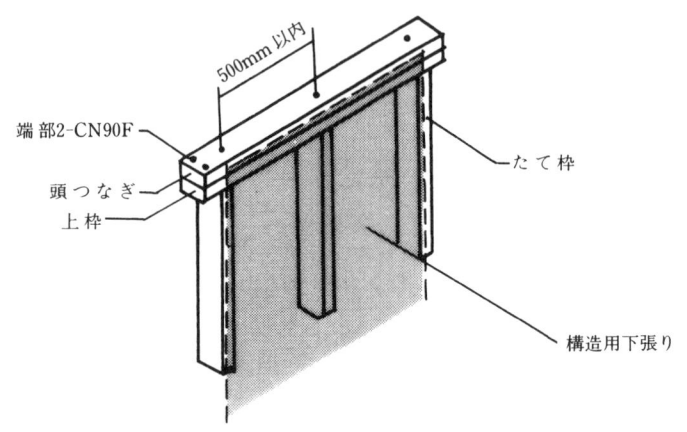

　ⓑ 構造用下張り材が上枠に釘打ちされている場合は，頭つなぎから上枠に端部はCN90を2本，中間部は250 mm以下の間隔に平打ちします。

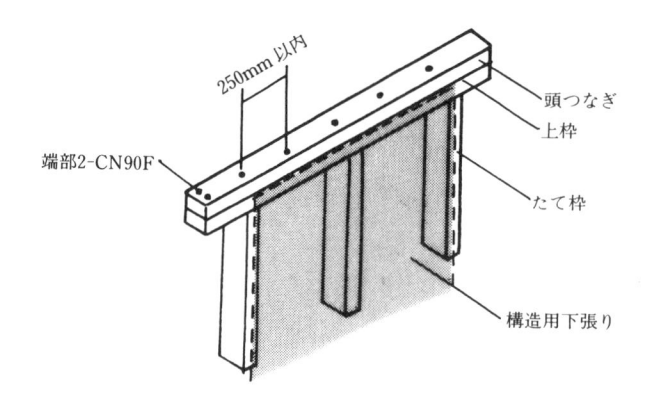

(3) **隅柱**

耐力壁が交差する部分には隅柱を設けます。

隅柱は3本以上のたて枠で構成しますが，まぐさ受けは数に入れませんから注意してくだ

さい。隅柱の標準的な構成方法としては，建物の壁組の構成により直交する場合（L字，T字，十字）は3形式，斜交する場合には1形式があります。

壁組の構成

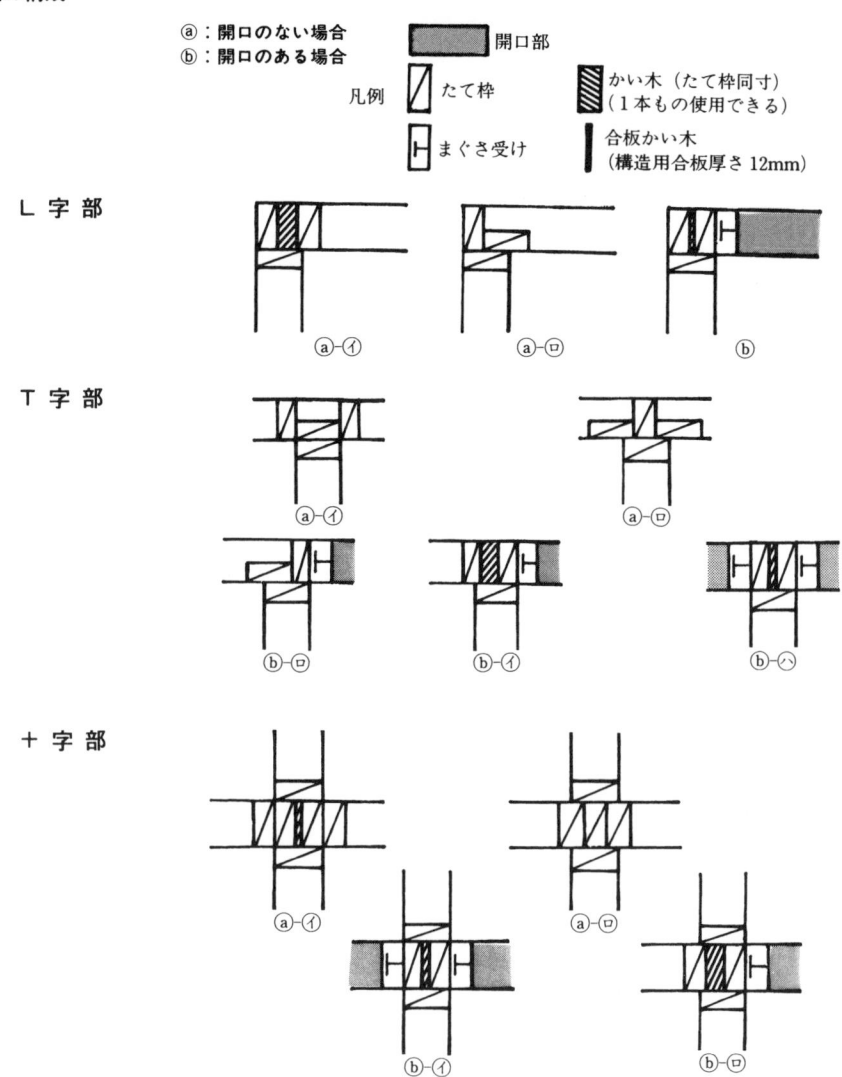

凡例
- ⓐ：開口のない場合
- ⓑ：開口のある場合
- たて枠
- まぐさ受け
- 開口部
- かい木（たて枠同寸）（1本もの使用できる）
- 合板かい木（構造用合板厚さ12mm）

L字部　ⓐ-イ　ⓐ-ロ　ⓑ

T字部　ⓐ-イ　ⓐ-ロ　ⓑ-ロ　ⓑ-イ　ⓑ-ハ

十字部　ⓐ-イ　ⓐ-ロ　ⓑ-イ　ⓑ-ロ

A．直交する場合

① 耐力壁がL型に交差する場合

ⓐ 開口のない場合

イ 「木材かい木を用いた合せたて枠」を用いる方法

　木材かい木を用いた合せたて枠は，2本のたて枠の間にたて枠と同寸で長さ300〜400mmのかい木を上・中・下の3箇所に入れ，両側のたて枠からそれぞれ3-CN90Fをちどり打ちして作ります。

　隅柱の構成は，一方の耐力壁の端部をかい木を用いた合せたて枠とし，他方の耐力壁端

131

部たて枠から合せたて枠の各かい木へ2-CN90F，合せたて枠の端のたて枠へ300mm間隔以内にCN90Fとします。

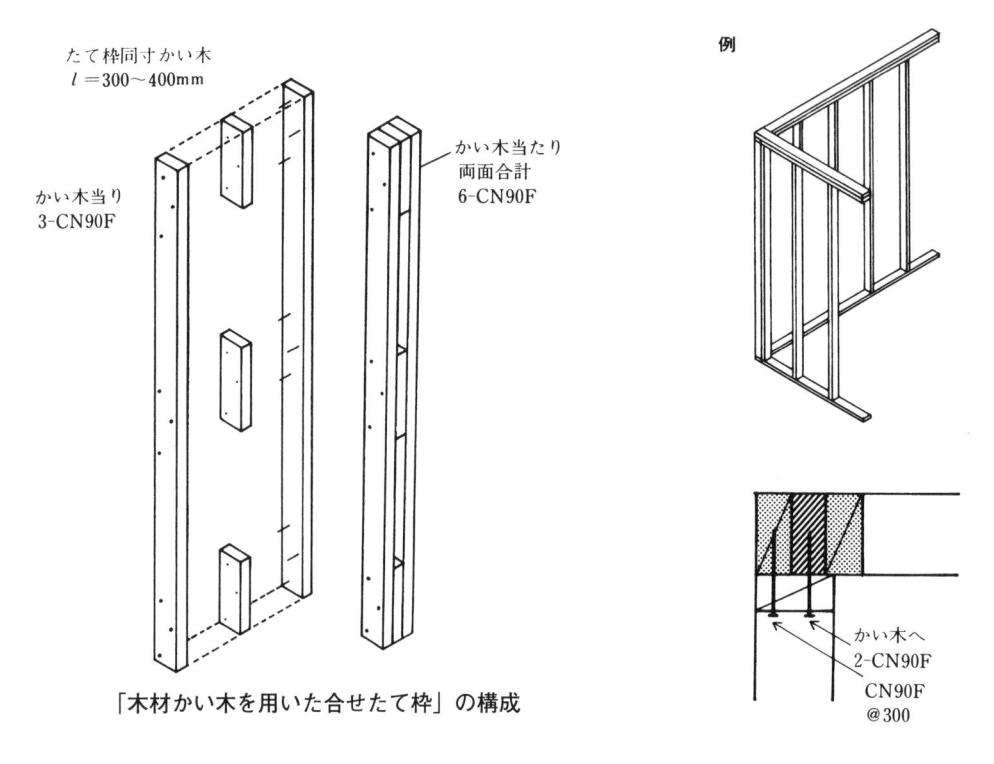

たて枠同寸かい木
$l=300〜400$mm

かい木当り
3-CN90F

かい木当たり
両面合計
6-CN90F

「木材かい木を用いた合せたて枠」の構成

例

かい木へ
2-CN90F
CN90F
@300

ロ 「2本のたて枠によるL型合せたて枠」を用いる方法

一方の耐力壁の端部を「L型合せたて枠」とし，他方の耐力壁の端部たて枠からCN90F300mm間隔として隅柱を構成します。

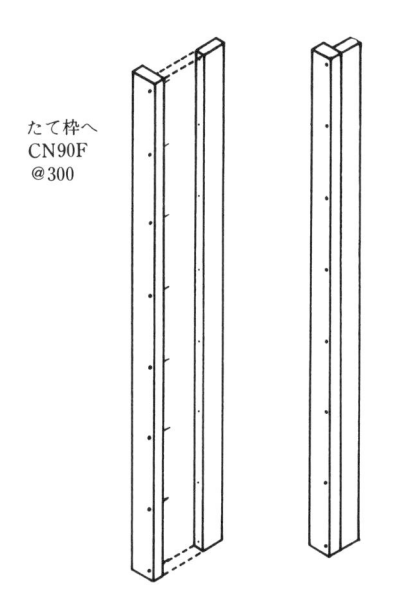

たて枠へ
CN90F
@300

「2本のたて枠によるL字型合せたて枠」の構成

例

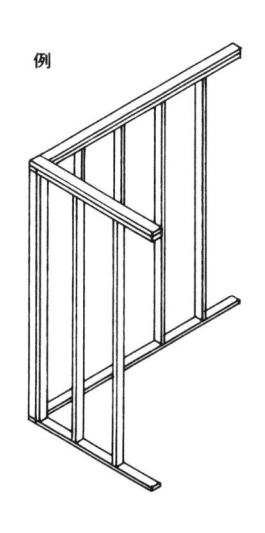

結果的には、3本のたて枠を相互にCN90Fで300mm間隔以内に緊結したことになります。

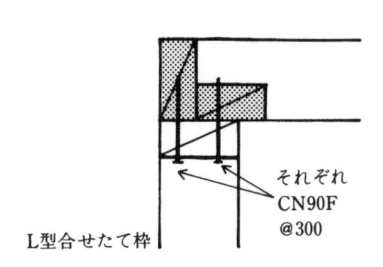

各たて枠へ
CN90F @300
（合計2-CN90F）

それぞれ
CN90F
@300

L型合せたて枠

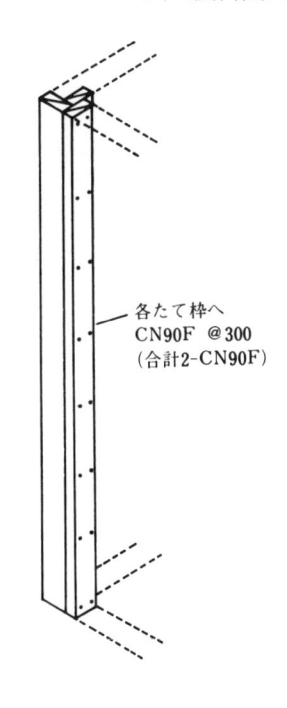

ⓑ　L型交差部に接して開口部がある場合

「合板かい木を用いた合せたて枠」を用いる方法によります。この構成の方法は、まず厚さ9mmまたは12mmの構造用合板でたて枠と同じ幅・長さ300〜400mmのかい木をつくり、これを2本のたて枠の間に入れ、両側のたて枠からそれぞれ3-CN90Fちどり打ちとして合せたて枠を作ります。

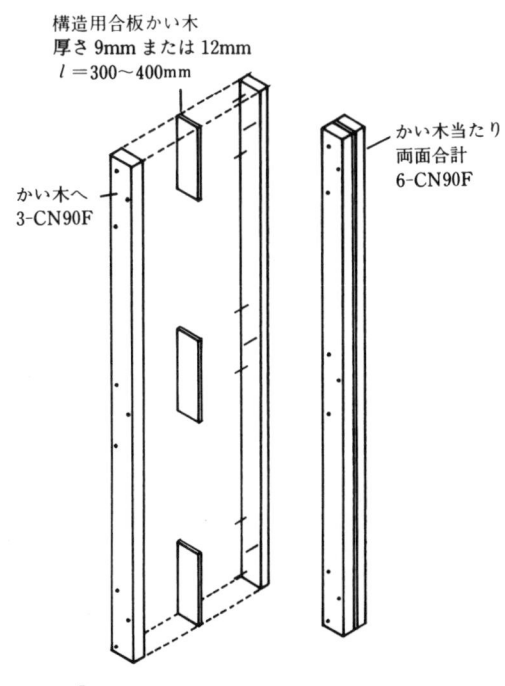

構造用合板かい木
厚さ9mmまたは12mm
$l = 300〜400$mm

かい木当たり
両面合計
6-CN90F

かい木へ
3-CN90F

例

開口部

CN90F
@300ちどり

「「合板かい木を用いた合せたて枠」の構成」

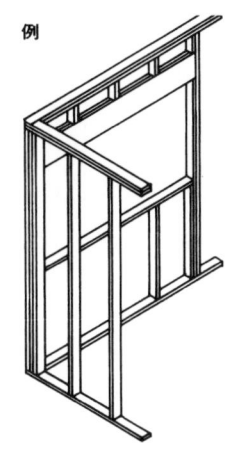

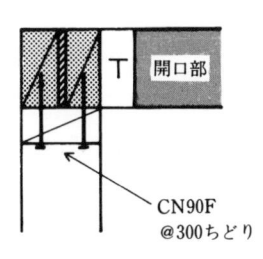

次に他方の壁端部のたて枠から上・下端各2-CN90F・中間部300mm間隔以下にちどり平打ちして隅柱を構成します。

② 耐力壁がT型に交差する場合

ⓐ 開口のない場合

㋑ 「コ型合せたて枠」を用いる方法

隅角部に開口部がなく，しかもT字部に壁下張り材の目地部分がこない場合には，3本のたて枠による合せたて枠とします。合せたて枠は，両側のたて枠からCN90F 300 mm間隔として構成します。

壁相互の接合は内壁のたて枠から上・下端に各2-CN90F・中間300 mm間隔にちどり打ちします。

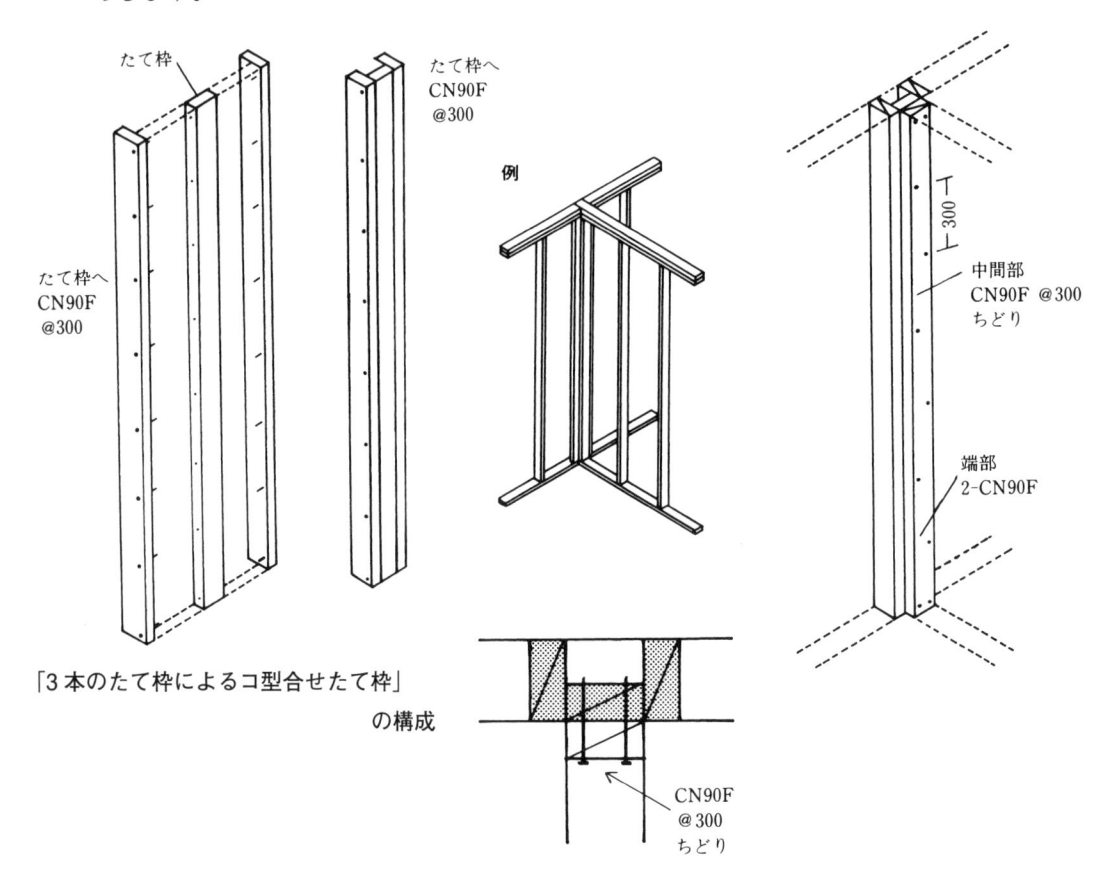

「3本のたて枠によるコ型合せたて枠」の構成

㋺ 「T型合せたて枠」を用いる方法

隅角部に開口部がない場合で，T字部に壁下張り材の目地部分がくる場合には，3本のたて枠によるT型合せたて枠を用いて構成します。この場合，3本の合せたて枠相互は釘打ちをしません。

たて枠相互はCN90を300mm間隔以内で平打ちします。

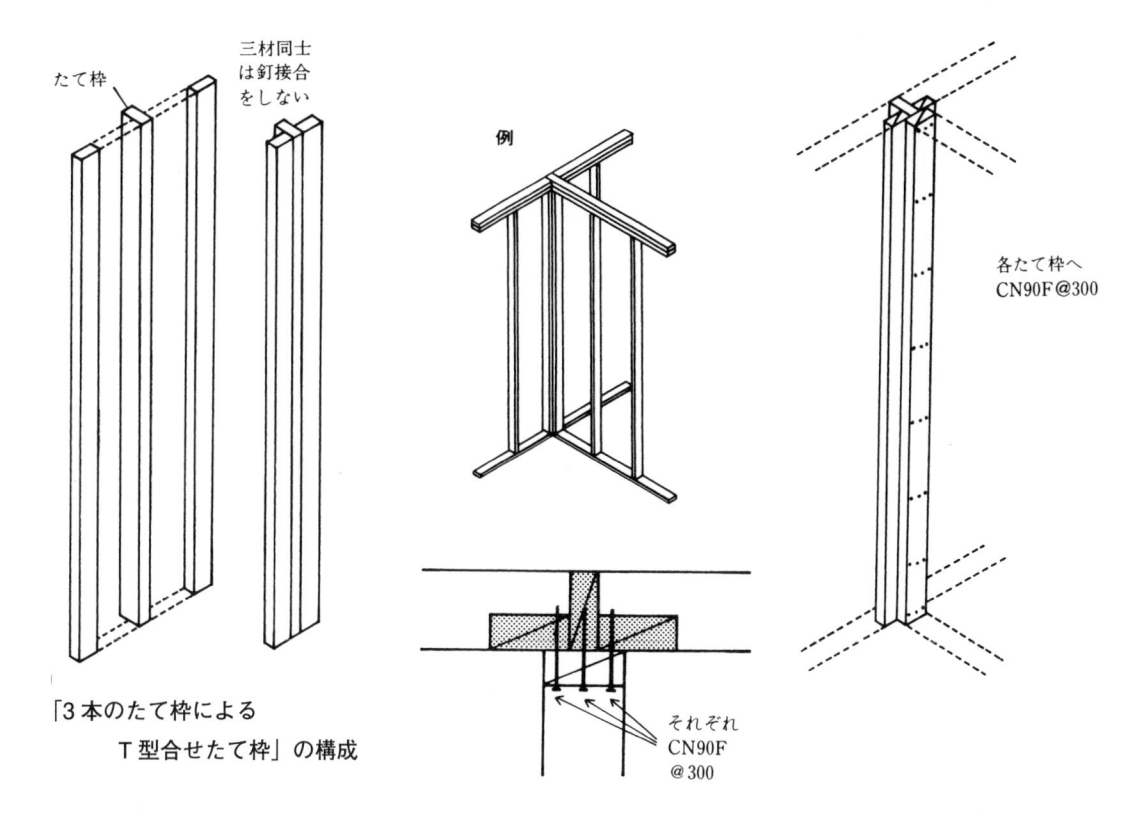

4章 躯体各部の構成

「3本のたて枠による
T型合せたて枠」の構成

たて枠

三材同士
は釘接合
をしない

例

各たて枠へ
CN90F@300

それぞれ
CN90F
@300

ⓑ 隅角部に開口部がある場合
④ 「木材かい木を用いた合せたて枠」を用いる方法
　一方の耐力壁の端部を「木材かい木を用いた合せたて枠」(①-ⓐ-④)とし，他方の耐力壁端部たて枠から各かい木に2本合せたて枠の端のたて枠に300mm間隔にCN90を平打ちします。

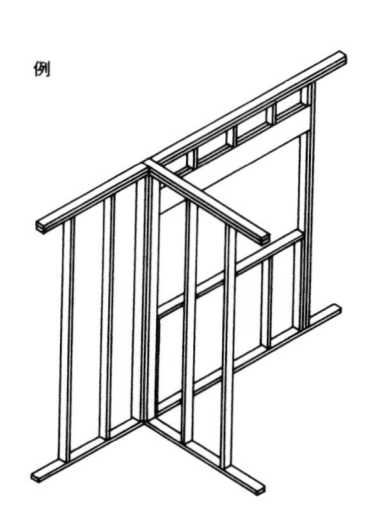

例

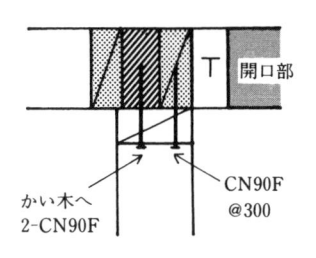

かい木へ
2-CN90F

CN90F
@300

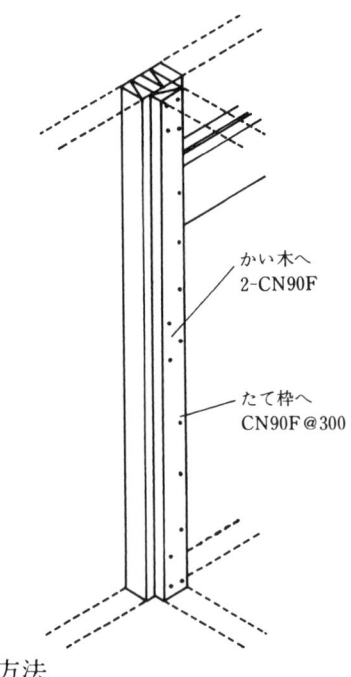

開口部

かい木へ
2-CN90F

たて枠へ
CN90F@300

ロ 「2本のたて枠によるL型合せたて枠」を用いる方法

L型合せたて枠の各たて枠に，他方の壁たて枠よりCN90Fを300mm間隔に釘打ちします。

例

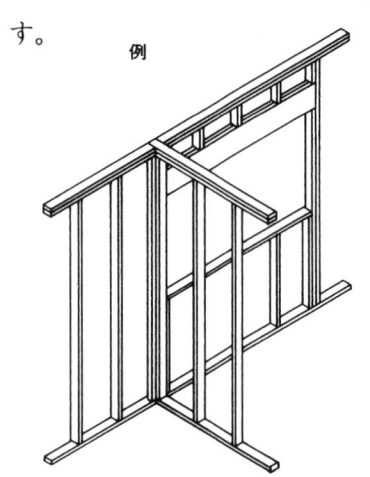

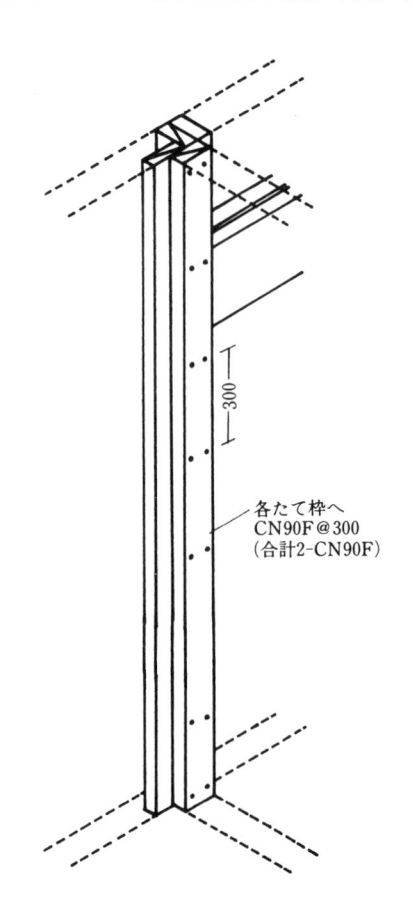

開口部

それぞれ
CN90F
@300

300

各たて枠へ
CN90F@300
（合計2-CN90F）

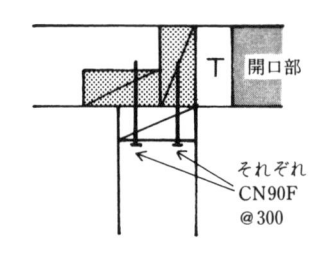

(ハ) 「合板かい木を用いた合せたて枠」による方法

　他方の壁のたて枠と合せたて枠との接合は，上・下端各2-CN90F・中間部300 mm 間隔にちどり打ちします。

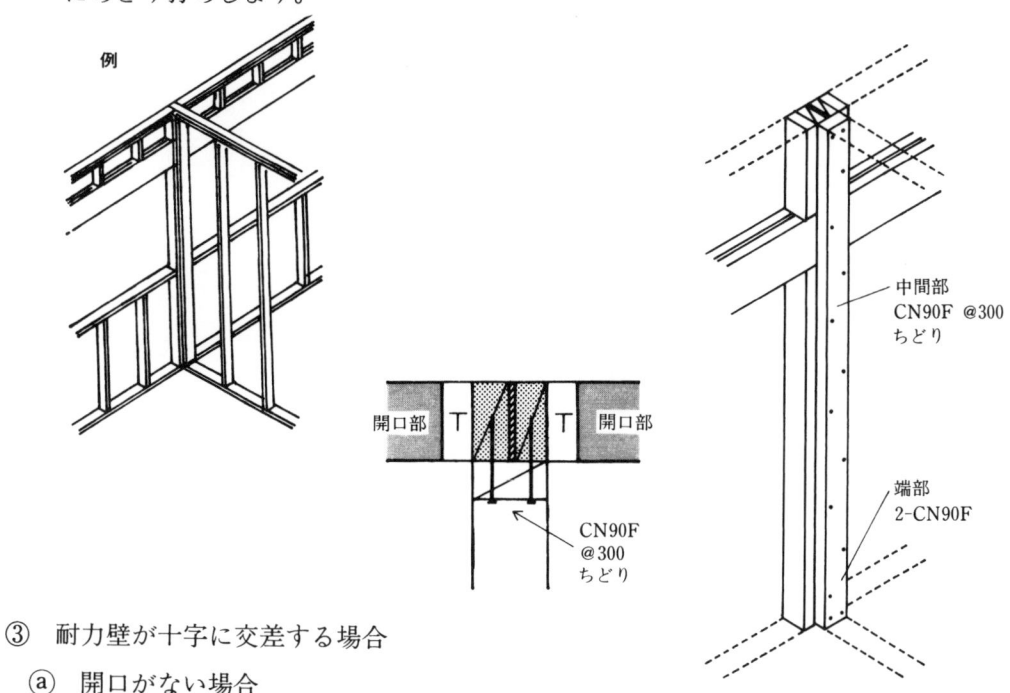

例

開口部　開口部

CN90F@300 ちどり

中間部 CN90F @300 ちどり

端部 2-CN90F

③ 耐力壁が十字に交差する場合

ⓐ 開口がない場合

㋑ 「合板かい木を用いた合せたて枠」による方法

　各壁の端のたて枠から合せたて枠へは，上・下端各2-CN90F・中間部300mm 間隔にちどり打ちします。

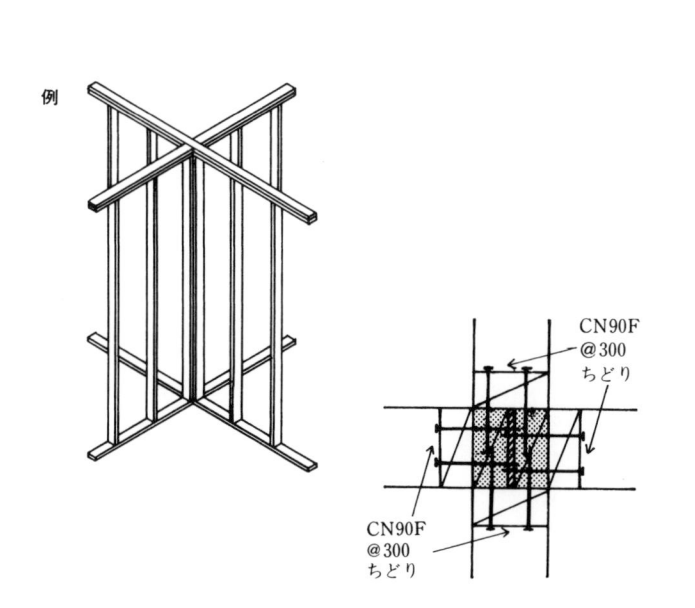

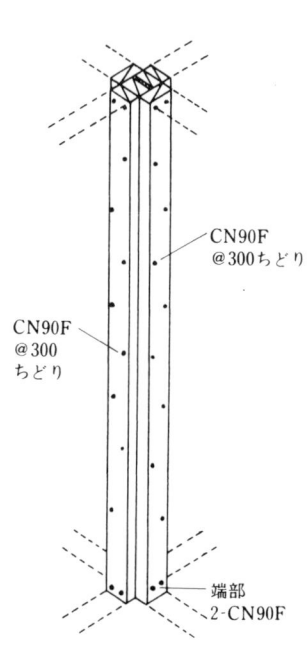

例

CN90F @300 ちどり

CN90F @300 ちどり

CN90F @300 ちどり

CN90F @300 ちどり

端部 2-CN90F

ロ 「木材かい木を用いた合せたて枠」による方法

　直交する壁から合せたて枠のたて枠へ上下部は 2-CN90F，中間部は CN90F300mm 間隔ちどり打ちとします。各かい木へ 2-CN90F とします。

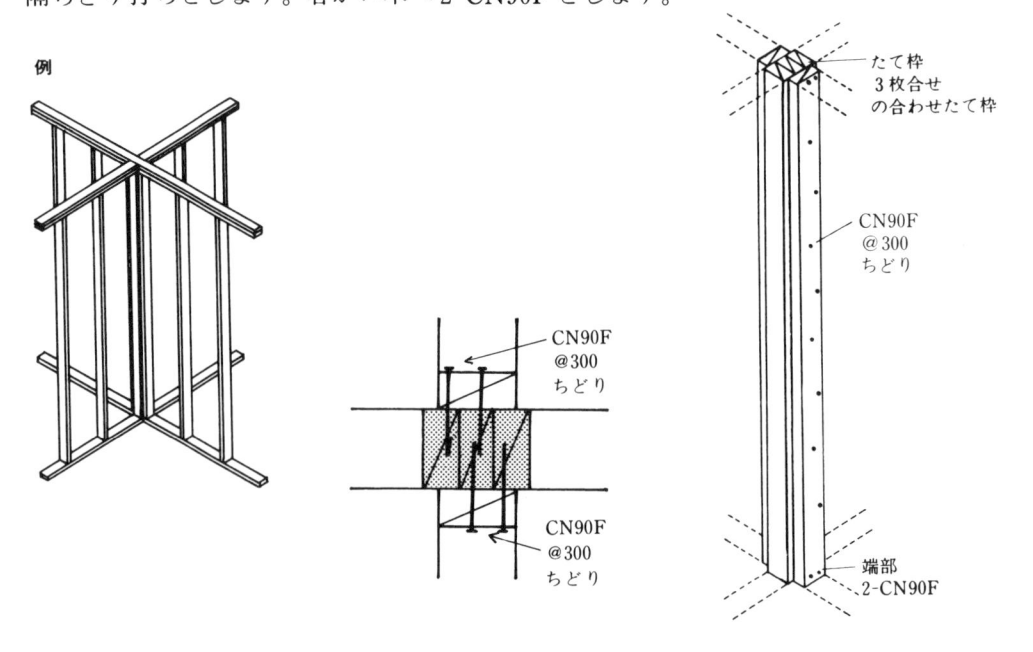

ⓑ 隅角部に開口部がある場合

イ 「合板かい木を用いた合せたて枠」による方法

　直交する壁のたて枠から合せたて枠へ CN90F300 mm 間隔にちどり打ちします。

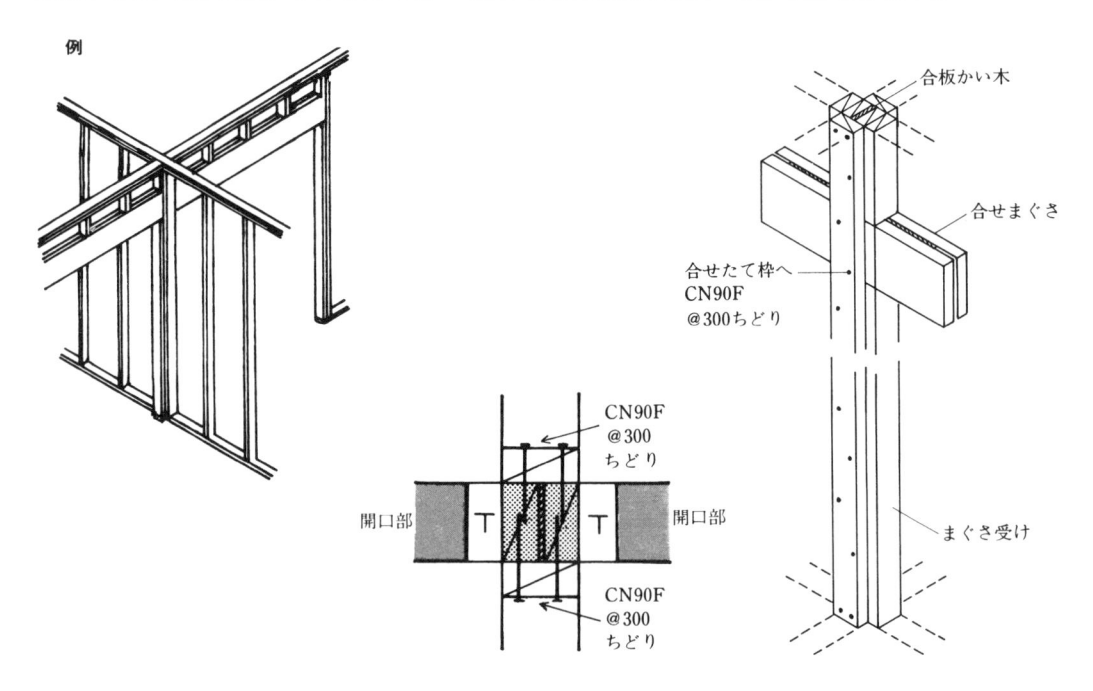

4章 躯体各部の構成

　ロ　「木材かい木を用いた合せたて枠」による方法

　直交する壁のたて枠から合せたて枠へCN90F300 mm間隔に，かい木ごとに2-CN90Fとします。

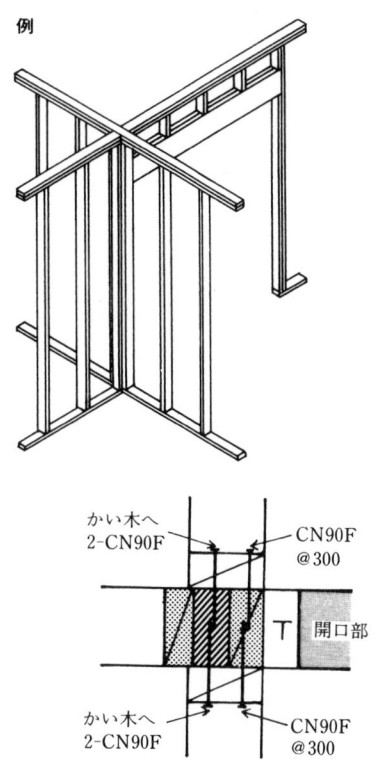

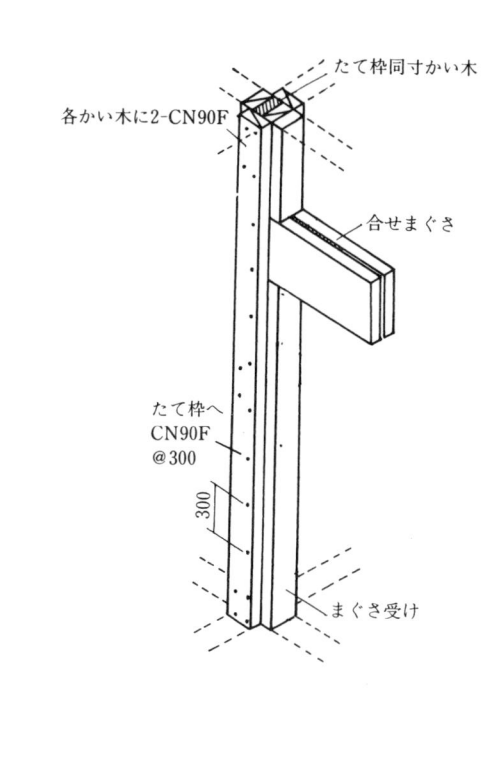

B．斜交する場合

　耐力壁が斜交する場合には，基本的に次のような構成方法とします。

　斜交する場合の納まり部分にはかい木を用い，かい木から隅柱へはCN90F300 mm間隔以下とします。

　平行する壁を結ぶ耐力壁の隅たて枠は，1ランク上以上の材（たて枠204の場合には206以上の材）を切断して納め，その材からたて枠へCN90F300 mm間隔以下で留め付けます。

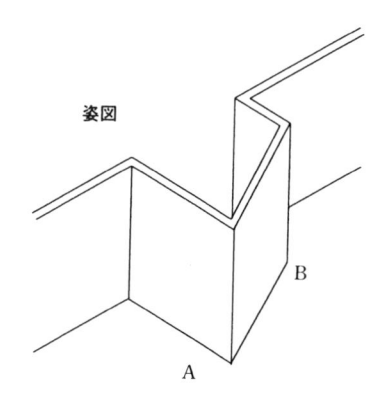

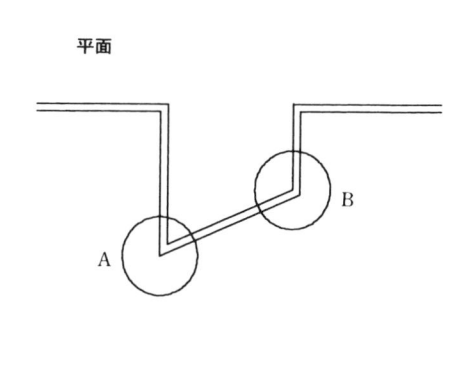

139

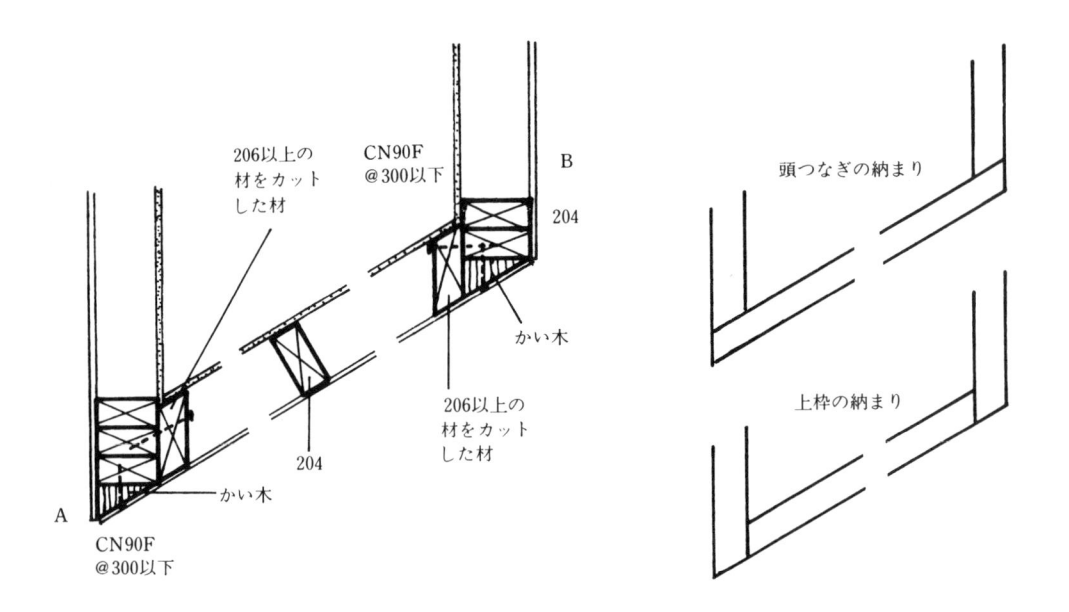

(4) 開口部

① 耐力壁線に設ける開口部の幅は4m以下とし、その開口部の幅の合計は、その耐力壁線の長さの3/4以下とします。

② 耐力壁に幅900 mm以上の開口部を設ける場合は、まぐさおよびまぐさ受けを設けます。

③ まぐさ受け材は、まぐさの長さが2,730 mm以上の場合は、寸法型式204を2枚合せとするか、1本の寸法型式404を標準とします。まぐさの長さが2,730 mm未満の場合は、1枚の寸法型式204を標準とします。

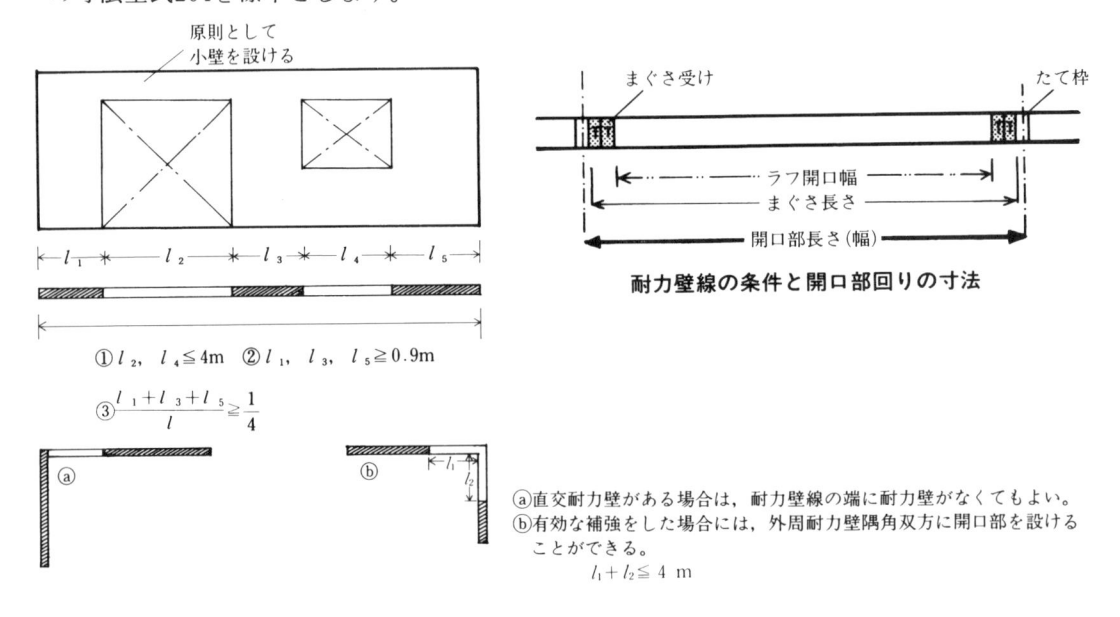

① l_2, $l_4 \leqq 4$m ② l_1, l_3, $l_5 \geqq 0.9$m

③ $\dfrac{l_1+l_3+l_5}{l} \geqq \dfrac{1}{4}$

耐力壁線の条件と開口部回りの寸法

ⓐ直交耐力壁がある場合は、耐力壁線の端に耐力壁がなくてもよい。
ⓑ有効な補強をした場合には、外周耐力壁隅角双方に開口部を設けることができる。
　　$l_1 + l_2 \leqq 4$ m

④　まぐさの取付け

　ⓐ　2枚合せまぐさを使用する場合

　　㋑　2枚合せのまぐさの場合は，厚さ9mm以上（12mmが適当）の構造用合板を500mm以内にかい，両面からそれぞれ4-CN75Fとします。

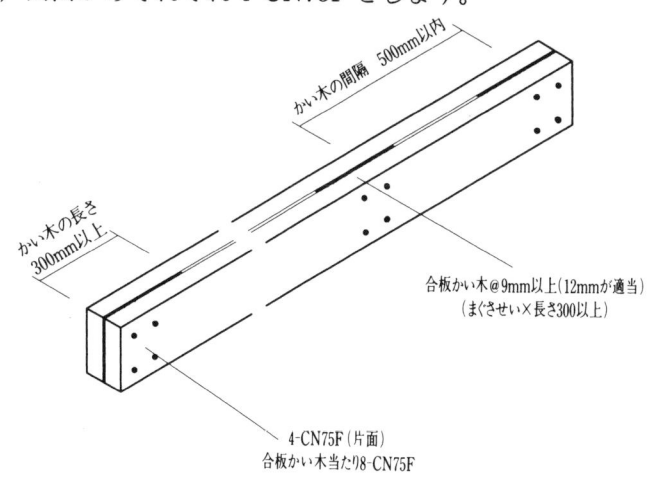

かい木の間隔 500mm以内
かい木の長さ 300mm以上
合板かい木＠9mm以上（12mmが適当）
（まぐさせい×長さ300以上）
4-CN75F（片面）
合板かい木当たり8-CN75F

　　㋺　まぐさとたて枠の接合は，たて枠から4-CN90Eとしますが，やむを得ない場合は，まぐさからたて枠へ両面合計4-CN75Tとすることができます。

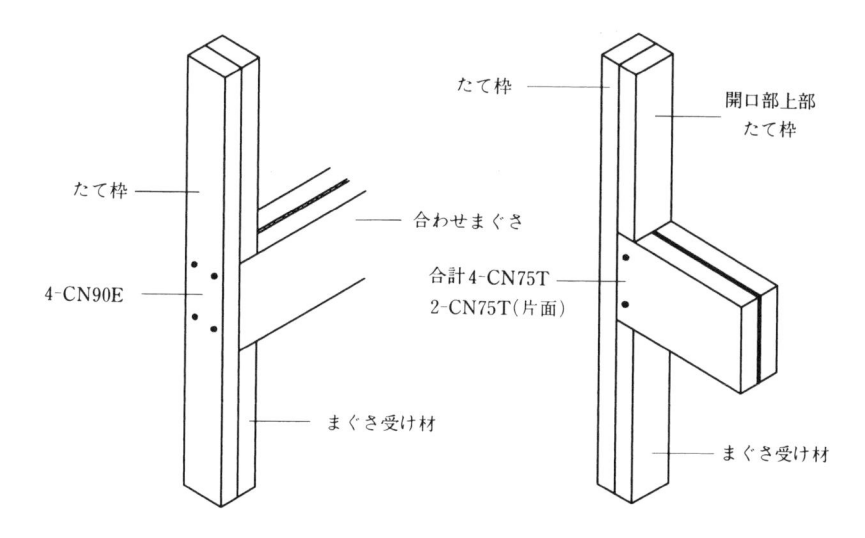

たて枠
4-CN90E
合わせまぐさ
まぐさ受け材
たて枠
開口部上部たて枠
合計4-CN75T
2-CN75T（片面）
まぐさ受け材

　　㋩　まぐさ受けから，たて枠への釘打ちは，上・下端各2-CN90F，中間部300mm間隔にちどり打ちします。

　　　まぐさ受けと窓台は，2-CN90Eとするか，窓台からまぐさ受けに2-CN75Tとします。

　　㋥　開口部上部たて枠は，上枠から2-CN90Eとし，まぐさへは3-CN75Tとします。開口部下部たて枠は，窓台から2-CN90Eとし，下枠から2-CN90Eとします。なお，上・下枠へは，2-CN90Eとする代わりに，3-CN75Tとしてもかまいません。

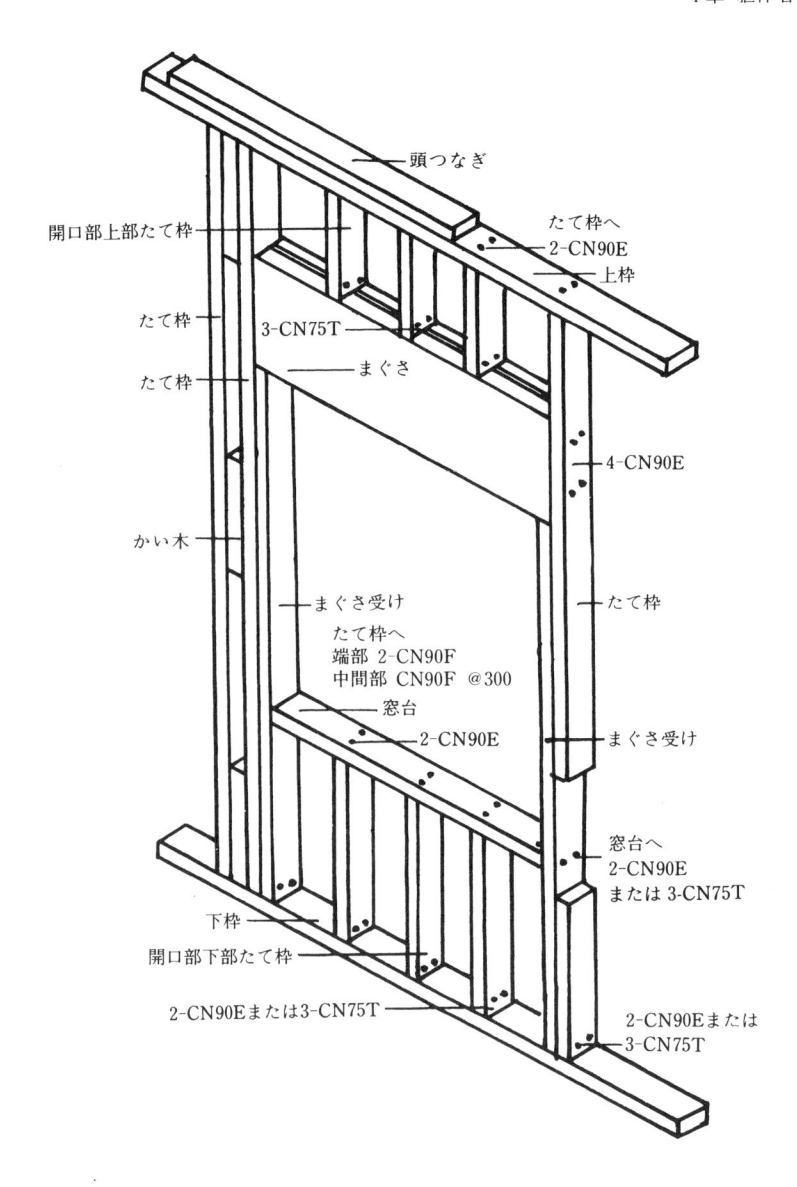

ホ 開口部の幅が1m以下の場合には，まぐさ受け材の代わりに，まぐさ受け金物（LH-204またはLH-206）を使用することができます。

ⓑ まぐさとして合板ボックスビームを使用する場合

イ たて枠とまぐさ受けはCN90F300mm間隔ちどり打ちとします。

ロ たて枠からの合板ボックスビームには200mm間隔にCN90Fとし，合板ボックスビームの上弦材および下弦材には2-CN90Eとします。

ハ 上枠から合板ボックスビームにはCN90F200mm間隔とします。

⑤ 開口部回りの組立てにあたっては，組立て順序を考えて施工しないと，うまく納まらない場合があるので注意してください。

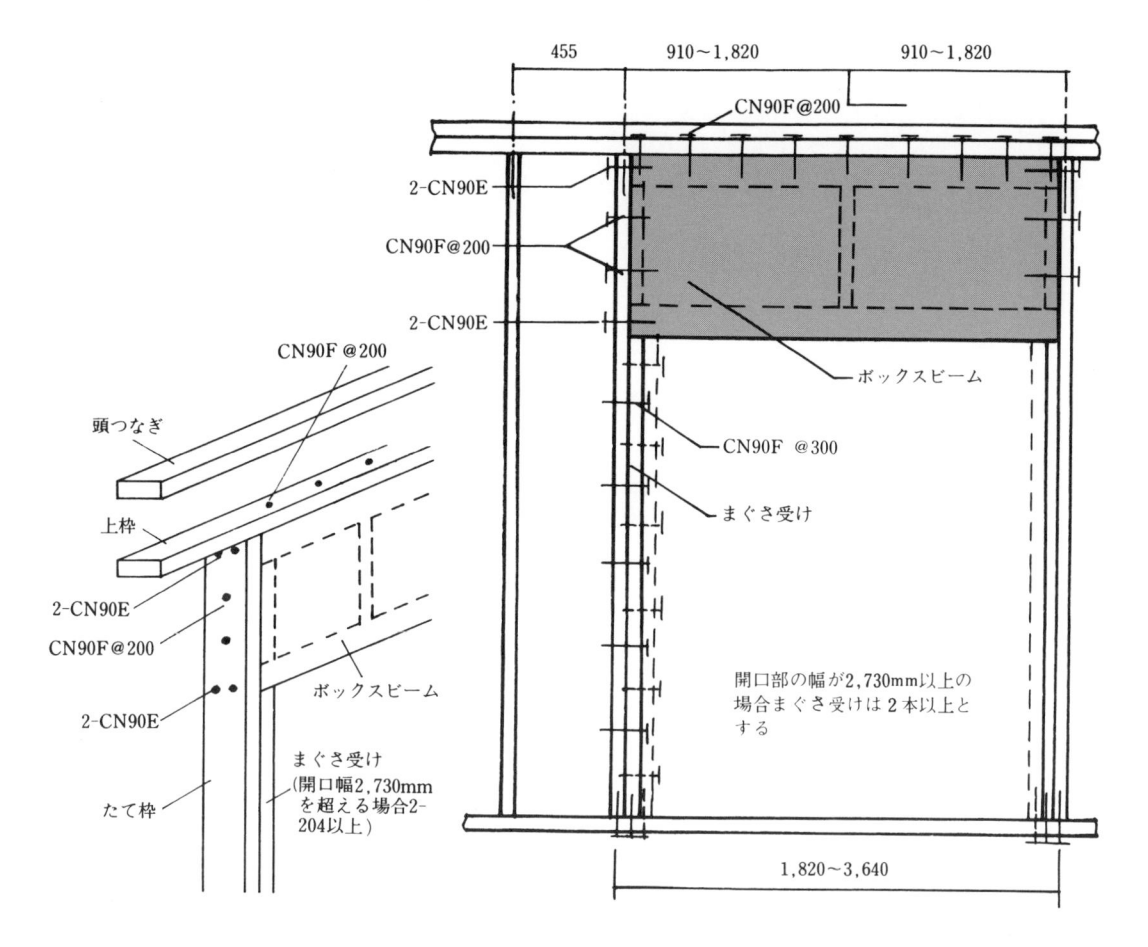

(5) 筋かい

① 筋かいは，寸法型式104または106を用います。

② 構造用合板以外の下張り材を用いる場合は，外壁面の両端に最も近い耐力壁に筋かいを入れます。

③ 筋かいは必ず片筋かいとし，タスキに入れることはできません。なお，筋かいは圧縮力に抵抗すると考えられています。

④ 筋かいは，幅900 mm以上の壁にわたるように配置します。

⑤ 筋かいは，下枠に対して45°以上，以下の角度で，たて枠2本以上にわたるように入れます。

⑥ 筋かいは，下枠・たて枠および上枠を欠き込んで入れます。この場合，施工順序により，頭つなぎを欠き込むことがあります。

⑦ 筋かいの釘打ちは，筋かいから下枠・たて枠・上枠・頭つなぎに対して，それぞれ2-CN65Fとします。

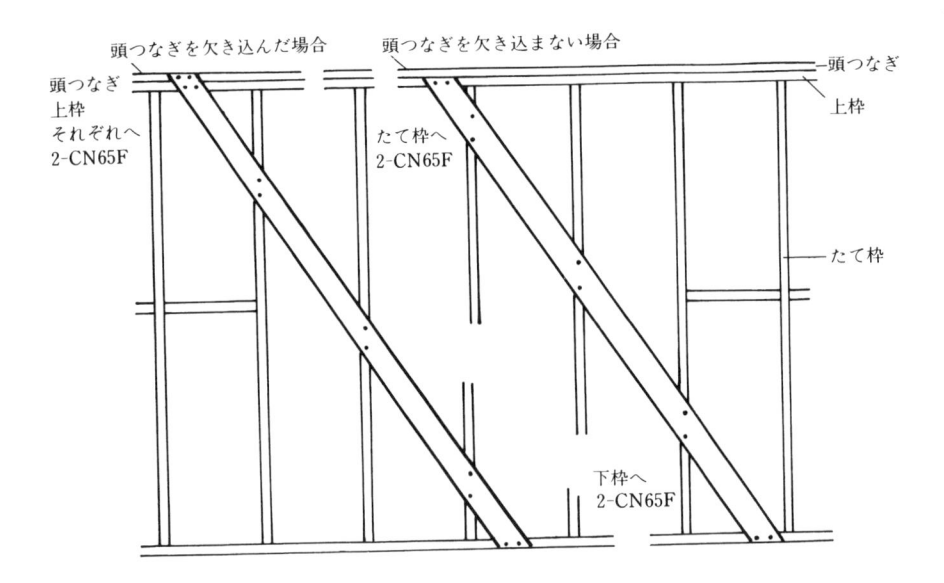

頭つなぎを欠き込んだ場合　頭つなぎを欠き込まない場合

頭つなぎ
上枠
それぞれへ
2-CN65F

たて枠へ
2-CN65F

頭つなぎ
上枠

たて枠

下枠へ
2-CN65F

筋かい材は断面18mm×89mm以上のものを用いなければなりません。
通常18mm×89mm〔104〕と
18mm×140mm〔106〕
が用いられます。

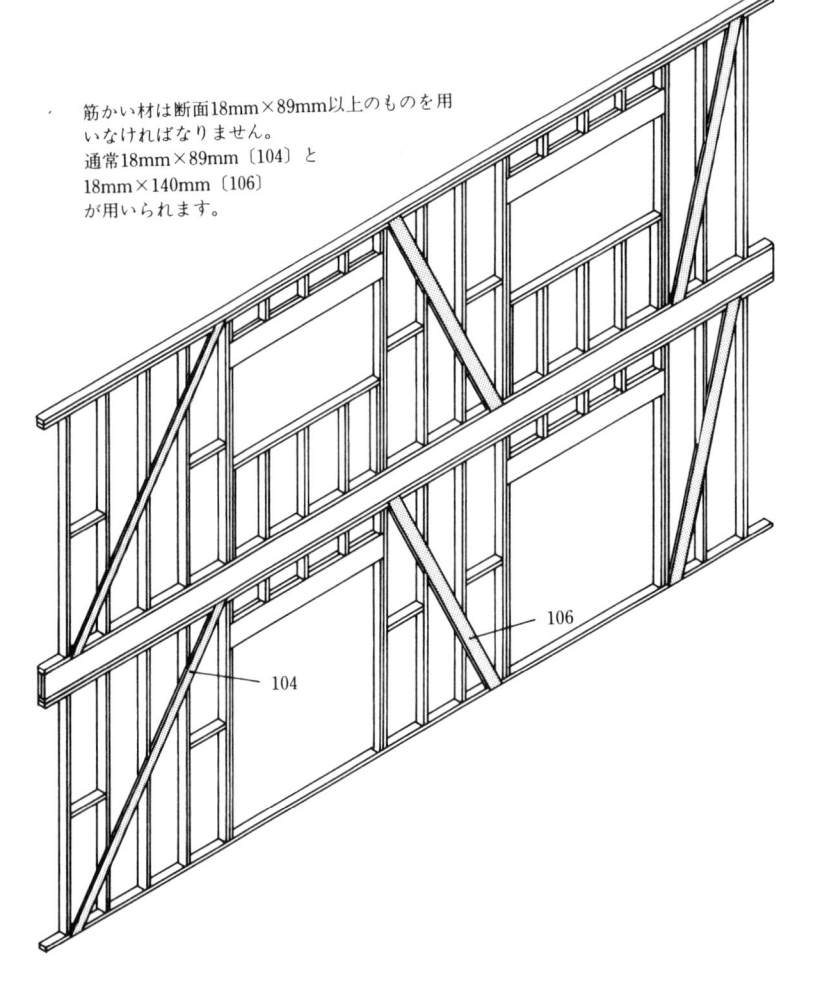

104
106

適　○

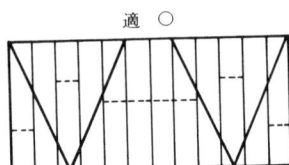

適　○

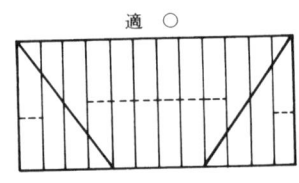

不適　×

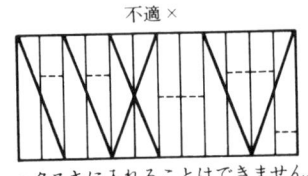

- タスキに入れることはできません。
- 方向はできるだけ対称となるようにします。

不適　×

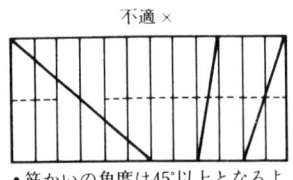

- 筋かいの角度は45°以上となるようにし、できるだけ2本以上のたて枠にわたるようにします。

144

(6) ころび止め・受け材

① 構造用合板以外の下張り材を用いる場合は，たて枠間に寸法型式204のころび止めをできるだけ入れるようにします。ただし，筋かいがたて枠の長さの1/3以上かかっている場合には省略することができます。なお，耐力壁の壁下張り材を横張りする場合には，下張り材の継目に，下張り材受けを入れる必要があります。ただし，構造用合板を横張りする場合には，下張り材受けを省略することもできますが，この場合には，耐力壁の強さ（倍率）は低下します（倍率1.5）。

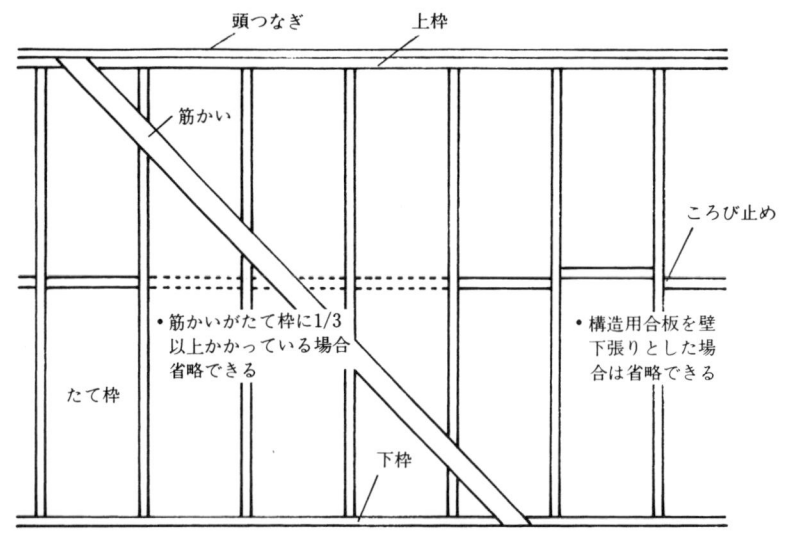

② 長いたて枠を使用する場合は，1.2m間隔程度ごとにころび止めを入れるとよいでしょう。

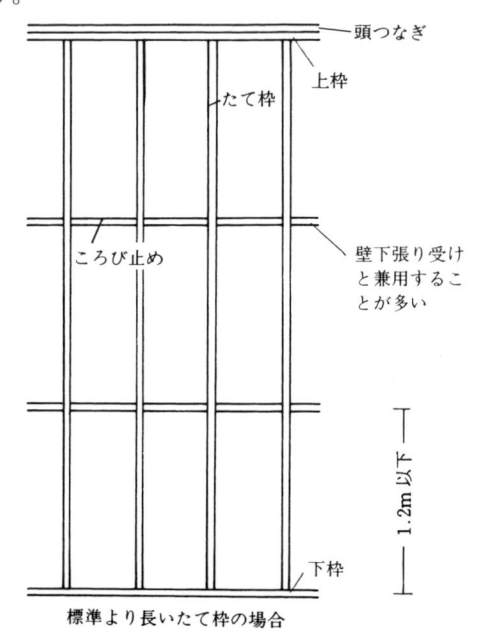

③ ころび止めの釘打ちは，たて枠から2-CN90Eとするか，またはころび止めからたて枠へ2-CN75Tとします。

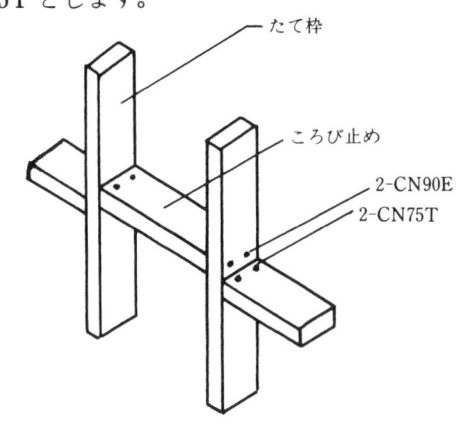

● ころび止めの位置
構造用下張りの継目がくる場合には，すべての継目位置に入れます。

(7) 壁下張り

壁下張りとしては下表のようなものが耐力壁として使用できます。

壁下張りの種類と倍率〔たて枠間隔50cm以下の場合〕

	耐力壁の種類	倍率	適 用		
			断　　面	釘等の種類	釘等の本数または間隔
I	筋かい 製材（横張り）	0.5	18mm×89mm 以上 13mm×210mm 〃	CN65, CNZ65 CN50, CNZ50	上下枠・たて枠各2本 〃
II	シージングボード ラスシート せっこうボード	1.0	厚さ　12mm 以上 　　　 0.4mm 〃 　　　 12mm 以上	SN40 CN50, CNZ50 GNF40 SF45 WSN DTSN	外周部@100, 中間部@200 〃 〃
III	強化せっこうボード	1.3	厚さ　12mm 以上	せっこうボードと同じ	外周部@100, 中間部@200
IV	構造用せっこうボードB種 製材（斜め張り）	1.5	厚さ　12mm 以上 13mm×210mm 〃	せっこうボードと同じ CN50	外周部@100, 中間部@200 上下枠・たて枠各2本
V	構造用せっこうボードA種	1.7	厚さ　12mm 以上	せっこうボードと同じ	外周部@100, 中間部@200
VI	フレシキブル板 パルプセメント板	2.0	厚さ　6mm 以上 〃　　8mm 〃	GNF40 SF45	外周部@150, 中間部@300 外周部@100, 中間部@200
VII	硬質木片セメント板 ハードボード 構造用合板 等 （構造用合板規格2級）	2.5	厚さ　12mm 以上 〃　　5mm 〃 〃　　7.5mm 〃	CN50, CNZ50	外周部@100, 中間部@200 〃 〃
VIII	構造用パネル パーティクルボード ハードボード 構造用合板 等 （構造用合板規格1級） 構造用合板 等 （構造用合板規格2級）	3.0	—— 厚さ　12mm 以上 〃　　7mm 〃 〃　　.5mm 〃 〃　　9mm 〃	CN50, CNZ50	外周部@100, 中間部@200 〃 〃 〃 〃
IX	構造用合板 等 （構造用合板規格1級）	3.5	9mm 以上	CN50, CNZ50	外周部@100, 中間部@200
X	国土交通大臣の認める材料	大臣の認める倍率	——	大臣の認める方法	

（備考）　壁下張りを両面に張った場合の倍率は上記の倍率を加えることができるが，加算した場合の倍率は5.0を限度とする

4章 躯体各部の構成

① 外壁・構造用面材の張り方

　耐力壁の下張りとしての面材はできるだけそのままの大きさで使用するようにし，小さな板を継ぎ張りすることは避けなければなりません。また，開口部隅角部は一体の合板で張るようにします。

　木材かい木を使用して隅柱を構成した場合には，壁下張り材の縦目地が合せたて枠のかい木部分にこないようにします。

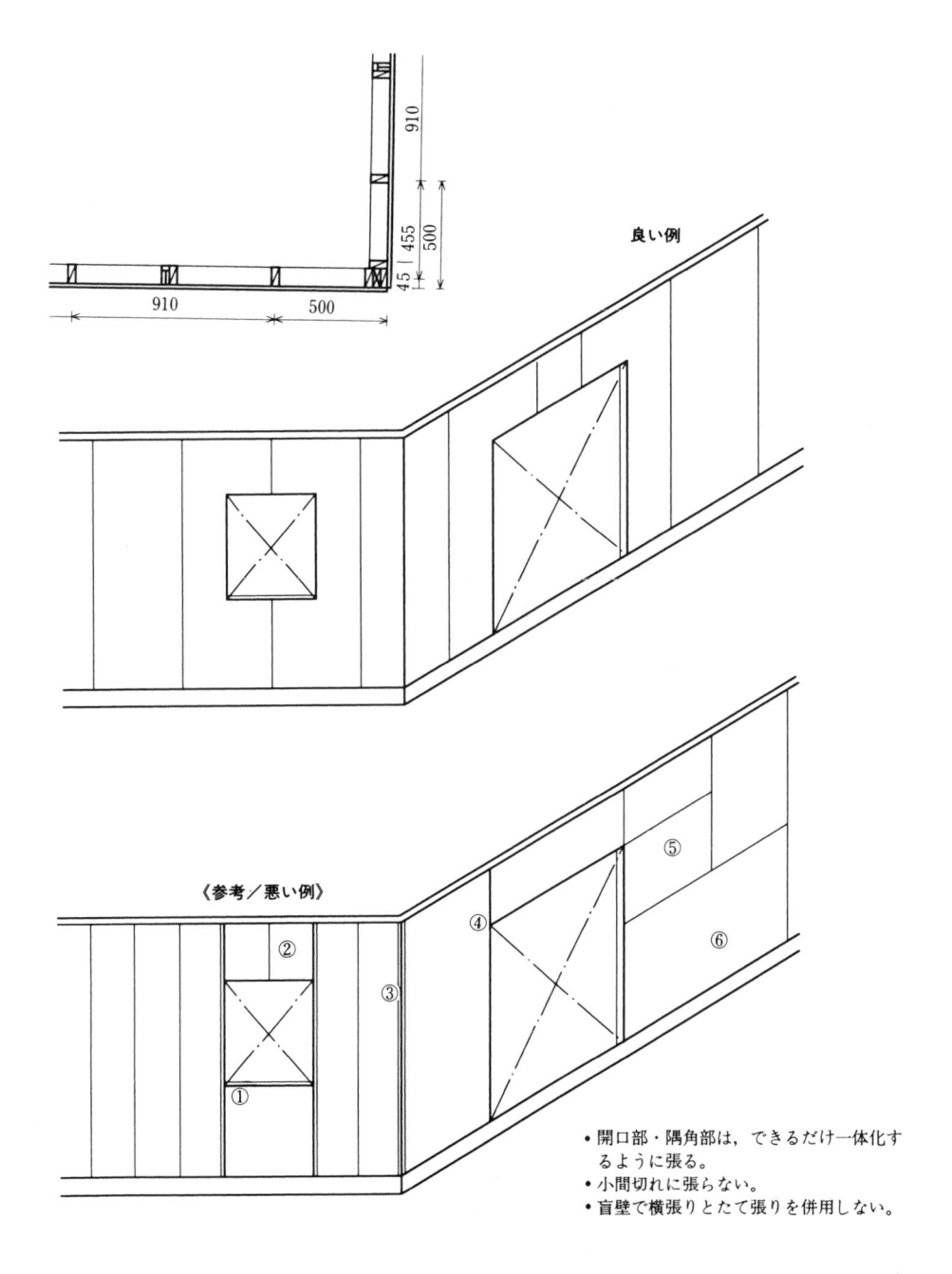

良い例

《参考／悪い例》

- 開口部・隅角部は，できるだけ一体化するように張る。
- 小間切れに張らない。
- 盲壁で横張りとたて張りを併用しない。

147

ⓐ 構造用合板，構造用パネル
㋑ 外壁下張りに構造用合板を用いる場合は，1階および2階の床根太の部分で合板を切断し，合板と合板との上下間隔を6mmあけます。
㋺ 構造用合板の釘打ちは，CN50を用い外周部100mm間隔，中間部200mm間隔に打ちつけます。
㋩ 構造用合板の張り方は3′×8′版（910×2440mm）もしくは3′×9′版（910×2730mm）のたて張り，または4′×8′版（1220×2440mm）の横張りまたはたて張りとし，合板を継ぐ場合には寸法型式204の2つ割以上の受け材を入れます。

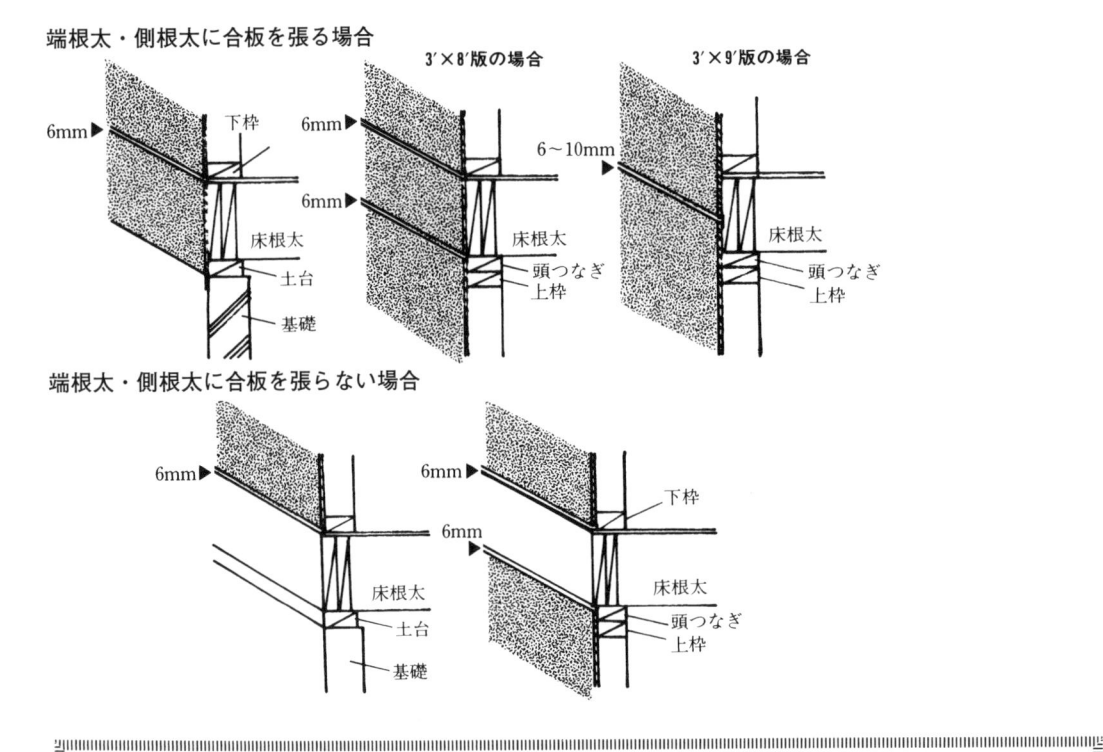

端根太・側根太に合板を張る場合

端根太・側根太に合板を張らない場合

《参考／外壁面材の張り方》
外壁面材の張り方の原則は，次の理由によります。
① 面材張り耐力壁として考える場合，小さな板を継ぎ張りをしたものの耐力は，大きな板の場合に比較して低下します。
耐力壁の強さ（倍率）は大きな板を張った場合を基準として決定されていますので，その仮定に合った張り方をする必要があります。
② 開口部の隅角部分は力が集中して作用しますので，隅角部を補強する上でも，開口部は1枚の板を切り抜くようにすることが好ましいことになります。
③ 建物を一体の箱と見なした場合，隅角部を補強しておくことは構造耐力上好ましいことですので，隅角部は一体の面板で張るようにします。

> 壁下張り材の継目に目地をとるのは，壁下張り材の伸縮を考慮しているからです。

3′×9′版たて張り
使用釘は CN50F，CNZ50F

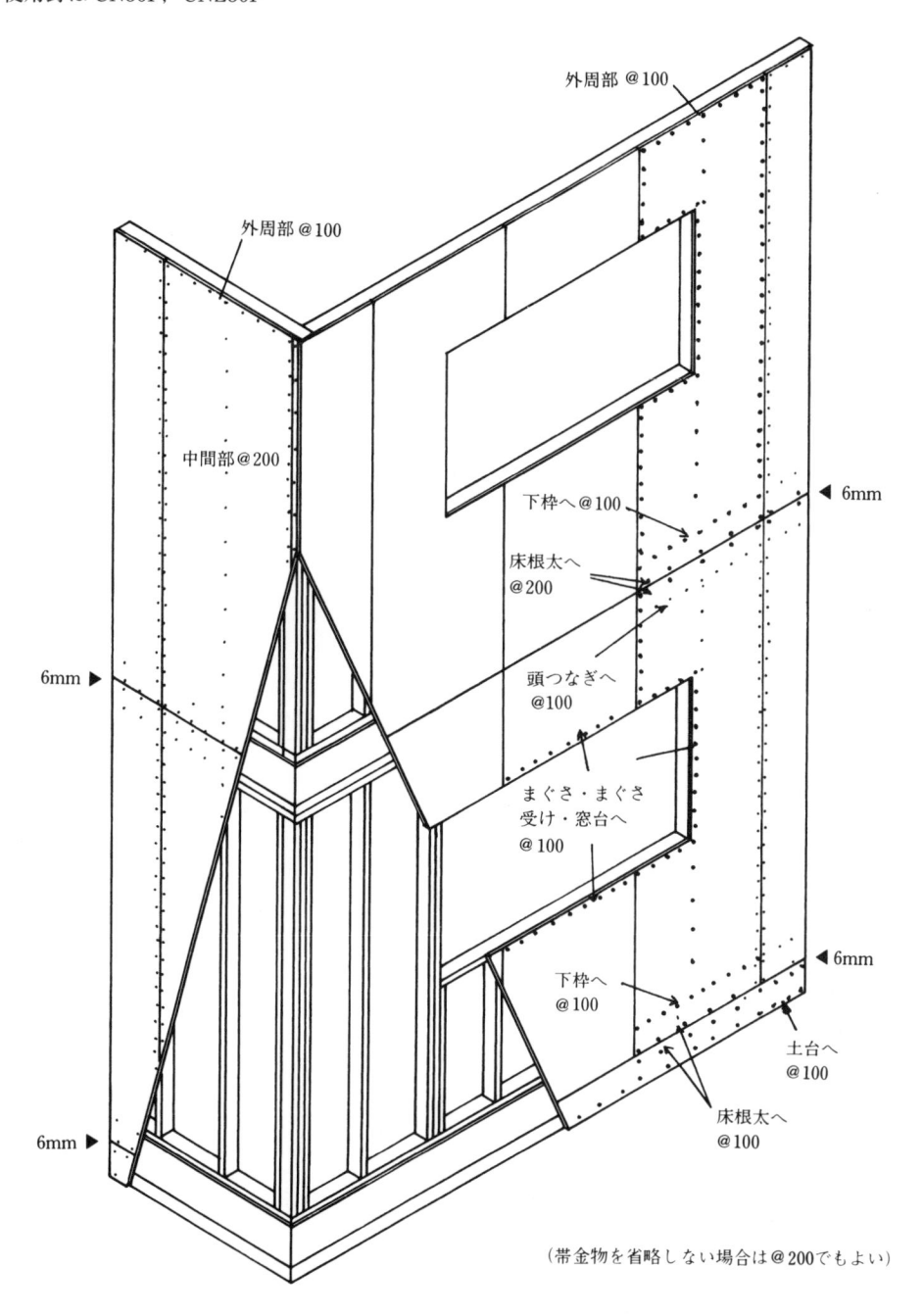

外周部 @100
外周部 @100
中間部 @200
下枠へ @100
床根太へ @200
頭つなぎへ @100
まぐさ・まぐさ受け・窓台へ @100
下枠へ @100
土台へ @100
床根太へ @100
6mm
6mm
6mm
6mm

（帯金物を省略しない場合は @200 でもよい）

3′×8′版たて張り
使用釘は CN50F，CNZ50F

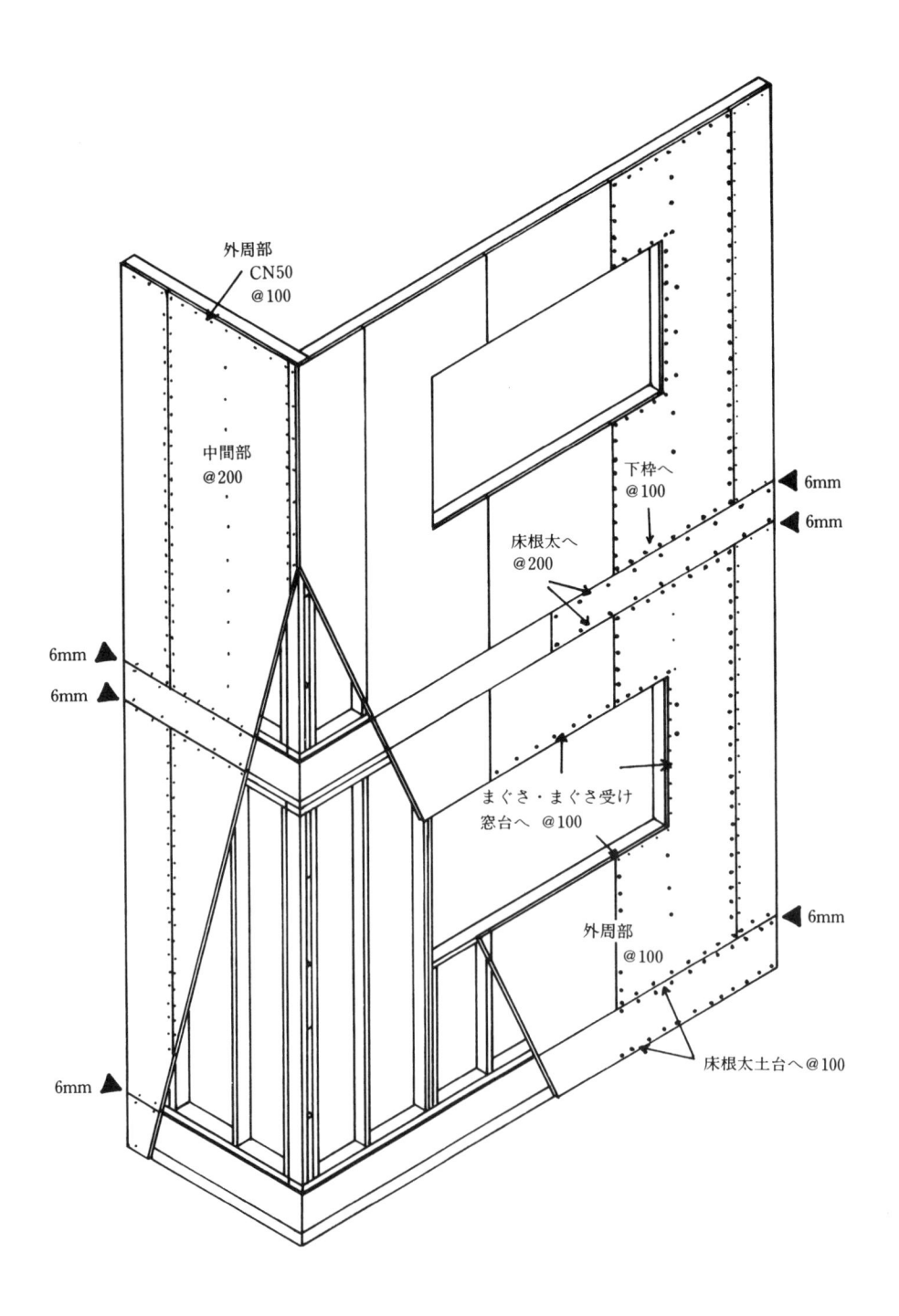

外周部
CN50
@100

中間部
@200

下枠へ
@100

床根太へ
@200

まぐさ・まぐさ受け
窓台へ @100

外周部
@100

床根太土台へ@100

6mm

4章 躯体各部の構成

4′×8′構造用合板横張り
使用釘は
CN50F，CNZ50F

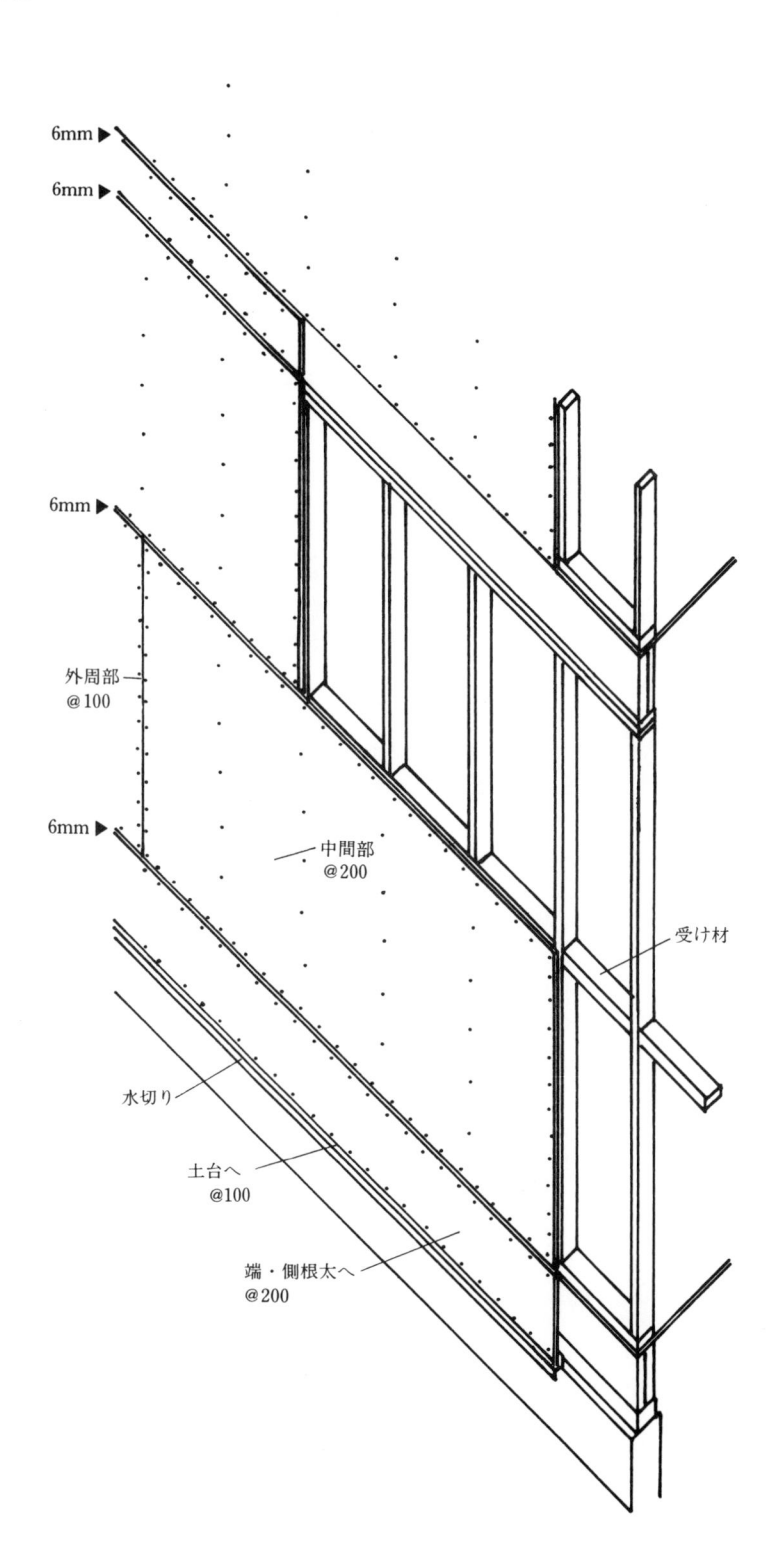

6mm▶
6mm▶

6mm▶

外周部
@100

6mm▶

中間部
@200

受け材

水切り

土台へ
@100

端・側根太へ
@200

ⓑ　シージングボード

㋑　外壁下張りとして用いる場合には，3′×8′版・3′×9′版・4′×8′版のたて張りとします。なお，4′×8′版の場合には横張りとすることができます。

㋺　シージングボードの枠組への留付けはSN40を用い，外周部100 mm間隔・中間部200 mm間隔以下とします。根太・土台への留付けは200 mm間隔以下とします。

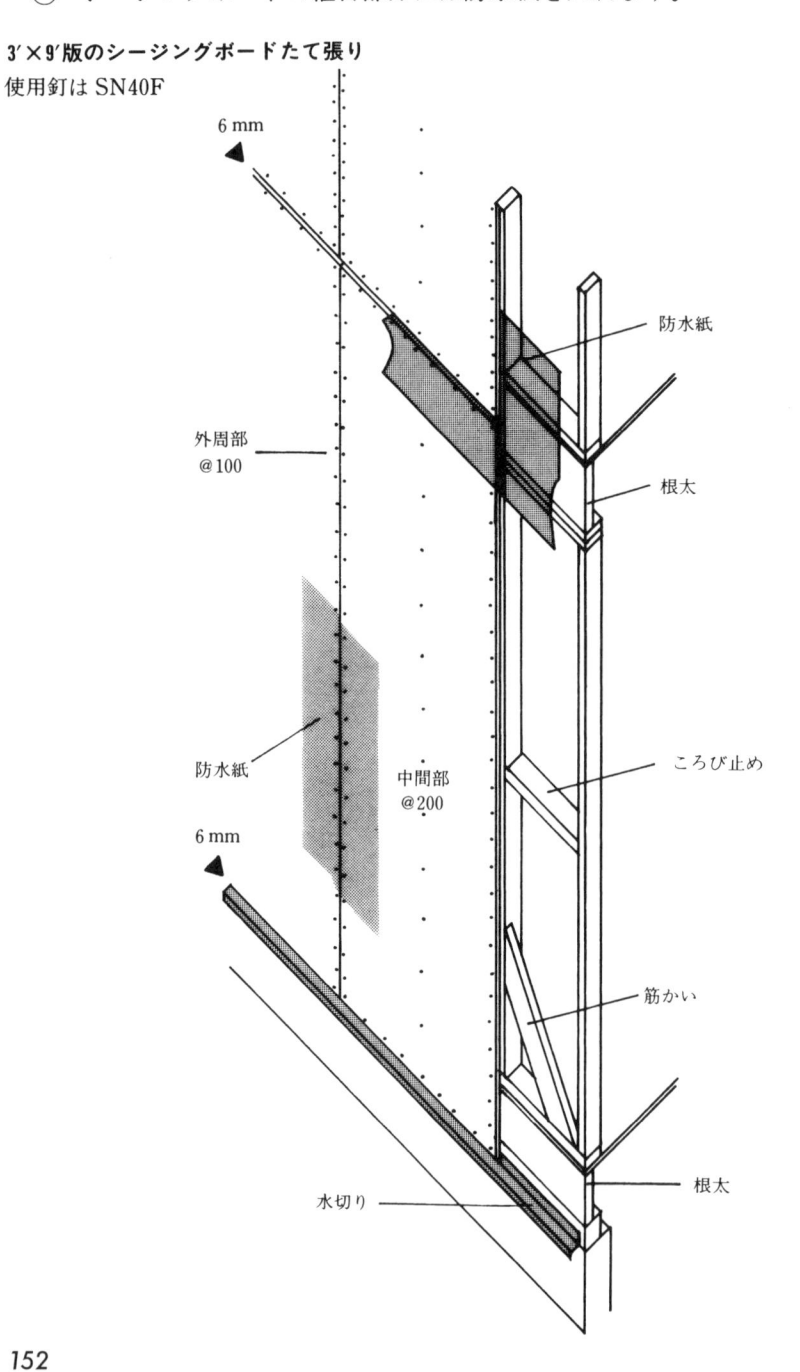

㋩　シージングボードの継目部分には防水紙を入れます。

3′×9′版のシージングボードたて張り
使用釘はSN40F

4′×8′版シージングボード横張り
使用釘は SN40F

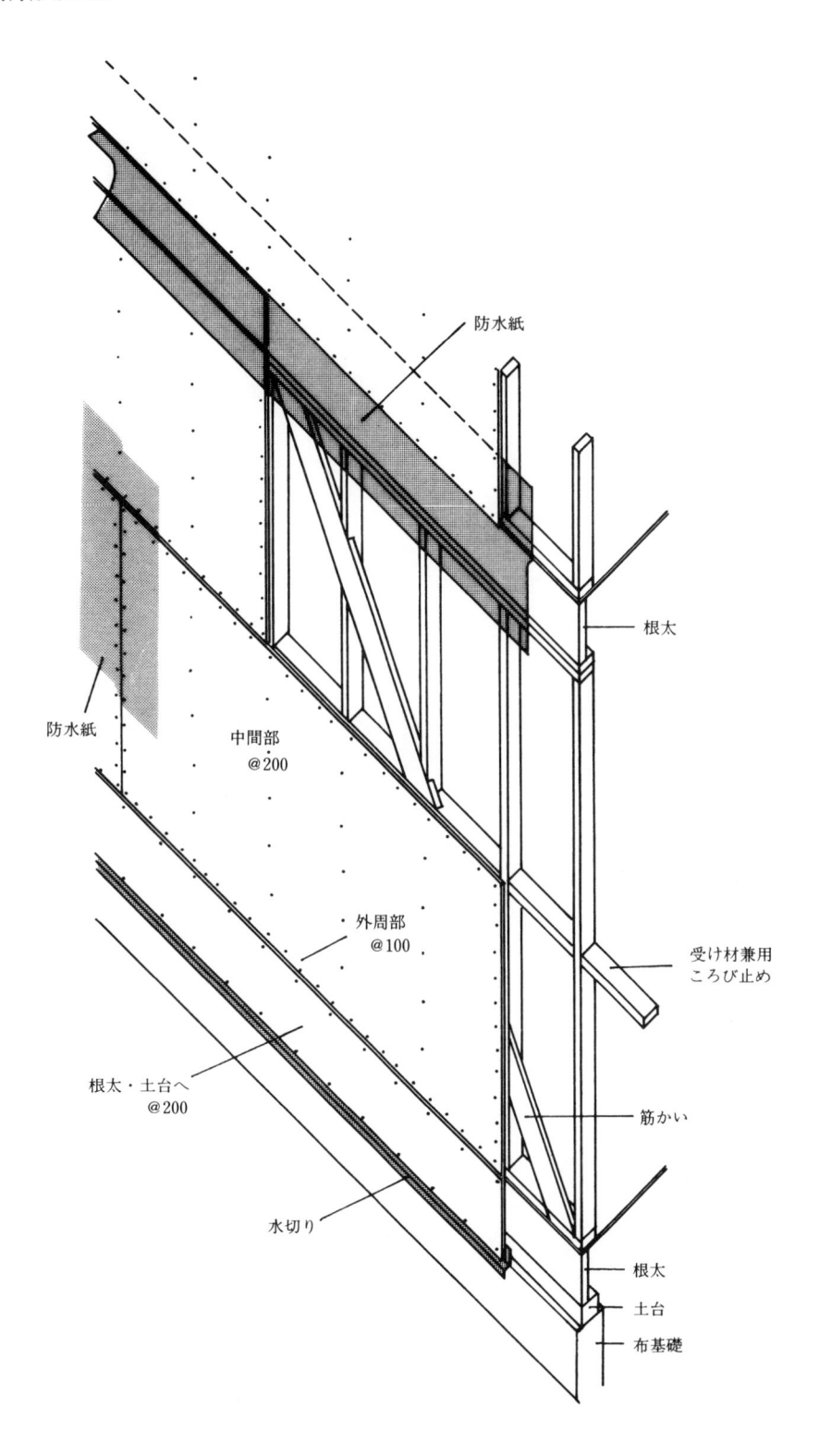

- 防水紙
- 防水紙
- 根太
- 中間部 @200
- 受け材兼用ころび止め
- 外周部 @100
- 根太・土台へ @200
- 筋かい
- 水切り
- 根太
- 土台
- 布基礎

ⓒ 製材

㋑ 外壁下張りに用いる製材は厚さ13 mm・幅210 mm 以上とし，横張りまたは斜め張りします。

㋺ 板を継ぐ場合はたて枠の上で行い，隣接する板の継目が2つ以上並ばないようにします。

製材横張り〔壁倍率0.5〕 CNZ50も使用できる

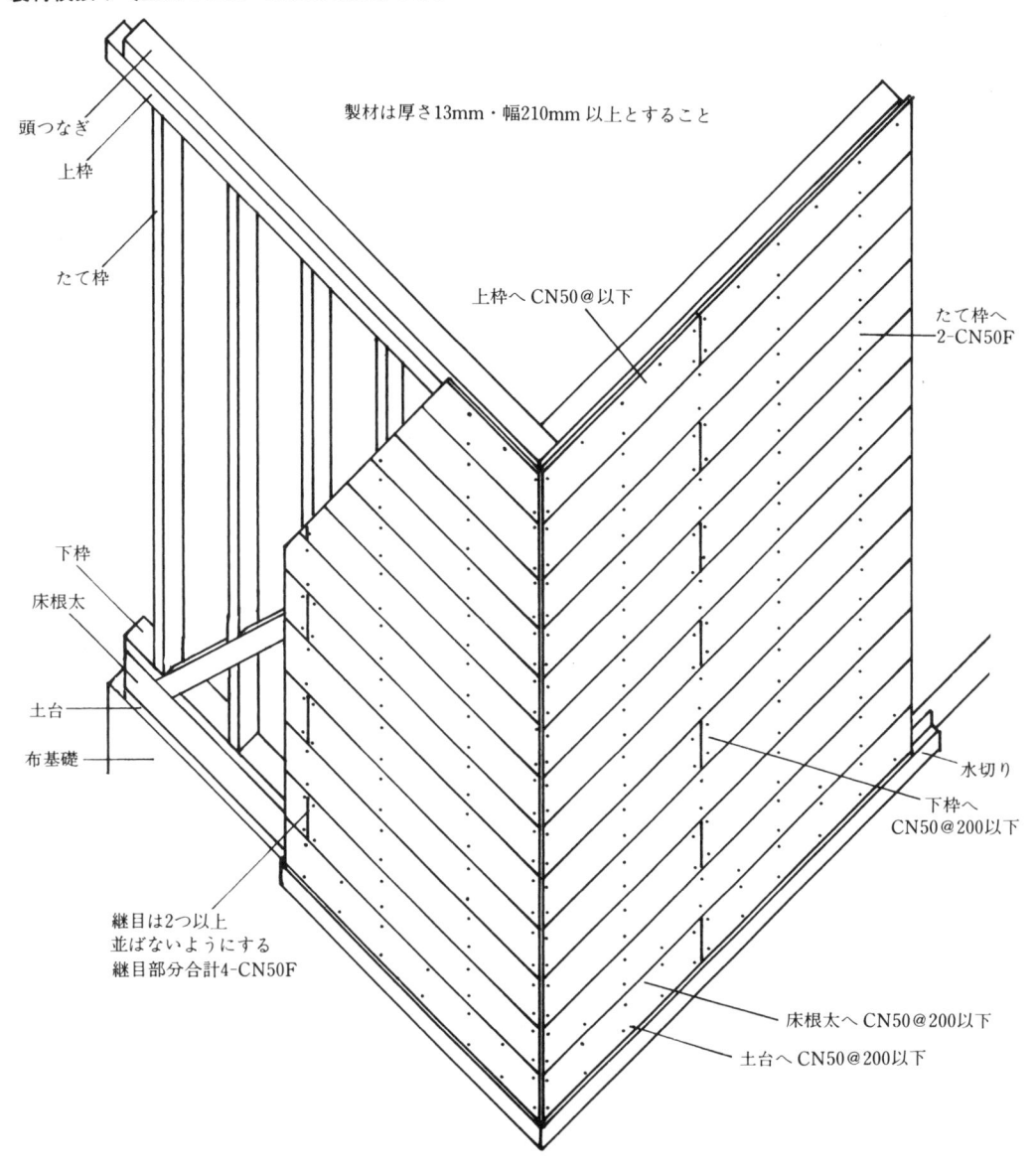

（頭つなぎ／上枠／たて枠／下枠／床根太／土台／布基礎）

製材は厚さ13mm・幅210mm 以上とすること
上枠へ CN50@以下
たて枠へ 2-CN50F
水切り
下枠へ CN50@200以下
継目は2つ以上並ばないようにする 継目部分合計4-CN50F
床根太へ CN50@200以下
土台へ CN50@200以下

4章 駆体各部の構成

㈧ 製材は各たて枠材へ2-CN50Fで留め付けます。

　上・下枠材，根太，土台へはCN50F・200 mm間隔以下で留め付けます。

㈡ 製材を斜め張りする場合には，たて枠に対して45°の角度になるように張ります。

製材斜め張り〔壁倍率1.5〕CNZ50も使用できる

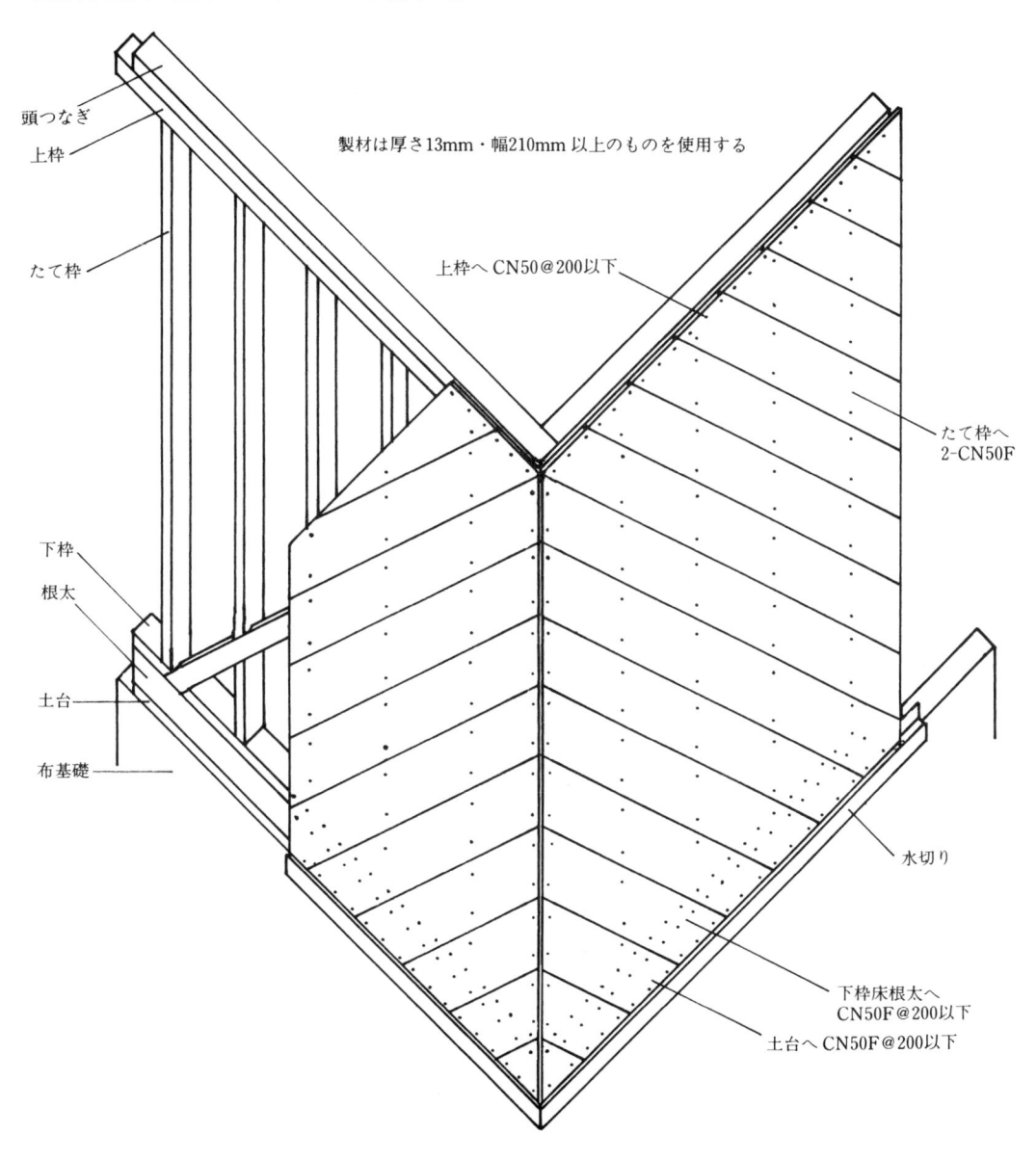

- 頭つなぎ
- 上枠
- たて枠
- 製材は厚さ13mm・幅210mm以上のものを使用する
- 上枠へ CN50@200以下
- たて枠へ 2-CN50F
- 下枠
- 根太
- 土台
- 布基礎
- 水切り
- 下枠床根太へ CN50F@200以下
- 土台へ CN50F@200以下

ⓓ　パーティクルボード

　外壁下張りとして用いる場合の要領は，構造用合板の場合に準じますが，たて枠上の継目のあきを 2 ～ 3 mm とします。張り上げ後は仕上げの方法にかかわらず，ただちに全面に防水紙を張るのが良いでしょう。

3′×8′版パーティクルボードたて張り

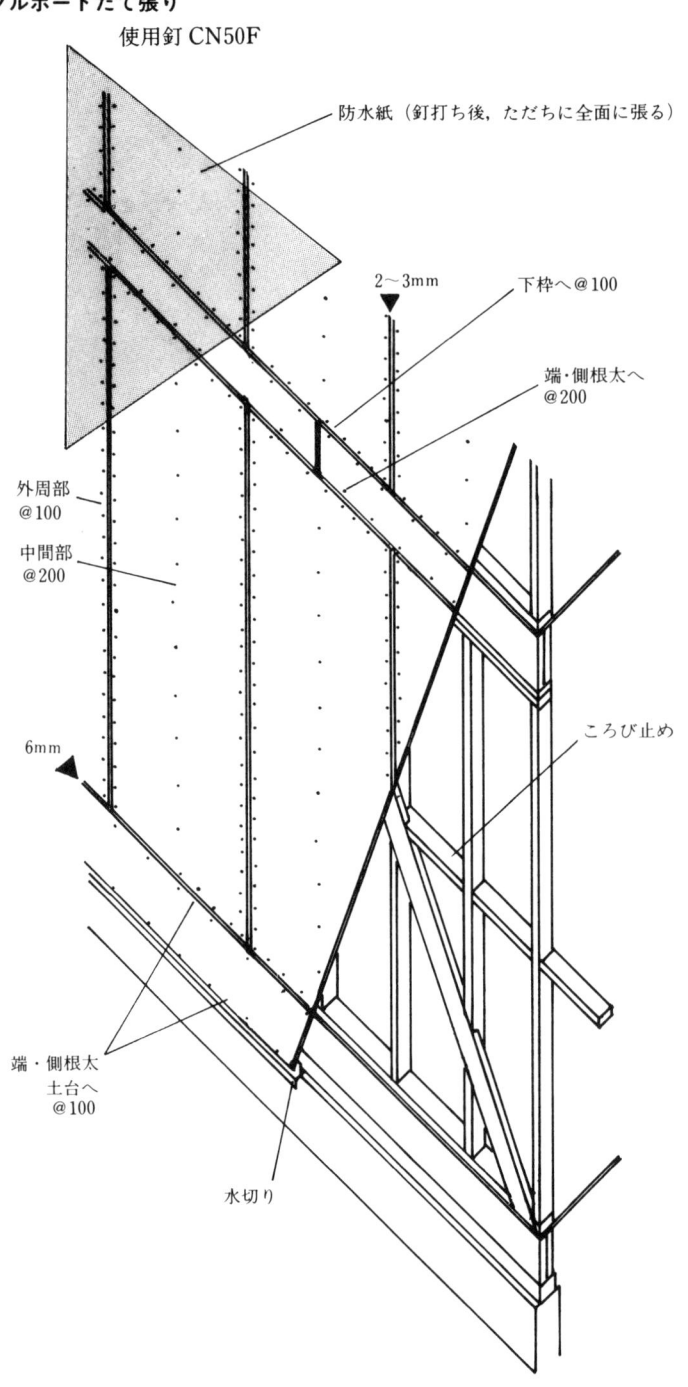

使用釘 CN50F

防水紙（釘打ち後，ただちに全面に張る）

2～3mm

下枠へ@100

端・側根太へ@200

外周部 @100

中間部 @200

6mm

ころび止め

端・側根太 土台へ @100

水切り

3′×9′版パーティクルボードたて張り
使用釘 CN50F

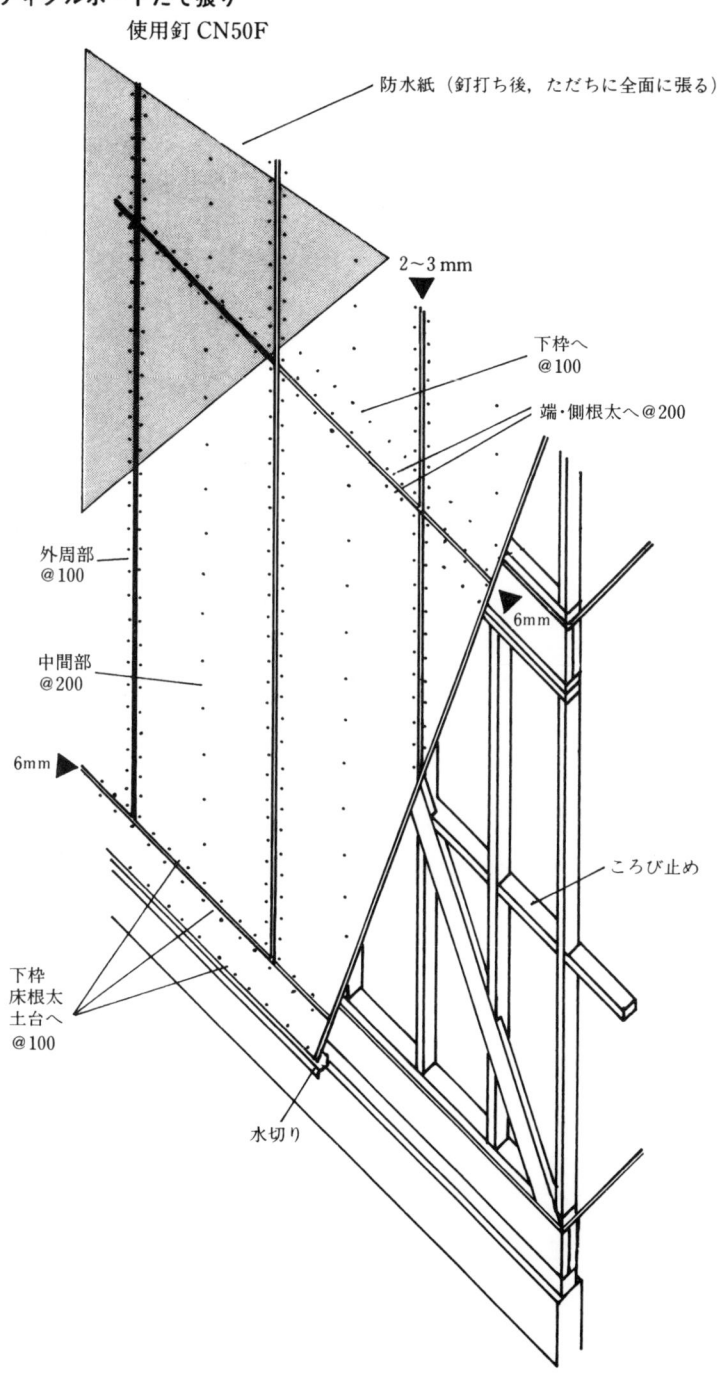

- 防水紙（釘打ち後，ただちに全面に張る）
- 2〜3 mm
- 下枠へ @100
- 端・側根太へ @200
- 外周部 @100
- 中間部 @200
- 6mm
- 6mm
- ころび止め
- 下枠 床根太 土台へ @100
- 水切り

ⓔ　ハードボード

㋑　壁下張りとして用いる場合のボードの配置は3′×8′版・3′×9′版のたて張りとし，継目は2〜3 mmあけ，枠材への留付けはCN50F，外周部100 mm間隔・中間部200 mm間隔以下とします。

㋺　7 mm未満のハードボードを用いる場合には，施工する1〜2日前にきれいな水をボードの裏面にまんべんなく散布し，裏面と表面を合わせて平積みし，シートなどでおおい養生しておくことが必要です。

　また，仕上げは胴縁を使用したサイディング張りなどの乾式工法とします。

㋩　7 mm以上のハードボードを用いる場合には，パーティクルボードの場合と同じ要領によることができます。

ⓕ　硬質木片セメント板

㋑　外壁下張りとして用いる場合には，3′×8′版・3′×9′版のたて張りとしますが，壁枠組に防水テープを張るか壁面全面に防水紙を張り，その上に留め付けます。

㋺　ボードの上下の継目部分には水切り板を入れ，出隅・入り隅には金物を使用して防水処理をしておくことが必要です。

㋩　ボードの枠材への留付けはCN50F，外周部100 mm間隔・中間部200 mm間隔以下で留め付けます。

ⓖ　フレキシブル板

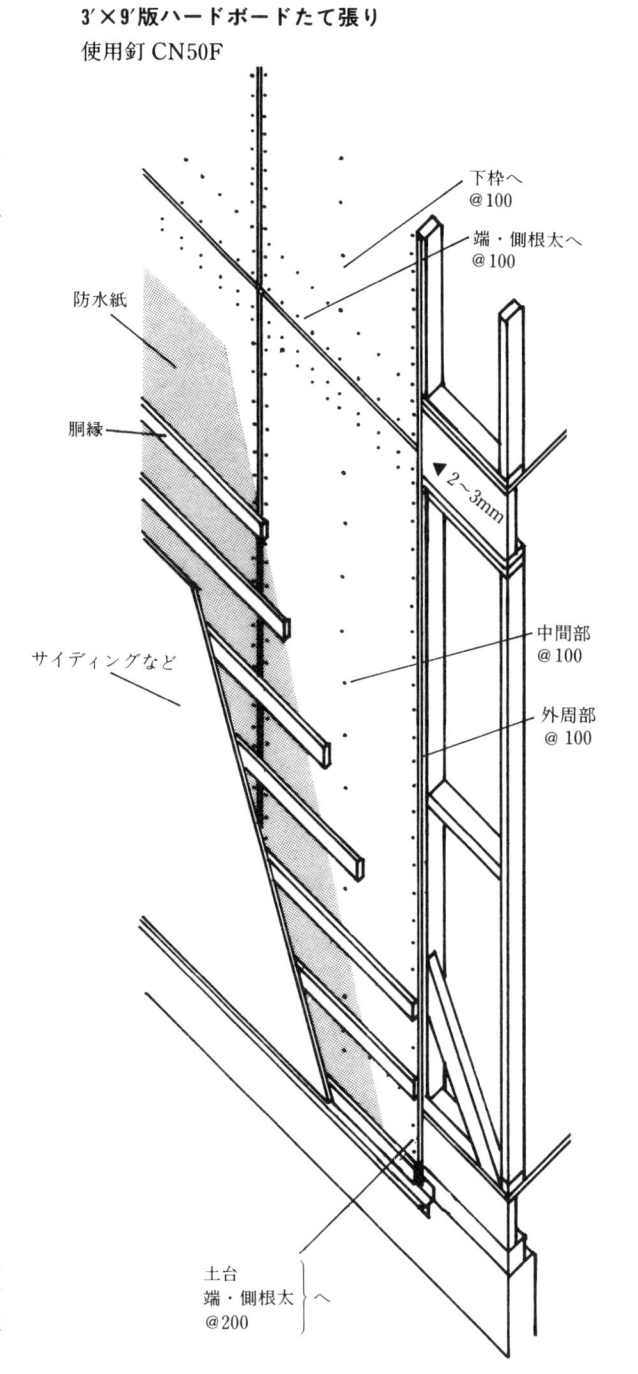

4章 躯体各部の構成

イ 外壁下張りとして用いる場合には，3′×8′版・3′×9′版・4′×8′版のたて張りか4′×8′版の横張りとします。

ロ 継目部分は1～2mmのすき間をあけ，ジョイナーまたはコーキングによって防水処理をします。

ハ ボードの枠材への留付けはCN40F，外周部150mm間隔・中間部300mm間隔以下で留め付けます。

3′×9′版硬質木片セメント板たて張り

使用釘 CN50F
またはステンレス耐力釘
（長さ50.8，頭径6.76，釘径2.78）

外周部 @100

中間部 @200

防水紙
継目部分には防水紙・防水テープを張るあるいは塗膜などによる防水処理

下枠へ@100

土台へ@100

帯金物を省略しない場合には土台・根太へ@200とすることができる。

3′×8′版フレキシブルボードたて板張り

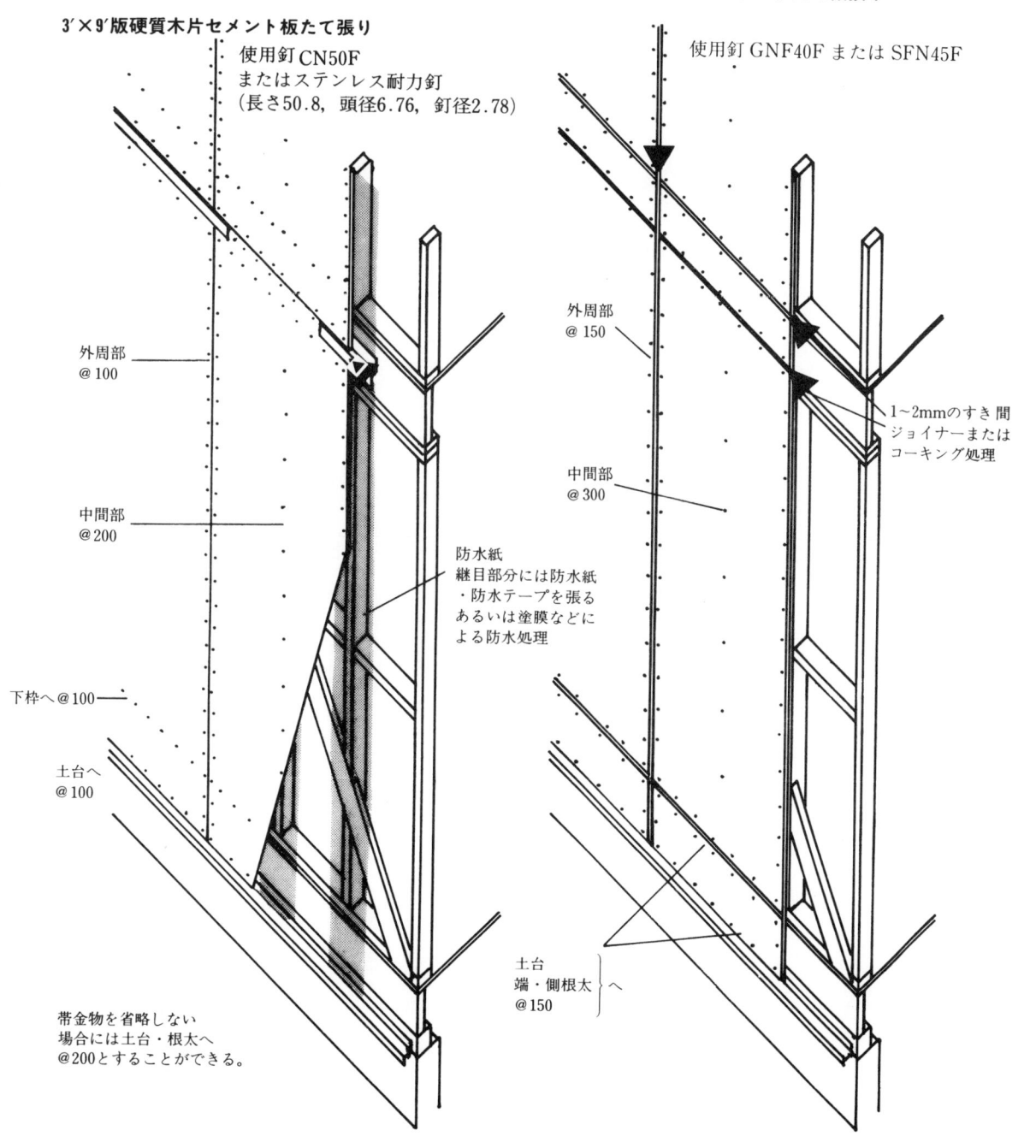

使用釘 GNF40F または SFN45F

外周部 @150

中間部 @300

1～2mmのすき間
ジョイナーまたはコーキング処理

土台端・側根太へ @150

3′×9′版ラスシートたて張り
使用釘亜鉛メッキしたCN50F，CNZ50F

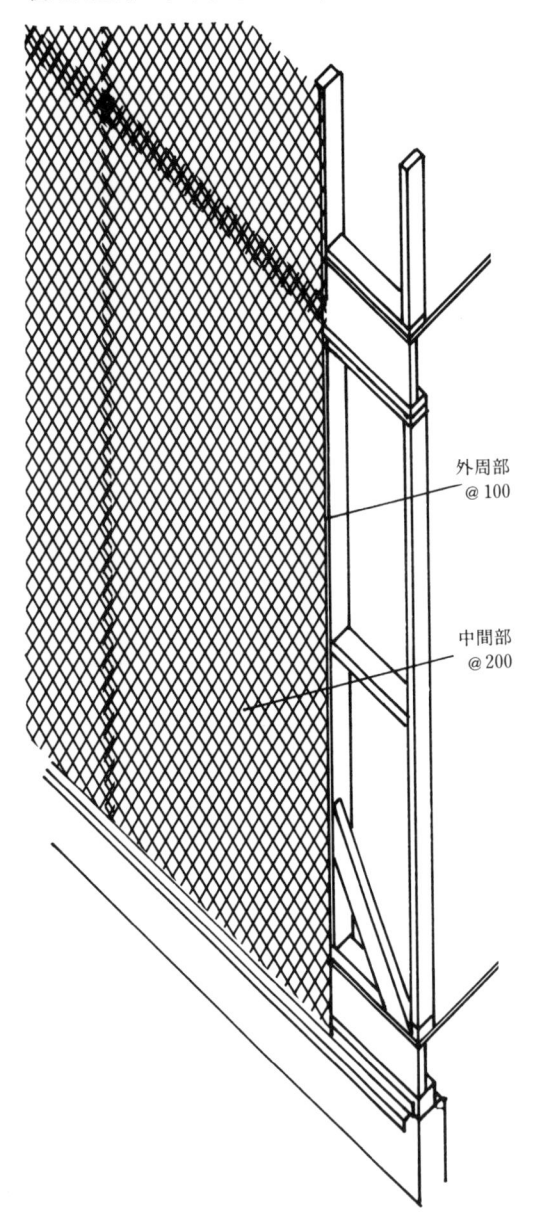

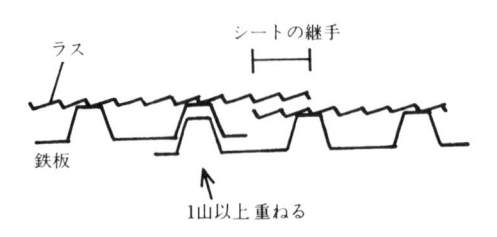

外周部 @100

中間部 @200

ラス
シートの継手
鉄板
1山以上重ねる

ⓗ ラスシート

角波亜鉛鉄板厚さ0.4mm以上，メタルラス厚さ0.6mm以上のものとする。

イ 外壁下張りとして用いる場合には，3′×8′版・3′×9′版のたて張りとし，土台・壁の端部まで張り，見切り各部には水切り・雨押えを入れます。

ロ シートの継目部分は1山以上重ね，鉄板は鉄板同士，ラスはラス同士重ねて結束します。

ハ 開口部等でラスシートを切り抜く場合には，事前に鉄板が短くラスが長くなるように切断し，巻き込んでおきます。

ニ シートは亜鉛めっきしたCN50・CNZ50を外周部100 mm間隔・中間部200 mm間隔以下に平打ちし，その上にモルタルを所定の厚さに吹き付けるか塗るかします。

(8) 耐力壁枠組材の欠き込みと穴あけ

① 耐力壁のたて枠の欠き込みと穴あけ

ⓐ 欠き込み

耐力壁のたて枠の欠き込みは，その断面せいの1/4以下とし，1本のたて枠を2か所以上欠き込まないようにしなければなりません。やむを得ず1/4以上を超えて欠き込む場合は，その部分を金物パイプガードなどで補強しますが，必ず見込みを40 mm以上残すようにします。

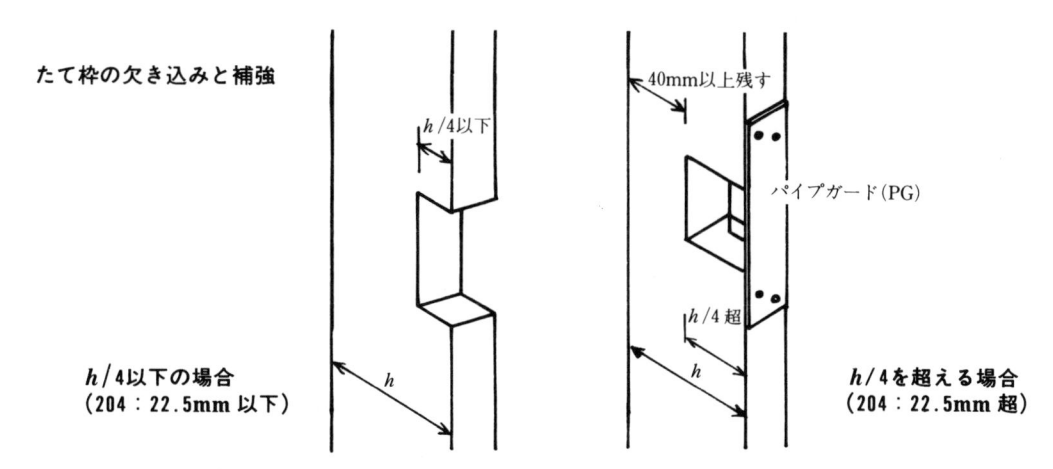

たて枠の欠き込みと補強

$h/4$以下の場合
（204：22.5mm以下）

$h/4$を超える場合
（204：22.5mm超）

パイプガード(PG)

40mm以上残す

$h/4$以下

$h/4$超

ⓑ 穴あけ

耐力壁のたて枠に配線・配管等の穴をあける場合は，その断面せいの1/4以下とします。1/4を超える時は，見込み30 mm以上残し，見込みが30 mmに満たない側には金物で補強しておきます。なお，穴の最大径は，寸法型式204のたて枠にあっては40 mm，寸法型式206にあっては50 mmまでとします。

たて枠の穴あけと補強

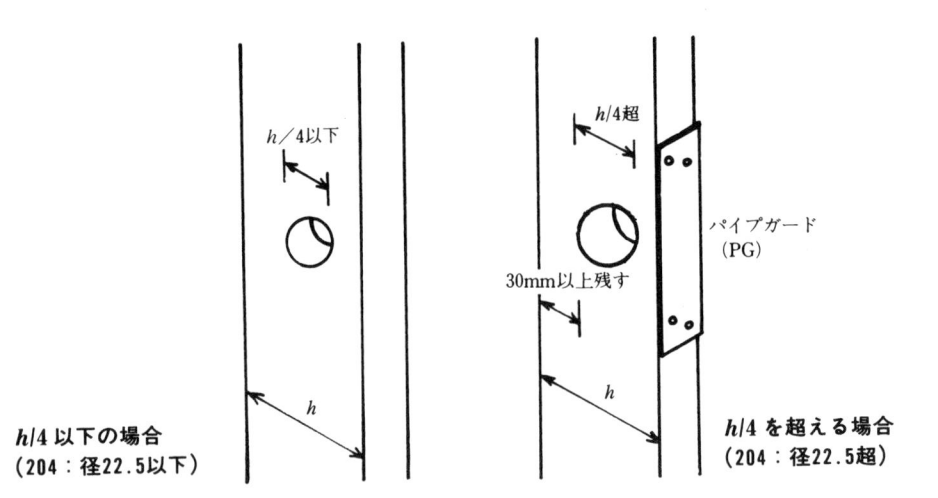

$h/4$ 以下の場合
（204：径22.5以下）

$h/4$ を超える場合
（204：径22.5超）

パイプガード（PG）

30mm以上残す

なお，配線・配管が壁下張り材の釘打ちなどによって損傷する恐れのある場合にはⓐ,ⓑにかかわらず金物（パイプガード）で保護するようにします。

《参考》

壁下張り材を後で張る場合に，壁枠組全体が組み上がった後に材料の乾燥などによってたて枠がそったりねじれたりすることにより，壁下張り材が張れない場合があります。

この場合は，そったりねじれたりしたたて枠に切り込みを入れてそりを直し，もう1本のたて枠を補助材として添え，補助材からCN75F・300 mm間隔にちどり打ちします。また，補助材から上・下枠材へは3-CN75Tとします。

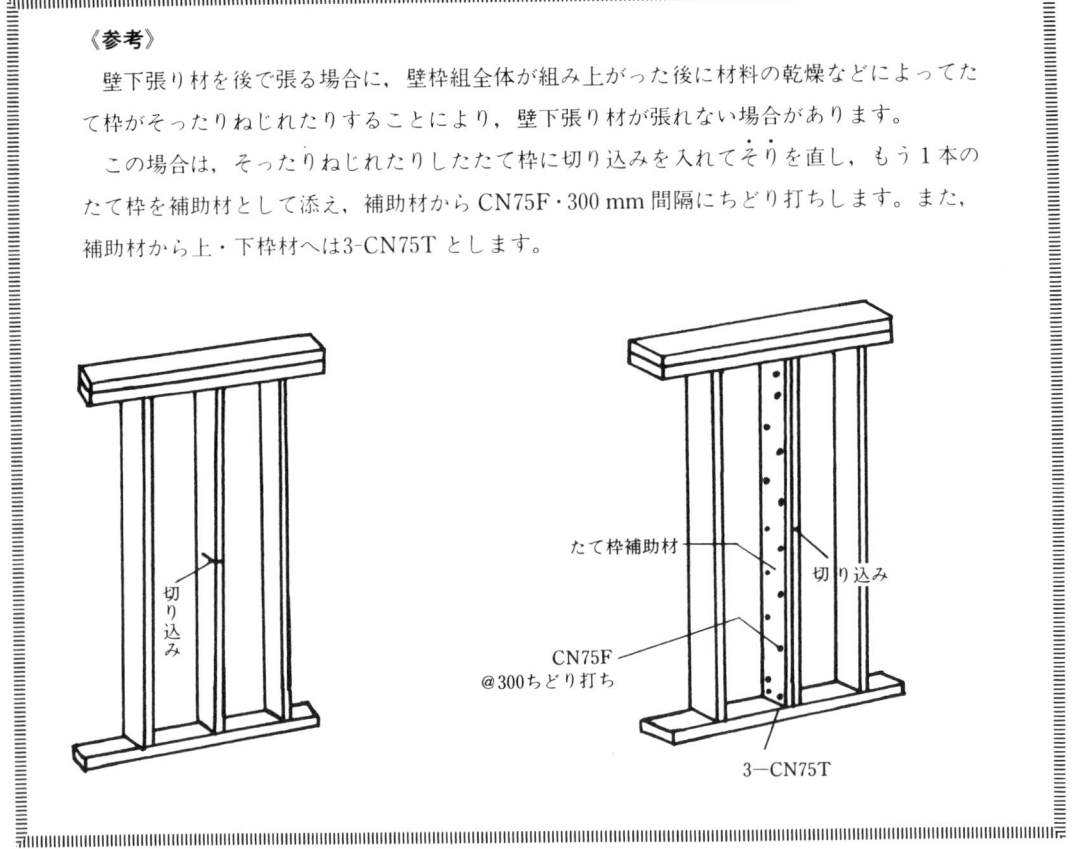

切り込み

たて枠補助材　切り込み

CN75F @300ちどり打ち

3-CN75T

4章 躯体各部の構成

② 耐力壁の上・下および頭つなぎの欠き込みと穴あけ
 ⓐ 配管やダクト工事などのための欠き込みや穴あけは，上・下枠および頭つなぎの幅の1/2以下とします。1/2を超える場合は，木材・金物で補強します。

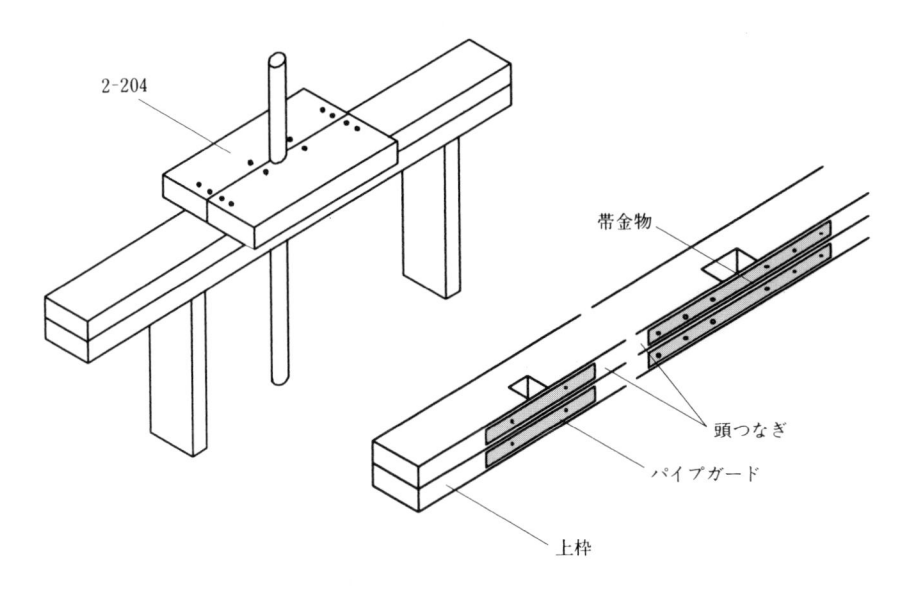

2-204
帯金物
頭つなぎ
パイプガード
上枠

 ⓑ ⓐ以外の場合で，太い管を配管する場合は下図のように処理します。

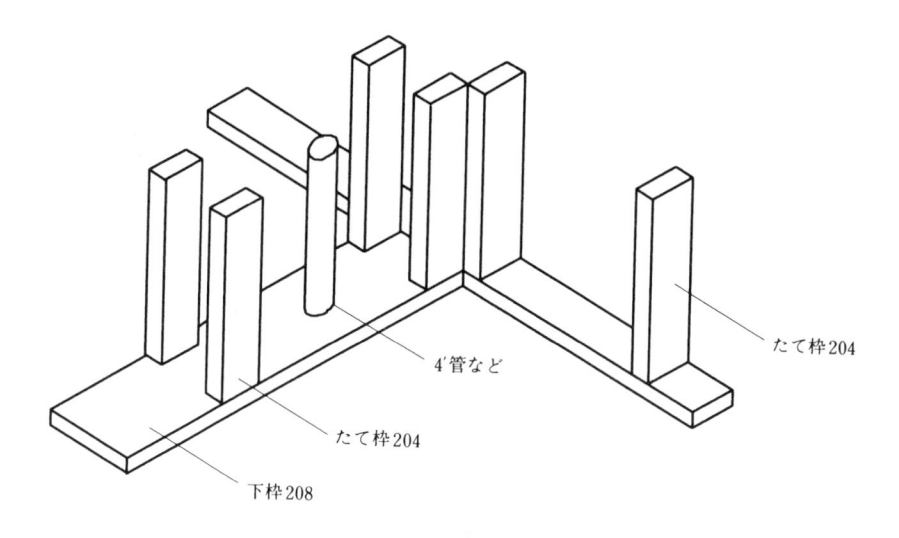

たて枠204
4′管など
たて枠204
下枠208

2. 非耐力壁

(1) 非耐力壁の構成

① 非耐力壁はたて枠，上枠および頭つなぎにより構成し，寸法型式203以上の断面の製材または集成材とします。ただし，頭つなぎは省くことができます。

② 非耐力壁のたて枠間隔

寸 法 型 式		開口部あり	開口部なし
203	たて使い	455	600
204	平 使 い	—	455
	たて使い	600	600

③ たて枠の長さは寸法型式203にあっては2.7m以下とします。たて枠と上枠の釘，たて枠と上枠の釘打ちは，2-CN90E とし，たて枠と下枠とは2-CN90E または3-CN75T とします（これは耐力壁のたて枠の接合方法と同じです）。

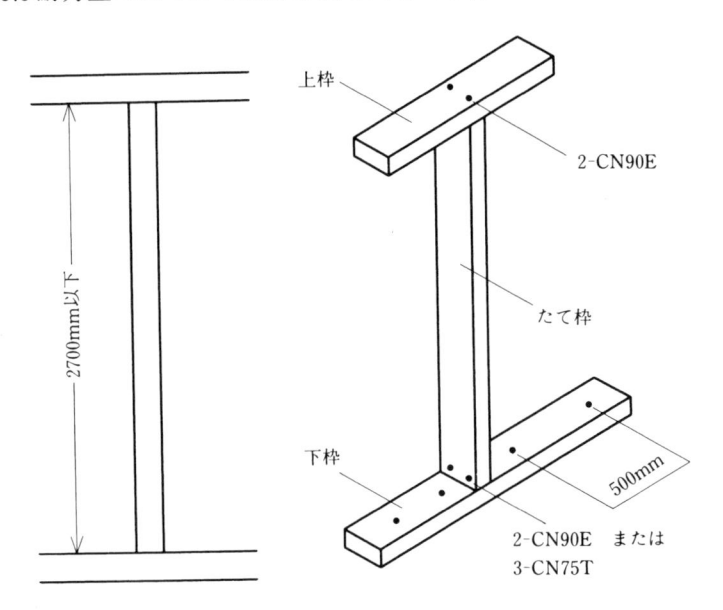

(2) 非耐力壁と耐力壁，天井根太，床根太との緊結方法

① 非耐力壁と床組との緊結は，下枠から床枠組材へたて枠間に1-CN90F 以上として行います。

② 非耐力壁と耐力壁・天井根太との接合は，建物が水平力を受けた場合に水平力が非耐力壁に直接伝わらないように留め付けるようにします。

4章 躯体各部の構成

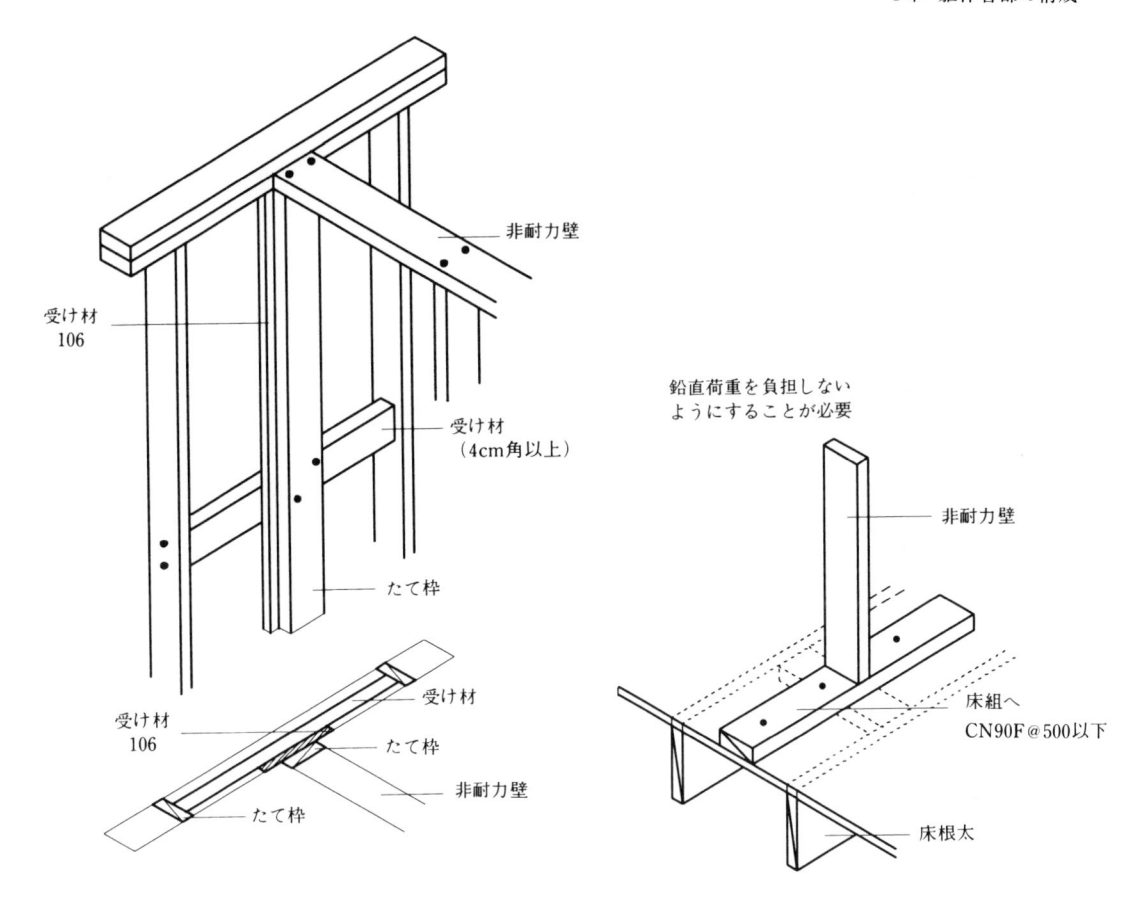

4. 壁組と床組の緊結

帯金物を使用する場合には，小屋組が完成した後で行うようにしますが，取付け忘れのないようにすることが必要です。

1. 壁下枠と根太との緊結
(1) **外壁下張り材が土台下端または端根太・側根太まで延びて釘打ちされた場合**

壁材と床との緊結は，下枠から床へたて枠間に1-CN90以上（500mm間隔以下）とします。

165

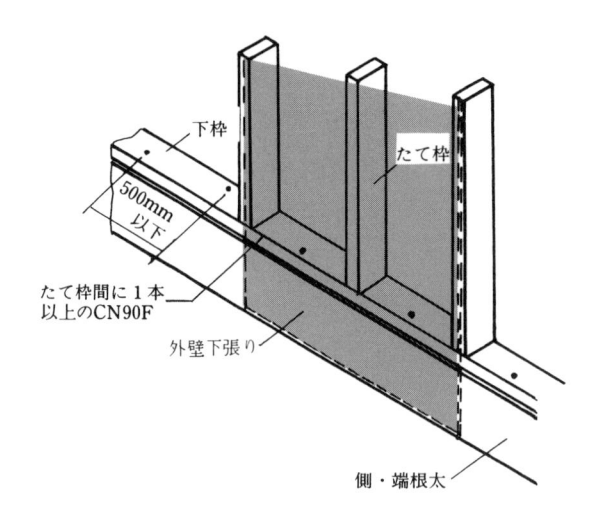

(2) 外壁下張り材が，土台または端・側根太に達しない場合

下枠から床へたて枠間に2-CN90F（250mm間隔以下）以上とします。

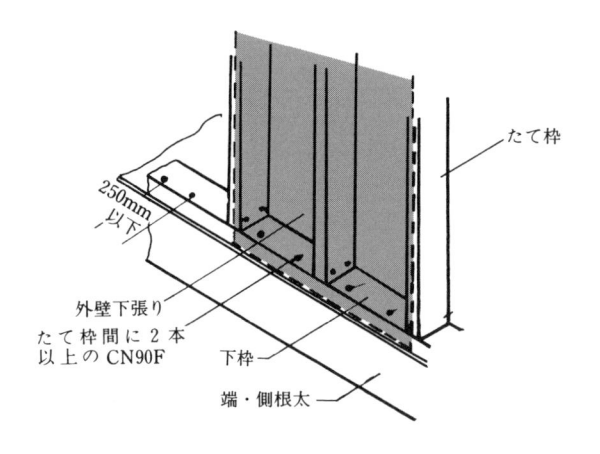

2. 外壁と床および土台との緊結

① 外壁の隅角部および開口部（幅900mm以内の小窓および換気口は除く）の両端のたて枠に，外壁下張りの上から帯金物(S-65)を取り付け，屋根工事が終了した後に，土台，端根太または側根太に釘打ちします。なお，構造用合板・硬質木片セメント板を土台・端根太・側根太まで延ばして打った場合には帯金物を省略できます。

② 帯金物に使用する釘は，枠組材に直接打つ場合はZN40とし，壁下張り材の上から打つ場合はZN65とするのが良いでしょう。

4章　躯体各部の構成

帯金物の取付け位置

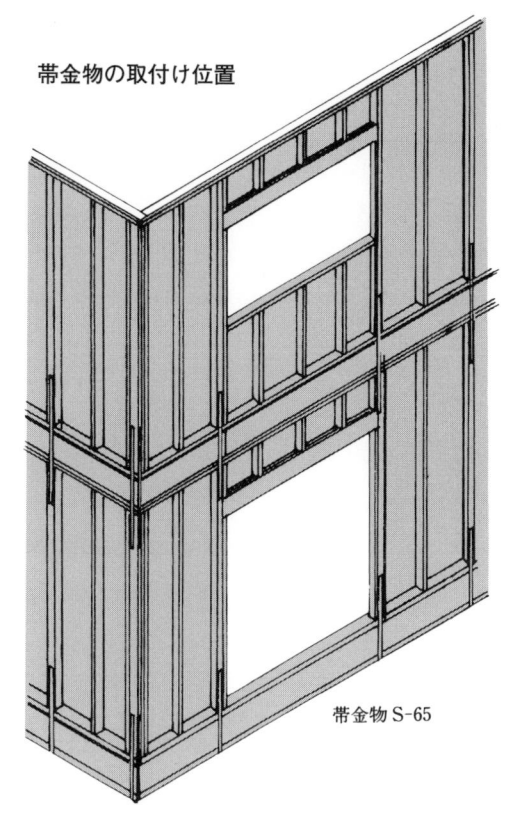

帯金物 S-65

③　開口部の帯金物による緊結

開口部のたて枠と床組・土台・上階のたて枠とを緊結します。

④　土間コンクリート床スラブで土台を下枠として用いるときは，合板を土台までかけるようにします。土台とたて枠を隅角部はかど金物(CP.L)，開口部はかど金物(CP.T)で緊結します。構造用合板か硬質木片セメント板の場合は，帯金物を省くことができます。

3.　2階部分の外壁と2階床組との緊結

2階壁組と2階床組・1階床組を帯金物で緊結しますが，いずれの場合も枠どうしを緊結するようにし，決して壁下張り材だけに取り付けるようなことをしてはいけません。

帯金物の取付け (S-65)

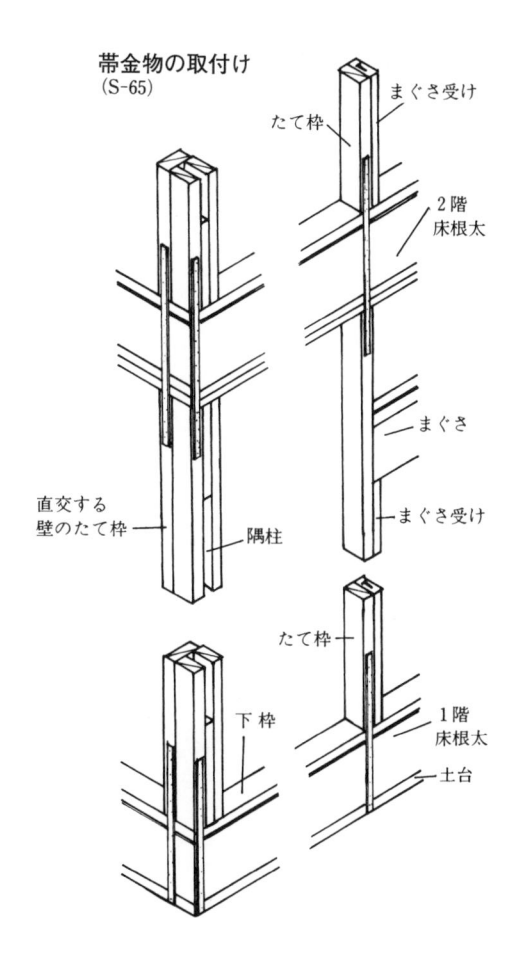

たて枠
2階床根太
まぐさ
まぐさ受け
直交する壁のたて枠
隅柱
たて枠
下枠
1階床根太
土台

5. 両面開口部の構成

建物外周部の隅角部に，各階1か所に限り，両面開口部を設けることができます。
両面開口部を設ける場合には，以下に説明する方法で補強をする必要があります（なお，ここで述べる方法以外の構成方法を採る場合には，実験などにより安全を確かめておく必要があります）。

① 両面開口部の最大幅は合計4m以下とします。
② 開口部に接する壁（側壁）は，幅90cm以上の合板張り耐力壁とします。
③ 開口部は原則として窓型の開口部とします（この場合の腰壁の高さは45cm以上とすることが必要です）。

　腰壁・垂れ壁（下がり壁）部分には，耐力壁に用いる厚さの構造用合板を側壁と一体化するように張りつめます。

　なお，両面開口を設ける場合，平家建の場合では腰壁を省略して両開口ともに掃き出し窓とすること，2階建の場合ではいずれか一方の腰壁を省略することができます。

④ 両面開口部分の隅柱としては，寸法型式404を用います。
⑤ 両面開口部に接する耐力壁（側壁）の両端のたて枠の下部150mm内外の位置には，アンカーボルトを配置しておくことが必要です。

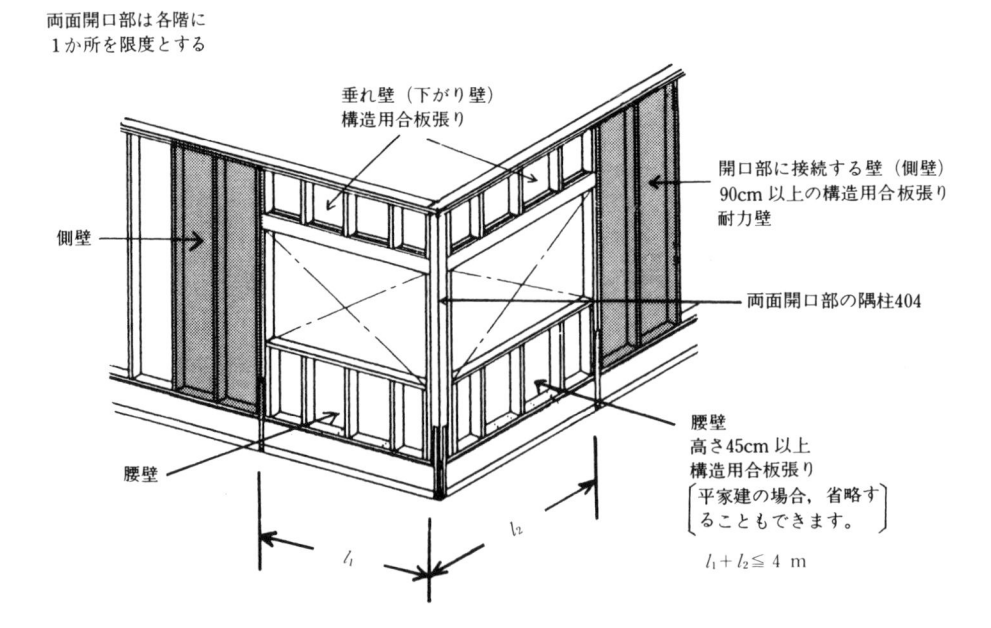

図中ラベル：
- 両面開口部は各階に1か所を限度とする
- 側壁
- 垂れ壁（下がり壁）構造用合板張り
- 開口部に接続する壁（側壁）90cm以上の構造用合板張り耐力壁
- 両面開口部の隅柱404
- 腰壁 高さ45cm以上 構造用合板張り〔平家建の場合，省略することもできます。〕
- 腰壁
- $l_1 + l_2 \leq 4\,\mathrm{m}$

4章 躯体各部の構成

⑥ 両面開口部を設ける場合には，建物の条件によって両面開口部回りの隅柱・側壁と床組・土台とを次のように緊結しておく必要があります。

アンカーボルト位置

側壁　開口部　腰壁

← 床根太
← 土台
← 布基礎

アンカーボルト

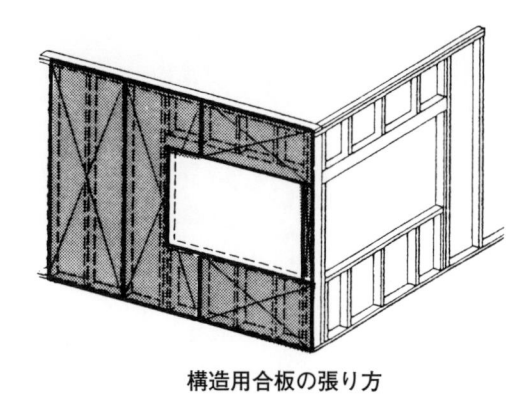

15cm以内　15cm以内

構造用合板の張り方

両面開口部回りの帯金物の取付け

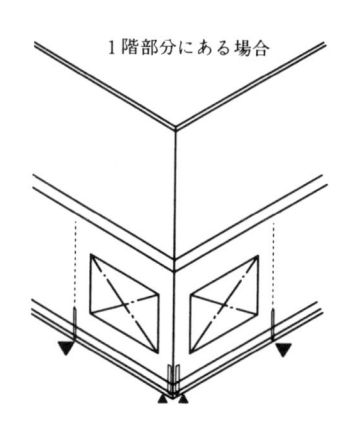

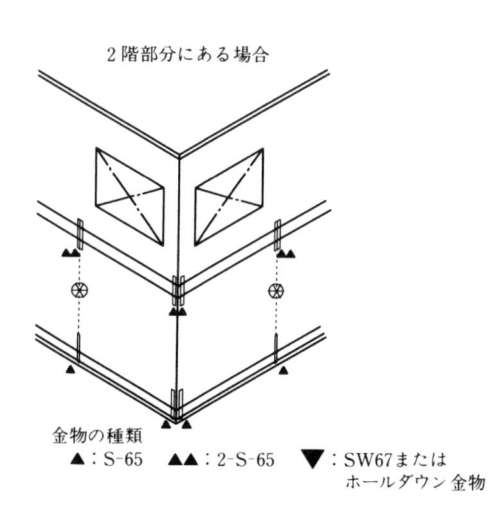

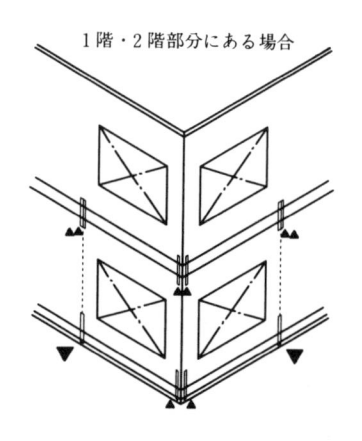

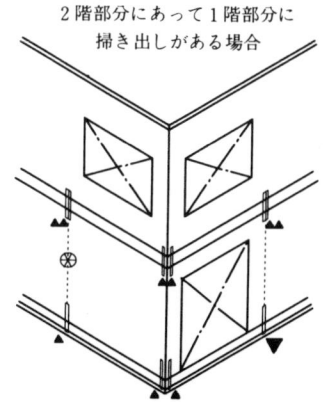

1階部分にある場合

1階・2階部分にある場合

2階部分にある場合

2階部分にあって1階部分に掃き出しがある場合

金物の種類
▲：S-65　▲▲：2-S-65　▼：SW67またはホールダウン金物

⊗ 部分のたて枠は204材2枚合わせまたは404材とすることが必要です。

169

両面開口部回りの構成

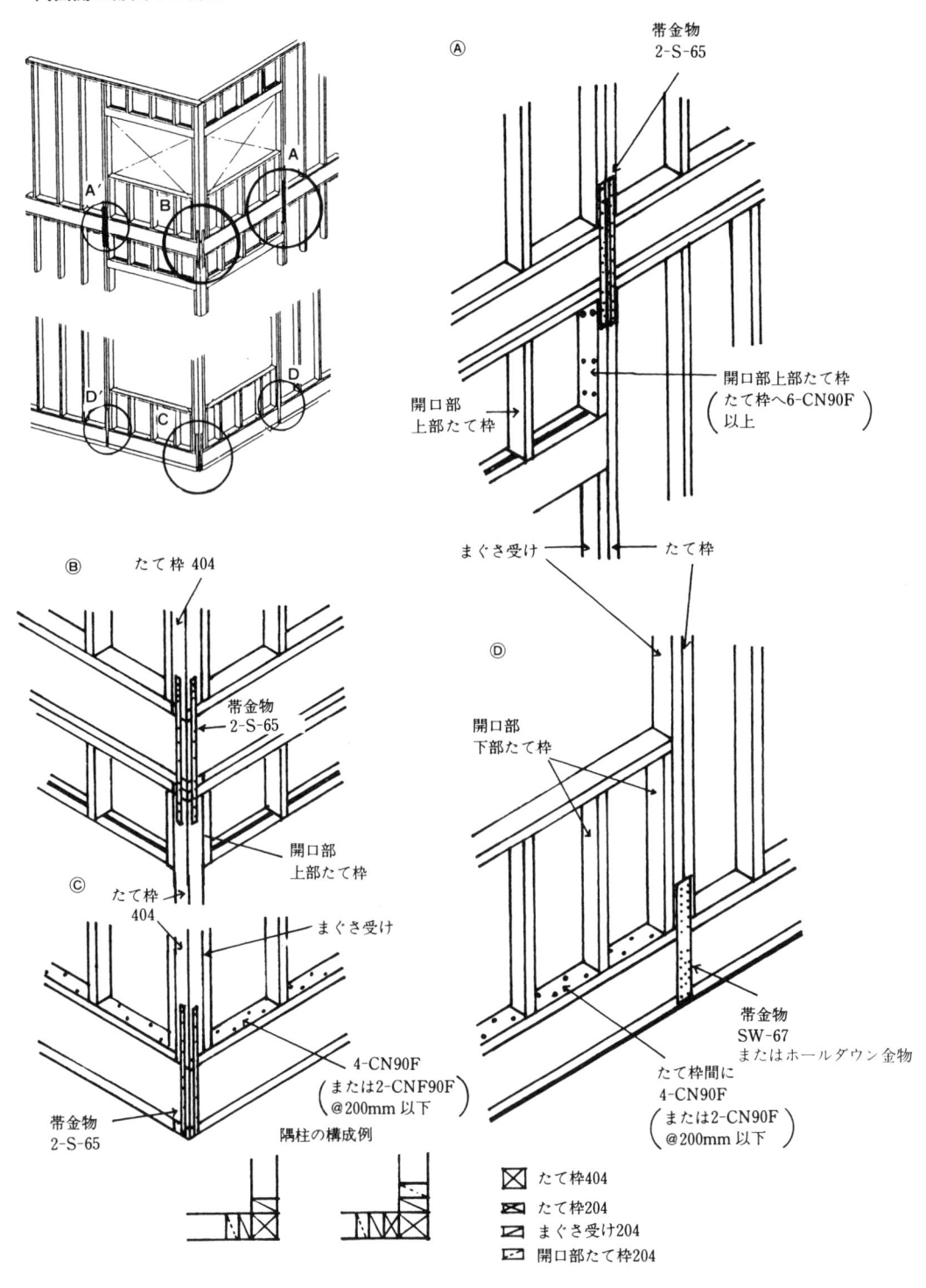

Ⓐ
- 帯金物 2-S-65
- 開口部上部たて枠 (たて枠へ6-CN90F以上)
- 開口部上部たて枠
- まぐさ受け
- たて枠

Ⓑ
- たて枠404
- 帯金物 2-S-65
- 開口部上部たて枠

Ⓒ
- たて枠404
- まぐさ受け
- 4-CN90F (または2-CNF90F @200mm以下)
- 帯金物 2-S-65
- 隅柱の構成例

Ⓓ
- 開口部下部たて枠
- まぐさ受け
- たて枠
- 帯金物 SW-67 またはホールダウン金物
- たて枠間に 4-CN90F (または2-CN90F @200mm以下)

凡例:
- ⊠ たて枠404
- ▨ たて枠204
- ▱ まぐさ受け204
- ▭ 開口部たて枠204

4章 躯体各部の構成

⑦ 入り隅部分で隅柱またはまぐさ受け材に金物が取り付けられない場合には、2枚合せのまぐさ受けとするか、腰壁部分の端部にまぐさ受けに添え付けて開口部下部たて枠を配し、それらの部材に帯金物を取り付けるようにします。
この場合の釘打は次のように行います。

ⓐ 開口部下部たて枠の場合
　下部たて枠からまぐさ受けへ、端部2-CN90F、中間部2-CN90F200 mm 間隔以下にちどり打ちします(合計6-CN90F 以上)。

ⓑ 2枚合せまぐさ受けの場合
　隅柱(404)・まぐさ受けへは、CN90を両端部2-CN90F、中間部 CN90F200 mm 間隔以下にちどり打ちします。

ⓐ まぐさ受け、開口部たて枠で構成する場合

〔右図参照〕

ⓑ 2枚のまぐさ受けで構成する場合

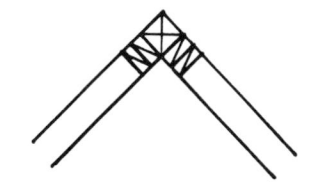

◧ 隅柱(404)
◩ まぐさ受け(204)
▭ 開口部たて枠

← 隅柱(404)
← まぐさ受け
← 窓台
← 開口部下部たて枠
← 下枠
← 根太類
← 頭つなぎ
← 上枠
← 開口部上部たて枠
← まぐさ

← 隅柱(404)
← まぐさ受け
← 帯金物
← 窓台
← 開口部下部たて枠
← 下枠
← 根太類
← 土台

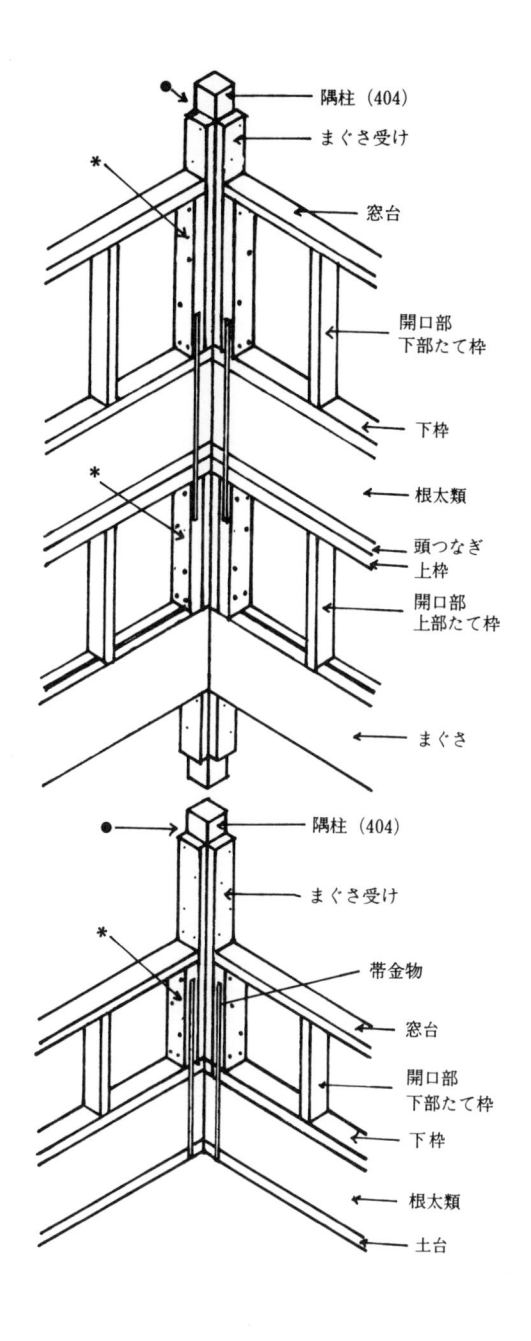

＊開口部たて枠からまぐさ受けへ6-CN90F 以上
　または2-CN90F＠200以下
● まぐさ受けから隅柱へ
　端部2-CN90F
　中間部 CN90F＠400ちどり

171

第6節 小　屋　組

1．小屋組の構成材料

小屋組は，たるき・むなぎ・天井根太・屋根ばりなどの小屋枠組材と屋根下張り材とで構成されます。

小屋枠組材のうち，たるき・むなぎ・天井根太・屋根ばり・天井ばりなど高い曲げ性能を必要とされる部分に使用できる材料は，下表のように決められています。

小屋枠組材の規格と使用可能箇所

材料の規格		構造部材の種類（用途・使用部分）	(1) たるき　むなぎ　屋根ばり	(2) 天井根太
枠組壁工法構造用製材	甲種枠組材	特級，1級，2級	○	○
		3級	×	×
	乙種枠組材	コンストラクション	×	×
		スタンダード	×	×
		ユーティリティ	×	×
	MSR材（機械による曲げ等級区分材）		○	○
集成材	構造用集成材	同一等級	○	○
		対称異等級構成集成材	○	○
		特定対称異等級構成集成材	○	○
		非対称異等級構成集成材	○	○
	化粧ばり構造用集成柱		○	○
構造用単板積層材		特級，1級，2級	○	○
枠組壁工法構造用たて継ぎ材	甲種たて継ぎ材	特級，1級，2級	○	○
		3級	×	×
	乙種たて継ぎ材	コンストラクション	×	×
		スタンダード	×	×
		ユーティリティ	×	×
	たて枠用たて継ぎ材		×	×
製材の日本農林規格：針葉樹の下地用製材　板類の1級			×	×
鋼板，鋼帯（スチールハウス用の軽量形鋼）			×	○

○：使用可　　×：使用不可

寸法型式については，204以上の断面のものを必要に応じて用います。

また，屋根下張り材としては，構造用合板，パーティクルボード，構造用パネルまたは硬質木片セメント板が使用できます。

2．小屋組の構成方法の種類とその特徴

小屋組の構成方法には，基本的に次の4種類があります。
① たるき方式　　　② 屋根ばり方式
③ トラス方式　　　④ 束建て方式

各種構成形式の特徴と一般的な屋根形状は次のとおりです。

1．たるき方式

たるき・天井根太により，3点ピンの最も単純なトラスを構成する方式です。屋根荷重は外壁が負担します。天井根太はトラスの下弦材として働くので，たるきと緊結しておかなければなりません。もしも，緊結されていない場合には，たるき方式にはなりませんので注意してください。

また，天井根太をつなぐ場合には，はり・内部耐力壁・支持壁の上でつなぐようにし，かつ引張材としての役割が損なわれないような補強が必要です。

たるき方式は，在来の木造には一般的に使用されていなかった方式ですので，この点に特に注意してください。

基本的には，たるき方式では切妻屋根，寄棟屋根，入母屋屋根などを構成することができます。

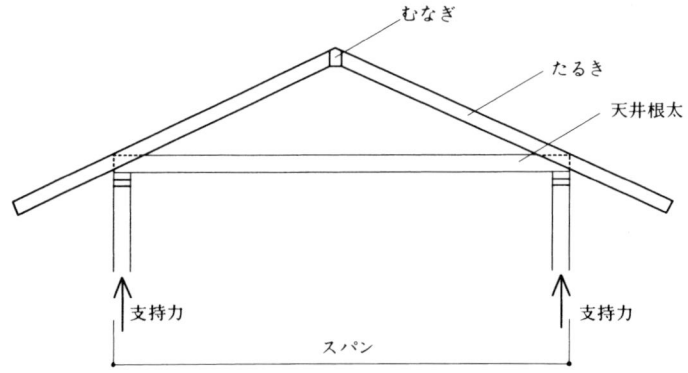

なお，次の場合にはたるき方式でなく，屋根ばり方式とすることが必要です。
- ㋑　勾配が2.5/10以下の場合
- ㋺　むなぎを介した左右のたるきの長さや屋根の勾配が異なる場合
- ㋩　たるきの走向方向と天井根太の走向方向が一致しない場合

2．屋根ばり方式

屋根ばり（耐力壁・支持壁）とたるきによって構成する方式です。

たるきは，屋根ばり・耐力壁・支持壁によって支持されますので，たるき方式の場合と異なり，小屋組の構造耐力上，天井根太は必要ありません。

しかし，天井を設ける場合には，天井荷重を支持するための下地材が必要となります。通常204材が使用されますが，この場合にはたるきの方向と直交するように配置してもかまいません。このように，屋根ばり方式の場合，たるき方式の天井根太と同様な位置に部材が配置されることがありますが，構造耐力的にはたるき方式の天井根太とはまったく異なるものですから，くれぐれも混同しないように注意してください。

基本的には屋根ばり方式では，切妻屋根，片流れ屋根，陸屋根などを構成することができます。

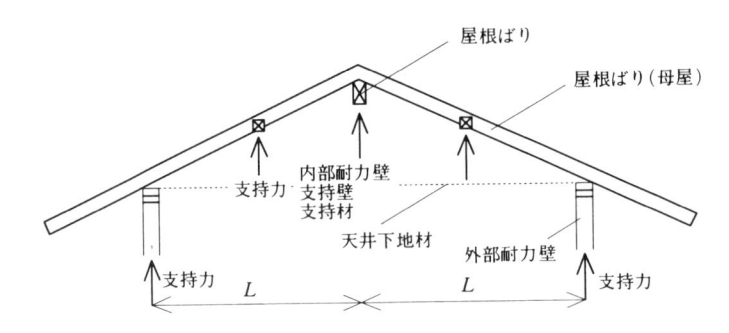

屋根ばり方式でなければできない屋根形状

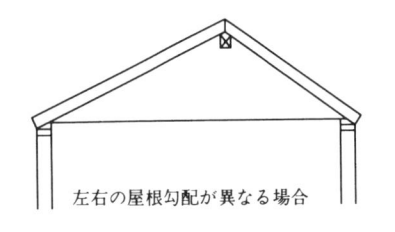

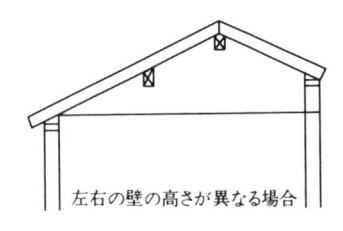

左右の屋根勾配が異なる場合　　　左右の壁の高さが異なる場合

3. トラス方式

部材をガセットなどを用いて三角に組み合わせたものをトラスといいますが，このトラスを用いて小屋組を構成する方式です。この工法で使用されるものには，キングポスト・フィンクトラスなどがあります。この方式では屋根荷重は外壁のみに支持させればよく，中間部でトラスを支持する必要はありません。

トラス方式は，大スパンの場合，部材寸法を小さくしたい場合，1つの現場で大量に使用する場合などに適していますが，現場でトラスを作製するのは手間が掛かりますので，通常，工場で作製されたトラスが使用されます。工場生産トラスを使用した場合には工期を短縮することができます。

基本的には，トラス方式では切妻屋根，寄棟屋根，入母屋屋根などを構成することができます。

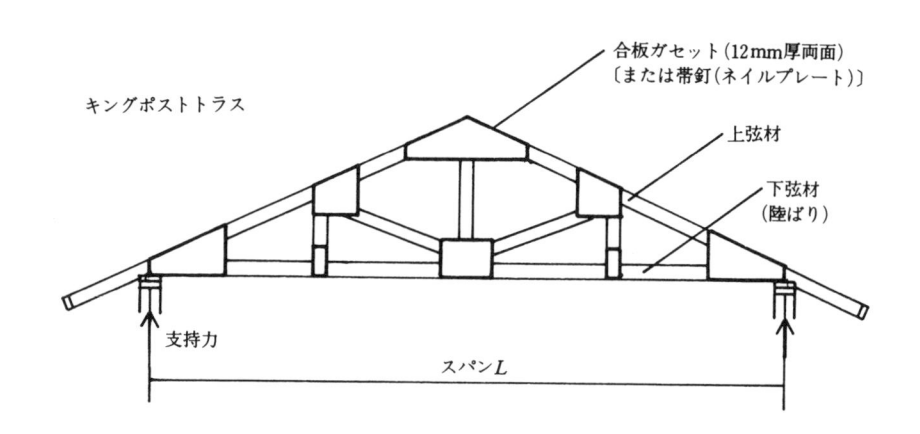

4. 束建て方式

在来（軸組）構法の和小屋組は，小屋ばり・束・むなぎ・母屋・たるきで構成されていますが，基本的にこの在来和小屋組の構成方法を採り入れたものが，枠組壁工法で束建て方式と呼ばれるものです。

束建て方式の小屋組は，天井ばり（小屋ばりに相当）・束・屋根ばり（むなぎ・母屋に相当）・たるきで構成されます。

基本的には，束建て方式では切妻屋根・寄棟屋根・入母屋屋根などを構成することができます。

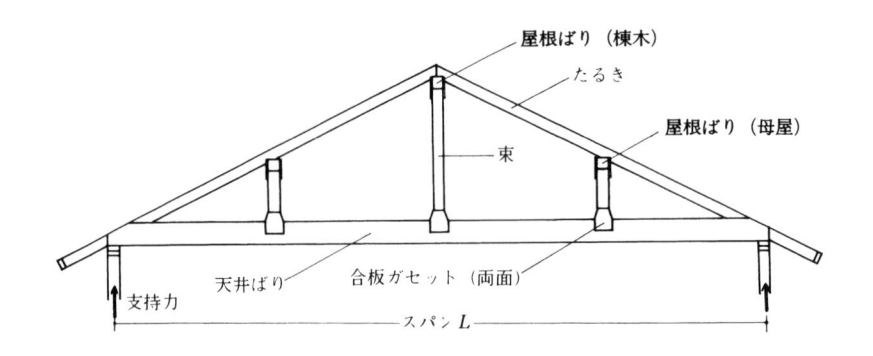

図中ラベル:
- 屋根ばり（棟木）
- たるき
- 屋根ばり（母屋）
- 束
- 支持力
- 天井ばり
- 合板ガセット（両面）
- スパン L

以上の4種の方法を単独または組み合わせることによりいろいろな形状の屋根を作ることができますが、以下では各方法による一般的な形状の屋根について、その構成方法を説明します（以下では、たるき間隔500mm以下の場合について述べています）。

3. たるき方式による小屋枠組

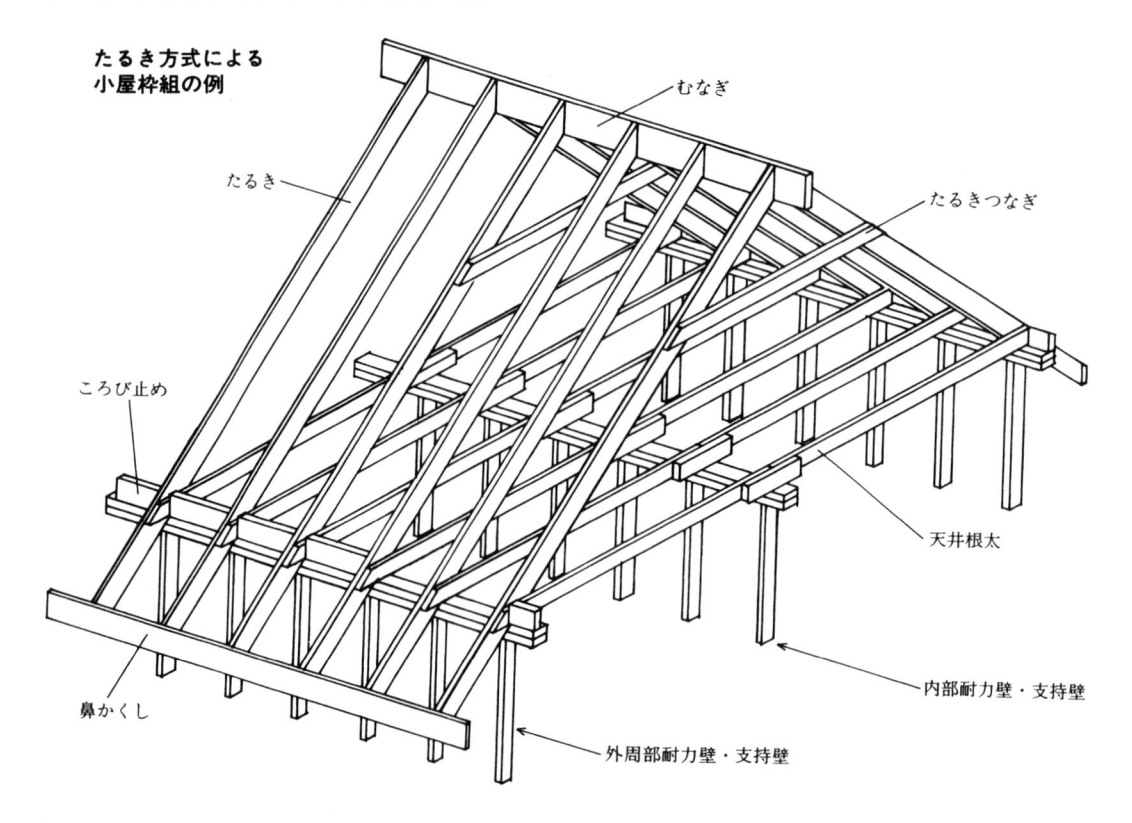

たるき方式による小屋枠組の例

図中ラベル:
- むなぎ
- たるき
- たるきつなぎ
- ころび止め
- 天井根太
- 鼻かくし
- 内部耐力壁・支持壁
- 外周部耐力壁・支持壁

1. 基本的な構成

たるき・天井根太は一般に50cm以下（最大65cmですが，本書では説明しません）の間隔で配置します。

たるき・天井根太として使用する部材の寸法型式は，スパンの大きさによって決定されます。下記にたるきのスパン表の例を示しておきます。

たるきスパン表 （勾配3.5/10以下，屋根葺材料：彩色石綿板，天井荷重支持，野地板：構造用合板9mm）

［単位：m］

たるきの寸法型式	たるきの間隔(mm)	D. Fir-L 1級	D. Fir-L 2級	Hem-Fir 1級	Hem-Fir 2級	S-P-F 1級	S-P-F 2級
積雪30cm以下							
204	455	3.30	3.09	3.19	3.03	3.14	3.09
206	455	4.72	4.42	4.60	4.33	4.48	4.42
208	455	5.80	5.44	5.66	5.32	5.51	5.44
210	455	6.99	6.55	6.80	6.41	6.64	6.55
212	455	8.12	7.61	7.81	7.45	7.71	7.61
積雪50cm以下							
204	455	2.85	2.67	2.78	2.62	2.71	2.67
206	455	4.09	3.83	3.98	3.75	3.88	3.83
208	455	5.04	4.72	4.91	4.62	4.79	4.72
210	455	6.08	5.70	5.93	5.58	5.78	5.70
212	455	7.08	6.63	6.90	6.49	6.72	6.63
積雪100cm（多雪区域）							
204	303	2.31	2.16	2.18	2.12	2.19	2.16
204	455	1.89	1.77	1.85	1.74	1.80	1.77
206	303	3.32	3.11	3.23	3.04	3.15	3.11
206	455	2.72	2.55	2.66	2.50	3.59	2.55
208	303	4.10	3.84	4.00	3.76	3.89	3.84
208	455	3.37	3.16	3.29	3.09	3.20	3.16
210	303	4.96	4.65	4.84	4.55	4.71	4.65
210	455	4.09	3.83	3.99	3.75	3.88	3.83
212	303	5.79	5.42	5.64	5.31	5.50	5.42
212	455	4.77	4.47	4.66	4.38	4.54	4.47

ⓔ たるきと天井根太、天井根太の継手の釘打ち本数は同じです。ただし、その本数は屋根勾配、屋根葺き材料、たるきの寸法によって決定されます (p.177参照)。

ⓐ 重ね継ぎ
4-CN75T
100以上
注
釘打ち本数はたるきと天井根太との釘打ち本数に準ずる

ⓑ 添え木継ぎ
4-CN75T
添え木
400以上
注

ⓒ 帯金物
450
ZN40
帯金物
4-CN75T
帯金物の本数はたるきと天井根太との釘打ち耐力と等価のこと

ⓓ 構造用合板ガセット
構造用合板 厚さ12mm
両面合計 4-CN75T
400以上
CN65F
釘本数はCN90釘の本数の1.4倍以上とすること

天井根太
2-CN75T
頭つなぎ
上枠

継手

(1) 天井根太取付け

① 天井根太と，頭つなぎ・はりとの緊結は2-CN75T とします。

② 天井根太の継手は必ず耐力壁・支持壁・はりの上に設けなければなりません。

　天井根太の継手の方法には4種の方法があり，基本的には床根太の継手と同じ方法です。ただし，接合に用いる釘長さ・本数は一律ではなく，屋根勾配・たるき寸法に対応して決定する必要があります。釘打ちは，たるきと天井根太との緊結の強さと同等以上とすることが必要です。

③ はりが天井根太と同じ高さにある場合の，はりと天井根太の接合方法は基本的には床根太とはりの接合方法と同じです。ただし，この場合にもはりを介して向かい合う天井根太相互の緊結にあたっては②と同様，屋根勾配・たるきの寸法により，釘種類・本数を決定しなければなりません。

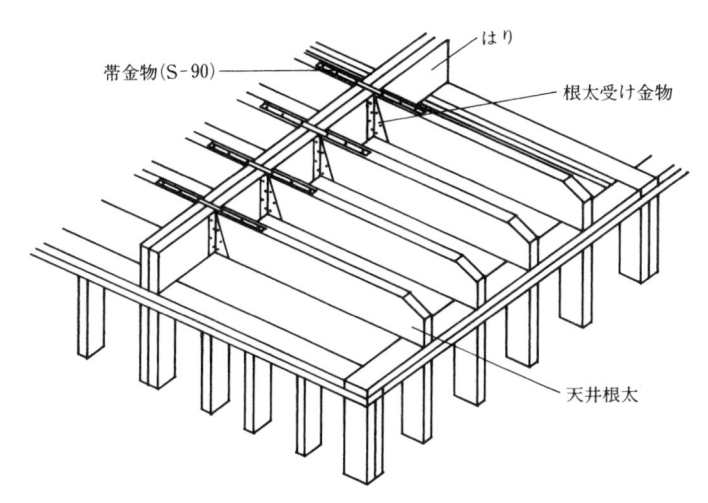

（図：帯金物(S-90)，はり，根太受け金物，天井根太）

④ 天井根太面に開口を設ける場合

　小屋裏に収納庫や居室を設ける場合には，天井根太面に開口を設ける必要がでてきます。この場合の天井根太は床根太と同様の働きをしますので，天井根太の開口部回りは床開口部に準じた納まりとする必要があります。また開口の大きさによっては，天井根太を途中で切断することになりますが，この場合に忘れてならないことは，天井根太はたるき方式小屋組の構成部材としての働きをしていることです。この意味から，たるき方式の天井根太面に開口部を設ける場合には，小屋組の構成部材としての働きを損なわないような（開口部周辺に床下張り材を張るなど）有効な補強が必要となります。

⑤ 天井根太の上端部がたるきよりも高くなる場合には，たるきの勾配に合わせて天井根太を切り取ります。

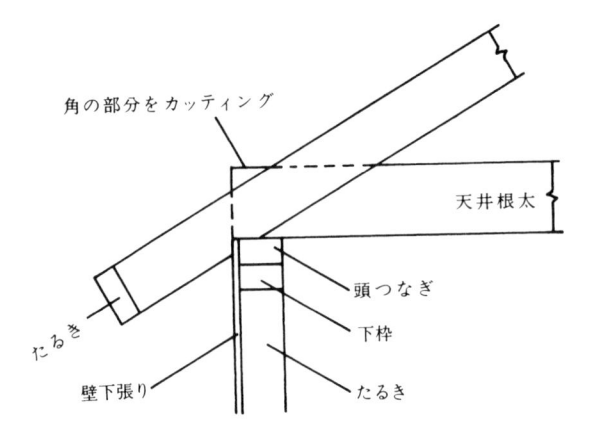

(2) **たるきの取付け**

① 頭つなぎとの取合い

　㋑　たるきは，外壁の頭つなぎ部分で幅75mm以上，深さたるきせいの1/3以内欠き込んで納めることを原則とします。ただし，たるきの寸法が204の場合には欠き込みはしません。

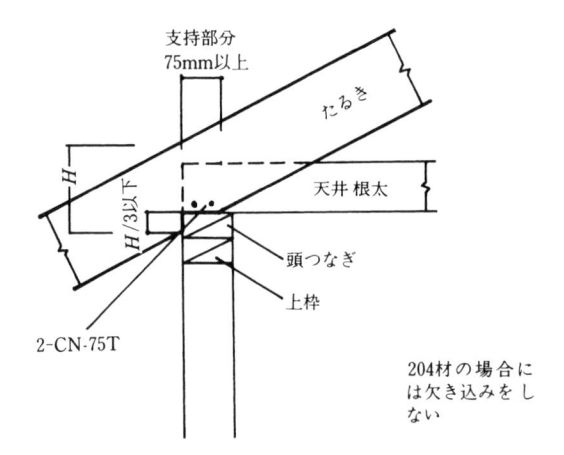

　㋺　たるきと頭つなぎの緊結は2-CN75Tとします。

　　寸法型式208以上の材をたるきとして用いる場合には，頭つなぎ部分のたるき間にころび止めを設けます。

　　ころび止めは，小屋裏の換気を考える場合には，換気穴をもつたるき同寸材，またはたるき寸法より1ランク下のものとします。

4章 躯体各部の構成

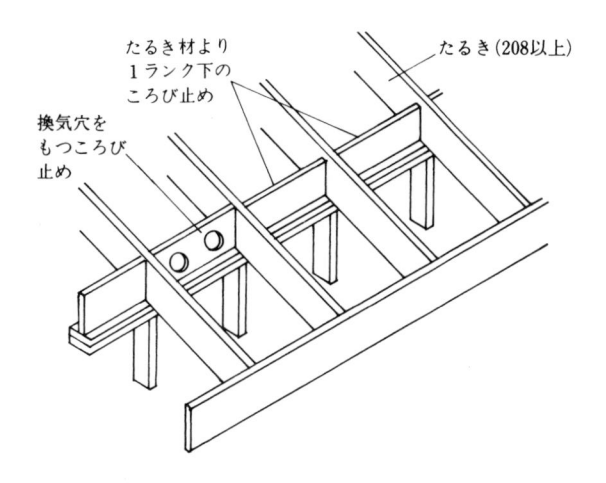

② たるきと天井根太の緊結

㋐ たるきと天井根太との緊結は，CN90Fとしますが，本数は次表のように屋根葺き材料，屋根勾配，たるき寸法によって異なります。表からわかるように，屋根葺き材料の重量・たるきサイズが大きいほど，また屋根勾配が小さいほど，下弦材としての引張力が増大するため釘の本数が増えます。

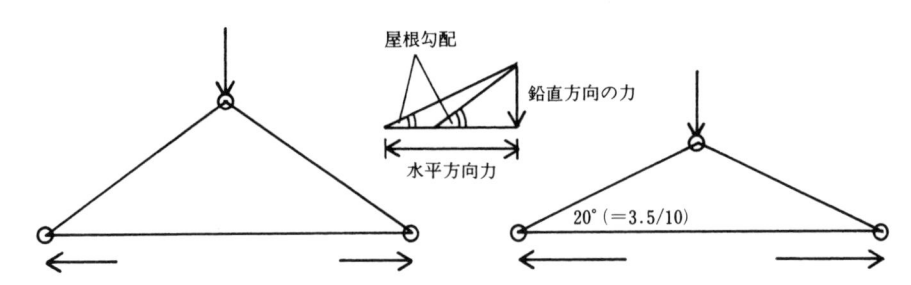

勾配がゆるいほど引張力は大きくなる。3.5/10未満の場合には屋根ばり方式とする。

たるきと天井根太の接合に必要なCN90の本数（多雪区域以外でたるき間隔50cm以下の場合）

屋根ふき材	か	わ	ら				彩色石綿板・金属板					
建物の幅(m)	4.55	5.46	6.37	7.28	8.19	9.10	4.55	5.46	6.37	7.28	8.19	9.10
屋根勾配 3.5/10〜4.5/10	5	6	6	7	8	9	3	3	4	4	5	5
4.5/10〜5.5/10	4	5	5	6	7	7	2	3	3	4	4	4
5.5/10〜7.5/10	3	4	4	5	6	6	2	2	3	3	3	4
7.5/10以上	3	3	3	4	4	5	2	2	2	2	3	3

たるき寸法 204 を用いた場合
（たるきに欠き込みをしてはならない）

たるき(204)
天井根太
頭つなぎ
上枠
表参照
2-CN75T

たるき寸法 206 を用いた場合

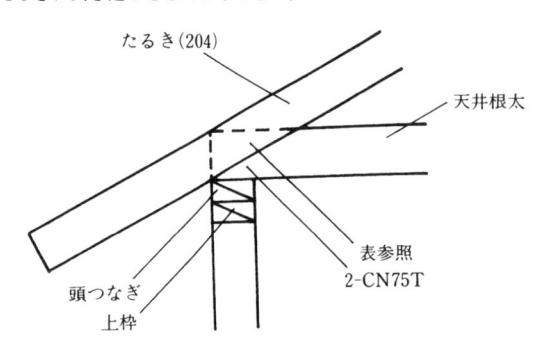

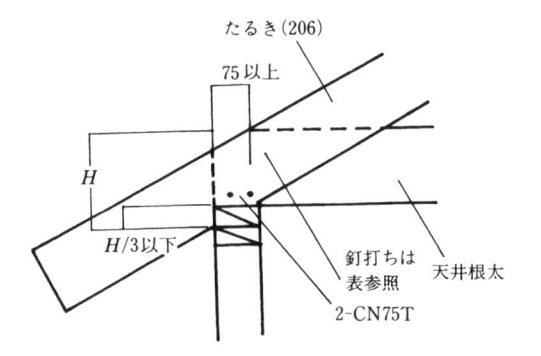

たるき(206)
75以上
H
H/3以下
釘打ちは表参照
天井根太
2-CN75T

たるき寸法 208 を用いた場合

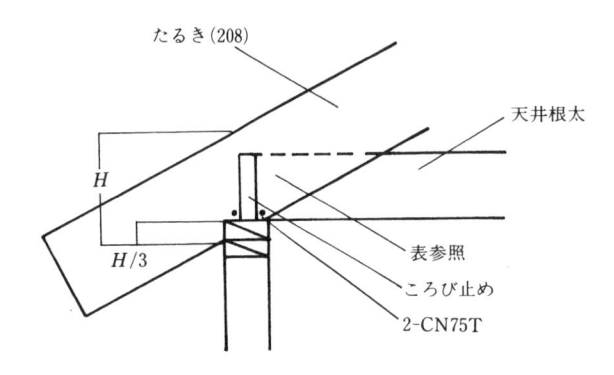

たるき(208)
天井根太
H
H/3
表参照
ころび止め
2-CN75T

㋥　寄棟屋根や複雑な形状をもつ屋根の場合には，部分的に天井根太が直交する場合が生じます。このように，部分的にたるきと天井根太の走向方向が異なる場合には，たるきの下端の開き（水平方向変位）を防止するという天井根太の働きが弱められることになりますので，天井根太に生ずる力に応じた補強をしておく必要があります。

　補強の方法は，屋根葺き材，たるきの寸法，屋根勾配などによって必要となる天井根太とたるきの緊結度合いに応じて，次のような方法を適宜選択します。

i)　釘接合による場合

　頭つなぎ部のたるきに最も近い直交する天井根太（以下では「隣接天井根太」と呼ぶ）に対して，前項㋑の釘打ち本数と同等の接合をする（CN75T で CN90F と同等以上の接合をするには，CN90F の釘本数の約1.2倍の本数が必要です）。

ii)　帯金物による場合

　もち送り天井根太（図参照）を隣接天井根太へ3-CN75T で緊結し，さらに隣接天井根太の隣りの天井根太との間に，同寸のころび止めを入れて帯金物（S-90）で緊結します。

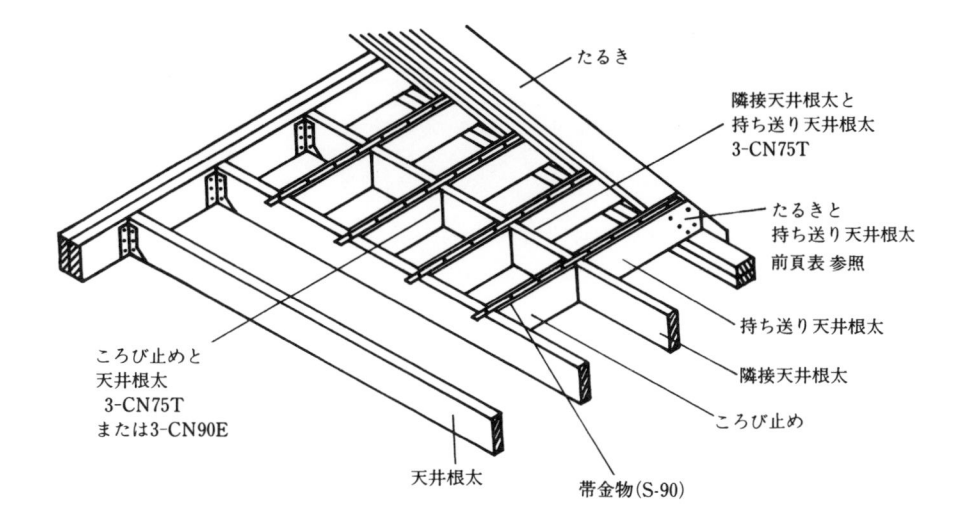

4章 駆体各部の構成

図中ラベル:
- たるき
- 隣接天井根太と持ち送り天井根太 3-CN75T
- たるきと持ち送り天井根太 前頁表参照
- 持ち送り天井根太
- 隣接天井根太
- ころび止め
- ころび止めと天井根太 3-CN75T または3-CN90E
- 天井根太
- 帯金物(S-90)

《参考／持ち送り天井根太》

①⑩いずれの場合も隣接天井根太は，水平方向の力を受けることになりますので，天井下地用ボードで天井面が一体化されるとしても，2枚合せとしておくほうがよいでしょう。さらに，⑩の場合には帯金物への釘打ちを考えると，持ち送り天井根太は2天井根太間隔分の長さとするのがよいでしょう。

また，①⑩いずれの方法も，直交する天井根太の数が少ない場合の方法と考えられます。寄棟屋根の寄棟部分のように，隣接天井根太に多数の持ち送り天井根太を取り付ける場合には，さらに図のようなつなぎ材（たるき材と同寸程度）を設けて，力を分散させるのも一つの方法です。

2枚合せ隣接天井根太

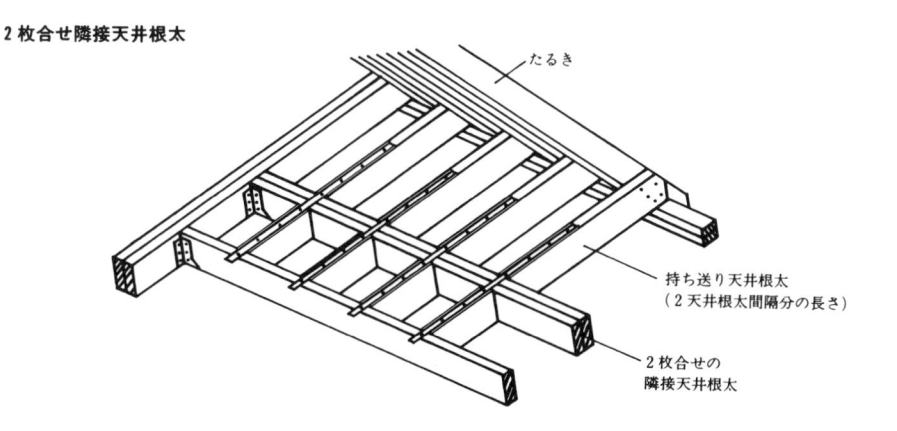

図中ラベル:
- たるき
- 持ち送り天井根太（2天井根太間隔分の長さ）
- 2枚合せの隣接天井根太

多数の持ち送り天井根太の場合の補強

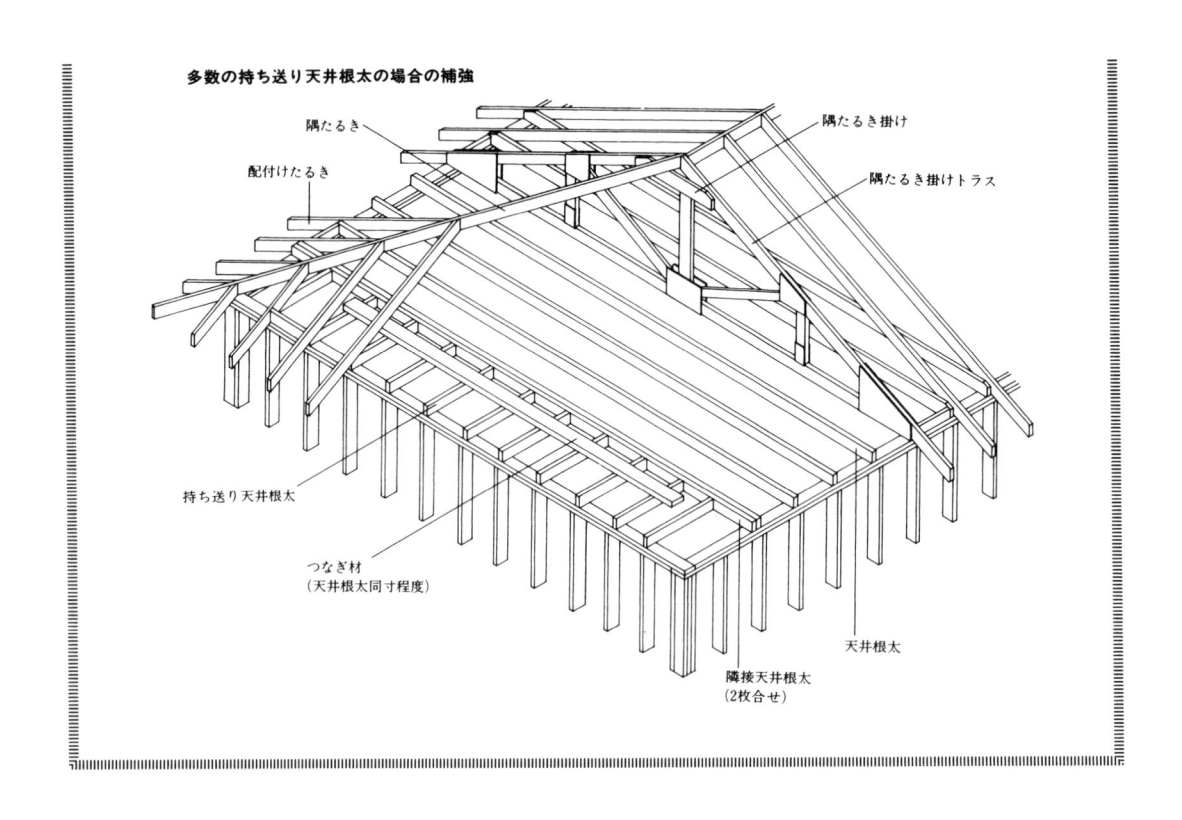

（図：隅たるき、隅たるき掛け、配付けたるき、隅たるき掛けトラス、持ち送り天井根太、つなぎ材（天井根太同寸程度）、天井根太、隣接天井根太（2枚合せ））

③　たるきとむなぎの取合い

　㋑　むなぎは，たるきの寸法型式よりも1ランク上のものを使用し，むなぎ頂部はたるき勾配に削って屋根下張り材とむなぎが密着するようにします。

　　　たるきとむなぎの緊結は，たるきからむなぎへ3-CN75Tとします。

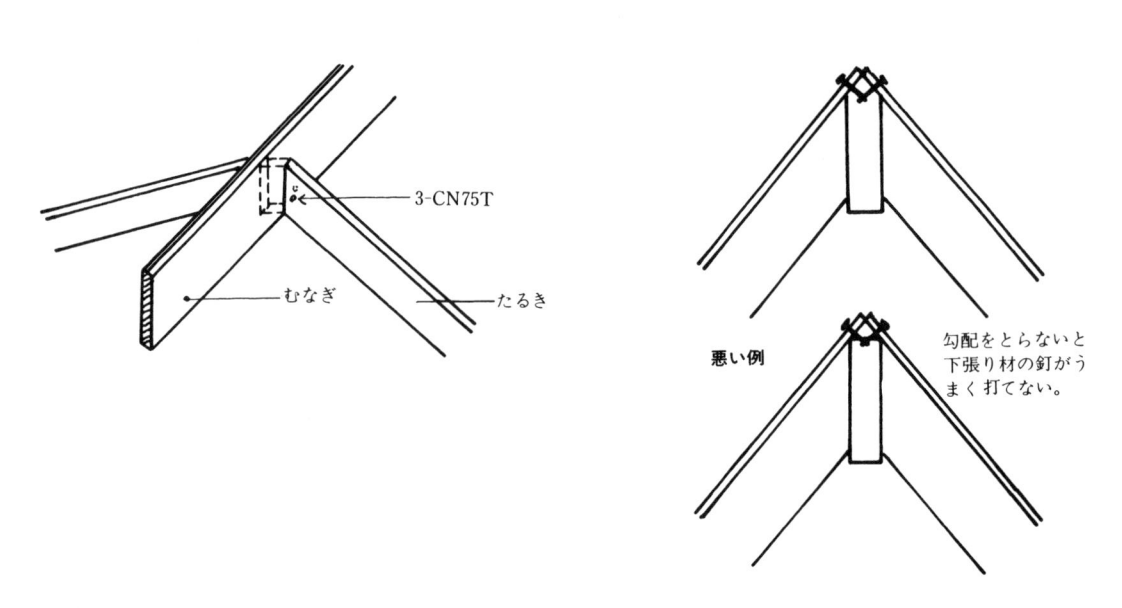

（図：3-CN75T、むなぎ、たるき）

悪い例

勾配をとらないと下張り材の釘がうまく打てない。

> 《参考》勾配のついたたるきを垂直に切断すると，たるきの切断面はたるきの背よりも長くなります。むなぎとたるきをできるだけ密着させるために，むなぎ材は1ランク上の材を使用します。

㊁ たるき方式ではあまり一般的ではありませんが，たるき相互を結ぶためにむなぎを用いないで，たるき相互を合板ガセットを用いてつなぐ方法があります。この場合の合板ガセットは，一種のたるきつなぎになるわけです。また，この合板ガセット位置のたるきに直交する方向に，むなぎに相当する材を入れます。これをころび止めといいますが，この材の寸法はむなぎの場合と同様，たるきの寸法型式よりも1ランク上のものとします。

この方法については，次の(3)たるきつなぎの項で説明します。

(3) たるきつなぎ

たるき相互の接合部を補強するために，たるきつなぎを設けますが，たるきつなぎには製材を用いる方法，帯金物を用いる方法，合板ガセットを用いる方法，の3種の方法があります。

① 製材を用いる方法

たるきつなぎに製材を用いる場合は，天井裏スペースの頂頭部から1/3以内の位置に，たるき2本おきに取り付けます。たるきつなぎとしては106・204を用いますが，106材の場合にはそれぞれのたるきに4-CN65Fとし，204材の場合には3-CN90Fとします。

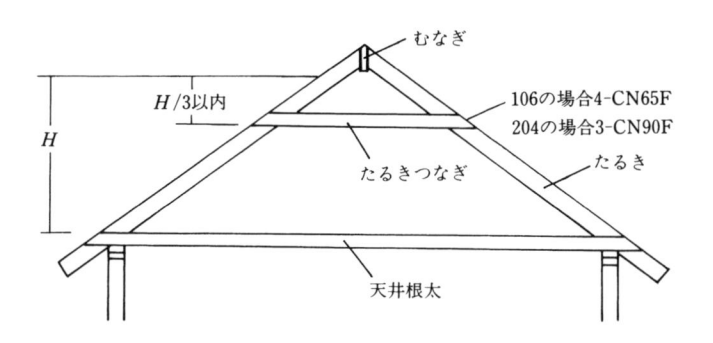

② 帯金物を用いる場合

屋根下張りを張りあげた後に，帯金物S-90をたるき1本おきに取り付けます。
釘はそれぞれのたるきに4-ZN65F（公庫仕様4-ZN40F）とします。

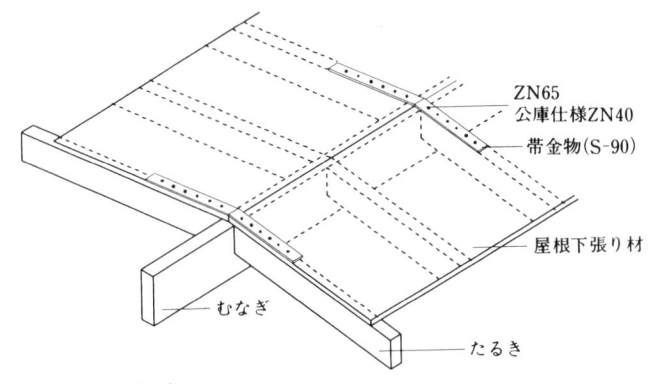

③ 合板ガセットを用いる方法

　厚さ12mm以上の構造用合板ガセットを用い，それぞれのたるきに平打ちして留め付けます。

　たるき間には，たるき断面より1ランク上の寸法のころび止めを入れます。ころび止めの留付けは，たるきから2-CN90F，またはころび止めから3-CN75T とします。

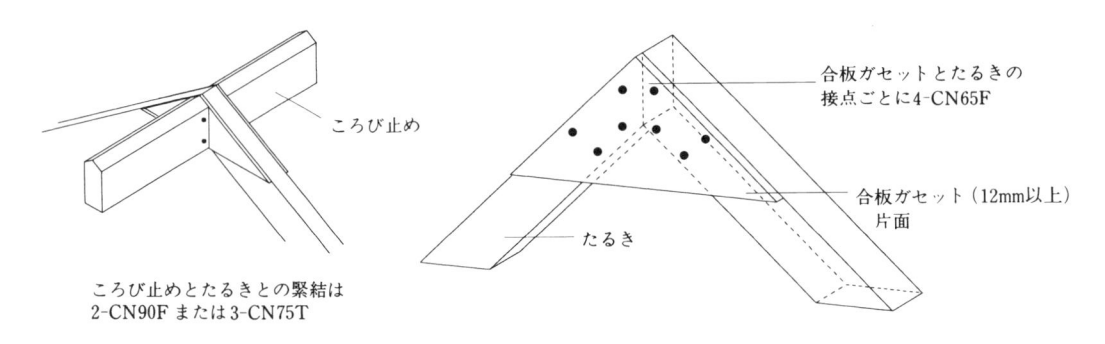

(4) 鼻かくしの取付け

　鼻かくしとたるきの緊結は，鼻かくしより2-CN90E とします。

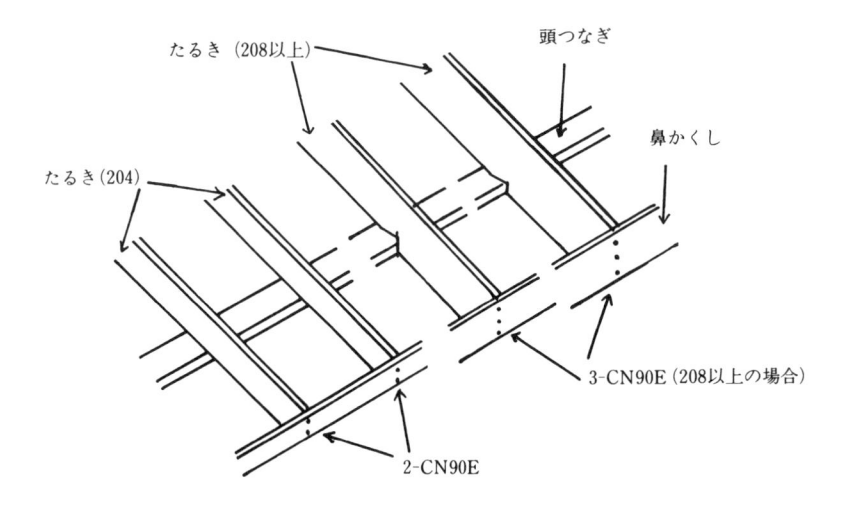

(5) たるきと外壁との緊結

たるきと外壁との緊結は，あおり止め金物により行います。あおり止め金物にはTSとTWがあります。

たるきと外壁の緊結は，たるき方式，屋根ばり方式，トラス方式すべてについてこの方法によります。

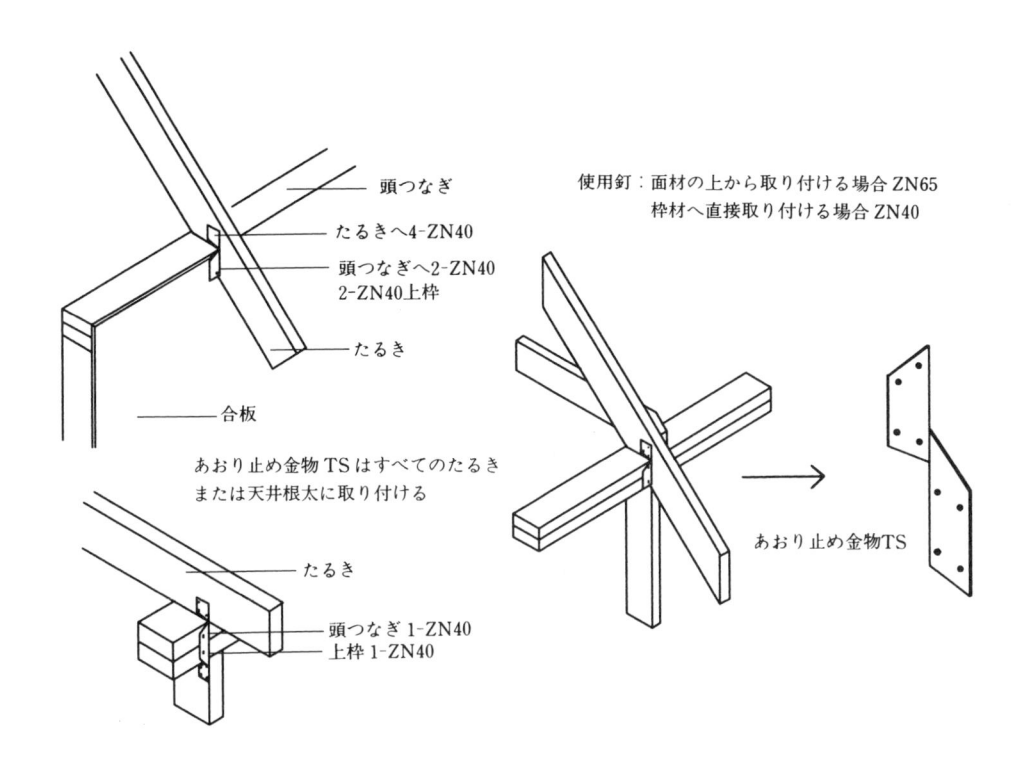

2. たるき構造による切妻屋根

切妻屋根の平部分については，基本的な構成の項で説明した方法によります。切妻部分の外壁には妻小壁を設けます。また，切妻部分の屋根の構成には，妻側にけらばを出す場合と出さない場合の2種類の構成方法があります。

(1) 妻側にけらばを出す場合

① 妻小壁

妻小壁の構成手順には，2種類の方法があります。いずれの場合にも，現寸図を書いて部材寸法を決定すると作業能率が上がるようです。

㋑ 妻小壁たて枠を頭つなぎに直接取り付ける場合

この場合には，妻小壁たて材と頭つなぎの緊結は3-CN75Tとします。

㋺ 妻小壁をあらかじめ作っておく場合

この場合には妻小壁用の下枠・上枠・たて枠で構成します。

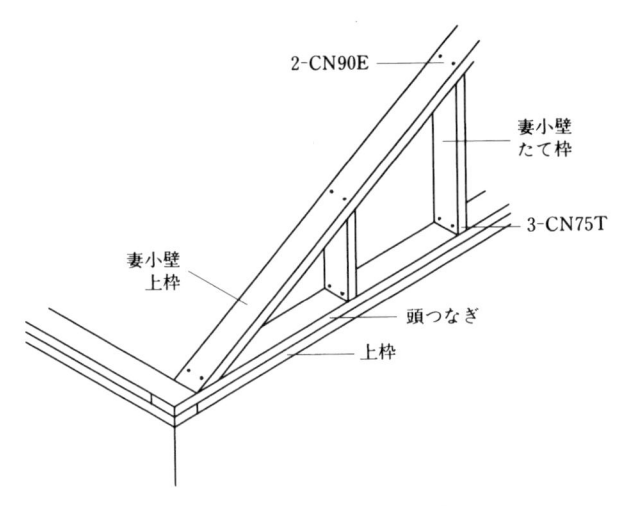

ハ　妻小壁と下部外壁との緊結は、次のいずれかによります。
　　　ⓐ　下部外壁たて枠と妻小壁たて枠とは、たて枠1本おきに帯金物(S-65)で緊結します。
　　　ⓑ　壁下張り材が構造用合板・硬質木片セメント板の場合で、妻小壁と外壁とに一体に張りつめられた場合には、省略することができます。

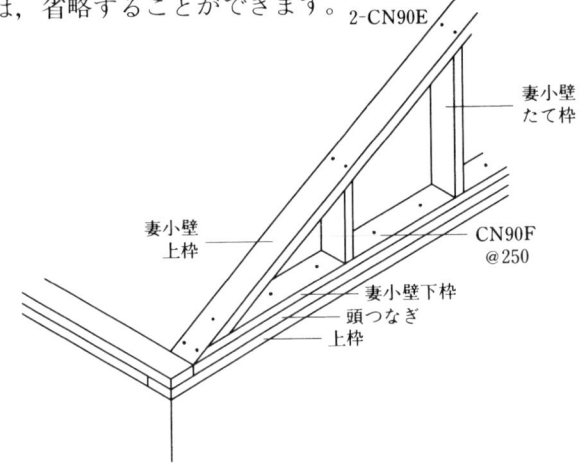

②　けらばのはり出し

　持ち出し部分は、基本的にはけらばたるきを用いて構成しますが、はり出しの出の大きさによって構成方法は異なります。

　なお、けらばたるきの寸法型式はたるきと同じものを用います。

　　㋑　けらばのはり出しが50cm以下の場合
　　ⅰ）けらばたるきは内部へ1たるき間隔分延ばします。たるきとけらばたるきの緊結は、たるきより2-CN90Eまたはけらばたるきより3-CN75Tとします。
　　ⅱ）けらばたるきと妻小壁上枠との緊結は4-CN75Tとし、あおり止め金物を取り付けます。あおり止め金物TSを用いる場合にはすべてのけらばたるきに、TWを用いる場合

には 1 本おきとします。

iii) 妻小壁上のけらばたるき間には，たるきと同寸法のころび止めを配置します。ころび止めとけらばたるきとの緊結は，けらばたるきより 2-CN90E またはころび止めより 3-CN75T とします。

ころび止めと妻小壁上枠とは，ころび止め当たり 2-CN75T で緊結します。

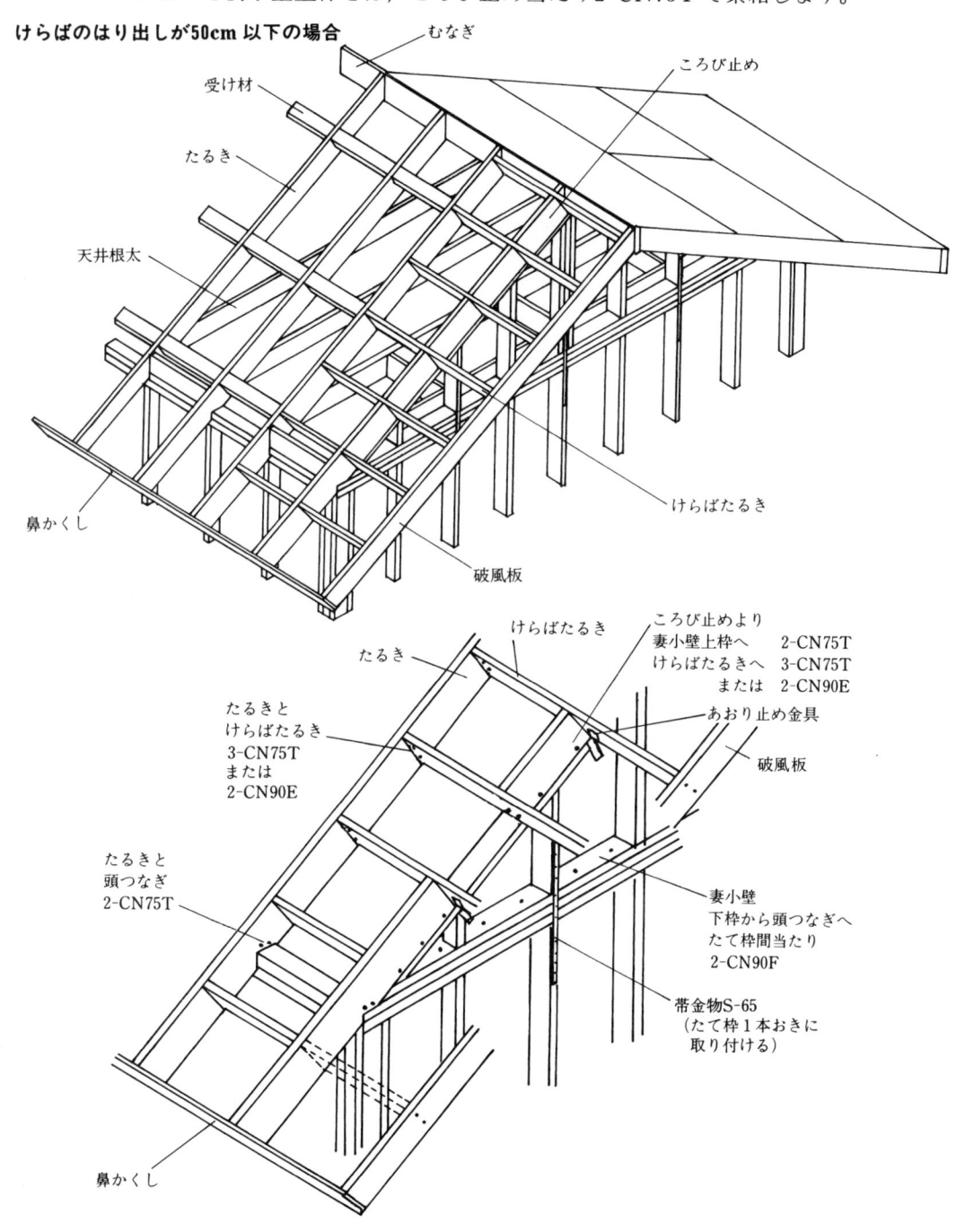

けらばのはり出しが 50cm 以下の場合

ロ　けらばのはり出しが1m以内の場合

けらばたるきは内部へ2たるき間隔分延ばします。けらばたるきを受けるたるきは2枚合せとし，たるきとけらばたるきとの緊結には根太受け金物を用います。

軒とけらばたるきが交差する屋根隅角部には腕木を配置します。腕木としては，たるきと同寸法型式の材を2枚合せにしたものを用います。

その他の構成方法ははり出しが50cm以下の場合と同じです。

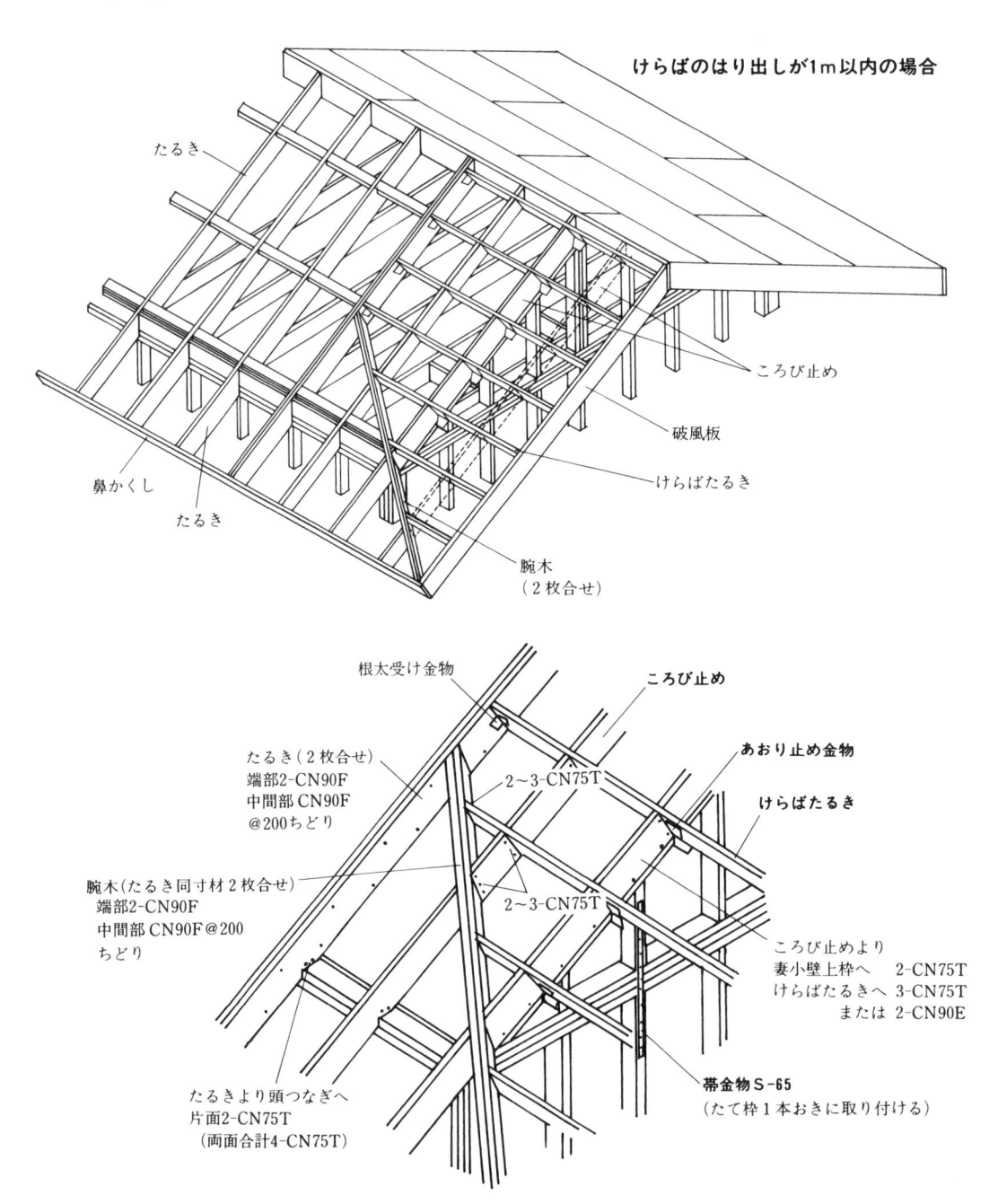

けらばのはり出しが1m以内の場合

図中ラベル：
- たるき
- ころび止め
- 破風板
- けらばたるき
- 鼻かくし
- たるき
- 腕木（2枚合せ）

- 根太受け金物
- ころび止め
- たるき（2枚合せ）端部2-CN90F　中間部CN90F @200ちどり
- 2～3-CN75T
- あおり止め金物
- けらばたるき
- 腕木（たるき同寸材2枚合せ）端部2-CN90F　中間部CN90F@200ちどり
- 2～3-CN75T
- ころび止めより
  妻小壁上枠へ　　2-CN75T
  けらばたるきへ　3-CN75T
  または　　　　　2-CN90E
- たるきより頭つなぎへ
  片面2-CN75T
  （両面合計4-CN75T）
- 帯金物S-65（たて枠1本おきに取り付ける）

4章 躯体各部の構成

(2) 妻側にけらばを出さない場合

たるきの外面が妻壁の外面と一致するように，妻小壁たて枠を欠き込んでたるきを縦使いとして納めます。この場合のたるきは，妻小壁たて枠の上部をつなぐ役目をします。

たるきと妻小壁たて枠とは2-CN75Fで，頭つなぎとは3-CN75Fで緊結します。

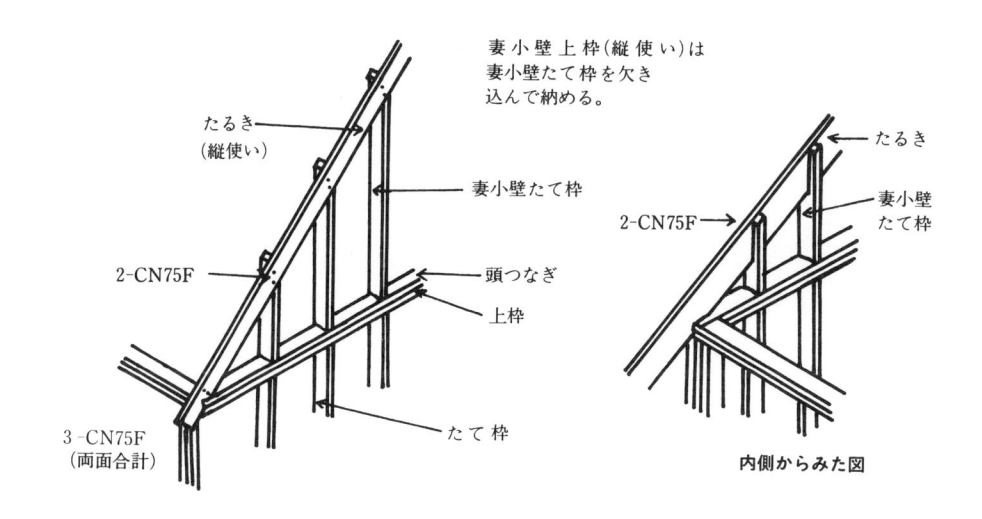

また，下図のようにけらばを出す場合に準じた妻小壁を用いて納めることもできますが，この方法は住宅金融公庫共通仕様にはありません。この場合，妻小壁と下部外壁との緊結はけらばを出す場合と同様に行います。

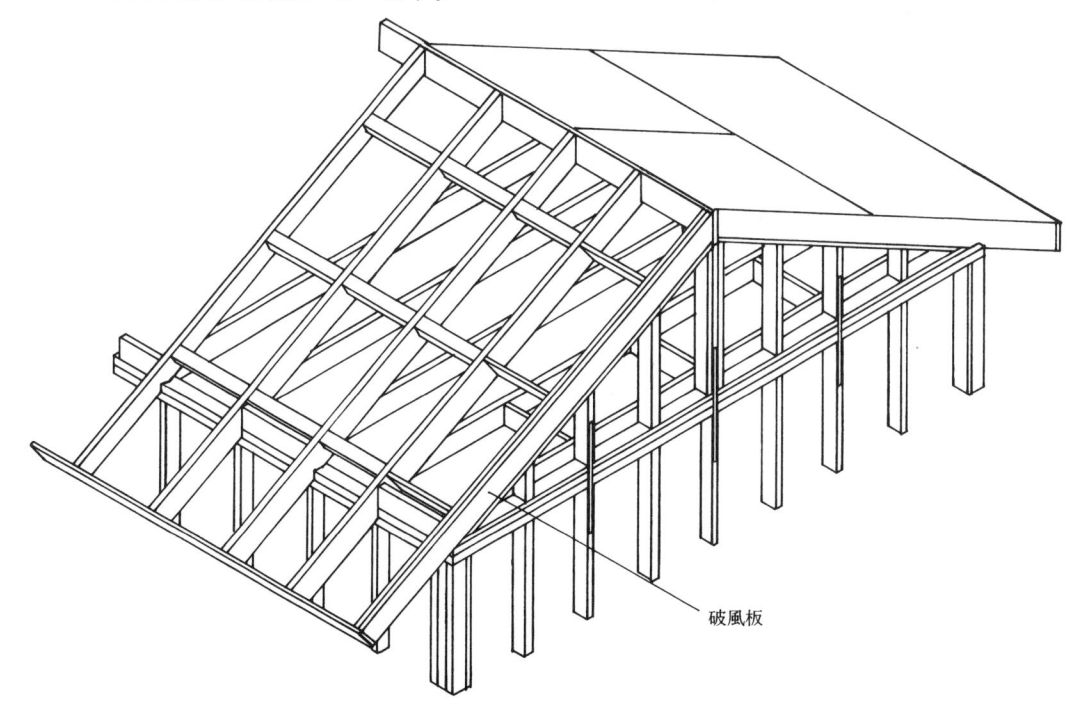

191

(3) 屋根に開口部を設ける場合

① 屋根の妻小壁や屋根面に明かり採りのための開口を設ける場合，開口部の幅は2m以下とし，かつ，開口部の幅の合計は屋根の下端の長さ（建物の幅）の1/2以下とします。妻小壁の開口部は，耐力壁線の開口部に準じて，まぐさ・まぐさ受け・開口部たて枠により補強しますが，屋根ばり方式の場合には屋根ばり支持材と開口部の位置に注意が必要です。

屋根面の開口部は，たるき同寸以上の開口部端たるき・開口部側たるきを2枚合わせ以上として補強します。合わせたるきの構成は合わせ床ばりに準じて行い，開口部回りの構成は床開口部の構成に準じて行います。

② 屋根面の開口部については，次の条件を満たせば開口部の幅を3m以下とすることができます。

　㋑　開口部位置が，屋根の端からの距離が0.9m以上で，他の開口部からの距離が1.8m以上あること。

　㋺　開口部端たるき・開口部側たるきの断面寸法・構成方法については，構造計算により安全性を確認する。

　㋩　屋根下張り材の釘打ちは，開口部端たるき・開口部側たるきに対しCN50以上・間隔150mm以下・2列打ちとする。

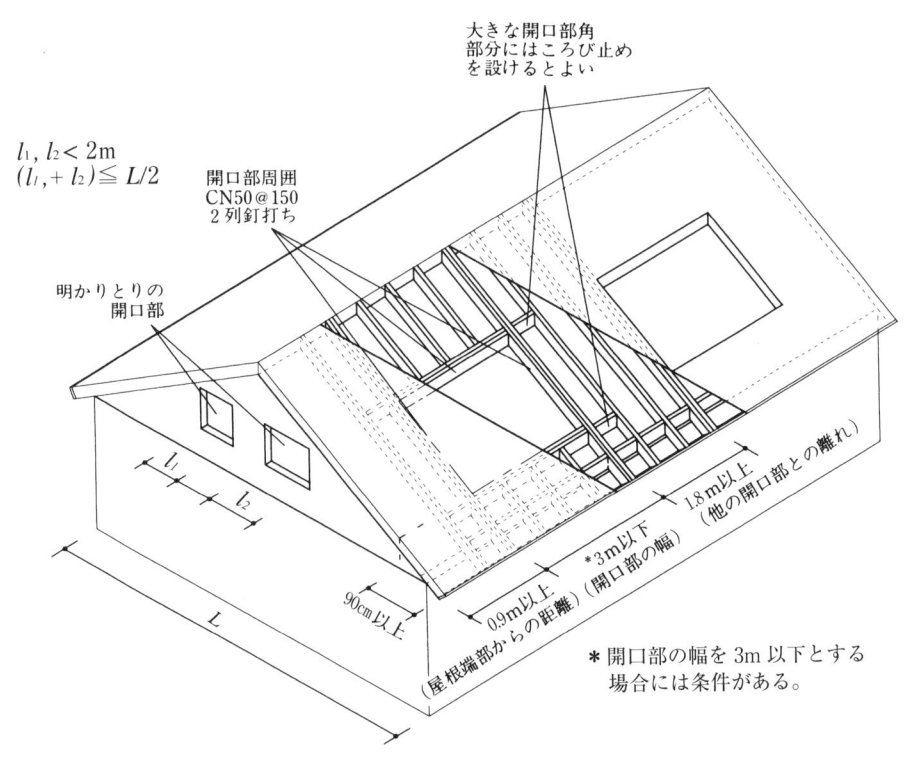

③ 屋根面の開口部に小屋根を設ける（出窓をせり出す）場合には次によります。

4章 躯体各部の構成

① 開口部の幅が90cm以上の場合には，壁枠組の開口部構成に準じてまぐさ・まぐさ受けを設けていますが，まぐさの寸法型式は構造計算によって決定します。

屋根には大きな風圧力が作用しますので，小屋根部分の規模（特に高さ）が大きい場合には小屋根部分に大きな水平力が作用することになります。したがって，小屋根部分

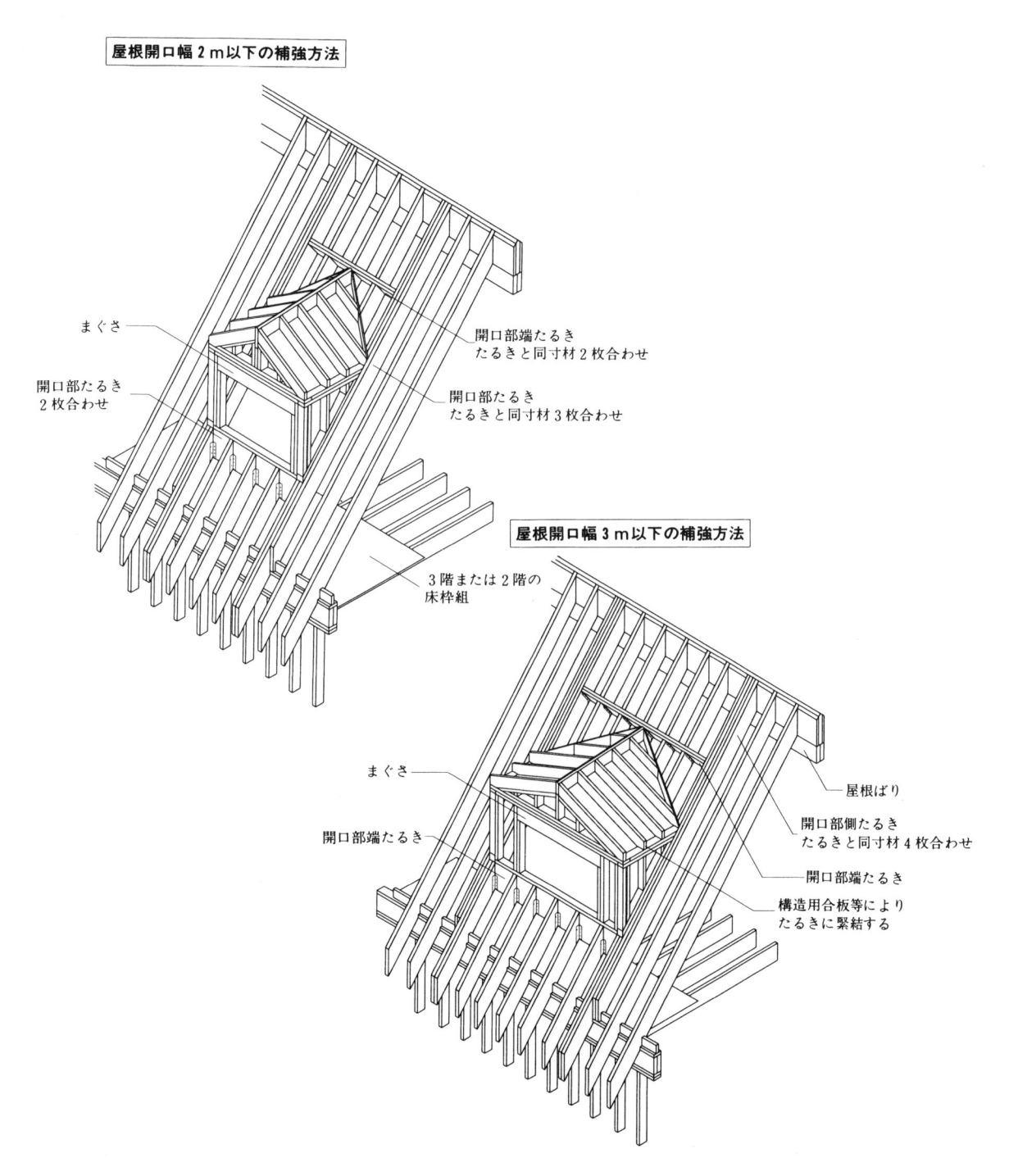

屋根開口幅2m以下の補強方法

- まぐさ
- 開口部たるき 2枚合わせ
- 開口部端たるき たるきと同寸材2枚合わせ
- 開口部たるき たるきと同寸材3枚合わせ
- 3階または2階の床枠組

屋根開口幅3m以下の補強方法

- まぐさ
- 開口部端たるき
- 屋根ばり
- 開口部側たるき たるきと同寸材4枚合わせ
- 開口部端たるき
- 構造用合板等によりたるきに緊結する

193

が風圧力により損傷を受けないために袖壁を設けることや，小屋根部分と小屋組とを金物で強固に緊結することに留意する必要があります。

(4) たるき方式による切妻屋根の組立て工程

たるき方式によるけらばを設ける切妻屋根の標準工程は次のとおりです。

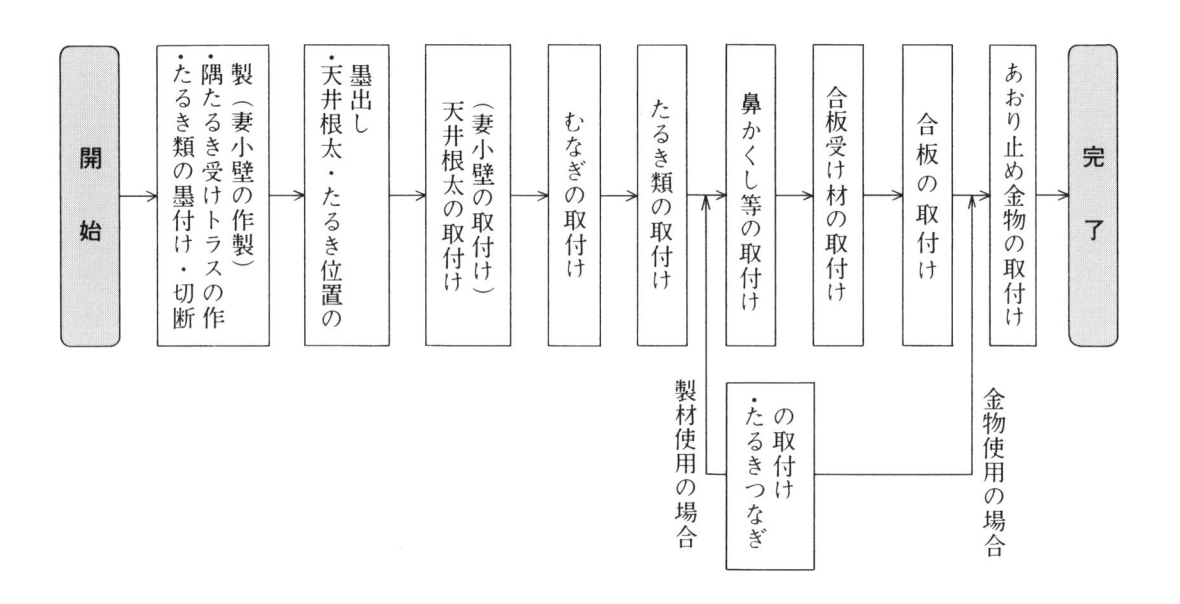

開始 → ・(妻小壁の作製)・隅たるき受けトラスの作製・たるき類の墨付け・切断 → 墨出し・天井根太・たるき位置の → (妻小壁の取付け)天井根太の取付け → むなぎの取付け → たるき類の取付け → 鼻かくし等の取付け → 合板受け材の取付け → 合板の取付け → あおり止め金物の取付け → 完了

（製材使用の場合：・たるきつなぎの取付け）
（金物使用の場合）

① 妻小壁の作製・取付け

妻小壁は，あらかじめ製作しておいて取り付ける場合と，現場で直接作製しながら取り付ける場合の2通りがあります。

（あらかじめ製作しておく場合）

妻小壁の取付け

② **天井根太の取付け**

天井根太は作業用足場の働きもします。

天井根太の取付け

③ **むなぎの取付け**

④ **たるき・たるきつなぎの取付け**

⑤ **けらばたるきの取付け**

⑥ 腕木の取付け

軒・けらばのはり出しが大きい場合に腕木を設けます。

⑦ 破風板・鼻かくしの取付け

破風板の取付け

⑧ 金物類の取付け

金物類は枠組材に直接取り付ける場合と，下張りの上から取り付ける場合があります。

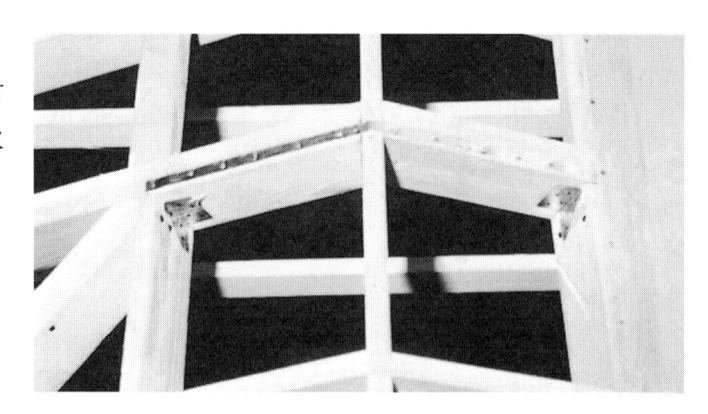

⑨ 屋根下張り材の取付け

隅部からちどりに張り上げて行きます。

⑩ 完成

3．たるき構造による寄棟屋根

寄棟屋根の平部分については，基本的な構成で説明した方法によります。

寄棟部分は，隅たるき，妻たるき，配付けたるき，隅たるき受けトラスなどで構成します。

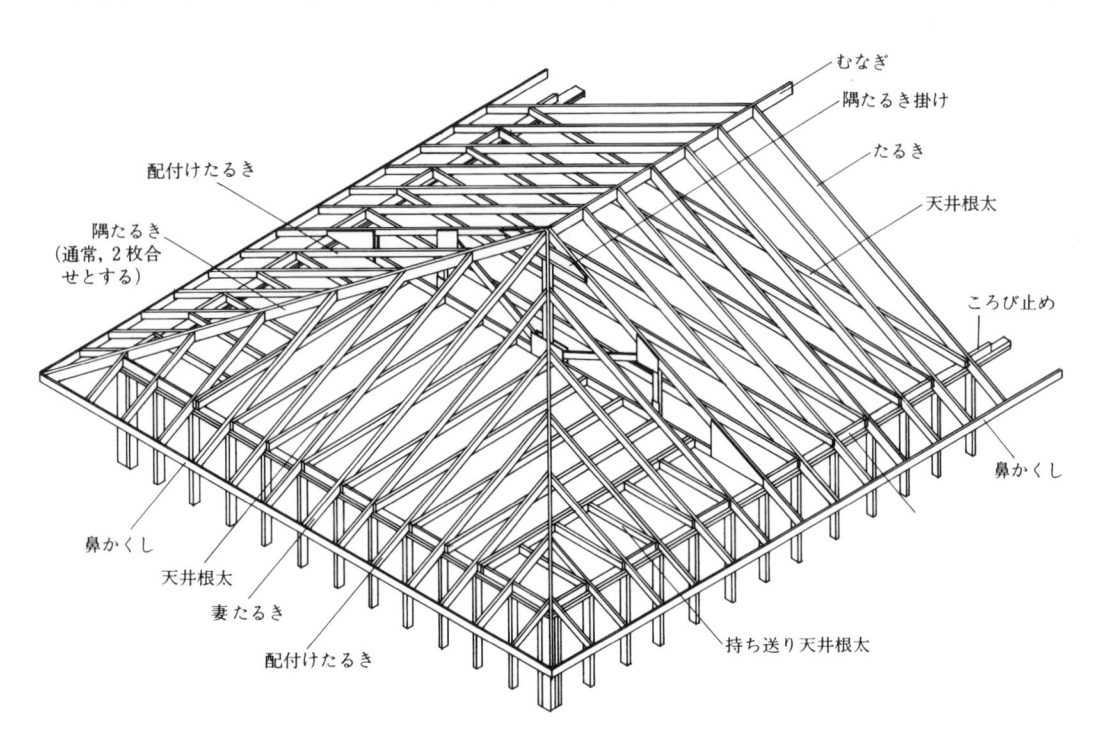

(1) 隅たるき受けトラス

　大きな荷重を受ける隅たるきを支持するために隅たるき受けトラスを用います。隅たるき受けトラスは，上弦材，下弦材，斜材と呼ばれる部材を構造用合板ガセットなどで緊結して作りますが，トラスを構成する各材，各部の寸法型式，釘打ち本数などは，積雪荷重，屋根葺き材，勾配，たるき間隔，スパンなどによって異なってきますので，トラスの部材・構成は隅たるき受けトラス用のスパン表や構造計算により決定します。

　なお，通常のスパン表では寄棟屋根の平部分の小屋の構成はたるき方式またはトラス方式として，平部分の屋根荷重を隅たるき受けトラスに負担させないことをスパン表の条件としています。すなわち，通常の隅たるき受けトラスでは屋根ばりを支持することはできないと考えてください。

　隅たるき受けトラスを作製する場合には，現寸図を書いて作業をすると施工精度・作業能率を上げることができます。

● 寄棟屋根隅たるき受けトラススパン表の例

寄棟屋根の釘打ち表（積雪30cm以下）

釘打ち箇所	使用釘および打ち方	本数
隅たるき→隅たるき受けトラス	CN75T	3
妻たるき→隅たるき受けトラス	CN75T	3
配付けたるき→隅たるき	CN75T	3
隅たるき掛け→隅たるき受けトラス	CN90F	8

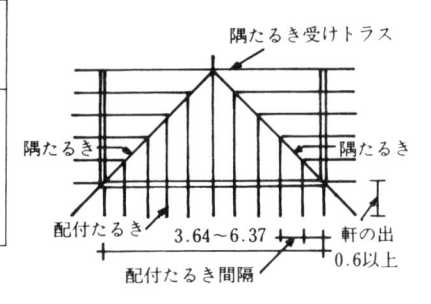

隅たるき受けトラスの使用部材およびガセットへの釘打ち本数表

地域	屋根葺材料	勾配	配付けたるき間隔(m)	軒の出(m)	トラススパン(m)	使用寸法型式 トラス上弦材	使用寸法型式 隅たるき	継手箇所（片面釘打ち本数）①	②	③	④	⑤	⑥	下弦材
積雪30cm以下	彩色石綿板・金属板	3.5/10	0.455	0.6以上	3.64	204	206	5	4	—	3	5	4	—
					4.55	204	206	9	8	3	3	5	7	—
					5.46	204	208 2-206	12	11	3	3	5	10	—
					6.37	204	210 2-208	16	15	3	4	6	14	15
積雪50cm以下	日本瓦	4/10	0.455	0.6以上	3.64	204	206	7	6	—	3	5	6	—
					4.55	204	208 2-206	11	10	3	3	5	9	—
					5.46	204	210 2-208	17	15	3	3	5	14	—
					6.37	206	210	22	21	3	4	6	20	23

（注）1. 使用釘：CN75，片面打ち　2. ガセット：構造用合板　厚さ12mm　両面　3. 上弦材以外はすべて寸法型式204
　　　4. 使用材樹種は，SPF2級　5. 配付けたるきの部材寸法は，たるきのスパン表による
「枠組壁工法住宅工事共通仕様書・スパン表」より転載

4章 躯体各部の構成

合板ガセット継手箇所番号およびガセットの大きさ（隅たるき受けトラス）

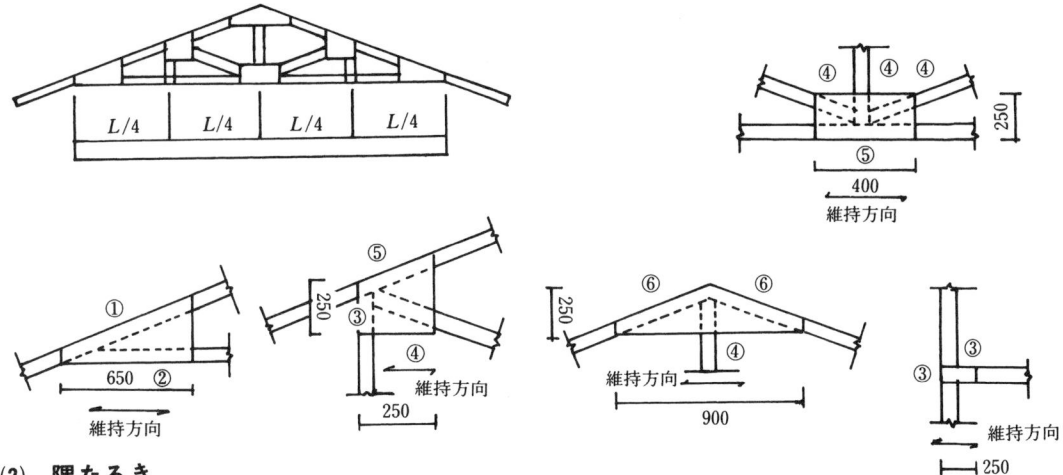

(2) 隅たるき

① 隅たるきははりのように働き，寄棟部分の荷重の大部分を支えるものですので，普通のたるきに比べて大きな荷重を受けることになります。

　隅たるきの寸法型式はスパン表によって決定します。荷重・寄棟部分の大きさ，軒の出にもよりますが，一般に，平部分のたるきの寸法型式よりも1ランク上の寸法のものを2枚合せ以上の性能とすることが必要です。

　2枚合せの隅たるきの構成は，2枚合せの床ばりと同様，両端部2-CN90F，中間部 CN90F@200mm ちどり打ちとします。

② 隅たるきと隅たるき受けトラスとの取合いは，隅たるき掛け材を用いて処理します。隅たるき掛けの寸法型式は，トラス弦材と同じものを使用します。隅たるき掛けと隅たるき受けトラスの緊結は，構造計算かスパン表によりますが，最低3-CN90F とします。

③ 隅たるきと外壁頭つなぎとの緊結は，片面につき2-CN75T（両面合計4-CN75T）とします。

④ 隅たるきの頂部は，屋根下張り材を密着させて緊結するために，むなぎの場合と同様，屋根勾配に沿って角度をつけます（しのぎ削りをする）。

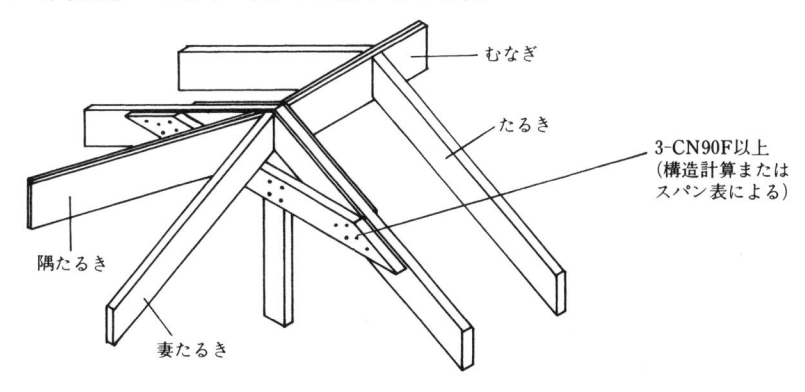

199

隅たるき・妻たるき・配付けたるき・隅たるき受けトラス相互緊結のために使用する釘，本数，打ち方は屋根葺き材，屋根勾配，積雪荷重などによって異なります（たとえば最低・以上というのは，条件によっては本数を増す必要があることを表わしています）。

(3) 妻たるき・配付けたるき（けらばたるき・持ち送りたるき）

妻たるきとは寄棟屋根部分で，隅たるき受けトラスまで達しているたるき材のことをいいます。配付けたるきは隅たるき側面に斜めに取り付いた材のことで，けらばたるき・持ち送りたるきという呼ばれ方をすることもあります。

① 妻たるきと隅たるき受けトラスとの緊結，ならびに配付けたるきと隅たるきとの緊結は，スパン表・構造計算によりますが，最低3-CN75T とします。

② 妻たるき・配付けたるきと外壁の頭つなぎの緊結は，片面につき2-CN75T（両面合計4-CN75T）とします。ここで注意しなければならないのは，平部分のたるきと外壁の頭つなぎの緊結方法（両面合計2-CN75T）よりも釘打ち本数が多いことです。これは，妻たるき・配付けたるきを取り付ける天井根太が途中で切断されていて，たるき下端相互を直接緊結する働きが弱められることを補うための措置です。なお，天井根太が相対するたるき下端相互を結ぶように配置されている場合や，たるき方式の基本的事項で説明した隣接して直交する天井根太を利用して有効な補強をした場合には，両面合計2-CN75Tとすることができます。

③ 妻たるき・配付けたるきと天井根太の接合方法は，平部分のたるきと天井根太の接合方法（屋根葺き材・勾配により本数を決定）と同じです。

④ 妻たるき・配付けたるきと外壁とは，基本事項で説明したように，あおり止め金物TSかTWを用いて緊結します。

《参考／たるき方式による寄棟部分の考え方》

小屋組構成方法の種類とその特徴の項で説明したように，たるき方式の小屋組はたるきと天井根太で三角形のトラスを構成することを基本としています。

しかしながら，寄棟部分では天井根太の直交する部分も必然的に生じますし，隅たるきがあるため，たるきと天井根太で三角形を構成する原則も満足しません。

また，隅たるきは配付けたるきを支持するはりの働きをしていますが，次項で説明する屋根ばりとたるきの納まりとも異なっていますので，屋根ばり方式ともいえません。

このような意味で，寄棟部分はたるき方式と屋根ばり方式の中間的な構成方法であるということができます。

すなわち，寄棟部分は隅たるき受けトラス・隅たるき・妻たるき・配付けたるき・天井根

太に加えて，屋根下張り・天井下地ボードにより一体化された特殊な骨組と考えるべきで，その意味からも枠組材と屋根下張り・天井下地ボードなどの緊結もしっかり行なう必要があります。特に，屋根下張りは棟部分（トラス・隅たるきの頂部）に密着させ確実な施工をすることが大切です。

(4) たるき方式による寄棟屋根の組立て工程

① 隅たるき受けトラスの作成
現場であらかじめ作製しておく（床に原寸図を描いて組立てをしている）。

② 天井根太・隅たるき受けトラスの取付け

③ むなぎの取付け
（むなぎは平部分のたるきを取り付けるため）

仮筋かいの取付け

④ 平部分のたるきの取付け

⑤ 寄棟部分の天井根太の取付け・隅たるき掛けの取付け

偶たるきの取付け

⑥ 隅たるき・妻たるきの取付け

⑦ 配付けたるきの取付け

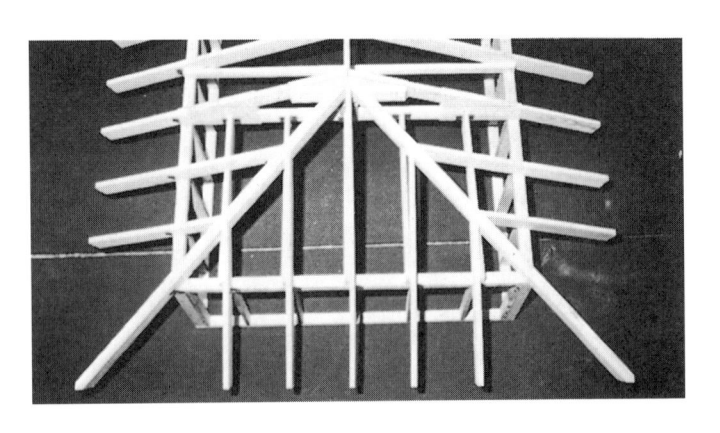

⑧ 鼻かくしの取付け

⑨ 屋根下張り材受け・屋根下張り材の取付け

4．たるき構造による差し掛け屋根（下屋）

　差し掛け屋根（下屋）は，平家部分を覆うものですが，構造的には2階の壁組に取り付いています。

　差し掛け屋根をもつ建物が地震や風などの水平力を受けた場合，2階建部分と平家建部分の挙動は多くの場合一致しませんので，2階壁と差し掛け屋根との接合点は互いにぶつかったり離れようとします。ですから，差し掛け屋根を設ける場合には，それに対応した構造としておく必要があります。そうでない場合には，2階の壁組や差し掛け屋根部分が壊れることになります。

(1) 天井根太を設ける場合

平家部分に水平の天井を張る場合には，天井根太を設ける構成とします。

① たるき・天井根太の寸法型式はスパン表により決定します。
② たるき受け材は，たるきの断面寸法よりも1ランク上のものとし，たて枠当たり3-CN90F以上とします。
③ たるき受け材とたるきの緊結は4-CN75Tとし，根太受け金物を取り付けます。その他は，基本的な構成方法によります。

〈参考／下屋とセットバック〉

下屋は，平家部分と2階部分の接する面（通り）が耐力壁線になっていることが前提となります。これを箱にたとえれば，高さの違う箱を並列して並べたということができます。したがって，下屋と2階部分の接する面（通り）に開口部を設ける場合には，まぐさ（垂れ壁）が必要で，また耐力壁線の規定により最大開口幅は4m以下，かつ開口率は3/4以下とする必要があります。

下屋とする場合の条件（耐力壁線1/4L以上の耐力壁，開口幅4m以下，開口率3/4L以下）

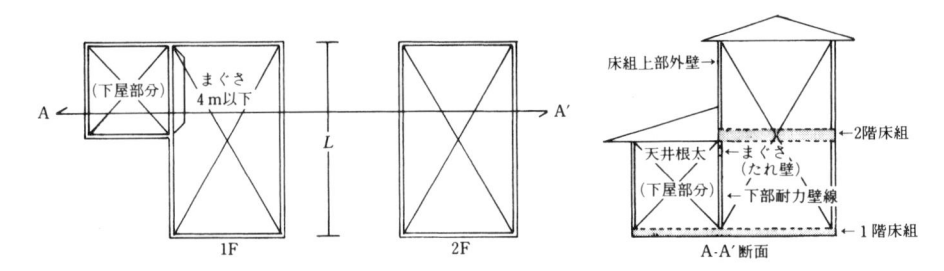

これに対して，セットバックとは2階部分の耐力壁線直下に1階部分の耐力壁線がない場合をいいます。本来，2階の耐力壁線と1階耐力壁線は一致させることが原則ですが，やむを得ず一致させることができない場合は，鉛直荷重に対しては床ばりで補強します。

これを箱にたとえれば，1階部分を構成する耐力壁と床構面は全体として閉じた箱であり，その上に2階部分に相当する箱を乗せた形であるということができます。

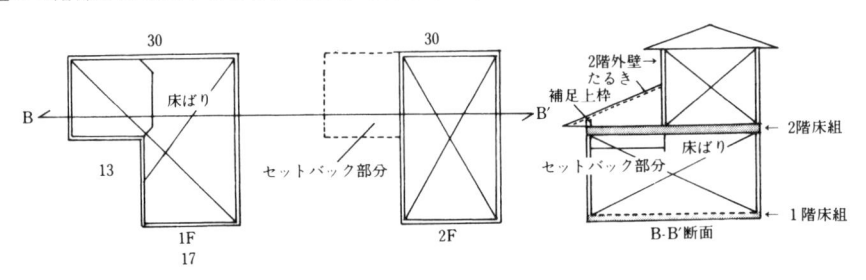

4章 躯体各部の構成

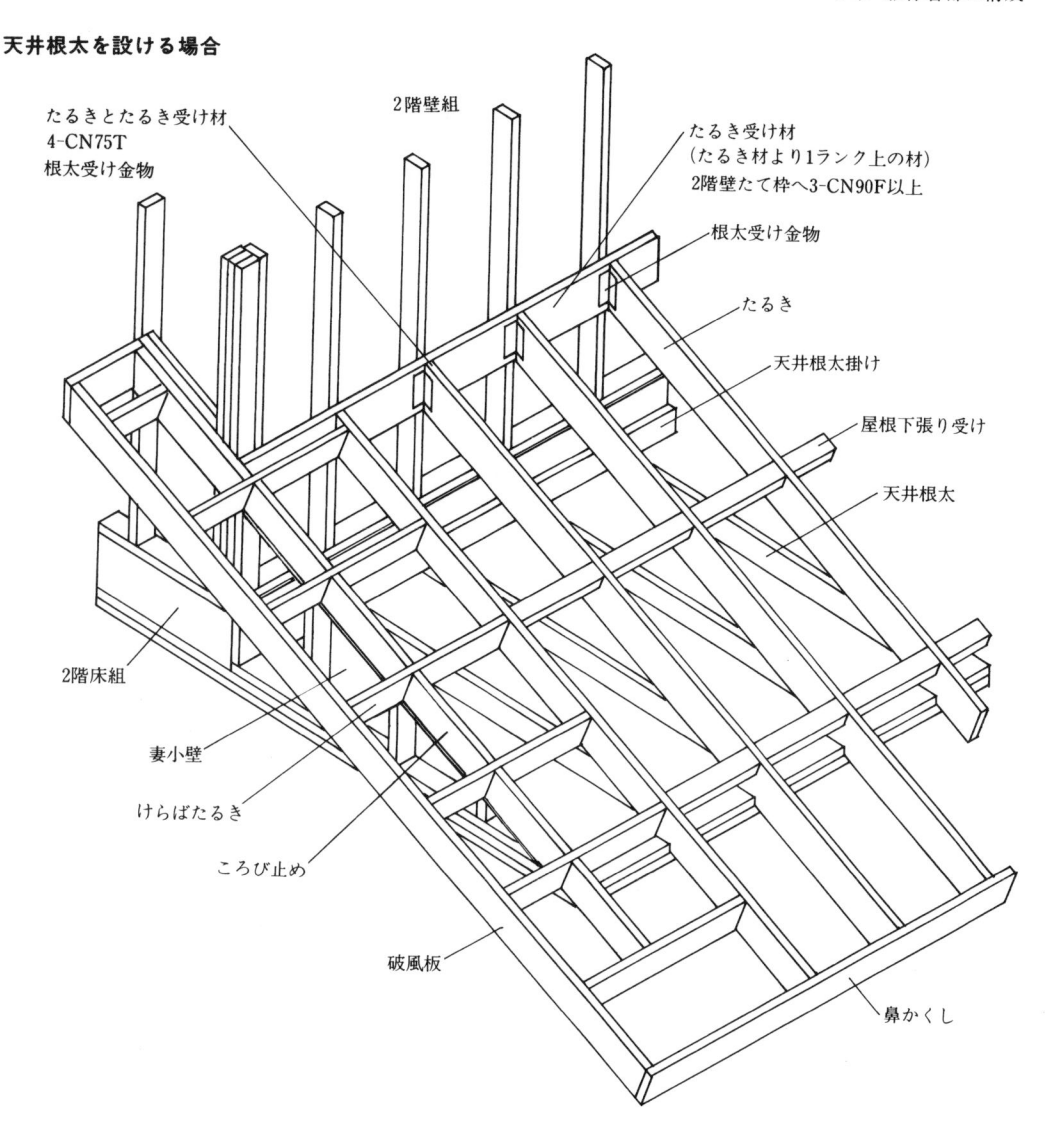

天井根太を設ける場合

図中ラベル:
- たるきとたるき受け材 4-CN75T 根太受け金物
- 2階壁組
- たるき受け材（たるき材より1ランク上の材）2階壁たて枠へ3-CN90F以上
- 根太受け金物
- たるき
- 天井根太掛け
- 屋根下張り受け
- 天井根太
- 2階床組
- 妻小壁
- けらばたるき
- ころび止め
- 破風板
- 鼻かくし

(2) 天井根太を設けない場合

　たるきの2階壁組への取付けは，たるき掛け（リボンプレート）を使用します。たるき掛けは寸法型式106材を使用し，2階壁たて枠を欠き込んで納め，2-CN75Fで緊結します。

　たるきとたて枠とは4-CN90Fで緊結します。また，屋根下張り受け材，壁下張り受け材を設けることも必要です。その他は基本的な構成方法によります。

天井根太を設けない場合

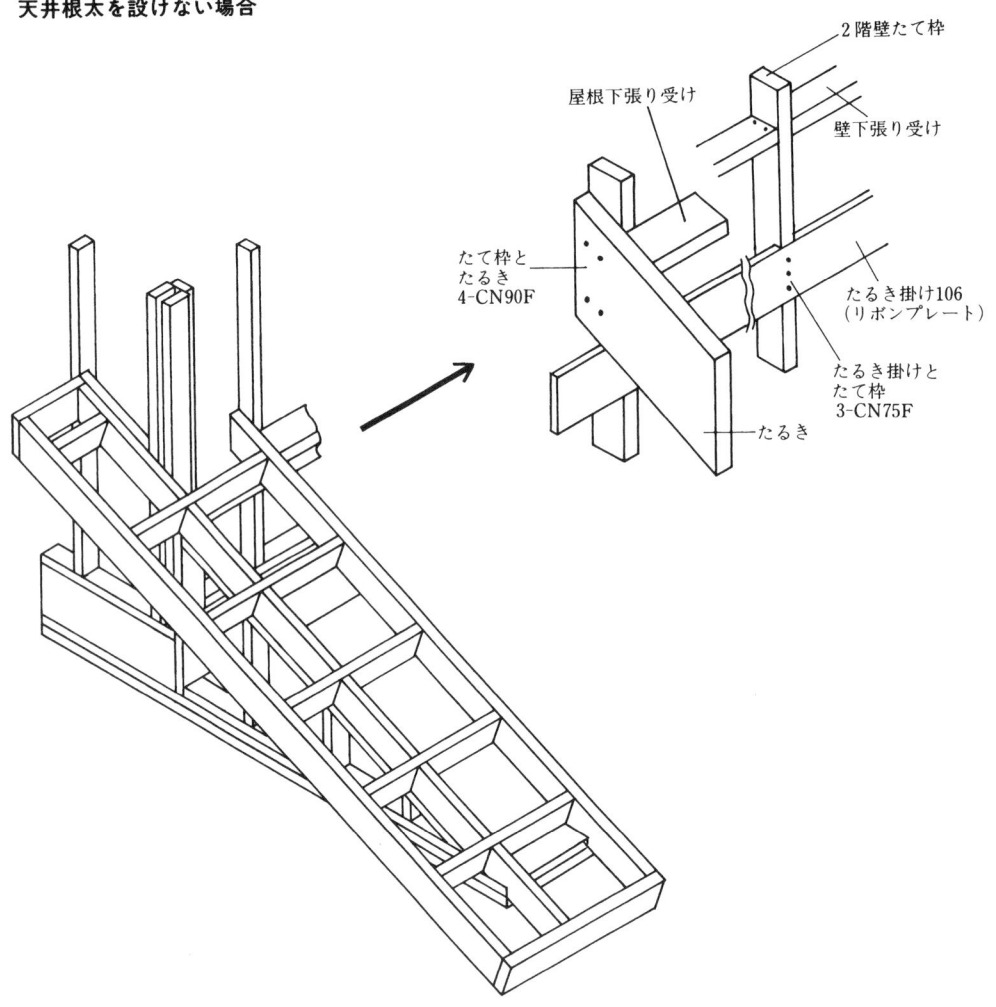

(図中ラベル:
- 2階壁たて枠
- 屋根下張り受け
- 壁下張り受け
- たて枠とたるき 4-CN90F
- たるき掛け106（リボンプレート）
- たるき掛けとたて枠 3-CN75F
- たるき)

(3) 下屋の2辺が建物に接する場合

たるきが壁に直交する部分の納まりは前項(1),(2)同様とします。たるきが2階壁に平行して接する部分は次のように納めます。

① 2階壁たて枠間にたるき勾配に沿ってたるきと同寸のころび止めを縦使いに入れ，たて枠へ2-CN90F，または3-CN75Tで緊結します。

前記のたるき同寸ころび止めの上下に，壁下張りを受けるためのたて枠同寸ころび止めを設けます。たて枠同寸ころび止めは，たて枠へ2-CN90Eまたは3-CN75Tで緊結します。たるき同寸ころび止めとたて枠同寸ころび止めとは，たて枠同寸ころび止めから2-CN90Fで緊結します。

② たるきは，たて枠・たるき同寸ころび止め当たり，それぞれ2-CN90Fで緊結します。

③ 2階建部分の1階壁頭つなぎと下屋部分の壁頭つなぎが連続していない場合は，2本の帯金物（S-90）で一体化させます。

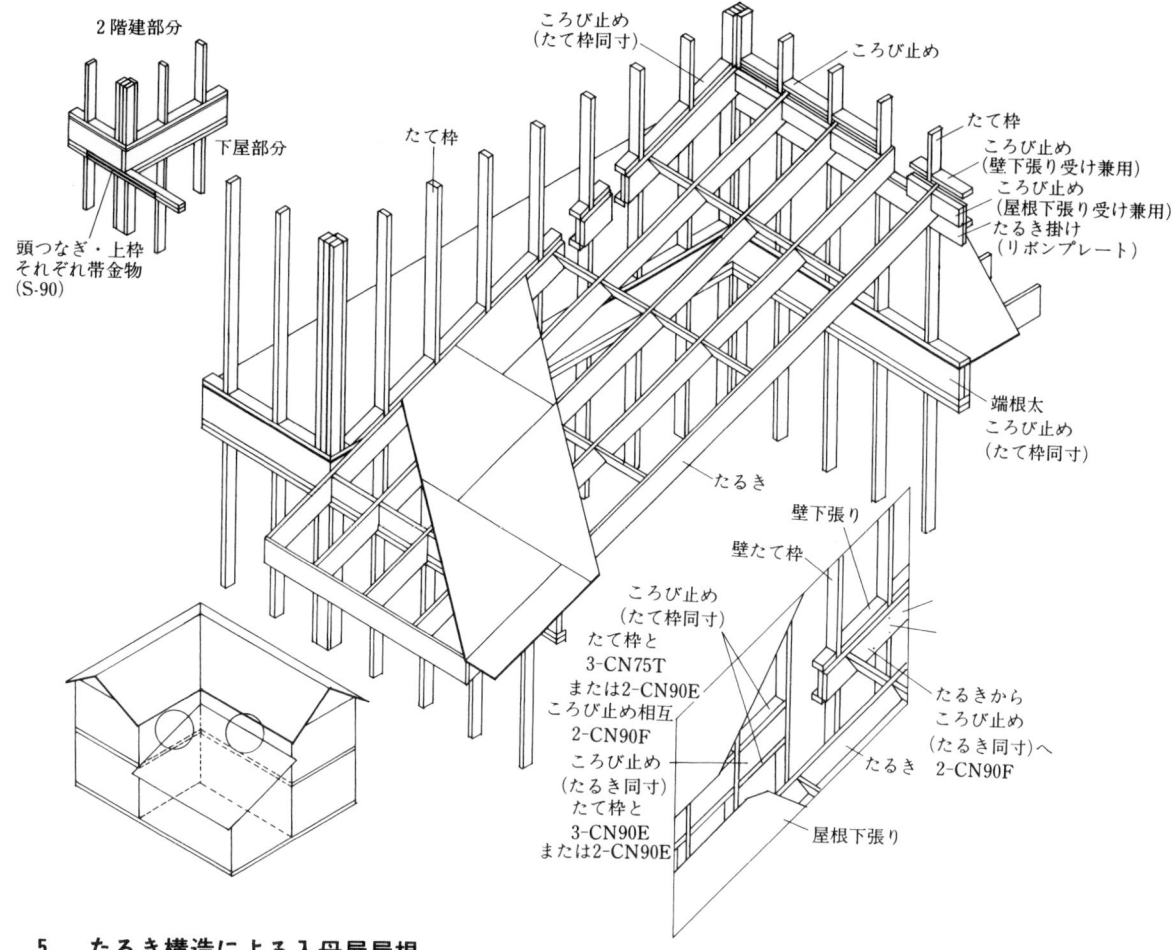

5. たるき構造による入母屋屋根

入母屋屋根の平部分については，基本的な構成で説明した方法によります。

入母屋部分は，入母屋たるき・隅たるき・配付けたるき・入母屋たるき受けトラスなどで構成されます。

入母屋たるき受けトラスの構成方法は，寄棟屋根の場合と同様，屋根葺き材・勾配・たるき間隔・スパンなどによって部材寸法・釘打ち方法などが異なります。入母屋たるき受けトラスの部材の寸法・型式・釘打ち方法はスパン表・構造計算により決定します。

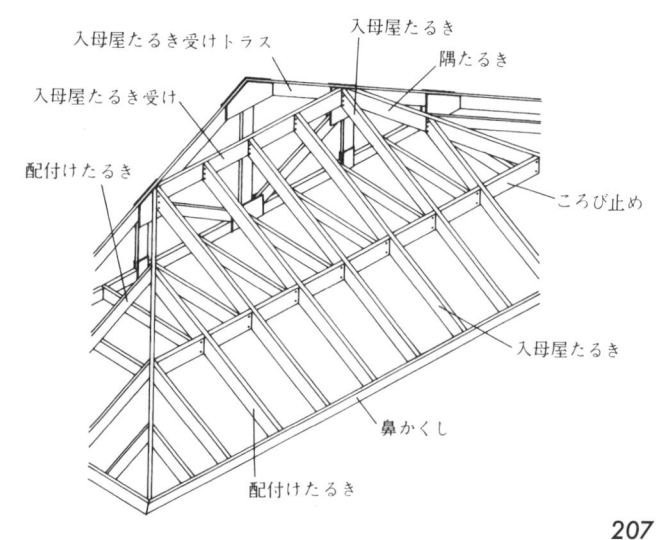

4. 屋根ばり方式による小屋枠組

屋根ばり方式は,たるきを屋根ばり・耐力壁・支持壁で支持して構成する方式をいいます。このうち,勾配のほとんどない陸屋根の場合の水平部材もたるきと呼び,屋根ばり方式とみなしています。

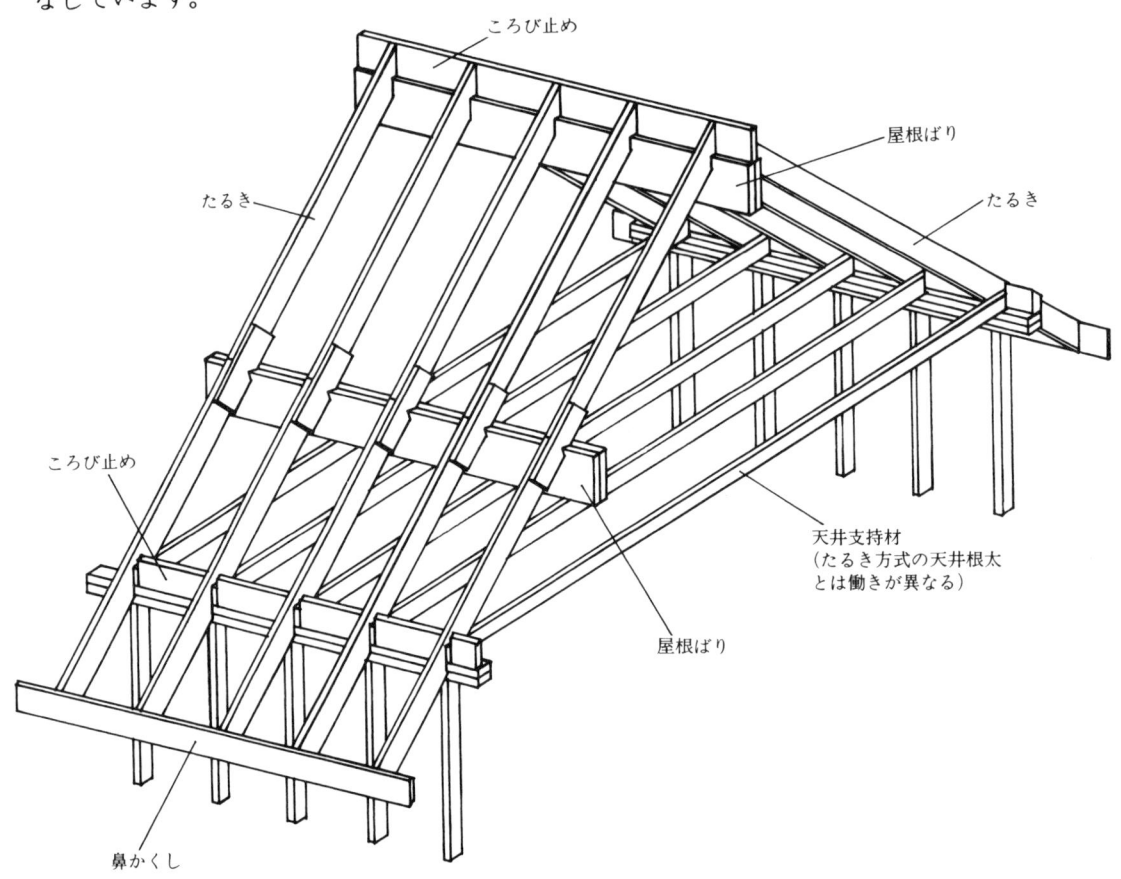

1. 屋根ばり方式の基本的な構成

(1) たるき

たるきの断面寸法は,屋根葺き材・積雪荷重・スパンの大きさなどにより決定されますが,通常はたるき用のスパン表によります。

① たるきの継手は耐力壁・屋根ばりの上に設け,その方法は床根太の継手の方法によります。なお,たるきは原則として欠き込んで納めます。

② たるき・はりとの緊結は,2-CN75T とします。

③　たるきと外壁頭つなぎとの緊結は，両面合計4-CN75Tとし，あおり止め金物をたるき方式の場合と同じ要領で取り付けます。

④　たるきに寸法型式208以上のものを使用する場合には，頭つなぎ位置にころび止めを取り付けます。ころび止め材としては，換気穴を設けたたるき同寸の材，またはたるきより1ランク小さい材を用います。

2. 屋根ばりと支持材

(1) 部材と構成方法

● 屋根ばり

屋根ばりの断面寸法は，屋根ばり用スパン表により決定します。

屋根ばりとしては，寸法型式208・210・212をそれぞれ2枚合せ・3枚合せとしたもの，集成材の406・408・410・412，合板ボックスビームが使用できます。

合せ屋根ばりの構成

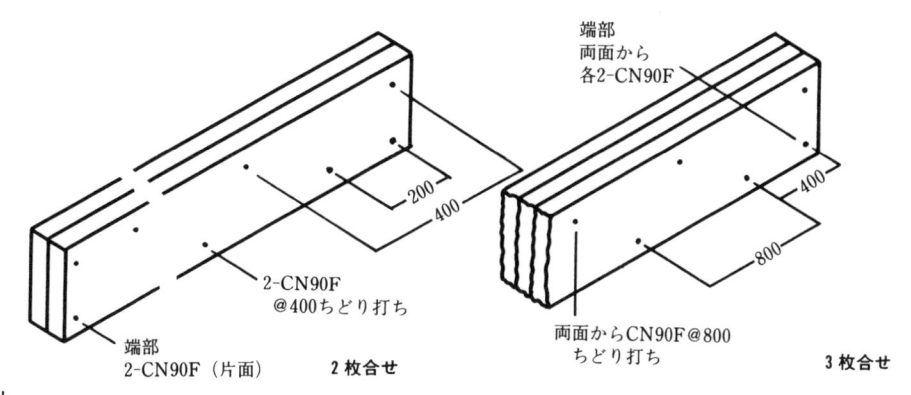

● 支持材

屋根ばりはたるきと異なり，屋根荷重の約半分を支えることもある部材ですから，その屋根ばりを支えるはり支持材（耐力壁）なども十分な強度をもっていることが必要です。

そのため，支持材は基本的に屋根ばりが合せばりの場合には，合せばりの構成枚数と同じ枚数の合せたて枠とし，型式406・408・410・412などのような4″系列の材をはりとして用いる場合には寸法型式404とすることが必要です。

また，屋根ばりの継手部分の支持材は404材と2本の204材で構成することが必要です。

建物全体としてみた場合，はり支持材は，屋根ばりに加わった力を無理なく基礎・地盤に伝えるような配置としておくことが必要です。すなわち，屋根ばりを支える耐力壁・はり受け材などを支える床組部分も次に述べるような補強をしておくことが必要となります。

①　はり支持材は上下階ともに必ず同じ位置に設け，屋根からの力が無理なく流れるように

します。1階の支持材の下には必ず基礎を設けなければなりません。
② はり支持材を支持する床組部分では，次のような補強をしておくことが必要です。
　イ　はり支持材を支持する床根太がはり支持材を含む壁と直交する場合には，ころび止めにより補強します。
　ロ　はり支持材を支持する床根太がはり受け材を含む壁と平行する場合には，床根太を2枚合せとして補強します。

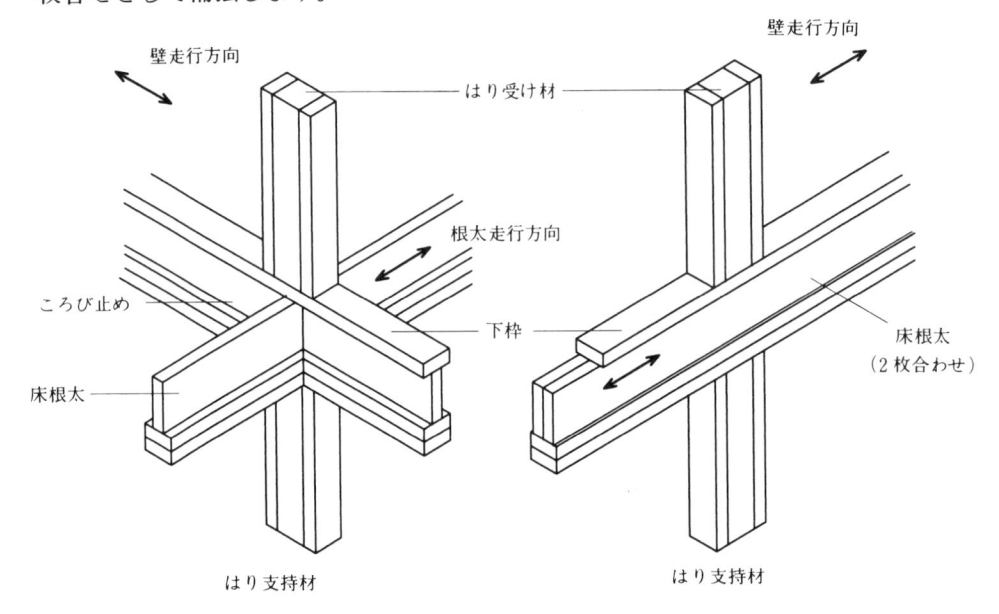

屋根ばり支持材は上・下階同じ位置に必ず設ける

(2) 屋根ばりの支持方法

屋根ばりは耐力壁・支持壁内に支持材を設けて支持するのが基本です。
① 屋根ばりを平行する耐力壁・支持壁で支持する場合，屋根ばりの上端と頭つなぎの上端を一致させ，屋根ばりと頭つなぎを帯金物（S-45）で緊結します。はり支持材と屋根ばりとは片面につき2-CN75T，合計4-75Tで緊結します。はり支持材とたて枠とは，両端2-CN90F・中間部300mm間隔のCN90Fちどり打ちで緊結します。

4章 躯体各部の構成

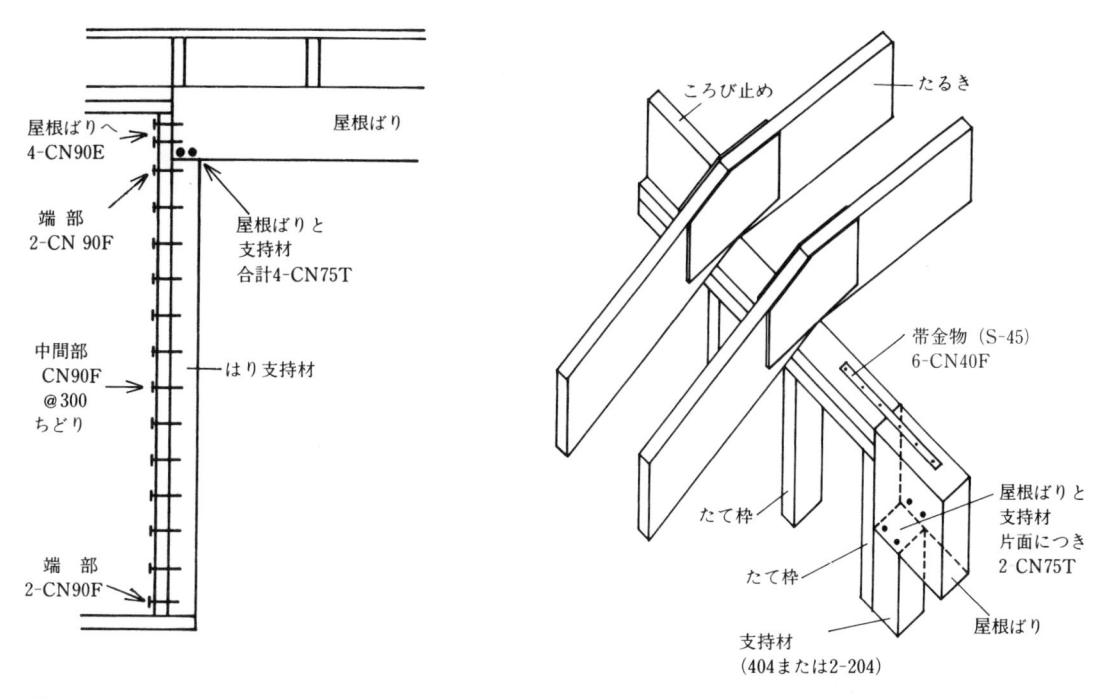

② 屋根ばりを直交する耐力壁・支持壁で支持する場合，基本的には，小壁を設けて支持するようにします。

　屋根ばり・支持材をはさみ込むように添えたて枠を配置し，添えたて枠から屋根ばりへ2-CN90Fとし，支持材へは上下端2-CN90F・中間部CN90F@300mmちどり打ちとします。

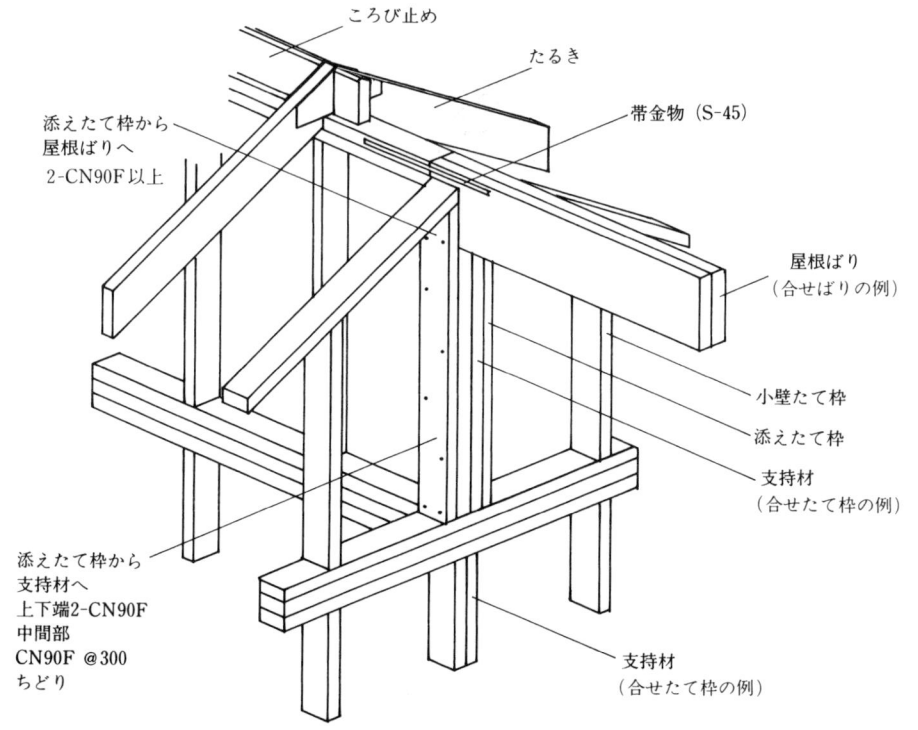

211

下図のように，連続した屋根ばりを途中で支持するように使用することは，はりの一体性を確保する上で良いことですが，この場合の中間の支持材には大きな荷重が加わることになりますので注意が必要です。

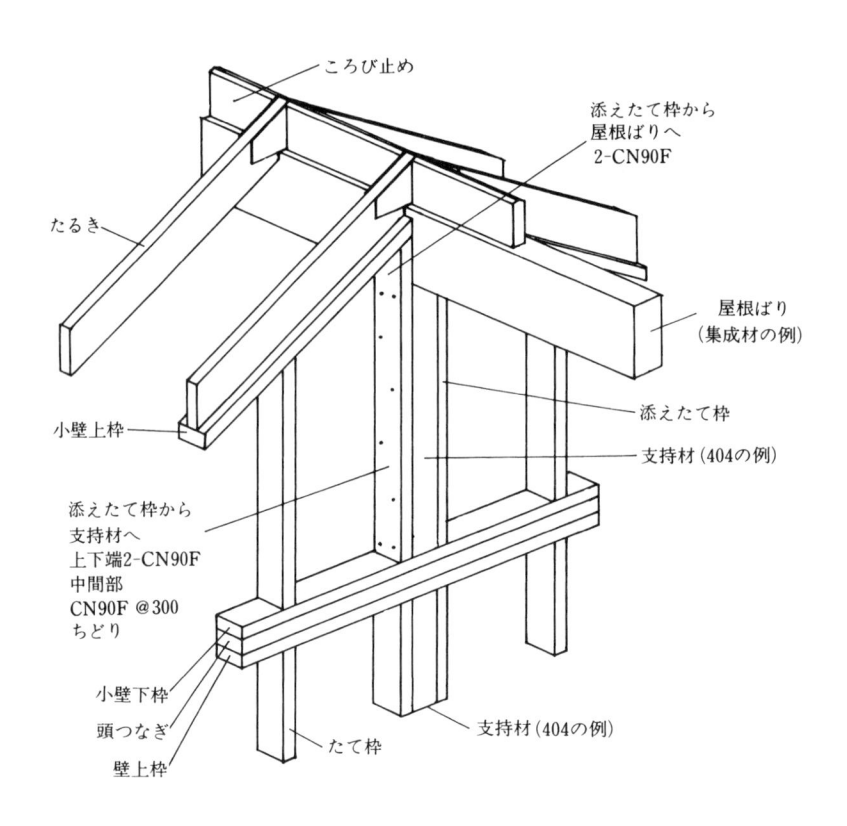

（図：屋根ばり支持構造の斜視図。ころび止め，たるき，添えたて枠から屋根ばりへ2-CN90F，屋根ばり（集成材の例），添えたて枠，支持材（404の例），小壁上枠，添えたて枠から支持材へ上下端2-CN90F 中間部CN90F@300 ちどり，小壁下枠，頭つなぎ，壁上枠，たて枠，支持材（404の例）などが示されている）

③　合板ボックスビームを屋根ばりとして使用する場合，基本的には製材・集成材を使用する場合と同じですが，合板ボックスビームの幅（94〜122mm）と枠材の幅とを調整するために構造用合板かい木を使用します。

　合板ボックスビームは大きな荷重を負担することができますので，支持・緊結方法はそれに見合ったものとすることが必要となります。すなわち，合板ボックスビーム片面に対して，小壁（支持壁・耐力壁）の上枠から上弦材へ2-CN75T，添えたて枠から下弦材へ4-CN90F，ビームの上・下弦材間には添えたて枠からCN90F@200という要領で，左右の小壁からそれぞれ行います。

4章 躯体各部の構成

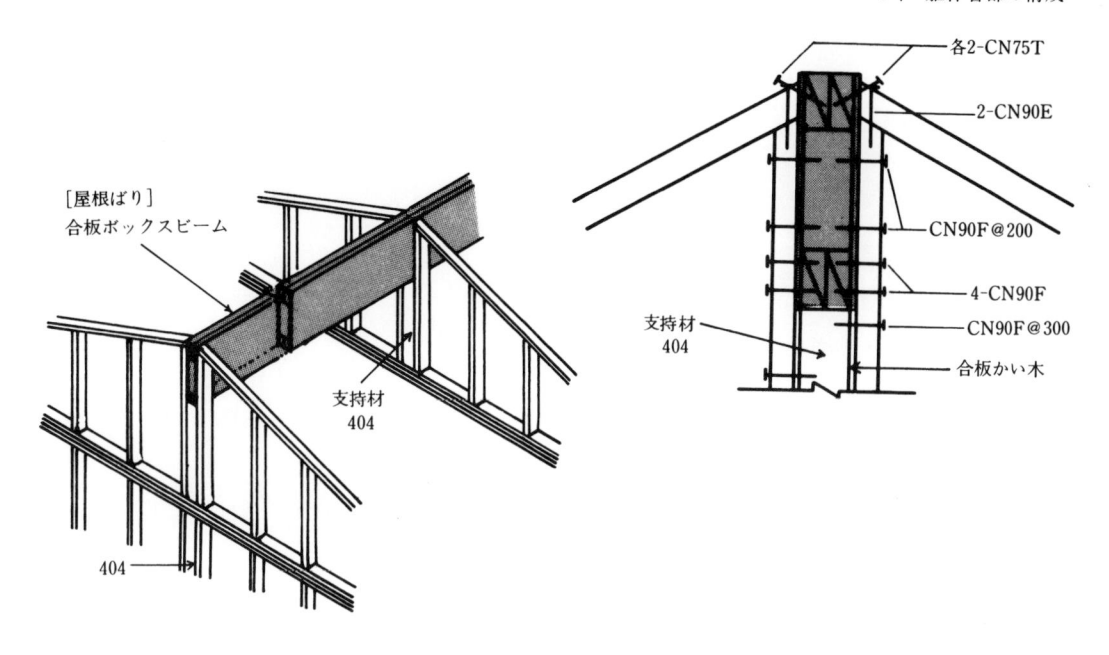

(3) 屋根ばりの継手

屋根ばりに継手を設ける場合，継手は必ずはり支持材（耐力壁・支持壁）の上に設けます。

継手の方法には，床根太の継手に準じた添え木による方法，帯金物による方法，構造用合板による方法がありますが，帯金物による方法を下図に例示しておきます。

なお，継手部分のはり支持材は両方のはりの荷重を支えることになりますので，404の支持材と2本の204材による添えたて枠による構成とし，1・2階通して設けることが必要です。

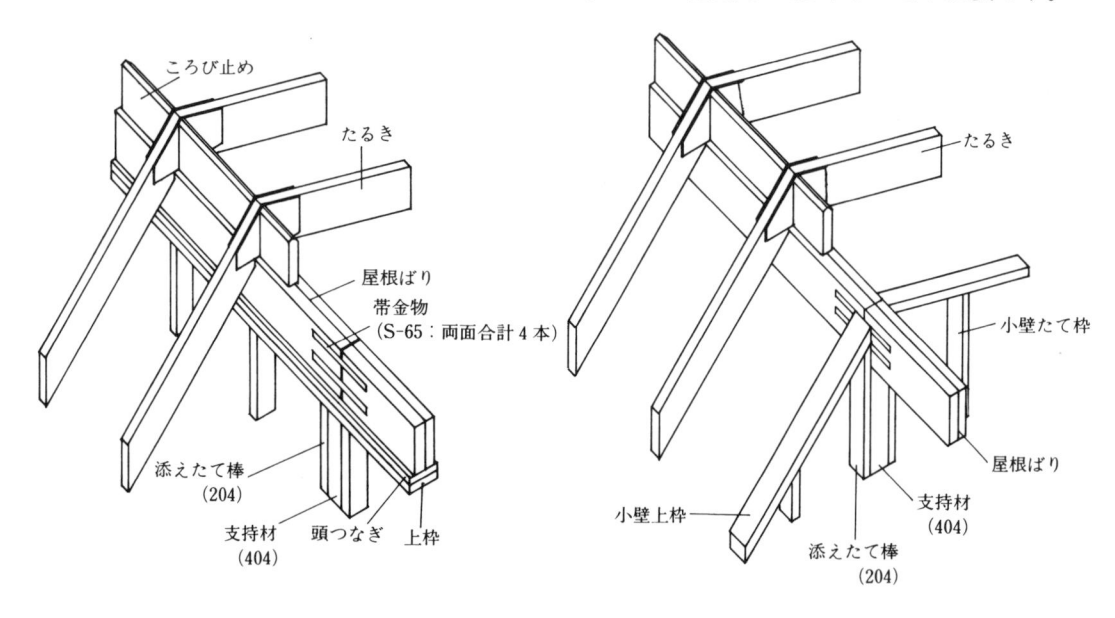

213

屋根ばりは床ばりと同様，たるき・床根太に比較して大きな荷重を支持しますから，小屋組の一体性確保という点からみると，屋根ばりの継手を強固にしておくことが望ましいことです。屋根ばりの継手方法には，柱頭金物（PC）と帯金物を使用した図のような方法もあります。

　どの方法によるにしても，屋根ばりから流れてくる力（鉛直荷重，水平力）を無理なく壁組に，最終的には地盤に，伝達させるような配慮（たとえば筋かいで補強）を忘れてはなりません。

2. 屋根ばり方式による切妻屋根

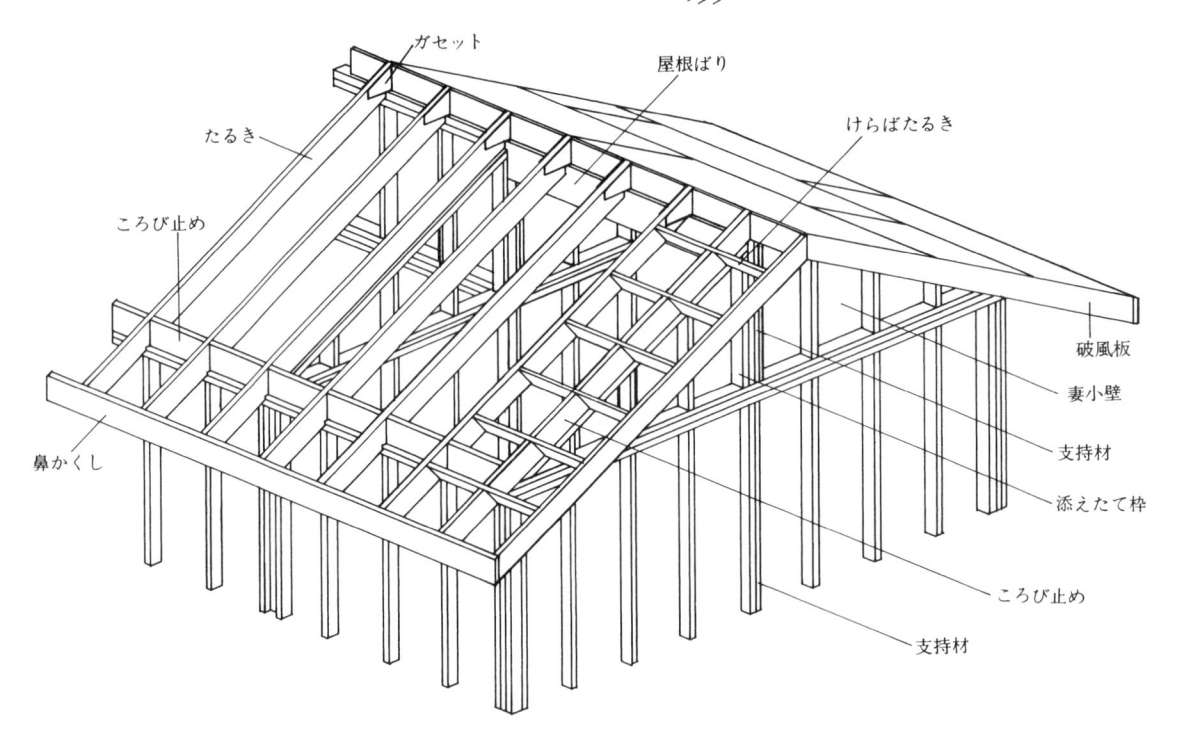

(1) 平部分の構成

① たるき：たるきのスパン表により寸法型式を決定します。

② 屋根ばりにたるきを取り付ける方法は，たるきを屋根ばりに乗せ掛ける方法と根太受け金物を使用してたるき屋根ばりに直接取り付ける方法とがあります。

　㋐ 屋根ばりに乗せ掛ける場合には，たるきを幅40mm内外欠き込み，屋根ばりに2-CN75

Tで緊結し，たるき間にはころび止めを設けます。ころび止めは屋根ばりに2-CN75Tで留め付けます。たるき同士の継手は，床ばり・耐力壁上に設け床根太の継手と同様の方法で行います。

ⅰ) 重ね継ぎによる場合の釘打ちは4-CN90Fとします。

ⅱ) 合板ガセットによる場合には，ガセットとして12mm厚構造用合板を用い，合計12-CN65Fとします。

ⅲ) 帯金物で継ぐ場合はS-45を用い，6-ZN40で行います。

ロ　根太受け金物を使用してたるきを直接屋根ばりに緊結する場合，金物はたるきの寸法型式に応じて選択します。

　根太受け金物は引張力にそれほど抵抗しませんので，たるきの軸方向力の引張力に対しては屋根下張りの働きが重要になります。屋根下張りが有効に働くためには，屋根ばりと屋根下張りとをしっかりと緊結しておくことが必要ですので，屋根ばりの頂部は勾

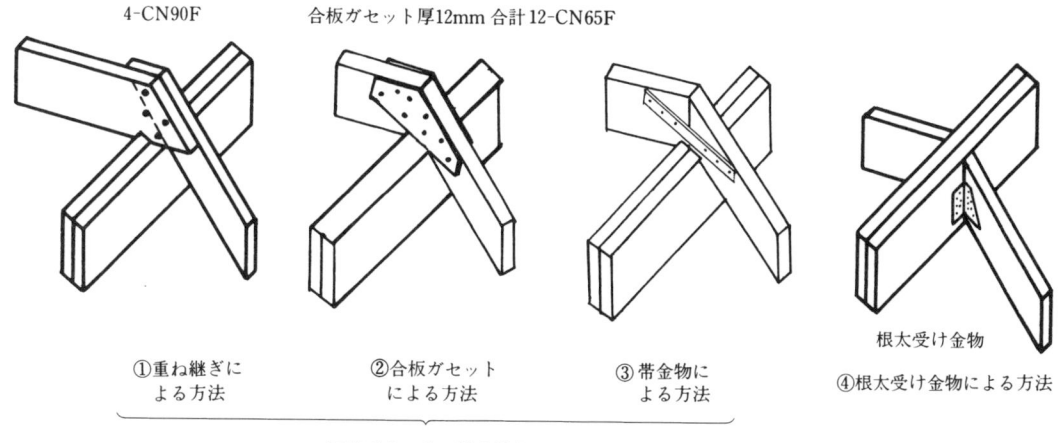

4-CN90F　　合板ガセット厚12mm 合計12-CN65F

①重ね継ぎによる方法　②合板ガセットによる方法　③帯金物による方法　　根太受け金物
④根太受け金物による方法

屋根ばりの上で継ぐ場合

配に沿って角度をつけておく（しのぎ削りをする）ことが必要です。

③　たるきと頭つなぎとの緊結は，たるきから両面合計4-CN75Tとします。

④　たるきの中間を屋根ばり・耐力壁・支持壁で支持する場合，たるきを水平方向に75mm以上・せいの1/3以内を欠き込んで納め，2-CN75Tで緊結します。

(2) けらば部分の構成

　けらば屋根頂部には，むなぎに相当するけらばたるきを屋根ばりの頂部に添え付け，片面につきCN75T＠200mmで両面から緊結します。

　その他の部分の納まり・緊結方法は，たるき方式による切妻屋根の構成と基本的に同じですので，参照してください。

3. 屋根ばり方式による片流れ屋根

(1) たるき

たるきの断面寸法はたるき用スパン表により決定します。たるきと支持材との緊結は，たるきから支持材へ両面合計4-CN75Tとします。

たるきに継手を設ける場合には，屋根ばりの基本的な構成で説明した方法によります。

(2) 構成

片流れ屋根のたるきは，耐力壁・支持壁で支持します。たるきを支持する平部分の壁の構成には，長いたて枠を用いる方法と小壁を用いる方法とがあります。

- イ 長いたて枠を用いる方法：天井支持材を必要としない場合に適した方法です。この場合，たて枠の長さ・壁ころび止めの規定に注意してください。
- ロ 小壁を用いる方法：天井支持材を用いる場合に適した方法です。水平材は，たるき方式の天井根太と似ていますが，屋根ばり方式の場合の水平材はあくまでも天井材を支持するためのものですから混同しないようにしてください。

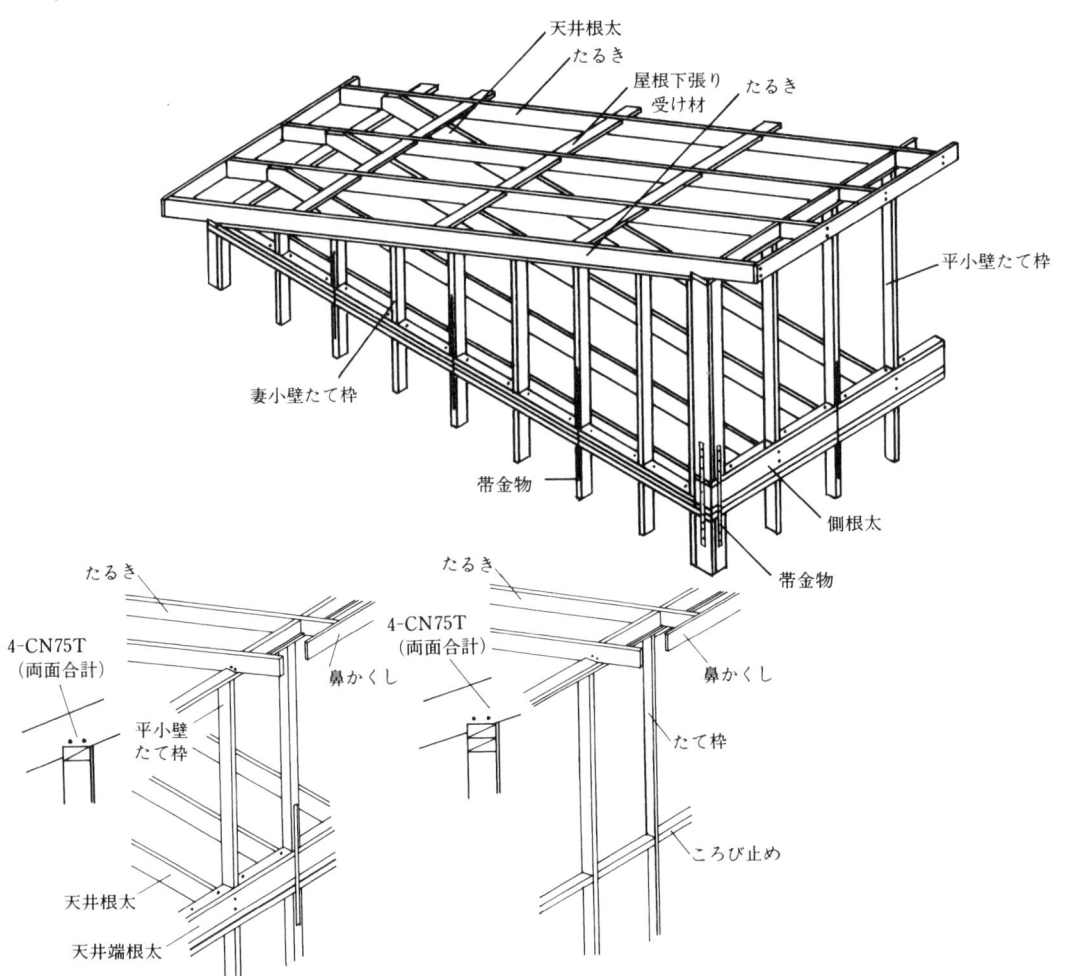

4．屋根ばり方式による陸（ろく）屋根

陸屋根の構成については，大部分が屋根ばり方式の基本的な構成の項で説明した方法によりますが，陸屋根の構成は基本的には床組の構成と同じです。

(1) たるき

① 寸法型式は構造計算またはたるきのスパン表により決定します。
② たるきと頭つなぎ・屋根ばりの緊結は両面合計4-CN75Tとします。
③ たるきの継手は，床根太の継手と同じ方法を用います。

すなわち，継手の方法には，重ね継ぎ・添え木継ぎ・帯金物による方法・構造用合板ガセット継ぎの4種があります。継手部分のたるき材と頭つなぎ・屋根ばりの緊結は，それぞれの屋根根太より2-CN75T（合計4-CN75T）とします。

(2) 水勾配

屋根の排水のために3/500（≒1/165）以上の水勾配をとります。

勾配をつける方法としては，たるき材を削って先細りにする方法，勾配をつけた木片を根太に取り付ける方法の2種類があります。たるき材を削る方法では，削り込みは最大3cmとします。

(3) ころび止め（面戸）

屋根根太の寸法型式が208以上の場合には，頭つなぎの位置にころび止めを設けます。

ころび止めは，たるき方式の場合と同様，換気穴を持つたるき材同寸かたるき材より1ランク寸法の小さいものとし，たるき材へは3-CN75Tまたは3-CN90Eとし，頭つなぎへは2-CN75Tで緊結します。

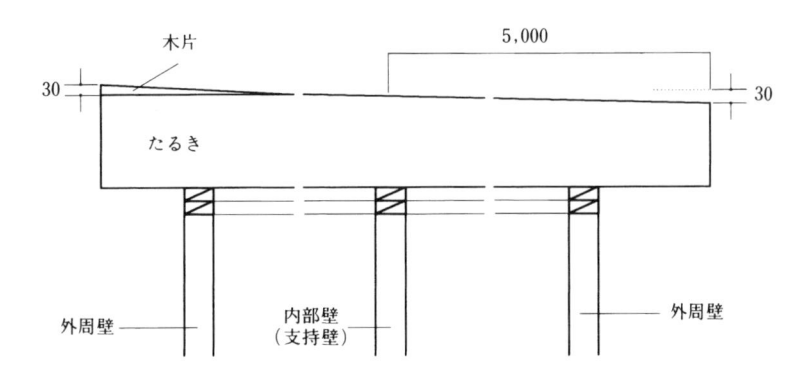

(4) 軒の構成

軒の出は，たるき材走行方向についてはたるきを持ち出し，たるき走行方向と直交する部分は（持ち送り）たるきによって構成します。屋根平面の隅角部分には腕木を配置して軒を補強します。腕木に取りつくたるきを配付け（持ち送り）たるきといいます。

軒の出が50cm以下の場合には（持ち送り）たるきを1根太間隔分内側に伸ばし，50cm～1

mの場合には2根太間隔分内側に伸ばして直交するたるきに緊結します。なお，軒の出が50cm～1mの場合には腕木および（持ち送り）たるきを受けるたるきは2枚合せとします。

各材の緊結は次によります。

① 腕木・(持ち送り) たるきと頭つなぎとの緊結は，たるきの場合と同様，4-CN75T とします。
② 腕木・たるき類と鼻かくしとの緊結は2-CN90F 以上とします。
③ たるき類・腕木と外壁との緊結は，他の方式と同様，あおり止め金物を用い，TS の場合にはすべてに，TW の場合には1本おきに取り付けます。

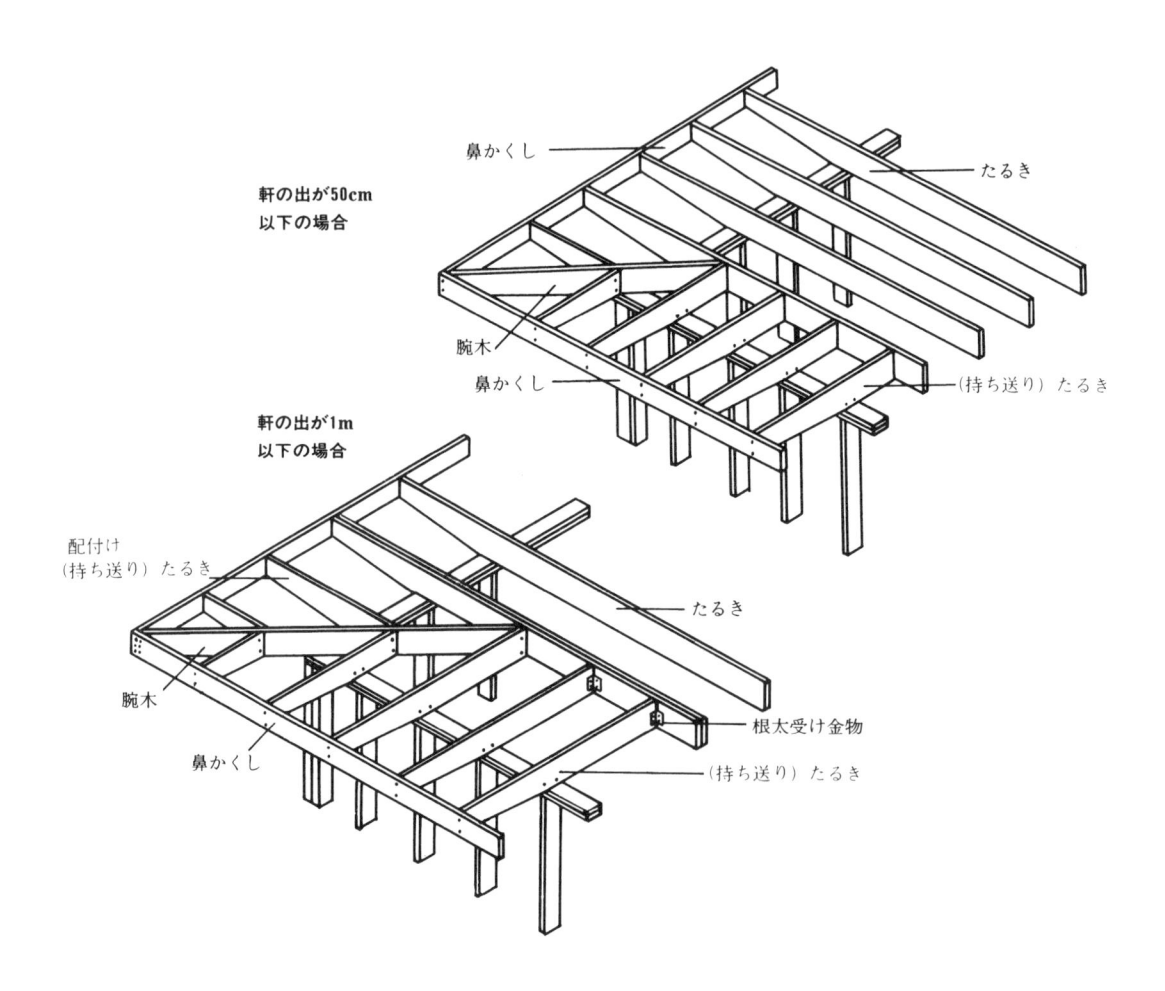

5. トラス方式による小屋組の構成

1. 基本的な構成

　トラスは直線材を組み合わせて必要とされる形状を作りだします。

　直線材の接合点を節点といいますが、節点を作る方法には、構造用合板のガセットプレートを用いる方法と金属のメタルプレートを用いる方法とがあります。

　構造用合板によるガセットを釘着して作られるトラスは、合板ガセットトラスと呼ばれ、現場において作製が可能ですので少量のトラスを必要とする場合にはよく用いられます。

　メタルプレート（ネイルプレート）を用いる方法は、トラスを工場生産する場合に採用されます。メタルプレートの形状は製造会社により異なり、メタルプレートの耐力やトラスの製造等は建設大臣の認定を必要としますので、大臣認定を受けたものを使用します。

　以下では、現場作製の可能な合板ガセットトラスについて説明します。

(1) 合板ガセットトラス

　トラスに荷重が作用するとトラスの各部材には軸方向力としての引張力・圧縮力などの力が加わりますが、このような力を各部材に伝達する働きをするのがガセットです。合板ガセットが耐力上不適切な場合には、合板ガセット部が破壊し、ひいてはトラスが破壊することになりますので、合板ガセットの材質・断面形状・配置・釘打ち方法などは、トラスの使用目的に応じて詳しく決められています。

① 材質は構造用合板の特類・1類、厚さ12mm、品質は1級とします。

② 寸法・配置は節点の位置、荷重条件、スパンなどによって寸法形状・繊維方向が定められています。繊維方向とは、合板表面に表われている木目の方向のことを指しますが、繊維方向は合板の強度性状に基づいて決定されているものですから、くれぐれも間違いのないようにしてください。

　合板ガセットは部材をはさむように両面に取り付けます。

　合板ガセットには割れなどの損傷のないことが必要ですので、釘打ちにより割れなどの損傷が生じた場合には、合板ガセットを新しいものと取り替える必要があります。

③ 釘打ち方法

　ガセットに釘を打つ場合には、材の割れなどが起こらないように最小釘間隔が定められています。この間隔は最小の値ですので、本数の少ない場合には間隔に余裕をもって施工してください。

釘の最小間隔
d は釘径

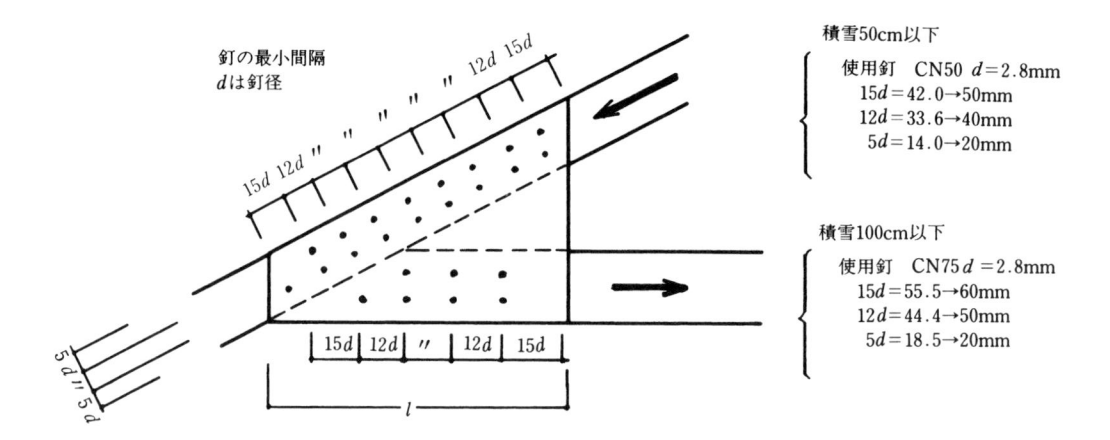

積雪50cm以下
使用釘　CN50　$d=2.8$mm
$15d=42.0→50$mm
$12d=33.6→40$mm
$5d=14.0→20$mm

積雪100cm以下
使用釘　CN75　$d=2.8$mm
$15d=55.5→60$mm
$12d=44.4→50$mm
$5d=18.5→20$mm

　釘の種類および釘打ち本数は，屋根葺き材・屋根勾配・トラス間隔・スパンの大きさ・トラス形状・積雪量・製材の樹種などにより決定されるものですが，基本的には構造計算によります。なお一般的なものについてはスパン表によって決定することができます。

合板ガセットトラスの使用部材およびガセットへの釘打ち本数

地域	屋根葺き材料	勾配	トラス間隔(m)	スパン(m)	寸法型式(上弦材)	継手箇所（片面釘打ち本数）						
						①	②	③	④	⑤	⑥	⑦
積雪30cm以下	日本瓦葺土なし	4/10以上	0.455	3.64 4.55 5.46 6.37 7.28	204	4 6 7 9 10	4 5 7 8 9	3 3 3 3 3	— 3 3 3 3	— 4 4 4 4	— 5 6 7 9	— 4 4 5 6
			0.607	3.64 4.55 5.46 6.37 7.28	204	4 8 9 11 12	4 7 8 10 11	3 3 3 3 3	— 3 3 4 5	— 4 4 5 5	— 7 8 9 11	— 5 6 6 7
積雪50cm以下			0.455	3.64 4.55 5.46 6.37 7.28	204	4 7 9 10 12	4 6 8 9 11	3 3 3 3 3	— 3 3 3 4	— 4 4 4 5	— 6 8 9 10	— 4 5 6 7
積雪100cm以下			0.303	3.64 4.55 5.46 6.37 7.28	204 204 204 204 206	4 6 8 9 10	4 6 7 8 9	3 3 3 3 3	— 3 3 3 3	— 4 4 4 4	— 5 7 8 9	— 4 5 5 6
			0.455	3.64 4.55 5.46 6.37 7.28	206 204 204 204 206	5 9 11 13 15	4 8 10 11 13	3 3 3 3 4	— 3 3 4 4	— 4 4 5 5	— 8 9 11 12	— 5 6 7 9

（注）　1. 使用釘：一般地（積雪30cm，50cm以下）CN50　両面打ち　　多雪地（積雪100cm以下）CN75　片面打ち
　　　　2. ガセット：構造用合板　厚12mm，両面に使用。表面材の繊維方向は図に示す。
　　　　3. 使用材樹種は，S-P-F 2級
　　　　4. 上弦材以外寸法型式204

4章 駆体各部の構成

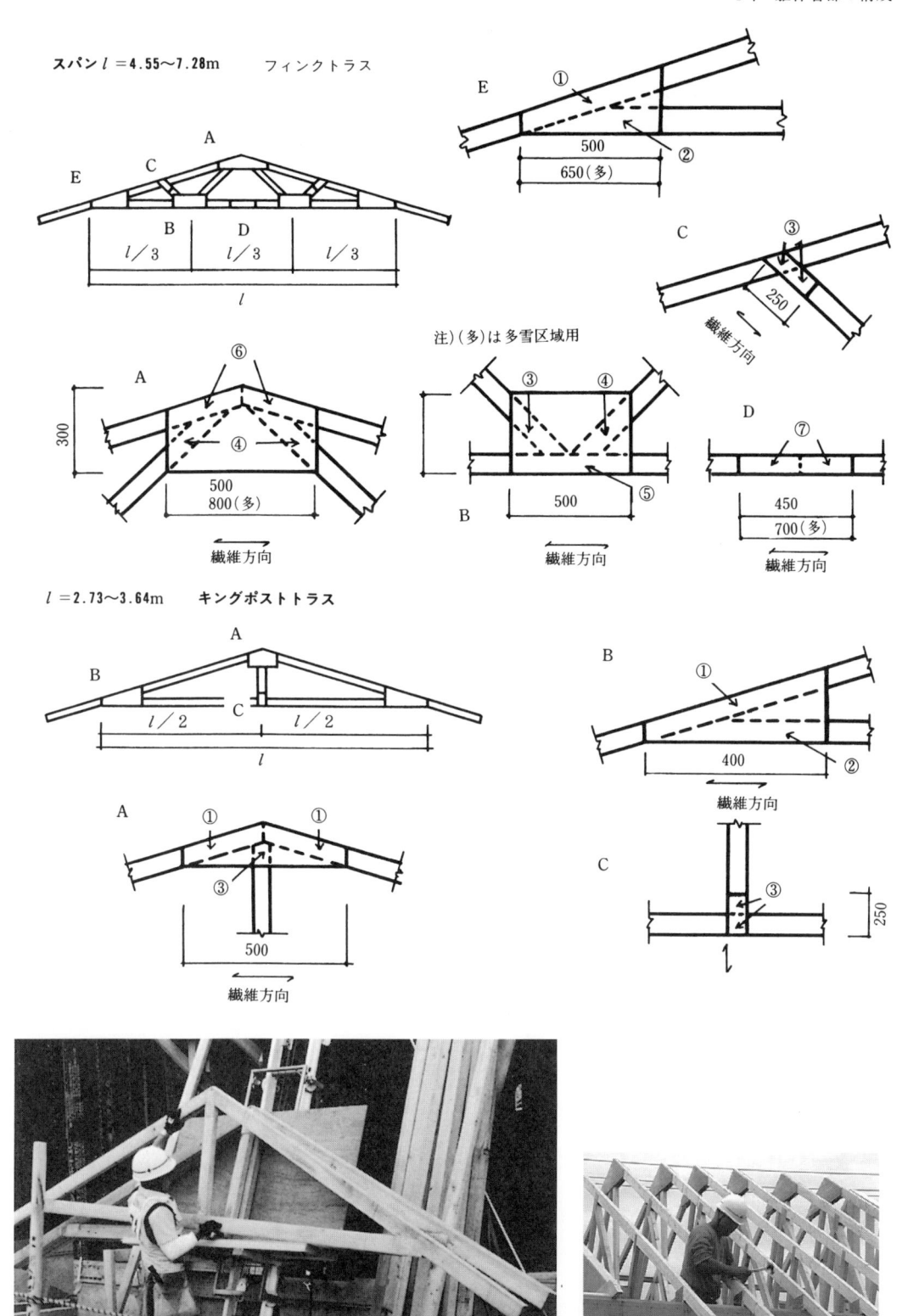

スパン $l = 4.55〜7.28$m　フィンクトラス

注)(多)は多雪区域用

$l = 2.73〜3.64$m　キングポストトラス

トラスの取付け

(2) トラスの配置

トラスの配置間隔は，荷重・スパンによって決められますが，通常0.3～0.455～0.6mの間隔に配置します。

① トラスと外壁との緊結は，トラス両面から合計4-CN75Tとします。また，外壁との緊結はあおり止め金物TSの場合全部に，あおり止め金物TWの場合トラス1本おきごとに取り付けて行ないます。

② トラス材相互の緊結は，むね部分はころび止め，その他の部分は振れ止めなどによります。ころび止めは上弦材より1ランク上の材により各接合点当たり3-CN75T以上とします。

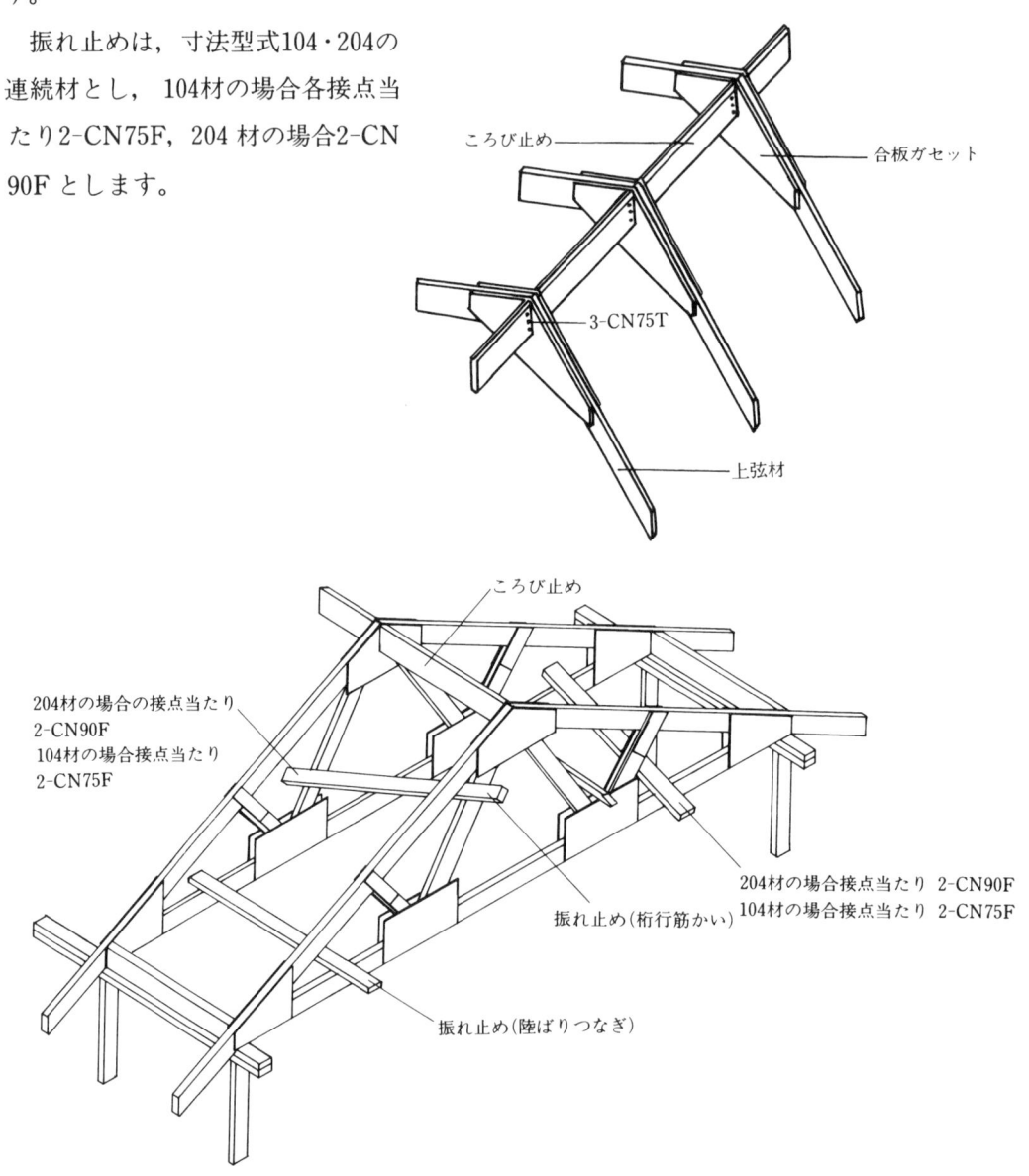

振れ止めは，寸法型式104・204の連続材とし，104材の場合各接点当たり2-CN75F，204材の場合2-CN90Fとします。

2. トラス方式による切妻屋根

平部分については基本的な構成で説明した方法によります。

けらば部分については，たるき方式による切妻屋根の方法に準じます。

3. トラス方式による寄棟屋根

平部分は，基本的な構成で説明した方法によります。

妻部分については平頂トラス・隅むねトラス・配付けトラスなどのトラスを組み合わせて構成する方法と，たるき方式によって構成する方法があります。

妻部分をトラス方式による場合の平頂トラスは，構造計算によって設計することが必要です。妻部分をたるき方式による場合には，たるき方式による寄棟屋根で説明した方法によります。

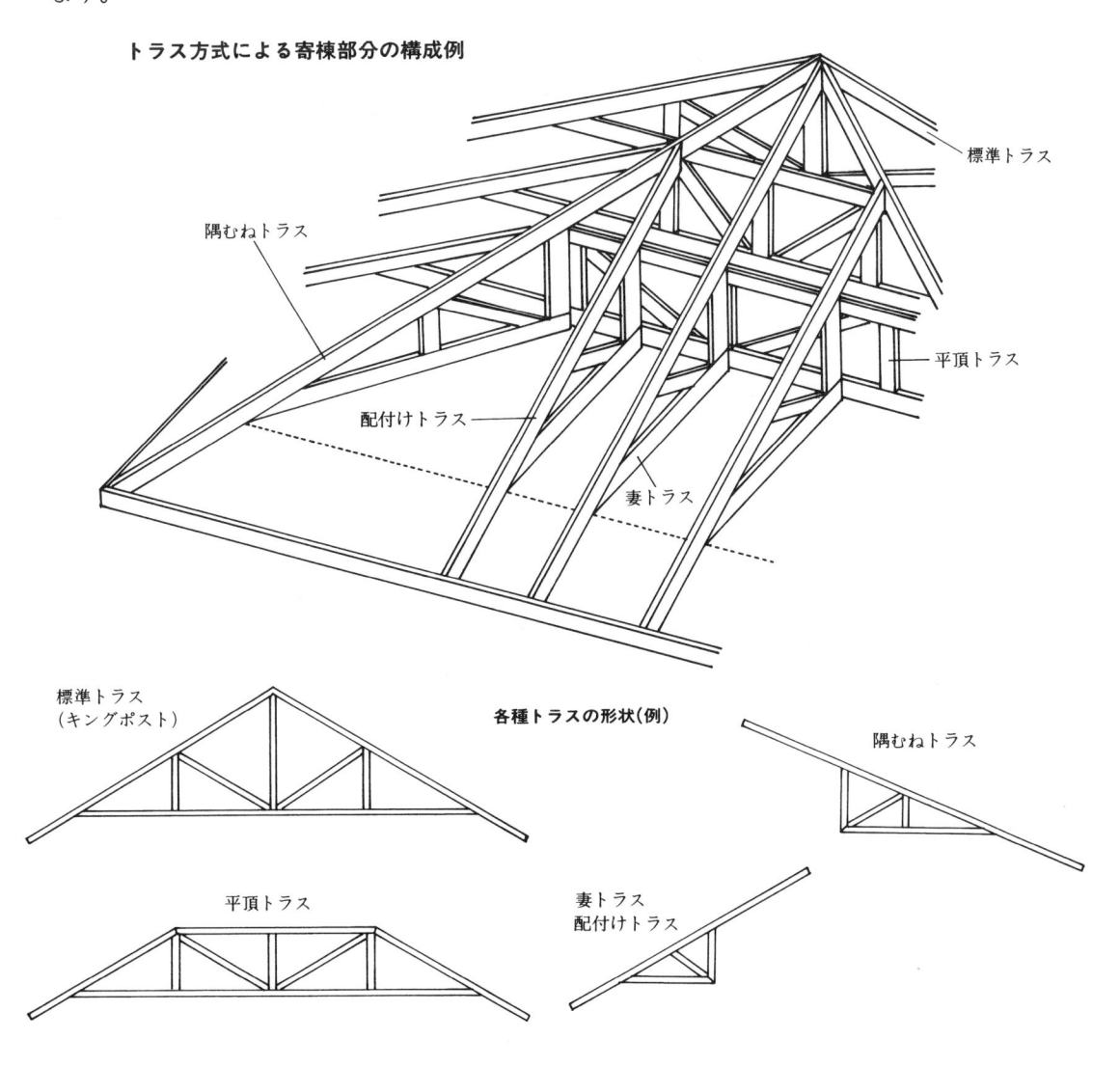

トラス方式による寄棟部分の構成例

- 標準トラス
- 隅むねトラス
- 平頂トラス
- 配付けトラス
- 妻トラス

各種トラスの形状（例）

- 標準トラス（キングポスト）
- 平頂トラス
- 隅むねトラス
- 妻トラス 配付けトラス

6. 束建て方式による小屋組の構成

　束建て方式による小屋組は，基本的にたるき・屋根ばり（母屋）・束（小屋束）・天井ばり（小屋ばり）により構成されます。その他，振れ止め（小屋筋かい）・ころび止めなども使用されます。

　束建て方式は，在来軸組構法の和小屋組に類似した方式で，枠組壁工法にとっては新しい形式の小屋組で，まだ実績は多くありません。

　この方式は，天井ばりによって屋根を支持する構造になっていますので，天井ばりに荷重が集中することになります。したがって，天井ばりは製材の3枚合せまたは構造用集成材とし，天井ばりを受ける部分の壁たて枠を補強しておくことが必要となります。また，天井ばりを開口部上部に設置する場合にはまぐさ・まぐさ受け等も補強しておくことが必要です。

　束建て方式のたるき・屋根ばり・束・天井ばりなど構成部材の断面寸法は，荷重条件・小屋組構成に応じて構造計算により決定します。また，各部の構成たとえば天井ばりと壁組の接合法，天井ばり・屋根ばりと束の接合法なども力が無理なく安全に伝達されるように，構造計算により検討しておくことが必要です。

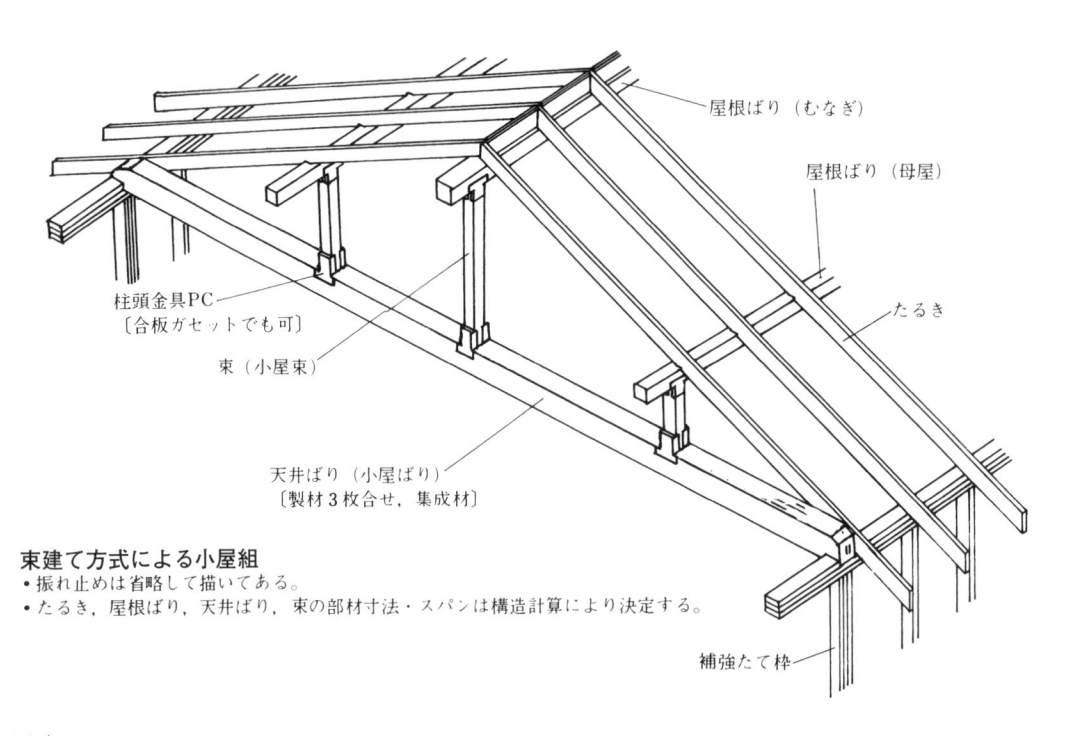

束建て方式による小屋組
- 振れ止めは省略して描いてある。
- たるき，屋根ばり，天井ばり，束の部材寸法・スパンは構造計算により決定する。

7. 特殊な形状屋根の構成

L字屋根および棟違い屋根の構成は次のようにします。

1. L字屋根の場合

大きな屋根と小さな屋根を組み合わせて構成するL字屋根の場合には，大きな屋根の小屋枠組を作製し屋根張りを張りつめた上に，小さい屋根を載せ掛ける形で納めることが一般的です。この方法では小さな屋根が乗り掛かる部分が2重となりますが，施工性の点からは安全で簡便な方法といえます。

大きな屋根と小さな屋根の境界部分の納め方は，下部の壁配置の状態により次の2種類があります。

(1) 境界部の下部に耐力壁・支持壁がある場合

大きな屋根の小屋枠組を作製し屋根下張りを張りつめた上に，小さい屋根を載せ掛ける形で施工します。小さな屋根部分に作用する水平力を無理なく境界部の耐力壁線に伝えるためには，小さな屋根の屋根下張り材が大きな屋根に接する（谷）部分に下張り受け材を設け，場合によっては境界部屋根内部に妻小壁と同様な構成の小壁を設けることも必要となります。

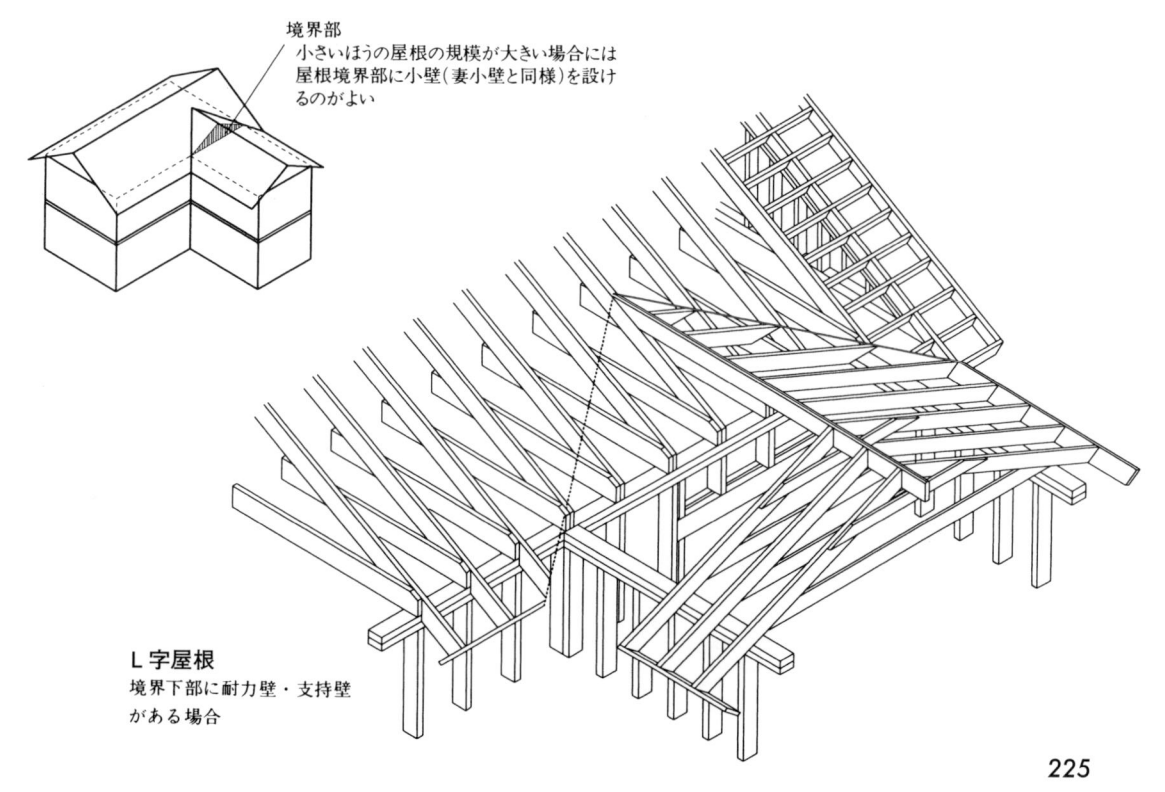

境界部
小さいほうの屋根の規模が大きい場合には屋根境界部に小壁（妻小壁と同様）を設けるのがよい

L字屋根
境界下部に耐力壁・支持壁がある場合

(2) 境界部の下部に耐力壁・支持壁がない場合

大きな屋根と小さな屋根の境界部にガータートラスを設けて，大きな屋根と小さな屋根からの荷重を支持させます。大きな屋根の天井根太は金物等によってガータートラスに緊結されますが，使用金物の種類ならびにガータートラスの使用部材・釘打ち本数は構造計算によって決定します。また，ガータートラスの支持部分の納まりは，場合によっては屋根ばりと支持部と同様とすることも必要となります。

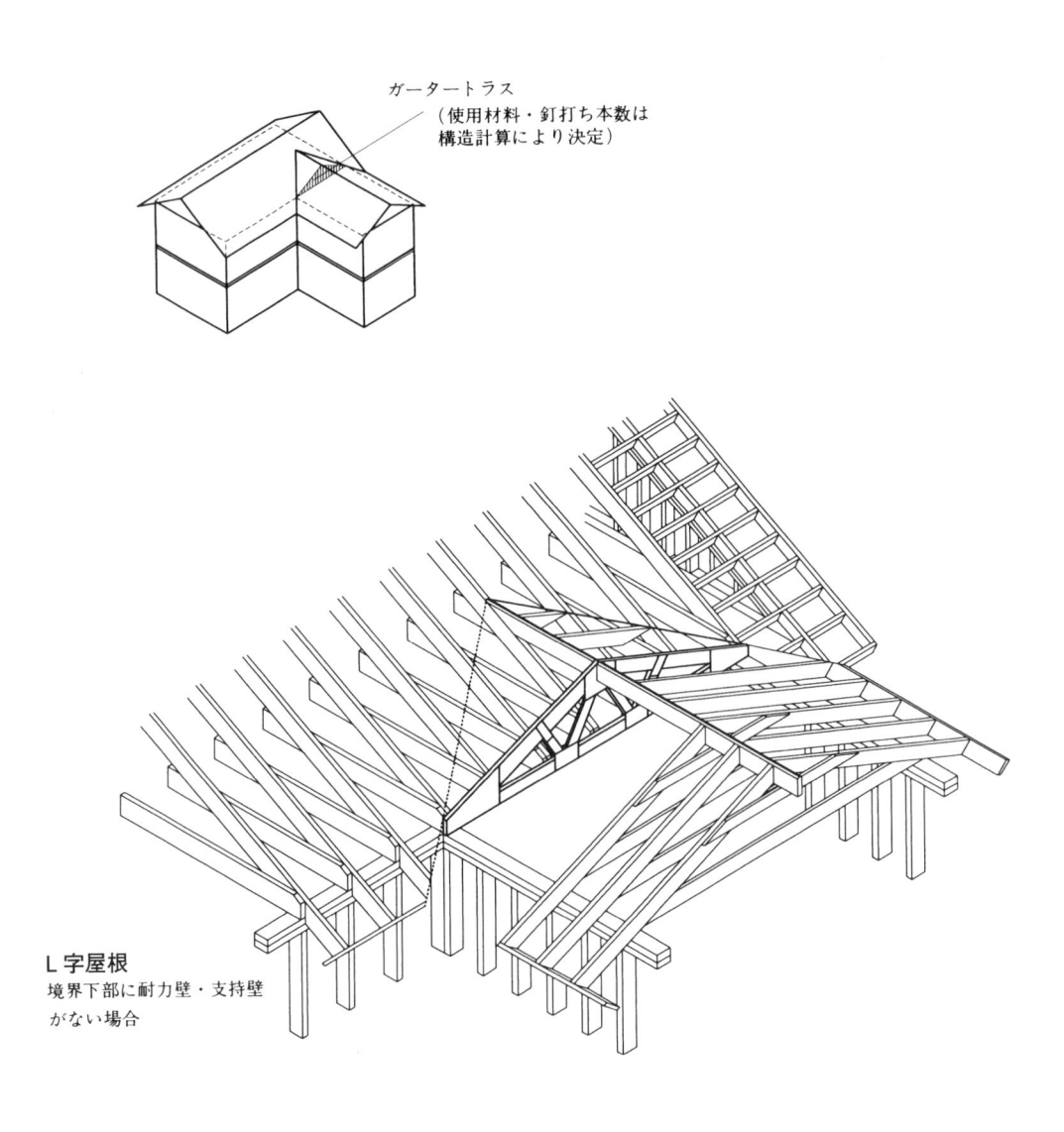

ガータートラス
（使用材料・釘打ち本数は
構造計算により決定）

L字屋根
境界下部に耐力壁・支持壁
がない場合

2．棟違い屋根

(1) 棟がわり部分の下部に耐力壁・支持壁がある場合

大きな屋根に添え付ける形で小さい屋根を施工します。屋根下張りは大きい屋根と小さい屋根を連結する形で張り渡します。棟がわり部分の妻小壁には，屋根面に作用する水平力を無理なく境界部の耐力壁線に伝えるために，面材を全面に張ります。

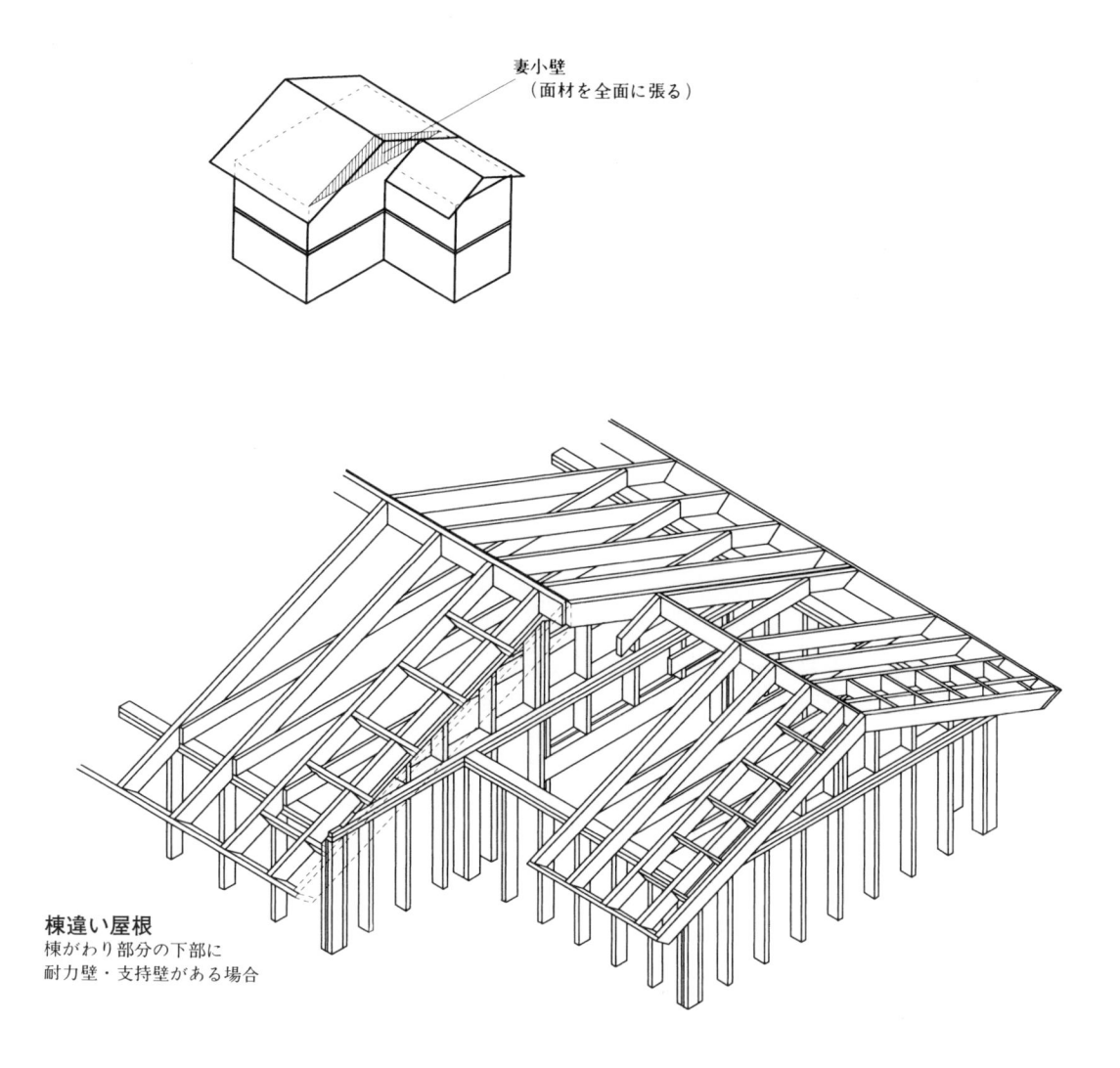

妻小壁
（面材を全面に張る）

棟違い屋根
棟がわり部分の下部に
耐力壁・支持壁がある場合

(2) 棟がわり部分の下部に耐力壁・支持壁がない場合

　棟がわり部分にトラスを設けて荷重を支持させます。屋根下張りは大きい屋根と小さい屋根を連結する形で張り渡します。また，屋根面に作用する水平力を無理なく境界部の耐力壁線に伝えるために，棟がわり部分の妻壁全面に面材を張ります。

　トラスはトラスの節点部分で支持することが必要であると同時に，トラスの支持方法（たとえば2点支持と3点支持）によりトラス各部に生じる応力が異なってきます。したがって，トラスの構成部材・釘打ち本数・支持方法は，トラスの納まりまでを考慮した構造計算により決定することが必要となります。

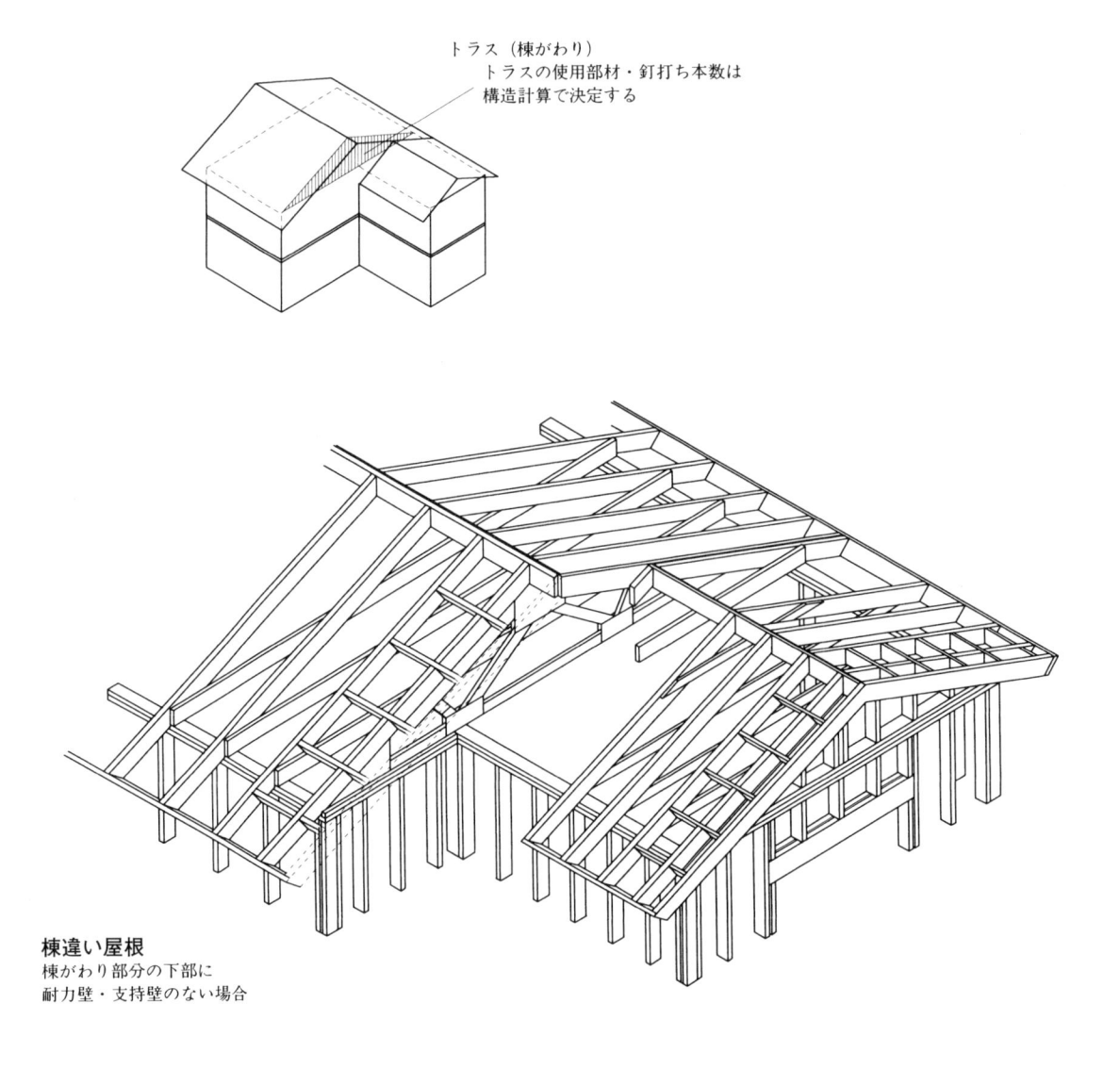

トラス（棟がわり）
トラスの使用部材・釘打ち本数は構造計算で決定する

棟違い屋根
棟がわり部分の下部に
耐力壁・支持壁のない場合

8. 屋根下張り

① 屋根下張り材としては，構造用合板，パーティクルボード，構造用パネル，硬質木片セメント板などを使用します。

② 屋根下張り材の配置は次によります。

	耐力壁線で囲まれた区画の面積		
	40m²以下		40m²超
たるき間隔	50cm以下	31cm以下	
構造用合板等（1級, 2級）	厚さ9mm以上		厚さ12mm以上
パーティクルボード	厚さ12mm以上		厚さ15mm以上
構造用パネル	1～3級	1～4級	1, 2級
硬質木片セメント板	18mm以上	15mm以上	—
MDF	30タイプ		
火山性ガラス質複層板	HⅢ		

　㋑　屋根下張り材が合板の場合には表面の繊維方向が，パーティクルボード・構造用パネルまたは硬質木片セメント板の場合には長手方向が，それぞれたるき・トラス上弦材の走行方向に直交するように配置します。

　㋺　パーティクルボード・構造用パネルを使用する場合，ボードの木口はタール系ペイント・油性ペイント・防水テープ・コーキング等で防水処理します。
　　ボードの突付け部分は2～3mm程度あけておきます。

③ 屋根下張り材は，軒先部分からむなぎの方向へ張り始め，むなぎ部分で調整します。また，面材は3本以上の材に掛けるようにして，ちどり張りします。

④ 屋根下張り材の留付けは，下張り材厚が9～12mmの場合にはCN50F，厚さ15mm以上の場合にはCN65Fとし，釘打ち間隔は，周辺部150mm・中間部300mm間隔以内とします。

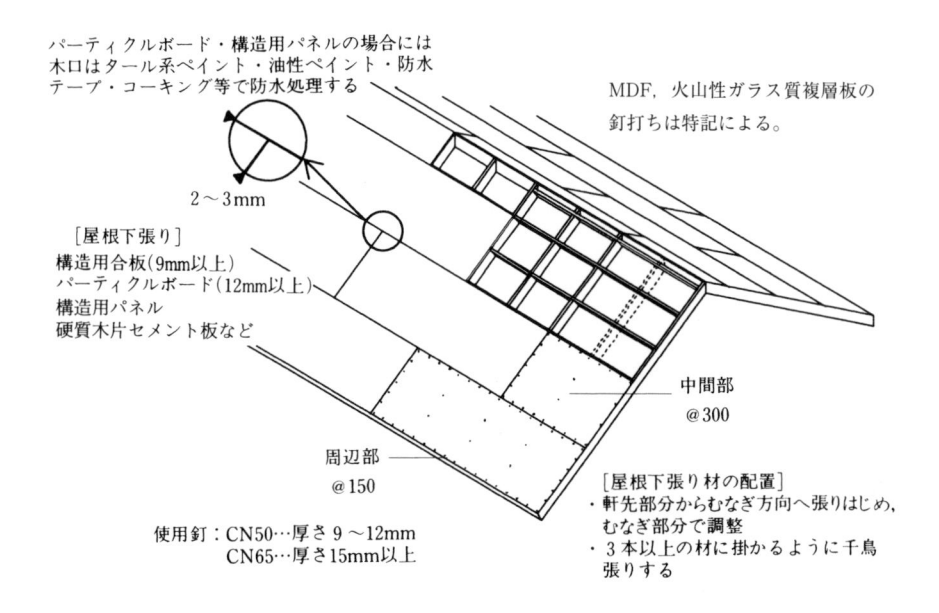

⑤ 屋根下張り材の継目部分には，寸法型式204の2つ割以上の下張り受け材を取り付けます。釘打ちは床下張り材受けの場合に準じ2-CN75Tまたは2-CN90Fとします。ただし，次の条件にあてはまる場合には省略することができます。

屋根下張り受け材の省略条件

面材の種類			たるき・トラス間隔	50cm以下	31cm以下
構造用合板 等	12mm以上	加工なし		—	可
		継手加工		可	
	15mm以上			可	
構造用パネル	1級，2級			可	
	3級	加工なし		—	可
	（厚さ11mm以上）	継手加工		可	
パーティクルボード（15mm以上　継手加工）				可	
硬質木片セメント板				—	

継手（本ざね）加工した面材で，受け材を省略できる性能を有する規格は，次のものである。
① 構造用合板　　日合連，COFI, APA
② 構造用パネル　　APA
③ パーティクルボード　　日本繊維板工業会

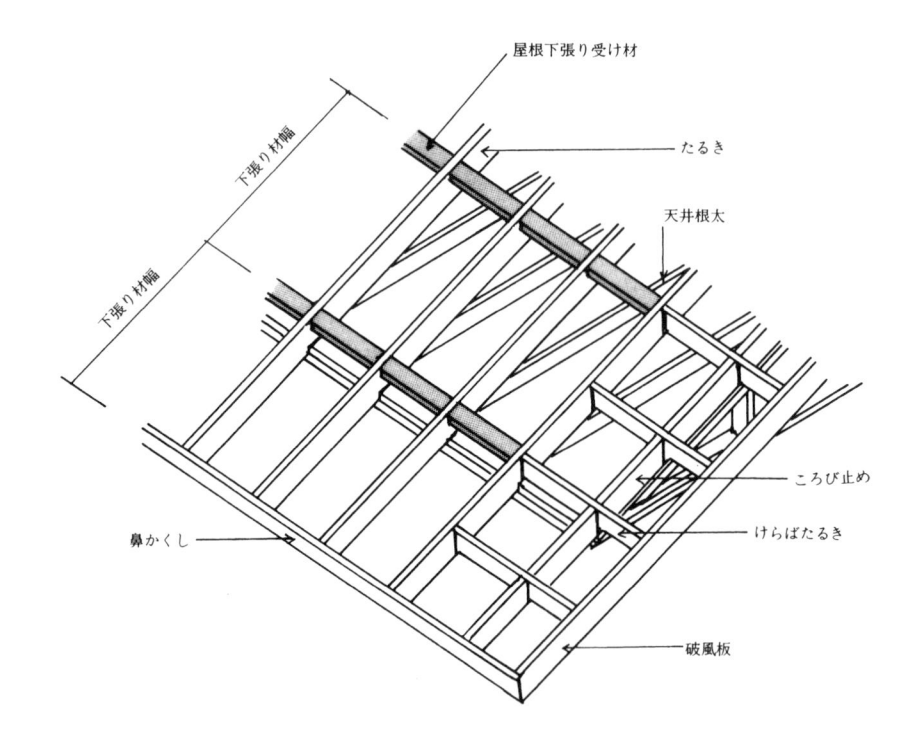

4章 躯体各部の構成

屋根下張りを張っているところ

軒先部分：屋根仕上げ等の納まりを良くするため，下張り合板を鼻かくしの先より5cm程度張り出している

メタルプレート（ネイルプレート）トラスの製造と施工

メタルプレートトラスの製作

メタルプレートの取付け

メタルプレートの圧入

メタルプレートトラスの搬入

屋根に仮置されたトラス

メタルプレートトラスの配置

振止めの取付け

トラス・妻小壁の筋かい

1. 枠組壁工法に関する国土交通省告示
2. 横架材を決定するための構造計算　3. ドライウォール工法
4. 防腐・防蟻処理　5. 設計例

付

1 枠組壁工法に関する国土交通省告示
[平成13年国土交通省告示第1540号，第1541号]

枠組壁工法又は木質プレハブ工法を用いた建築物又は建築物の構造部分の構造方法に関する安全上必要な技術的基準を定める件

　建設省告示第56号
　　昭和57年 1 月18日
　　　　　　　　　　建設大臣　始関　伊平
　建設省告示第1886号（一部改正）
　　昭和60年12月24日
　　　　　　　　　　建設大臣　木部　佳昭
　建設省告示第1920号（一部改正）
　　昭和62年11月13日
　　　　　　　　　　建設大臣　越智　伊平
　建設省告示第590号（一部改正）
　　平成 4 年 3 月10日
　　　　　　　　　　建設大臣　山崎　拓
　建設省告示第960号（一部改正）
　　平成 9 年 3 月28日
　　　　　　　　　　建設大臣　亀井　静香

　国土交通省告示第1540号（全部改正）
　建築基準法施行令（昭和25年政令第338号）第80条の 2 第一号，同令第94条及び第99条の規定に基づき，昭和57年建設省告示第56号の全部を改正するこの告示を制定する。
　　平成13年10月15日
　　　　　　　　　　国土交通大臣　扇　寛子
　国土交通省告示第1179号（一部改正）
　　平成16年 9 月29日
　　　　　　　　　　国土交通大臣　北側　一雄
　国土交通省告示第604号（一部改正）
　　平成19年 5 月18日
　　　　　　　　　　国土交通大臣　冬柴　鐵三
　国土交通省告示第1526号（一部改正）
　　平成19年11月27日
　　　　　　　　　　国土交通大臣　冬柴　鐵三
　国土交通省告示第124号（一部改正）
　　平成20年 2 月14日
　　　　　　　　　　国土交通大臣　冬柴　鐵三
　国土交通省告示第970号（一部改正）
　　平成20年 8 月11日
　　　　　　　　　　国土交通大臣　谷垣　禎一
　国土交通省告示第910号（一部改正）
　　平成27年 8 月 4 日
　　　　　　　　　　国土交通大臣　太田　昭宏
　国土交通省告示第796号（一部改正）
　　平成28年 6 月 1 日
　　　　　　　　　　国土交通大臣　石井　啓一

　建築基準法施行令（昭和25年政令第338号）第80条の 2 第一号の規定に基づき，構造耐力上主要な部分に枠組壁工法（木材を使用した枠組に構造用合板その他これに類するものを打ち付けることにより，壁及び床版を設ける工法をいう。以下同じ。）又は木質プレハブ工法（木材を使用した枠組に構造用合板その他これに類するものをあらかじめ工場で接着することにより，壁及び床版を設ける工法をいう。）を用いた建築物又は建築物の構造部分（以下「建築物等」という。）の構造方法に関する安全上必要な技術的基準を第 1 から第10までに，同令第94条及び第99条の規定に基づき，木質接着成形軸材料（平成12年建設省告示第1446号第 1 第十号に規定する木質接着成形軸材料をいう。以下同じ。），木質複合軸材料（平成12年建設省告示第1446号第 1 第十一号に規定する木質複合軸材料をいう。以下同じ。），木質断熱複合パネル（平成12年建設省告示第1446号第 1 第十二号に規定する木質断熱複合パネルをいう。以下同じ。）及び木質接着複合パネル（平成12年建設省告示第1446号第 1 第十三号に規定する木質接着複合パネルをいう。以下同じ。）並びに第 2 第一号及び

第二号に掲げるもの以外の木材の許容応力度及び材料強度を第2第三号に定め，同令第36条第1項の規定に基づき，建築物等の構造方法に関する安全上必要な技術的基準のうち耐久性等関係規定を第11に，同条第2項第一号の規定に基づき，同令第81条第2項第一号イに規定する保有水平耐力計算によって安全性を確かめる場合に適用を除外することができる技術的基準を第12にそれぞれ指定し，並びに同号イの規定に基づき，枠組壁工法又は木質プレハブ工法を用いた建築物等の構造計算が，第9に適合する場合においては，当該構造計算は，同号イに規定する保有水平耐力計算と同等以上に安全性を確かめることができるものと認める。

第1 階数

地階を除く階数は3以下としなければならない。

第2 材料

一 構造耐力上主要な部分に使用する枠組材の品質は，構造部材の種類に応じ，次の表に掲げる規格に適合するものとしなければならない。

	構造部材の種類	規格
(1)	土台，端根太，側根太，まぐさ，たるき及びむなぎ	枠組壁工法構造用製材の日本農林規格（昭和49年農林水産省告示第600号。以下「枠組壁工法構造用製材規格」という。）に規定する甲種枠組材の特級，一級若しくは二級，単板積層材の日本農林規格（平成20年農林水産省告示第701号）に規定する構造用単板積層材の特級，一級若しくは二級，枠組壁工法構造用たて継ぎ材の日本農林規格（平成3年農林水産省告示第701号。以下「枠組壁工法構造用たて継ぎ材規格」という。）に規定する甲種たて継ぎ材の特級，一級若しくは二級，機械による曲げ応力等級区分を行う枠組壁工法構造用製材の日本農林規格（平成3年農林水産省告示第702号）に規定する機械による曲げ応力等級区分を行う枠組壁工法構造用製材の規格又は集成材の日本農林規格（平成19年農林水産省告示第1052号。以下「集成材規格」という。）第5条に規定する構造用集成材の規格若しくは第6条に規定する化粧ばり構造用集成柱の規格
		(1)に掲げる規格，日本工業規格（以下「JIS」という。）G 3302（溶融亜鉛めっ
(2)	床根太及び天井根太	き鋼板及び鋼帯）-1998に規定する鋼板及び鋼帯の規格，JIS G 3312（塗装溶融亜鉛めっき鋼板及び鋼帯）-1994に規定する鋼板及び鋼帯の規格，JIS G 3321（溶融55％アルミニウム―亜鉛合金めっき鋼板及び鋼帯）-1998に規定する鋼板及び鋼帯の規格，JIS G 3322（塗装溶融55％アルミニウム―亜鉛合金めっき鋼板及び鋼帯）-1998に規定する鋼板及び鋼帯の規格又は JIS G 3353（一般構造用溶接軽量H形鋼）-1990に規定する形鋼の規格（鋼材の厚さが2.3mm以上6mm以下に係る部分に限る。以下「軽量H形鋼規格」という。）
(3)	壁の上枠及び頭つなぎ	(2)に掲げる規格（軽量H形鋼規格を除く。耐力壁に使用する場合にあっては，(1)に掲げる規格に限る。），枠組壁工法構造用製材規格に規定する甲種枠組材の三級若しくは乙種枠組材のコンストラクション若しくはスタンダード又は枠組壁工法構造用たて継ぎ材規格に規定する甲種たて継ぎ材の三級若しくは乙種たて継ぎ材のコンストラクション若しくはスタンダード
(4)	壁のたて枠	(3)に掲げる規格（集成材規格第5条に規定する非対称異等級構成集成材に係るものを除く。）又は枠組壁工法構造用たて継ぎ材規格に規定するたて枠用たて継ぎ材の規格
(5)	壁の下枠	(3)に掲げる規格，枠組壁工法構造用製材規格に規定する乙種枠組材ユティリティ又は枠組壁工法構造用たて継ぎ材規格に規定する乙種たて継ぎ材のユティリティ
(6)	筋かい	(3)に掲げる規格（(2)に掲げる規格（(1)に掲げる規格を除く。）及び集成材規格第5条に規定する非対称異等級構成集成材に係るものを除く。）又は製材の日本農林規格（平成19年農林水産省告示第1083号）に規定する下地用製材の板類の一級

二 構造耐力上主要な部分に使用する床材，壁材又は屋根下地材の品質は，構造部材及び材料の種類に応じ，次の表に掲げる規格（構造耐力に係る規定に限る。）に適合するものとしなければならない。

構造部材の種類	材料の種類	規格
	構造用合板	合板の日本農林規格（平成15年農林水産省告示第233号。以下「合板規格」とい

(1)	屋外に面する部分（防水紙その他これに類するもので有効に防水されている部分を除く。）に用いる壁材又は湿潤状態となるおそれのある部分（常時湿潤状態となるおそれのある部分を除く。）に用いる壁材	化粧ばり構造用合板	合板規格に規定する特類
		構造用パネル	構造用パネルの日本農林規格（昭和62年農林水産省告示第360号。以下「構造用パネル規格」という。）に規定する一級，二級，三級又は四級
		パーティクルボード	JIS A 5908（パーティクルボード）-1994に規定する18タイプ，13タイプ，24-10タイプ，17.5-10.5タイプ又は30-15タイプ
		ハードボード	JIS A 5905（繊維板）-1994に規定するハードファイバーボードの35タイプ又は45タイプ
		硬質木片セメント板	JIS A 5404（木質系セメント板）-2001に規定する硬質木片セメント板
		フレキシブル板	JIS A 5430（繊維強化セメント板）-2001に規定するフレキシブル板
		パルプセメント板	JIS A 5414（パルプセメント板）-1993に規定する1.0板
		製材	製材の日本農林規格（平成19年農林水産省告示第1083号）に規定する下地用製材の板類の一級
		シージングボード	JIS A 5905（繊維板）-1994に規定するシージングボード
		ミディアムデンシティファイバーボード	JIS A 5905（繊維板）-1994に規定するミディアムデンシティファイバーボード30タイプ（Mタイプ，Pタイプ）
		火山性ガラス質複層板	JIS A 5440（火山性ガラス質複層板（VSボード））-2000に規定するHⅢ
		ラスシート	JIS A 5524（ラスシート）-1994
(2)	常時湿潤状態となるおそれのある部分及び(1)に掲げる部分以外の部分に用いる	(1)に掲げる材料	(1)に掲げるそれぞれの規格（構造用合板及び化粧ばり構造用合板については，合板規格に規定する1類を含む。）
		せっこうボード	JIS A 6901（せっこうボード製品）-2005に規定するせっこうボード，構造用せっこ
	壁材		うボードA種及びB種並びに強化せっこうボード
(3)	床材又は屋根下地材	構造用合板	合板規格に規定する特類又は1類
		化粧ばり構造用合板	合板規格に規定する特類又は1類
		構造用パネル	構造用パネル規格に規定する一級，二級，三級又は四級
		パーティクルボード	JIS A 5908（パーティクルボード）-1994に規定する18タイプ，13タイプ，24-10タイプ，17.5-10.5タイプ又は30-15タイプ
		硬質木片セメント板	JIS A 5417（木片セメント板）-1992に規定する硬質木片セメント板
		ミディアムデンシティファイバーボード	JIS A 5905（繊維板）-1994に規定するミディアムデンシティファイバーボード30タイプ（Mタイプ，Pタイプ）
		火山性ガラス質複層板	JIS A 5440（火山性ガラス質複層板（VSボード））-2000に規定するHⅢ

三　次のいずれかに該当するもののうち，建築基準法（昭和25年法律第201号。以下「法」という。）第37条第二号の国土交通大臣の認定を受けたもの（ハからヘまでのいずれかに該当するものにあっては，国土交通大臣がその許容応力度及び材料強度の数値を指定したものに限る。），建築基準法施行規則第8条の3の国土交通大臣の認定を受けた耐力壁に使用するもの又は前2号に掲げるもの以外の木材で国土交通大臣がその樹種，区分及び等級等に応じてそれぞれ許容応力度及び材料強度の数値を指定したものについては，前2号の規定にかかわらず，当該材料を構造耐力上主要な部分に使用する材料とすることができる。

　イ　構造用鋼材のうち厚さ2.3mm未満の鋼板又は鋼帯としたもの（床根太，天井根太，耐力壁以外の壁の上枠，頭つなぎ，耐力壁以外の壁のたて枠及び耐力壁以外の壁の下枠に用いる場合に限る。）

　ロ　構造用鋼材のうち鋼材の厚さを2.3mm以上

6mm以下としたもの（床根太及び天井根太に用いる場合に限る。）
- ハ　木質接着成形軸材料
- ニ　木質複合軸材料
- ホ　木質断熱複合パネル
- ヘ　木質接着複合パネル

四　第一号及び第三号の場合において、厚さ2.3mm未満の鋼板又は鋼帯を床根太、天井根太、耐力壁以外の壁の上枠、頭つなぎ、耐力壁以外の壁のたて枠及び耐力壁以外の壁の下枠に用いる場合は、当該鋼板又は鋼帯の厚さを0.4mm以上のものとし、かつ、冷間成形による曲げ部分（当該曲げ部分の内法の寸法を当該鋼板又は鋼帯の厚さの数値以上とする。）又はかしめ部分を有するもの（以下「薄板軽量形鋼」という。）としなければならない。

第3　土台

一　1階の耐力壁の下部には、土台を設けなければならない。ただし、地階を設ける等の場合であって、当該耐力壁の直下の床根太等を構造耐力上有効に補強したときは、この限りでない。

二　土台は、次に定めるところにより、基礎に径12mm以上で長さ35cm以上のアンカーボルト又はこれと同等以上の引張耐力を有するアンカーボルトで緊結しなければならない。
- イ　アンカーボルトは、その間隔を2m以下として、かつ、隅角部及び土台の継ぎ手の部分に配置すること。
- ロ　地階を除く階数が3の建築物のアンカーボルトは、イに定める部分のほか、1階の床に達する開口部の両端のたて枠から15cm以内の部分に配置すること。

三　土台の寸法は、枠組壁工法構造用製材規格に規定する寸法型式204、205、206、208、304、306、404、406若しくは408に適合するもの又は厚さ38mm以上で幅89mm以上のものであって、かつ、土台と基礎若しくは床根太、端根太若しくは側根太との緊結に支障がないものとしなければならない。

第4　床版

一　床根太、端根太及び側根太の寸法は、枠組壁工法構造用製材規格に規定する寸法型式206、208、210、212若しくは306に適合するもの又は厚さ38mm以上で幅140mm以上のものであって、かつ、床根太、端根太若しくは側根太と土台、頭つなぎ若しくは床材との緊結に支障がないものとしなければならない。

二　床根太の支点間の距離は、8m以下としなければならない。この場合において、床根太に枠組壁工法構造用製材規格に規定する寸法型式212に適合するもの又は辺長比（当該床根太に使用する製材の厚さに対する幅の比をいう。）が286を38で除した数値より大きい数値の製材を使用する場合（当該床根太を2以上緊結して用いる場合又は床根太の支点間の距離を4.5m未満とする場合を除く。）にあっては、3m以下ごとに転び止を設けなければならない。

三　床根太相互及び床根太と側根太との間隔（以下「床根太間隔」という。）は、65cm以下としなければならない。

四　床版に設ける開口部は、これを構成する床根太と同寸法以上の断面を有する床根太で補強しなければならない。

五　2階又は3階の耐力壁の直下に耐力壁を設けない場合においては、当該耐力壁の直下の床根太は、構造耐力上有効に補強しなければならない。

六　床材は、厚さ15mm以上の構造用合板若しくは化粧ばり構造用合板（以下「構造用合板等」という。）、厚さ18mm以上のパーティクルボード又は構造用パネル（構造用パネル規格に規定する一級のものに限る。）としなければならない。ただし、床根太間隔を50cm以下とする場合においては、厚さ12mm以上の構造用合板等、厚さ15mm以上のパーティクルボード又は構造用パネル（構造用パネル規格に規定する一級、二級又は三級（床根太相互又は床根太と側根太との間隔が31cmを超える場合においては、同規格に規定する一級又は二級）のものに限る。）

と，床根太間隔を31cm以下とする場合においては，厚さ18mm以上の硬質木片セメント板と，それぞれすることができる。

七　床版の各部材相互及び床版の枠組材（床根太，端根太又は側根太をいう。以下同じ。）と土台又は頭つなぎ（第5第十一号ただし書の規定により耐力壁の上枠と床版の枠組材とを緊結する場合にあっては，当該上枠。以下この号において同じ。）とは，次の表の緊結する部分の欄に掲げる区分に応じ，それぞれ同表の緊結の方法の欄に掲げるとおり緊結しなければならない。ただし，接合部の短期に生ずる力に対する許容せん断耐力が，同表の緊結する部分の欄に掲げる区分に応じ，それぞれ同表の許容せん断耐力の欄に掲げる数値以上であることが確かめられた場合においては，この限りでない。

緊結する部分		緊結の方法			許容せん断耐力
		くぎの種類	くぎの本数	くぎの間隔	
(1)	床根太と土台又は頭つなぎ	CN75 CNZ75	2本	—	1箇所当たり 1,100N
		CN65 CNZ65 BN75	3本	—	
		BN65	4本	—	
(2)	端根太又は側根太と土台又は頭つなぎ	地階を除く階数が3の建築物の1階	CN75 CNZ75	—	25cm以下	1m当たり 2,200N
			BN75	—	18cm以下	
		その他の階	CN75 CNZ75	—	50cm以下	1m当たり 1,100N
			BN75	—	36cm以下	
(3)	床版の枠組材と床材	床材の外周部分	CN50 CNZ50	—	15cm以下	1m当たり 2,800N
			BN50	—	10cm以下	
		その他の部分	CN50 CNZ50	—	20cm以下	1m当たり 2,100N
			BN50	—	15cm以下	

この表において，くぎの種類の欄に掲げる記号は，JIS A 5508（くぎ）-2005に規定する規格を表すものとする。以下第5第十五号及び第7第九号の表において同様とする。

八　次に掲げる場合において，建築基準法施行令（以下「令」という。）第82条第一号から第三号までに定める構造計算及び建築物等の地上部分について行う令第82条の6第二号に定める構造計算により，構造耐力上安全であることを確かめられたものについては，前各号の規定は，適用しない。

　イ　2階以上の階の床版を鉄筋コンクリート造とする場合

　ロ　2階以上の階の床根太に軽量H形鋼規格に規定する形鋼又は第2第三号ロに規定する構造用鋼材（以下これらを総称して「軽量H形鋼」という。）を使用する場合

九　前号に掲げるもののほか，次に掲げる場合において，令第82条第一号から第三号までに定める構造計算により，構造耐力上安全であることを確かめられたものについては，第一号から第七号までの規定は，適用しない。この場合において，同条各号中「構造耐力上主要な部分」とあるのは，「床版」と読み替えて計算を行うものとする。

　イ　1階の床版を鉄筋コンクリート造とする場合

　ロ　床ばり又はトラスを用いる場合

　ハ　床版に木質断熱複合パネルを使用する場合

　ニ　床版に木質接着複合パネルを使用する場合

　ホ　床根太，端根太又は側根太に木質接着成形軸材料又は木質複合軸材料を使用する場合

　ヘ　床根太に薄板軽量形鋼を使用する場合

　ト　1階の床根太に軽量H形鋼を使用する場合

十　前2号に掲げるもののほか，大引き又は床つかを用いる場合において，当該大引き又は床つか及びそれらの支持する床版に常時作用している荷重（固定荷重と積載荷重との和（令第86条第2項ただし書の規定によって特定行政庁が指定する多雪区域においては，更に積雪荷重を加

えたものとする。))によって生ずる応力度が，当該大引き又は床つか及びそれらの支持する床版の各断面の長期に生ずる力に対する許容応力度を超えないことを確かめられたものについては，第一号から第七号までの規定は適用しない。

第5 壁等

一 耐力壁は，外壁又は間仕切壁のそれぞれについて，木質接着複合パネルを使用するものとこれ以外の工法によるものを併用してはならない。

表1

建築物		階の床面積に乗ずる数値（単位 cm/m²）							
		地階を除く階数が1の建築物（以下「平屋建ての建築物」という。）	地階を除く階数が2の建築物（以下「2階建ての建築物」という。）		地階を除く階数が3の建築物で，3階部分に耐力壁を設けず当該部分を小屋裏とし，かつ，3階の床面積が2階の床面積の2分の1以下の建築物（以下「3階建ての小屋裏利用建築物」という。）		地階を除く階数が3の建築物で，上欄に掲げる建築物以外のもの（以下「3階建ての建築物」という。）		
			1階	2階	1階	2階	1階	2階	3階
(1)	令第86条第2項ただし書の規定によって特定行政庁が指定する多雪区域（以下単に「多雪区域」という。）以外の区域における建築物	屋根を金属板，石板，木板その他これらに類する軽い材料でふいたもの	11	29	15	38	25	46	34	18
		屋根をその他の材料でふいたもの	15	33	21	42	30	50	39	24
(2)	多雪区域における建築物	令第86条第1項に規定する垂直積雪量（以下単に「垂直積雪量」という。）が1mの区域におけるもの	25	43	33	52	42	60	51	35
		垂直積雪量が1mを超え2m未満の区域におけるもの	25と39とを直線的に補間した数値	43と57とを直線的に補間した数値	33と51とを直線的に補間した数値	52と66とを直線的に補間した数値	42と60とを直線的に補間した数値	60と74とを直線的に補間した数値	51と68とを直線的に補間した数値	35と55とを直線的に補間した数値
		垂直積雪量が2mの区域におけるもの	39	57	51	66	60	74	68	55

この表において，屋根に雪止めがなく，かつ，その勾配が30°を超える建築物又は雪下ろしを行う慣習のある地方における建築物については，垂直積雪量をそれぞれ次のイ又はロに定める数値とみなして(2)を適用した場合における数値とすることができる。この場合において，垂直積雪量が1m未満の区域における建築物とみなされるものについては，平屋建建築物にあっては25と39とを，2階建ての建築物の1階にあっては43と57とを，2階建ての建築物の2階にあっては33と51とを，3階建ての小屋裏利用建築物の1階にあっては52と66とを，3階建ての小屋裏利用建築物の2階にあっては42と60とを，3階建ての建築物の1階にあっては60と74とを，3階建ての建築物の2階にあっては51と68とを，3階建ての建築物の3階にあっては35と55とをそれぞれ直線的に延長した数値とする。
イ 令第86条第4項に規定する屋根形状係数を垂直積雪量に乗じた数値（屋根の勾配が60°を超える場合は，0）
ロ 令第86条第6項の規定により積雪荷重の計算に用いられる垂直積雪量の数値

二 耐力壁は、建築物に作用する水平力及び鉛直力に対して安全であるように、釣合い良く配置しなければならない。この場合において、耐力壁の負担する鉛直力を負担する柱又は耐力壁以外の壁(常時作用している荷重(固定荷重と積載荷重との和(令第86条第2項ただし書の規定によって特定行政庁が指定する多雪区域においては、更に積雪荷重を加えたものとする。))によって生ずる応力度が、当該柱又は耐力壁以外の壁の各断面の長期に生ずる力に対する許容応力度を超えないことが確かめられたものに限る。)を設ける場合においては、当該耐力壁にかえて当該柱又は耐力壁以外の壁を配置することができる。

三 2階部分又は3階部分に耐力壁を設けず当該部分を小屋裏とする場合においては、直下階の構造耐力上主要な部分が当該小屋裏の荷重を直接負担する構造としなければならない。

四 耐力壁の下枠、たて枠及び上枠の寸法は、枠組壁工法構造用製材規格に規定する寸法型式204、205、206、208、304、306、404、406若しくは408に適合するもの又は厚さ38mm以上で幅89mm以上のものであって、かつ、下枠、たて枠若しくは上枠と床版の枠組材、頭つなぎ、まぐさ受け若しくは筋かいの両端部との緊結及び下枠若しくは上枠とたて枠との緊結に支障がないものとしなければならない。

五 各階の張り間方向及びけた行方向に配置する耐力壁は、それぞれの方向につき、当該耐力壁の水平力に対する長さ1m当たりの耐力を令第46条第4項表1(2)項に掲げる軸組の種類の水平力に対する長さ1m当たりの耐力で除して得た数値に当該耐力壁の長さを乗じて得た長さの合計を、その階の床面積(その階又は上の階の小屋裏、天井裏その他これらに類する部分に物置等を設ける場合にあっては、平成12年建設省告示第1351号に定める面積をその階の床面積に加えた面積)に次の表1に掲げる数値(特定行政庁が令第88条第2項の規定によって指定した区域内における場合においては、次の表1に掲げる数値のそれぞれ1.5倍とした数値)を乗じて得た数値以上で、かつ、その階(その階より上の階がある場合においては、当該上の階を含む。)の見付面積(張り間方向又はけた行方向の鉛直投影面積をいう。以下同じ。)からその階の床面からの高さが1.35m以下の部分の見付面積を減じたものに次の表2に掲げる数値を乗じて得た数値以上としなければならない。

表1 (→239頁)

表2

	区域	見付面積に乗ずる数値 (単位 cm/m²)
(1)	特定行政庁がその地方における過去の風の記録を考慮してしばしば強い風が吹くと認めて規則で指定した区域	50を超え、75以下の範囲において特定行政庁がその地方における風の状況に応じて規則で定めた数値
(2)	(1)に掲げる区域以外の区域	50

六 耐力壁線相互の距離は12m以下とし、かつ、耐力壁線により囲まれた部分の水平投影面積は40m²以下としなければならない。ただし、床版の枠組材と床材とを緊結する部分を構造耐力上有効に補強した場合にあっては、当該水平投影面積を60m²(耐力壁線により囲まれた部分の長辺の長さに対する短辺の長さの比が1/2を超える場合にあっては72m²)以下とすることができることとする。

七 外壁の耐力壁線相互の交さする部分(以下この号及び第10第一号において「交さ部」という。)には、長さ90cm以上の耐力壁を一以上設けなければならない。ただし、交さ部を構造耐力上有効に補強した場合において、交さ部に接する開口部又は交さ部からの距離が90cm未満の開口部で、幅(交さ部から開口部までの距離を含み、外壁の双方に開口部を設ける場合は、それらの幅の合計とする。)が4m以下のものを設けるときは、この限りでない。

八 耐力壁のたて枠相互の間隔は、次の表に掲げる数値以下(たて枠に枠組壁工法構造用製材規

格に規定する寸法型式206,306若しくは406に適合する製材又は厚さ38mm以上で幅140mm以上の製材を使用する耐力壁については,50cm（当該耐力壁を3階建ての建築物の3階,2階建ての建築物の2階又は平屋建ての建築物に用いる場合については,65cm）以下,たて枠に枠組壁工法構造用製材規格に規定する寸法型式208若しくは408に適合する製材又は厚さ38mm以上で幅184mm以上の製材を使用する耐力壁については65cm以下）としなければならない。ただし,令第82条第一号から第三号までに定める構造計算によって構造耐力上安全であることが確かめられた場合においては,たて枠相互の間隔は,当該計算に用いた数値（当該耐力壁に木質断熱複合パネルを用いる場合を除き,当該数値が65cmを超えるときは,65cm）とすることができる。この場合において,同条各号中「構造耐力上主要な部分」とあるのは,「耐力壁」と読み替えて計算を行うものとする。

九　各耐力壁の隅角部及び交さ部には次に定めるところによりたて枠を用いるものとし,当該たて枠は相互に構造耐力上有効に緊結しなければならない。

イ　たて枠に枠組壁工法構造用製材規格に規定する寸法型式204,205又は304に適合する製材のみを使用し,かつ,耐力壁のたて枠相互の間隔が前号の表に掲げる数値以下となる耐力壁に使用する場合にあっては,枠組壁工法構造用製材規格に規定する寸法型式204又は304に適合する製材を3本以上

ロ　たて枠に枠組壁工法構造用製材規格に規定する寸法型式206,208,306,404,406又は408に適合する製材を使用し,耐力壁のたて枠相互の間隔が前号の表に掲げる数値以下となる耐力壁に使用する場合にあっては,枠組壁工法構造用製材規格に規定する寸法型式206,208,404,406又は408に適合する製材をそれぞれ2本以上

	建　築　物		3階建ての建築物の3階,2階建ての建築物の2階又は平屋建ての建築物（単位 cm）	3階建ての建築物の2階,3階建ての小屋裏利用建築物の2階又は2階建ての建築物の1階（単位 cm）	3階建ての小屋裏利用建築物の1階（単位 cm）
(1)	多雪区域以外の区域における建築物		65	50	45
(2)	多雪区域における建築物	垂直積雪量が1mの区域におけるもの	50	45	35
		垂直積雪量が1mを超え1.5m以下の区域におけるもの	50	35	31
		垂直積雪量が1.5mを超え2m以下の区域におけるもの	45	35	31

この表において,屋根に雪止めがなく,かつ,その勾配が30°を超える建築物又は雪下ろしを行う慣習のある地方における建築物については,垂直積雪量がそれぞれ第五号の表1のイ又はロに定める数値の区域における建築物とみなして,この表の(2)を適用した場合における数値とすることができる。この場合において,垂直積雪量が1m未満の区域における建築物とみなされるものについては,次の表のとおりとする。

建　築　物	3階建ての建築物の3階,2階建ての建築物の2階又は平屋建ての建築物（単位 cm）	3階建ての建築物の2階,3階建ての小屋裏利用建築物の2階又は2階建ての建築物の1階（単位 cm）	3階建ての小屋裏利用建築物の1階（単位 cm）
垂直積雪量が50cm以下の区域における建築物とみなされるもの	50	50	45
垂直積雪量が50cmを超え1m未満の区域における建築物とみなされるもの	50	45	41

ハ　イ及びロ以外の場合にあっては，次に定めるところによる。
　(1)　たて枠に枠組壁工法構造用製材規格に規定する寸法型式206に適合する製材又は厚さが38mmを超え，幅が140mmを超える製材を使用し，かつ，耐力壁のたて枠相互の間隔が50cm以下となる耐力壁又は3階建ての建築物の3階，2階建ての建築物の2階若しくは平屋建ての建築物の耐力壁のたて枠相互の間隔が65cm以下となる耐力壁に使用する場合にあっては，枠組壁工法構造用製材規格に規定する寸法型式206に適合する製材を3本以上又は厚さが38mmを超え，幅が140mmを超える製材を2本以上
　(2)　たて枠に枠組壁工法構造用製材規格に規定する寸法型式208に適合する製材又は厚さが38mmを超え，幅が184mmを超える製材を使用し，かつ，耐力壁のたて枠相互の間隔が65cm以下となる耐力壁に使用する場合にあっては，枠組壁工法構造用製材規格に規定する寸法型式208に適合する製材を3本以上（3階建ての建築物の3階，2階建ての建築物の2階又は平屋建ての建築物の耐力壁のたて枠相互の間隔が65cm以下となる耐力壁に使用する場合にあっては2本以上）又は厚さが38mmを超え，幅が184mmを超える製材を2本以上

十　屋外に面する部分で，かつ，隅角部又は開口部の両端の部分にある耐力壁のたて枠は，直下の床の枠組に金物（くぎを除く。以下同じ。）又は壁材で構造耐力上有効に緊結しなければならない。

十一　耐力壁の上部には，当該耐力壁の上枠と同寸法の断面を有する頭つなぎを設け，耐力壁相互を構造耐力上有効に緊結しなければならない。ただし，当該耐力壁の上枠と同寸法以上の断面を有する床版の枠組材又は小屋組の部材（たるき，天井根太又はトラスをいう。以下同じ。）を当該上枠に緊結し，耐力壁相互を構造耐力上有効に緊結する場合においては，この限りでない。

十二　耐力壁線に設ける開口部の幅は4m以下とし，かつ，その幅の合計は当該耐力壁線の長さの4分の3以下としなければならない。

十三　幅90cm以上の開口部の上部には，開口部を構成するたて枠と同寸法以上の断面を有するまぐさ受けによってささえられたまぐさを構造耐力上有効に設けなければならない。ただし，構造耐力上有効な補強を行った場合においては，この限りでない。

十四　筋かいには，欠込みをしてはならない。

十五　壁の各部材相互及び壁の各部材と床版，頭つなぎ（第十一号ただし書の規定により耐力壁の上枠と床版の枠組材又は小屋組の部材とを緊結する場合にあっては，当該床版の枠組材又は小屋組の部材。以下この号において同じ。）又はまぐさ受けとは，次の表の緊結する部分の欄に掲げる区分に応じ，それぞれ同表の緊結の方法の欄に掲げるとおり緊結しなければならない。ただし，接合部の短期に生ずる力に対する許容せん断耐力が，同表の緊結する部分の欄に掲げる区分に応じ，それぞれ同表の許容せん断耐力の欄に掲げる数値以上であることが確かめられた場合においては，この限りでない。

緊結する部分		緊結の方法			許容せん断耐力
		くぎの種類	くぎの本数	くぎの間隔	
(1)	たて枠と上枠又は下枠	CN90 CNZ90	2本	—	1箇所当たり 1,000N
		CN75 CNZ75 BN90 CN65 CNZ65 BN75	3本	—	
		BN65	4本	—	
(2)	下枠と床版の	3階建ての建築物の1階	CN90 CNZ90	—	25cm以下	1m当たり 3,200N
			BN90	—	17cm以下	

	枠組材 その他の階	CN90 CNZ90	—	50cm以下	1m当たり 1,600N
		BN90	—	34cm以下	
(3)	上枠と頭つなぎ	CN90 CNZ90	—	50cm以下	1m当たり 1,600N
		BN90	—	34cm以下	
(4)	たて枠とたて枠又はまぐさ受け	CN75 CNZ75	—	30cm以下	1m当たり 2,200N
		BN75	—	20cm以下	
(5)	壁の枠組材と筋かいの両端部	CN65 CNZ65	下枠，たて枠及び上枠2本	—	1箇所当たり 1,100N
		BN65	下枠，たて枠及び上枠3本		

十六　地階の壁は，一体の鉄筋コンクリート造（2以上の部材を組み合わせたもので，部材相互を緊結したものを含む。）としなければならない。ただし，直接土に接する部分及び地面から30cm以内の外周の部分以外の壁は，これに作用する荷重及び外力に対して，第二号及び第四号から前号までの規定に準じ，構造耐力上安全なものとした枠組壁工法による壁とすることができる。

第6　根太等の横架材

床根太，天井根太その他の横架材には，その中央部付近の下側に構造耐力上支障のある欠込みをしてはならない。

第7　小屋組等

一　たるき及び天井根太の寸法は，枠組壁工法構造用製材規格に規定する寸法型式204，205，206，208，210，212，304若しくは306に適合するもの又は厚さ38mm以上で幅89mm以上のものであって，かつ，たるき若しくは天井根太とむなぎ，頭つなぎ若しくは屋根下地材との緊結に支障がないものとしなければならない。

二　たるき相互の間隔は，65cm以下としなければならない。

三　たるきには，たるきつなぎを構造耐力上有効に設けなければならない。

四　トラスは，これに作用する荷重及び外力に対して構造耐力上安全なものとしなければならない。

五　たるき又はトラスは，頭つなぎ及び上枠に金物で構造耐力上有効に緊結しなければならない。ただし，たるき又はトラスと次に掲げる部材のいずれかとを金物で構造耐力上有効に緊結する場合においては，この限りでない。

　イ　上枠（第5第十一号ただし書の規定により耐力壁の上枠とたるき又はトラスとを緊結する場合に限る。）

　ロ　上枠及び天井根太（第5第十一号ただし書の規定により耐力壁の上枠と天井根太とを緊結する場合に限る。）

六　小屋組は，振れ止めを設ける等水平力に対して安全なものとしなければならない。

七　屋根版は，風圧力その他の外力に対して安全なものとしなければならない。

八　屋根版に使用する屋根下地材は，厚さ12mm以上の構造用合板等，厚さ15mm以上のパーティクルボード又は構造用パネル（構造用パネル規格に規定する一級若しくは二級ものに限る。）としなければならない。ただし，たるき相互の間隔を50cm以下とする場合においては，厚さ9mm以上の構造用合板等，厚さ12mm以上のパーティクルボード，構造用パネル（たるき相互の間隔が31cmを超える場合においては，構造用パネル規格に規定する一級，二級若しくは三級のものに限る。）又は厚さ15mm以上の硬質木片セメント板（たるき相互の間隔が31cmを超える場合においては，厚さ18mm以上のものに限る。）とすることができる。

九　小屋組の各部材相互及び小屋組の部材と頭つなぎ（第5第十一号ただし書の規定により耐力壁の上枠と小屋組の部材とを緊結する場合にあっては，当該上枠。以下この号において同じ。）又は屋根下地材とは，次の表の緊結する部分の

欄に掲げる区分に応じ，それぞれ同表の緊結の方法の欄に掲げるとおり緊結しなければならない。ただし，接合部の短期に生ずる力に対する許容せん断耐力が，同表の緊結する部分の欄に掲げる区分に応じ，それぞれ同表の許容せん断耐力の欄に掲げる数値以上であることが確かめられた場合においては，この限りでない。

緊結する部分		緊結の方法			許容せん断耐力
		くぎの種類	くぎの本数	くぎの間隔	
(1)	たるきと天井根太	CN90 CNZ90	3本	—	1箇所当たり 2,400N
		CN75 CNZ75	4本	—	
		BN90 BN75	5本	—	
(2)	たるきとむなぎ	CN75 CNZ75	3本	—	1箇所当たり 1,700N
		BN75	4本	—	
(3)	たるき，天井根太又はトラスと頭つなぎ	CN75 CNZ75	2本	—	1箇所当たり 1,100N
		CN65 CNZ65 BN75 BN65	3本	—	
(4)	たるき又はトラスと屋根下地材	屋根下地材の外周部分	CN50 CNZ50	—	15cm以下	1m当たり 2,600N
			BN50	—	10cm以下	
		その他の部分	CN50 CNZ50	—	30cm以下	1m当たり 1,300N
			BN50	—	20cm以下	

十　令第82条第一号から第三号に定める構造計算によって構造耐力上安全であることが確かめられた場合（この場合において，同条各号中「構造耐力上主要な部分」とあるのは，「小屋組又は屋根版」と読み替えるものとする。）を除き，小屋の屋根又は外壁（以下「屋根等」という。）に設ける開口部の幅は2m以下とし，かつ，その幅の合計は当該屋根等の下端の幅の2分の1以下としなければならない。ただし，構造耐力上有効な補強を行った開口部であって次のイからハまでに該当するものは，その幅を3m以下とすることができる。
　イ　小屋の屋根に設けられるものであること。
　ロ　屋根の端部からの距離が90cm以上であること。
　ハ　他の開口部からの距離が180cm以上であること。

十一　屋根等に設ける幅90cm以上の開口部の上部には，開口部を構成する部材と同寸法以上の断面を有するまぐさ受けによって支持されるまぐさを構造耐力上有効に設けなければならない。ただし，これと同等以上の構造耐力上有効な補強を行った場合においては，この限りでない。

十二　母屋及び小屋つかを用いた小屋組とする場合又は木質断熱複合パネル若しくは木質接着複合パネルを用いた屋根版とする場合においては，令第82条第一号から第三号までに定める構造計算により，構造耐力上安全であることを確かめなければならない。この場合において，同条各号中「構造耐力上主要な部分」とあるのは，「小屋組又は屋根版」と読み替えて計算を行うものとする。

十三　天井根太に軽量H形鋼を使用する場合において，令第82条第一号から第三号までに定める構造計算及び建築物等の地上部分について行う令第82条の6第二号に定める構造計算により，構造耐力上安全であることを確かめられたものについては，第一号の規定は，適用しない。

第8　防腐措置等

一　土台が基礎と接する面及び鉄網モルタル塗その他の壁の枠組材が腐りやすい構造である部分の下地には，防水紙その他これに類するものを使用しなければならない。

二　土台には，枠組壁工法構造用製材規格に規定する防腐処理その他これに類する防腐処理を施した旨の表示がしてあるものを用いなければならない。ただし，同規格に規定する寸法型式404，406又は408に適合するものを用いる場合

においては、防腐剤塗布、浸せきその他これに類する防腐措置を施したものを用いることができる。
三　地面から1m以内の構造耐力上主要な部分（床根太及び床材を除く。）に使用する木材には、有効な防腐措置を講ずるとともに、必要に応じて、しろありその他の虫による害を防ぐための措置を講じなければならない。
四　構造耐力上主要な部分のうち、直接土に接する部分及び地面から30cm以内の外周の部分、鉄筋コンクリート造、鉄骨造その他腐朽及びしろありその他の虫による害を防ぐための措置を講じなければならない。
五　腐食のおそれのある部分及び常時湿潤状態となるおそれのある部分の部材を緊結するための金物には、有効なさび止めのための措置を講じなければならない。
六　構造耐力上主要な部分に薄板軽量形鋼又は軽量H形鋼を用いる場合にあっては、当該薄板軽量形鋼の表面仕上げはJIS G 3302（溶融亜鉛めっき鋼板及び鋼帯）-1998に規定するめっきの付着量表示記号Z27その他これに類する有効なさび止め及び摩損防止のための措置を講じたものとしなければならない。ただし、次に掲げる場合にあっては、この限りでない。
　イ　薄板軽量形鋼を屋外に面する部分（防水紙その他これに類するもので有効に防水されている部分を除く。）及び湿潤状態となるおそれのある部分以外の部分に使用する場合
　ロ　薄板軽量形鋼に床材、壁材又は屋根下地材等による被覆その他これに類する有効な摩損防止のための措置を講じた場合

第9　保有水平耐力計算と同等以上に安全性を確かめることができる構造計算

　令第81条第2項第一号イに規定する保有水平耐力計算と同等以上に安全性を確かめることができる構造計算を次の各号に定める。
一　令第82条各号に定めるところによること。
二　構造耐力上主要な部分に使用する構造部材相互の接合部がその部分の存在応力を伝えることができるものであることを確かめること。
三　建築物等の地上部分について、令第87条第1項に規定する風圧力（以下「風圧力」という。）によって各階に生ずる水平方向の層間変位の当該各階の高さに対する割合が1/200（風圧力による構造耐力上主要な部分の変形によって建築物等の部分に著しい損傷が生ずるおそれのない場合にあっては、1/120）以内であることを確かめること。
四　建築物等の地上部分について、令第88条第1項に規定する地震力（以下「地震力」という。）によって各階に生じる水平方向の層間変位の当該各階の高さに対する割合が1/200（地震力による構造耐力上主要な部分の変形によって建築物等の部分に著しい損傷が生ずるおそれのない場合にあっては、1/120）以内であることを確かめること。
五　建築物等の地上部分について、令第82条の3各号に定めるところによること。この場合において、耐力壁に木質接着複合パネルを用いる場合にあっては、同条第二号中「各階の構造特性を表すものとして、建築物の構造耐力上主要な部分の構造方法に応じた減衰性及び各階の靭性を考慮して国土交通大臣が定める数値」とあるのは、「0.55以上の数値。ただし、当該建築物の振動に関する減衰性及び当該階の靭性を適切に評価して算出することができる場合においては、当該算出した数値によることができる。」と読み替えるものとする。

第10　構造計算によって構造耐力上安全であることが確かめられた建築物等

一　次のイ及びロに定めるところにより行う構造計算によって構造耐力上安全であることが確かめられた建築物等については、第4第二号（床根太の支点間の距離に係る部分に限る。）及び第七号、第5第五号、第六号、第七号（交さ部に設けた外壁の耐力壁の長さの合計が90cm以上である場合に限る。）、第十二号及び第十五号

並びに第7第九号の規定は適用しない。
　　イ　第9第一号及び第二号に定めるところによること。
　　ロ　建築物等の地上部分について，令第82条の6第2号ロに定めるところによること。
　二　第9第一号及び第二号に定めるところにより行う構造計算によって構造耐力上安全であることが確かめられた建築物等については，第3第二号，第4第三号（床根太相互の間隔を1ｍ以下とする場合に限る。）及び第七号，第5第五号，第九号，第十一号及び第十五号並びに第7第二号（たるき相互の間隔を1ｍ以下とする場合に限る。）及び第九号の規定は適用しない。

第11　耐久性等関係規定の指定
　令第36条第1項に規定する耐久性等関係規定として，第8に定める安全上必要な技術的基準を指定する。

第12　令第36条第2項第一号の規定に基づく技術的基準の指定
　令第36条第2項第一号の規定に基づき，第9に規定する構造計算を行った場合に適用を除外することができる技術的基準として，第1及び第3から第7までの規定（第5第一号の規定を除く。）に定める技術的基準を指定する。

附　則
　この告示は，平成28年6月1日から施行する。

構造耐力上主要な部分である壁及び床版に，枠組壁工法により設けられるものを用いる場合における技術的基準に適合する当該壁及び床版の構造方法を定める件

　　国土交通省告示第1541号
　　建築基準法施行規則（昭和25年建設省令第40号）第8条の3の規定に基づき，構造耐力上主要な部分である壁及び床版に，枠組壁工法（木材を使用した枠組に構造用合板その他これに類するものを打ち付けることにより，壁及び床版を設ける工法をいう。）により設けられるものを用いる場合における国土交通大臣が定める技術的基準に適合する当該壁及び床版の構造方法を次のように定める。
　　平成13年10月25日
　　　　　　　　　　　　国土交通大臣　林　寛子
　国土交通省告示第1180号（一部改正）
　　平成16年9月29日
　　　　　　　　　　　　国土交通大臣　北側一雄
　国土交通省告示第626号（一部改正）
　　平成19年5月18日
　　　　　　　　　　　　国土交通大臣　冬柴鐵三
　国土交通省告示 第816号（一部改正）
　　平成27年6月30日
　　　　　　　　　　　　国土交通大臣　太田　昭宏
　国土交通省告示第910号（一部改正）
　　平成27年8月4日
　　　　　　　　　　　　国土交通大臣　太田　昭宏
　国土交通省告示第796号（一部改正）
　　平成28年6月1日
　　　　　　　　　　　　国土交通大臣　石井　啓一

第1　構造耐力上主要な部分である壁に，枠組壁工法により設けられるものを用いる場合における技術的基準に適合する当該壁の構造方法は，次の各号に定めるところによる。
　一　耐力壁は，外壁又は間仕切壁のそれぞれについて，木質接着複合パネル（平成12年建設省告

示第1446号第1第十三号に規定する木質接着複合パネルをいう。以下同じ。）を使用するものとこれ以外の工法によるものとを併用してはならない。

二　耐力壁は，建築物に作用する水平力及び鉛直力に対して安全であるように，釣合い良く配置しなければならない。この場合において，耐力壁の負担する鉛直力を負担する柱又は耐力壁以外の壁（常時作用している荷重（固定荷重と積載荷重との和（建築基準法施行令（昭和25年政令第338号。以下「令」という。）第86条第2項ただし書の規定によって特定行政庁が指定する多雪区域においては，更に積雪荷重を加えたものとする。））によって生ずる応力度が，当該柱又は耐力壁以外の壁の各断面の長期に生ずる力に対する許容応力度を超えないことが確かめられたものに限る。）を設ける場合においては，当該耐力壁にかえて当該柱又は耐力壁以外の壁を配置することができる。

三　2階部分又は3階部分に耐力壁を設けず当該部分を小屋裏とする場合においては，直下階の構造耐力上主要な部分が当該小屋裏の荷重を直接負担する構造としなければならない。

四　耐力壁の下枠，たて枠及び上枠の寸法は，枠組壁工法構造用製材及び枠組壁工法構造用たて継ぎ材の日本農林規格（昭和49年農林省告示第600号。以下「枠組壁工法構造用製材等規格」という。）に規定する寸法型式204，205，206，208，304，306，404，406若しくは408に適合するもの又は厚さ38mm以上で幅89mm以上のものであって，かつ，下枠，たて枠若しくは上枠と床版の枠組材（床根太，端根太又は側根太をいう。以下同じ。），頭つなぎ，まぐさ受け若しくは筋かいの両端部との緊結及び下枠若しくは上枠とたて枠との緊結に支障がないものとしなければならない。

五　各階の張り間方向及びけた行方向に配置する耐力壁は，それぞれの方向につき，耐力壁のたて枠相互の間隔が50cmを超える場合においては次の表1の，当該間隔が50cm以下の場合においては次の表1-2の耐力壁の種類の欄に掲げる区分に応じて当該耐力壁の長さに同表の倍率の欄に掲げる数値を乗じて得た長さの合計を，その階の床面積（その階又は上の階の小屋裏，天井裏その他これらに類する部分に物置等を設ける場合にあっては，平成12年建設省告示第1351号に規定する面積をその階の床面積に加えた面積）に次の表2に掲げる数値（特定行政庁が令第88条第2項の規定によって指定した区域内における場合においては，次の表2に掲げる数値のそれぞれ1.5倍とした数値）を乗じて得た数値以上で，かつ，その階（その階より上の階がある場合においては，当該上の階を含む。）の見付面積（張り間方向又はけた行方向の鉛直投影面積をいう。以下同じ。）からその階の床面からの高さが1.35m以下の部分の見付面積を減じたものに次の表3に掲げる数値を乗じて得た数値以上としなければならない。

表1

	耐力壁の種類	倍率
(1)	構造用合板若しくは化粧ばり構造用合板（合板の日本農林規格（平成15年農林水産省告示第233号。以下「合板規格」という。）に規定する特類又は1類（屋外に面する部分（防水紙その他これに類するもので有効に防水されている部分を除く。）又は湿潤状態となるおそれのある部分（常時湿潤状態となるおそれのある部分を除く。）に用いる場合は特類に限る。）をいう。以下「構造用合板等」という。）のうち厚さ7.5mm以上の一級若しくは厚さ9mm以上の二級，構造用パネル（構造用パネルの日本農林規格（昭和62年農林水産省告示第360号。以下「構造用パネル規格」という。）に規定する一級，二級，三級又は四級をいう。以下同じ。），ハードボード（日本工業規格（以下「JIS」という。）A 5905（繊維版）-1994に規定するハードファイバーボードの35タイプ又は45タイプをいう。以下同じ。）のうち厚さ7mm以上のもの又はパーティクルボード（JIS A 5908（パーティクルボード）-1994に規定する18タイプ，13タイプ，24-10タ	3

	耐力壁の種類	倍率
	イプ，17.5-10.5タイプ又は30-15タイプをいう。以下同じ。）のうち厚さ12mm以上のものを片側全面に打ち付けた耐力壁	
(2)	構造用合板等のうち厚さ7.5mm以上9mm未満の二級又はハードボードのうち厚さ5mm以上7mm未満のものを片側全面に打ち付けた耐力壁	2.5
(3)	構造用せっこうボードA種（JIS A 6901（せっこうボード製品）-2005に規定する構造用せっこうボードA種をいう。以下同じ。）のうち厚さ12mm以上のものを片側全面に打ち付けた耐力壁	1.7
(4)	構造用せっこうボードB種（JIS A 6901（せっこうボード製品）-2005に規定する構造用せっこうボードA種をいう。以下同じ。）のうち厚さ12mm以上のもの又はフレキシブル板（JIS A 5430（繊維強化セメント板）-2001に規定するフレキシブル板をいう。以下同じ。）のうち厚さ6mm以上のものを片側全面に打ち付けた耐力壁	1.5
(5)	強化せっこうボード（JIS A 6901（せっこうボード製品）-2005に規定する強化せっこうボードをいう。以下同じ。）のうち厚さ12mm以上のものを片側全面に打ち付けた耐力壁	1.3
(6)	せっこうボード（JIS A 6901（せっこうボード製品）-2005に規定するせっこうボードをいう。以下同じ。）のうち厚さ12mm以上のもの又はシージングボード（JIS A 5905（繊維板）-1994に規定するシージングボードをいう。以下同じ。）のうち厚さ12mm以上のものを片側全面に打ち付けた耐力壁	1
(7)	(1)から(6)までに掲げる壁材を両側全面に打ち付けた耐力壁	(1)から(6)までのそれぞれの数値と(1)から(6)までのそれぞれの数値との和（5を超えるときは，5）
(8)	厚さ18mm以上，幅89mm以上の筋かいを入れた耐力壁	0.5
(9)	(1)から(7)までに掲げる耐力壁と(8)に掲げる筋かいとを併用した耐力壁	(1)から(7)までのそれぞれの数値と(8)の数値との和（5を超えるときは，5）

表1-2

	耐力壁の種類	倍率
(1)	構造用合板等のうち厚さ9mm以上の一級を片側全面に打ち付けた耐力壁	3.5
(2)	構造用合板等のうち厚さ7.5mm以上9mm未満の一級若しくは厚さ9mm以上の二級，ハードボードのうち厚さ7mm以上のもの，パーティクルボードのうち厚さ12mm以上のもの又は構造用パネルを片側全面に打ち付けた耐力壁	3
(3)	構造用合板等で厚さ7.5mm以上9mm未満の二級，ハードボードで厚さ5mm以上7mm未満のもの又は硬質木片セメント板で厚さ12mm以上のものを片側全面に打ち付けた耐力壁	2.5
(4)	フレキシブル板のうち厚さ6mm以上のもの又はパルプセメント板（JIS A 5414（パルプセメント板）-1993に規定する1.0板をいう。以下同じ。）のうち厚さ8mm以上のものを片側全面に打ち付けた耐力壁	2
(5)	構造用せっこうボードA種のうち厚さ12mm以上のものを片側全面に打ち付けた耐力壁	1.7
(6)	構造用せっこうボードB種のうち厚さ12mm以上のものを片側全面に打ち付けた耐力壁又は厚さ13mm以上，幅21cm以上の製材を片面全面に斜めに打ち付けた耐力壁	1.5
(7)	強化せっこうボードのうち厚さ12mm以上のものを片側全面に打ち付けた耐力壁	1.3
(8)	せっこうボードのうち厚さ12mm以上のもの又はシージングボードのうち厚さ12mm以上のもの又はラスシート（角波亜鉛鉄板は厚さ0.4mm以上，メタルラスは厚さ0.6mm以上のものに限る。）を片側全面に打ち付けた耐力壁	1
(9)	厚さ13mm以上，幅21cm以上の製材を片側全面に横に打ち付けた耐力壁	0.5
(10)	(1)から(9)までに掲げる壁材を両側全面に打ち付けた耐力壁	(1)から(9)までのそれぞれの数値と(1)から(9)までのそれぞれの数値との和（5を超えるときは，5）
(11)	厚さ18mm以上，幅89mm以上の筋かいを入れた耐力壁	0.5

| (12) | (1)から(10)までに掲げる耐力壁と(11)に掲げる筋かいとを併用した耐力壁 | (1)から(10)までのそれぞれの数値と(11)の数値との和（5を超えるときは，5） |

表2 （→250頁）

表3

	区　域	見付面積に乗ずる数値（単位　cm/m²）
(1)	特定行政庁がその地方における過去の風の記録を考慮してしばしば強い風が吹くと認めて規則で指定した区域	50を超え，75以下の範囲において特定行政庁がその地方における風の状況に応じて規則で定めた数値
(2)	(1)に掲げる区域以外の区域	50

　六　耐力壁線相互の距離は12m以下とし，かつ，耐力壁線により囲まれた部分の水平投影面積は40m²以下としなければならない。ただし，床版の枠組材と床材とを緊結する部分を構造耐力上有効に補強した場合にあっては，当該水平投影面積を60m²以下（耐力壁線により囲まれた部分の長辺の長さに対する短辺の長さの比が1/2を超える場合にあっては72m²）とすることができることとする。

　七　外壁の耐力壁線相互の交さする部分（以下この号及び第3第二号において「交さ部」という。）には，長さ90cm以上の耐力壁を一以上設けなければならない。ただし，交さ部を構造耐力上有効に補強した場合において，交さ部に接する開口部又は交さ部からの距離が90cm未満の開口部で，幅（交さ部から開口部までの距離を含み，外壁の双方に開口部を設ける場合は，それらの幅の合計とする。）が4m以下のものを設けるときは，この限りでない。

　八　耐力壁のたて枠相互の間隔は，次の表に掲げる数値以下（たて枠に枠組壁工法構造用製材規格に規定する寸法型式206，306若しくは406に適合する製材又は厚さ38mm以上で幅140mm以上の製材を使用する耐力壁については，50cm（当該耐力壁を3階建ての建築物の3階，2階建ての建築物の2階又は平屋建ての建築物に用いる場合については，65cm）以下，たて枠に枠組壁工法構造用製材規格に規定する寸法型式208若しくは408に適合する製材又は厚さ38mm以上で幅184mm以上の製材を使用する耐力壁については，65cm以下）としなければならない。ただし，令第82条第一号から第三号までに定める構造計算によって構造耐力上安全であることが確かめられた場合においては，たて枠相互の間隔は，当該計算に用いた数値（当該耐力壁に木質断熱複合パネルを用いる場合を除き，当該数値が65cmを超えるときは，65cm）とすることができる。この場合において，同条各号中「構造耐力上主要な部分」とあるのは，「耐力壁」と読み替えて計算を行うものとする。

　　表（→251頁）

　九　各耐力壁の隅角部及び交さ部には次に定めるところによりたて枠を用いるものとし，当該たて枠は相互に構造耐力上有効に緊結しなければならない。

　イ　たて枠に枠組壁工法構造用製材規格に規定する寸法型式204，205又は304に適合する製材のみを使用し，かつ，耐力壁のたて枠相互の間隔が前号の表に掲げる数値以下となる耐力壁に使用する場合にあっては，枠組壁工法構造用製材規格に規定する寸法型式204又は304に適合する製材を3本以上

　ロ　たて枠に枠組壁工法構造用製材規格に規定する寸法型式206，208，306，404，406又は408に適合する製材を使用し，かつ，耐力壁のたて枠相互の間隔が前号の表に掲げる数値以下となる耐力壁に使用する場合にあっては，枠組壁工法構造用製材規格に規定する寸法型式206，208，306，404，406又は408に適合する製材をそれぞれ2本以上

　ハ　イ及びロ以外の場合にあっては，次に定めるところによる。

　　(1)　たて枠に枠組壁工法構造用製材規格に規定する寸法型式206に適合する製材又は厚

表2

建築物			階の床面積に乗ずる数値（単位　cm/m²）						
			地階を除く階数が1の建築物（以下「平屋建ての建築物」という。）	地階を除く階数が2の建築物（以下「2階建ての建築物」という。）		地階を除く階数が3の建築物で、3階部分に耐力壁を設けず当該部分を小屋裏とし、かつ、3階の床面積が2階の床面積の2分の1以下の建築物（以下「3階建ての小屋裏利用建築物」という。）		地階を除く階数が3の建築物で、上欄に掲げる建築物以外のもの（以下「3階建ての建築物」という。）		
				1階	2階	1階	2階	1階	2階	3階
(1)	令第86条第2項ただし書の規定によって特定行政庁が指定する多雪区域（以下単に「多雪区域」という。）以外の区域における建築物	屋根を金属板、石板、木板その他これらに類する軽い材料でふいたもの	11	29	15	38	25	46	34	18
		屋根をその他の材料でふいたもの	15	33	21	42	30	50	39	24
(2)	多雪区域における建築物	令第86条第1項に規定する垂直積雪量（以下単に「垂直積雪量」という。）が1mの区域におけるもの	25	43	33	52	42	60	51	35
		垂直積雪量が1mを超え2m未満の区域におけるもの	25と39とを直線的に補間した数値	43と57とを直線的に補間した数値	33と51とを直線的に補間した数値	52と66とを直線的に補間した数値	42と60とを直線的に補間した数値	60と74とを直線的に補間した数値	51と68とを直線的に補間した数値	35と55とを直線的に補間した数値
		垂直積雪量が2mの区域におけるもの	39	57	51	66	60	74	68	55

この表において，屋根に雪止めがなく，かつ，その勾配が30°を超える建築物又は雪下ろしを行う慣習のある地方における建築物については，垂直積雪量をそれぞれ次のイ又はロに定める数値とみなして(2)を適用した場合における数値とすることができる。この場合において，垂直積雪量が1m未満の区域における建築物とみなされるものについては，平屋建て建築物にあっては25と39とを，2階建ての建築物の1階にあっては43と57とを，2階建ての建築物の2階にあっては33と51とを，3階建ての小屋裏利用建築物の1階にあっては52と66とを，3階建ての小屋裏利用建築物の2階にあっては42と60とを，3階建ての建築物の1階にあっては60と74とを，3階建ての建築物の2階にあっては51と68とを，3階建ての建築物の3階にあっては35と55とをそれぞれ直線的に延長した数値とする。

イ　令第86条第4項に規定する屋根形状係数を垂直積雪量に乗じた数値（屋根の勾配が60°を超える場合は，0）
ロ　令第86条第6項の規定により積雪荷重の計算に用いられる垂直積雪量の数値

建築物		3階建ての建築物の3階，2階建ての建築物の2階又は平屋建ての建築物（単位 cm）	3階建ての建築物の2階，3階建ての小屋裏利用建築物の2階又は2階建ての建築物の1階（単位 cm）	3階建ての小屋裏利用建築物の1階（単位 cm）
(1)	多雪区域以外の区域における建築物	65	50	45
(2)	多雪区域における建築物 垂直積雪量が1mの区域におけるもの	50	45	35
	垂直積雪量が1mを超え1.5m以下の区域におけるもの	50	35	31
	垂直積雪量が1.5mを超え2m以下の区域におけるもの	45	35	31

この表において，屋根に雪止めがなく，かつ，その勾配が30°を超える建築物又は雪下ろしを行う慣習のある地方における建築物については，垂直積雪量がそれぞれ第五号の表2のイ又はロに定める数値の区域における建築物とみなして，この表の(2)を適用した場合における数値とすることができる。この場合において，垂直積雪量が1m未満の区域における建築物とみなされるものについては，次の表のとおりとする。

建築物	3階建ての建築物の3階，2階建ての建築物の2階又は平屋建ての建築物（単位 cm）	3階建ての建築物の2階，3階建ての小屋裏利用建築物の2階又は2階建ての建築物の1階（単位 cm）	3階建ての小屋裏利用建築物の1階（単位 cm）
垂直積雪量が50cm以下の区域における建築物とみなされるもの	50	50	45
垂直積雪量が50cmを超え1m未満の区域における建築物とみなされるもの	50	45	41

さが38mmを超え，幅が140mmを超える製材を使用し，かつ，耐力壁のたて枠相互の間隔が50cm以下となる耐力壁又は3階建ての建築物の3階，2階建ての建築物の2階若しくは平屋建ての建築物の耐力壁のたて枠相互の間隔が65cm以下となる耐力壁に使用する場合にあっては，枠組壁工法構造用製材規格に規定する寸法型式206に適合する製材を3本以上又は厚さが38mmを超え，幅が140mmを超える製材を2本以上

(2) たて枠に枠組壁工法構造用製材規格に規定する寸法型式208に適合する製材又は厚さが38mmを超え，幅が184mmを超える製材を使用し，かつ，耐力壁のたて枠相互の間隔が65cm以下となる耐力壁に使用する場合にあっては，枠組壁工法構造用製材規格に規定する寸法型式208に適合する製材を3本以上（3階建ての建築物の3階，2階建ての建築物の2階又は平屋建ての建築物の耐力壁のたて枠相互の間隔が65cm以下となる耐力壁に使用する場合にあっては2本以上）又は厚さが38mmを超え，幅が184mmを超える製材を2本以上

十 屋外に面する部分で，かつ，隅角部又は開口部の両端の部分にある耐力壁のたて枠は，直下の床の枠組に金物（くぎを除く。以下同じ。）又は壁材で構造耐力上有効に緊結しなければならない。

十一 耐力壁の上部には，当該耐力壁の上枠と同寸法の断面を有する頭つなぎを設け，耐力壁相互を構造耐力上有効に緊結しなければならない。ただし，当該耐力壁の上枠と同寸法以上の断面を有する床版の枠組材を当該上枠に緊結し，耐力壁相互を構造耐力上有効に緊結する場合においては，この限りでない。

十二 耐力壁線に設ける開口部の幅は4m以下とし，かつ，その幅の合計は当該耐力壁線の長さの4分の3以下としなければならない。

十三 幅90cm以上の開口部の上部には、開口部を構成するたて枠と同寸法以上の断面を有するまぐさ受けによってささえられたまぐさを構造耐力上有効に設けなければならない。ただし、構造耐力上有効な補強を行った場合においては、この限りでない。

十四 筋かいには、欠込みをしてはならない。

十五 壁の各部材相互及び壁の各部材と床版、頭つなぎ（第十一号ただし書の規定により耐力壁の上枠と床版の枠組材とを緊結する場合にあっては、当該床版の枠組材。以下この号において同じ。）又はまぐさ受けとは、次の表の緊結する部分の欄に掲げる区分に応じ、それぞれ同表の緊結の方法の欄に掲げるとおり緊結しなければならない。ただし、接合部の短期に生ずる力に対する許容せん断耐力が、同表の緊結する部分の欄に掲げる区分に応じ、それぞれ同表の許容せん断耐力の欄に掲げる数値以上であることが確かめられた場合においては、この限りでない。

緊結する部分		くぎの種類	くぎの本数	くぎの間隔	許容せん断耐力
(1)	たて枠と上枠又は下枠	CN90 CNZ90	2本	—	1箇所当たり 1,000N
		CN75 CNZ75 BN90 CN65 CNZ65 BN75	3本	—	
		BN65	4本	—	
(2)	下枠と床版の枠組材	3階建ての建築物の1階	CN90 CNZ90	—	25cm以下	1m当たり 3,200N
			BN90	—	17cm以下	
		その他の階	CN90 CNZ90	—	50cm以下	1m当たり 1,600N
			BN90	—	34cm以下	
(3)	上枠と頭つなぎ	CN90 CNZ90	—	50cm以下	1m当たり 1,600N
		BN90	—	34cm以下	
(4)	たて枠とたて枠又はまぐさ受け	CN75 CNZ75	—	30cm以下	1m当たり 2,200N
		BN75	—	20cm以下	
(5)	壁の枠組材と筋かいの両端部	CN65 CNZ65	下枠、たて枠及び上枠2本	—	1箇所当たり 1,100N
		BN65	下枠、たて枠及び上枠3本	—	

この表において、くぎの種類の欄に掲げる記号は、JIS A 5508（くぎ）-2005に規定する規格を表すものとする。以下第2第七号の表において同様とする。

十六 壁の枠組材と壁材とは、次の表に掲げる通り緊結しなければならない。

壁材の種類	くぎ又はねじの種類	くぎ又はねじの本数	くぎ又はねじの間隔
構造用合板、化粧ばり構造用合板、パーティクルボード、ハードボード、構造用パネル、硬質木片セメント板又はラスシート	CN50 CNZ50	—	壁材の外周部は10cm以下、その他の部分は20cm以下
	BN50	—	
パルプセメント板	GNF40 SF45	—	壁材の外周部は10cm以下、その他の部分は20cm以下
せっこうボード	GNF40 SF45 WSN DTSN	—	
シージングボード	SN40	—	
フレキシブル板	GFN40 SF45	—	壁材の外周部は15cm以下、その他の部分は30cm以下
製材	CN50 CNZ50	下枠、たて枠及び上枠2本	
	BN50	下枠、たて枠及び上枠3本	

この表において、SFN45、CN50、CNZ50、BN50、GNF40及びSN40は、それぞれJIS A 5508（くぎ）-2005に規定するSFN45、CN50、CNZ50、BN50、GNF40及びSN40を、WSNは、JIS B 1112（十字穴付き木ねじ）-1995に適合する

十字穴付き木ねじであって，呼び径及び長さが，それぞれ3.8mm及び32mm以上のものを，DTSNは，JIS B 1125（ドリリングタッピンねじ）-2003に適合するドリリングタッピンねじであって，頭部の形状による種類，呼び径及び長さが，それぞれトランペット，4.2mm及び30mm以上のものを表すものとする。

十七　地階の壁は，一体の鉄筋コンクリート造（2以上の部材を組み合わせたもので，部材相互を緊結したものを含む。）としなければならない。ただし，直接土に接する部分及び地面から30cm以内の外周の部分以外の壁は，これに作用する荷重及び外力に対して，第二号及び第四号から前号までの規定に準じ，構造耐力上安全なものとした枠組壁工法による壁とすることができる。

第2　構造耐力上主要な部分である床版に，枠組壁工法により設けられるものを用いる場合における技術的基準に適合する当該床版の構造方法は，次の各号に定めるところによる。

一　床根太，端根太及び側根太の寸法は，枠組壁工法構造用製材規格に規定する寸法型式206，208，210，212若しくは306に適合するもの又は厚さ38mm以上で幅140mm以上のものであって，かつ，床根太，端根太若しくは側根太と土台，頭つなぎ若しくは床材との緊結に支障がないものとしなければならない。

二　床根太の支点間の距離は，8m以下としなければならない。この場合において，床根太に枠組壁工法構造用製材規格に規定する寸法型式212に適合するもの又は辺長比（当該床根太に使用する製材の厚さに対する幅の比をいう。）が286を38で除した数値より大きい数値の製材を使用する場合（当該床根太を2以上緊結して用いる場合又は床根太の支点間の距離を4.5m未満とする場合を除く。）にあっては，3m以下ごとに転び止を設けなければならない。

三　床根太相互及び床根太と側根太との間隔（以下「床根太間隔」という。）は，65cm以下としなければならない。

四　床版に設ける開口部は，これを構成する床根太と同寸法以上の断面を有する床根太で補強しなければならない。

五　2階又は3階の耐力壁の直下に耐力壁を設けない場合においては，当該耐力壁の直下の床根太は，構造耐力上有効に補強しなければならない。

六　床材は，厚さ15mm以上の構造用合板等，厚さ18mm以上のパーティクルボード又は構造用パネル（構造用パネル規格に規定する一級のものに限る。）としなければならない。ただし，床根太間隔を50cm以下とする場合においては，厚さ12mm以上の構造用合板等，厚さ15mm以上のパーティクルボード又は構造用パネル（構造用パネル規格に規定する一級，二級又は三級（床根太相互は床根太と側根太との間隔が31cmを超える場合においては，同規格に規定する一級又は二級）のものに限る。）と，床根太間隔を31cm以下とする場合においては，厚さ18mm以上の硬質木片セメント板と，それぞれすることができる。

七　床版の各部材相互及び床版の枠組材と土台又は頭つなぎ（第1第十一号ただし書の規定により耐力壁の上枠と床版の枠組材とを緊結する場合にあっては，当該上枠。）とは，次の表の緊結する部分の欄に掲げる区分に応じ，それぞれ同表の緊結の方法の欄に掲げるとおり緊結しなければならない。ただし，接合部の短期に生ずる力に対する許容せん断耐力が，同表の緊結する部分の欄に掲げる区分に応じ，それぞれ同表の許容せん断耐力の欄に掲げる数値以上であることが確かめられた場合においては，この限りでない。

緊結する部分	緊結の方法			許容せん断耐力
	くぎの種類	くぎの本数	くぎの間隔	
	CN75 CNZ75	2本		

(1)	床根太と土台又は頭つなぎ		CN65 CNZ65 BN75	3本	—	1箇所当たり 1,100N
			BN65	4本		
(2)	端根太又は側根太と土台又は頭つなぎ	地階を除く階数が3の建築物の1階	CN75 CNZ75	—	25cm以下	1m当たり 2,200N
			BN75	—	18cm以下	
		その他の階	CN75 CNZ75	—	50cm以下	1m当たり 1,100N
			BN75	—	36cm以下	
(3)	床版の枠組材と床材	床材の外周部分	CN50 CNZ50	—	15cm以下	1m当たり 2,800N
			BN50	—	10cm以下	
		その他の部分	CN50 CNZ50	—	20cm以下	1m当たり 2,100N
			BN50	—	15cm以下	

八　次に掲げる場合において，令第82条第一号から第三号までに定める構造計算及び建築物等の地上部分について行う令第82条の6第二号及び第三号に定める構造計算により，構造耐力上安全であることを確かめられたものについては，前各号の規定は，適用しない。

　イ　2階以上の階の床版を鉄筋コンクリート造とする場合

　ロ　2階以上の階の床根太に軽量H形鋼（平成13年国土交通省告示第1540号第4第八号ロに規定する軽量H形鋼をいう。以下同じ。）を使用する場合

九　前号に掲げるもののほか，次に掲げる場合において，令第82条第一号から第三号までに定める構造計算により，構造耐力上安全であることを確かめられたものについては，第一号から第七号までの規定は，適用しない。この場合において，同条各号中「構造耐力上主要な部分」とあるのは，「床版」と読み替えて計算を行うものとする。

　イ　1階の床版を鉄筋コンクリート造とする場合

　ロ　床ばり又はトラスを用いる場合

　ハ　床版に木質断熱複合パネル（平成12年建設省告示第1446号第12号に規定する木質断熱複合パネルをいう。）を使用する場合

　ニ　床版に木質接着複合パネルを使用する場合

　ホ　床根太，端根太又は側根太に木質接着成形軸材料（平成12年建設省告示第1446号第1第十号に規定する木質接着成形軸材料をいう。）又は木質複合軸材料（平成12年建設省告示第1446号第1第十一号に規定する木質複合軸材料をいう。）を使用する場合

　ヘ　床根太に薄板軽量形鋼（平成13年国土交通省告示第1540号第2第四号に規定する薄板軽量形鋼をいう。）を使用する場合

　ト　1階の床根太に軽量H形鋼を使用する場合

十　前二号に掲げるもののほか，大引き又は床つかを用いる場合において，当該大引き又は床つか及びそれらの支持する床版に常時作用している荷重（固定荷重と積載荷重との和（令第86条第2項ただし書の規定によって特定行政庁が指定する多雪区域においては，更に積雪荷重を加えたものとする。））によって生ずる応力度が，当該大引き又は床つか及びそれらの支持する床版の各断面の長期に生ずる力に対する許容応力度を超えないことを確かめられたものについては，第一号から第七号までの規定は適用しない。

第3　第1及び第2で定めるもののほか，次に定める構造計算によって構造耐力上安全であることが確かめられた構造耐力上主要な部分である壁及び床版に枠組壁工法により設けられるものを用いた建築物又は建築物の構造部分（以下「建築物等」という。）については，次の各号に掲げるところによる。

一　次のイ及びロに該当する建築物等については，第1及び第2の規定（第2第一号の規定を除く。）は適用しない。

　イ　次の(1)から(5)までに定めるところにより行

う構造計算によって構造耐力上安全であることが確かめられたもの
(1) 令第82条各号に定めるところによること。
(2) 構造耐力上主要な部分に使用する構造部材相互の接合部がその部分の存在応力を伝えることができるものであることを確かめること。
(3) 建築物等の地上部分について，令第87条第1項に規定する風圧力（以下「風圧力」という。）によって各階に生じる水平方向の層間変位の当該各階の高さに対する割合が200分の1（風圧力による構造耐力上主要な部分の変形によって建築物等の部分に著しい損傷が生ずるおそれのない場合にあっては，120分の1）以内であることを確かめること。
(4) 建築物等の地上部分について，令第88条第1項に規定する地震力（以下「地震力」という。）によって各階に生ずる水平方向の層間変位の当該各階の高さに対する割合が200分の1（地震力による構造耐力上主要な部分の変形によって建築物等の部分に著しい損傷が生ずるおそれのない場合にあっては，120分の1）以内であることを確かめること。
(5) 建築物等の地上部分について，令第82条の3各号に定めるところによること。この場合において，耐力壁に木質接着複合パネルを用いる場合にあっては，同条第二号中「各階の構造特性を表すものとして，建築物の構造耐力上主要な部分の構造方法に応じた減衰性及び各階の靱性を考慮して国土交通大臣が定める数値」とあるのは，「0.55以上の数値。ただし，当該建築物の振動に関する減衰性及び当該階の靱性を適切に評価して算出することができる場合においては，当該算出した数値によることができる。」と読み替えるものとする。

ロ　構造耐力上主要な部分のうち，直接土に接する部分及び地面から30ｃm以内の外周の部分が，鉄筋コンクリート造，鉄骨造その他腐朽及びしろありその他の虫による害で構造耐力上支障のあるものを生ずるおそれのない構造であること。

二　次のイ及びロに定めるところにより行う構造計算によって構造耐力上安全であることが確かめられた建築物等については，第1第五号，第六号，第七号（交さ部に設けた外壁の耐力壁の長さの合計が90cm以上である場合に限る。），第十二号，第十五号及び第十六号並びに第2第二号（床根太の支点間の距離に係る部分に限る。）及び第七号の規定は適用しない。
　イ　前号イ(1)及び(2)に定めるところによること。
　ロ　建築物等の地上部分について，令第82条の6第二号ロに定めるところによること。

三　第一号イ(1)及び(2)に定めるところにより行う構造計算によって構造耐力上安全であることが確かめられた建築物等については，第1第五号，第九号，第十一号，第十五号及び第十六号並びに第2第三号（床根太の間隔を1m以下とした場合に限る。）及び第七号の規定は適用しない。

附　則

この告示は，平成28年6月1日から施行する。

枠組壁工法（ツーバイフォー工法）技術基準告示改正年表

① 昭和49年（1974年）7月　枠組壁工法技術基準告示
　　昭和49～50年　建設省総合プロジェクト
　　　　　　　「小規模住宅の新施工法の開発」

② 昭和52年（1977年）7月　第1次告示改正
　　耐力壁面材の追加
　　多雪区域の構造規定
　　耐力壁の配置の合理化
　　　・許容応力度
　　　・防耐火性能
　　　・オーバーハング，セットバック

③ 昭和57年（1982年）1月　第2次告示改正
　　令80条2第1号（法38条の規定から令80条2第1号の規定へ変更）
　　小屋裏利用3階
　　建物隅角部の両面開口部
　　耐力壁線で囲まれる面積の拡大（40→60m^2）

④ 昭和60年（1985年）12月　第3次告示改正
　　4×8　面材の合理的使用のための規定整備
　　支持柱の導入
　　床工法の自由度拡大
　　和風小屋組の導入
　　　昭和60.7
　　　　・アクションプログラム
　　　　・MOSS協議

⑤ 昭和62年（1987年）11月　第4次告示改正
　　新面材の導入
　　　・OSB
　　　・ねじ
　　　・化粧ばり集成材
　　純3階建て

⑥ 平成4年（1992年）3月　第5次告示改正
　　新材料の追加
　　　・BN釘
　　　・MSR
　　　・たて継材
　　　・LVL
　　適用除外の項目追加
　　（構造計算による設計の自由度拡大）
　　　・耐力壁で囲まれる面積　60m^{2}超
　　　・耐力壁線間距離　12m超
　　　・開口幅　4m超

⑦ 平成9年（1997年）3月　第6次告示改正
　　性能規定化
　　構造計算による設計の自由度拡大（告示第9）

⑧ 平成13年（2001年）10月　第7次告示改正
　　木質プレハブ工法と並記された告示となる
　　壁・床版については別告示（平成13年第1541号）
　　新材料の追加
　　　・木質接着成形軸材料
　　　・木質複合軸材料
　　　・木質断熱複合パネル
　　　・薄板軽量形鋼（鋼板・鋼帯）
　　　・MDF（ミディアムデンシティ・ファイバーボード）
　　　・火山性ガラス質複層板
　　隅柱の構成の追加（204材以外の仕様追加）
　　基礎の項を削除（一般の基礎と同じ扱い），部位の表現変更
　　　・耐力壁等→壁
　　　・床→床版
　　　・小屋→小屋組

⑨ 平成16年（2004年）9月　第8次告示改正
　　材料規格変更に伴う改正
　　　石綿パーライト板，石綿けい酸カルシウム板，石綿スレートを削除

⑩ 平成19年（2007年）6月　第9次告示改正
　　・告示の構成の変更
　　　旧第9を第8～10に再編
　　　新第9を適用する場合は構造計算適合判定が必要
　　・枠組壁工法構造用製材のJAS（農林省昭45告示）改正（平17年8月）に伴う寸法型式（205, 304, 306）の追加
　　・せっこうボード製品のJIS（A　6901-2005）改正に伴う種類の追加と倍率の変更
　　　（普通）せっこうボード（倍率1.0）変更
　　　構造用せっこうボードA種（倍率1.7），同B種（倍率1.5），強化せっこうボード（倍率1.3）を追加
　　・くぎのJIS（A　5508-2005）改正に伴う「めっき太め鉄丸くぎ（CNZ）」の追加
　　・ドリリングタッピンねじのJIS（B　1125-2003）

改正に伴うWTSNねじの表記変更
・耐力壁線区画の規定の緩和
　　耐力壁線で囲まれる面積（短辺/長辺）が1/2超の場合，72m²以下
・たて枠間隔の制限の緩和
　　構造計算を行う場合，65cm超が可能
・屋根に設ける開口部位置規定の緩和
　　有効な補強を行った場合に，開口部幅を3mまで（旧2m）拡張可能
・構造計算により適用除外となる仕様規定項目の拡大
　　床根太間隔（1m以上），耐力壁交差部の構造方法，頭つなぎの設置・構造方法の追加
　　3階建て以上の場合のアンカーボルト設置についての適用除外は廃止
・床版のみに木質接着複合パネルを使用する場合の構造計算の簡略化
　　保有水平耐力計算に代えて，許容応力度計算で可能

⑪平成19年（2007年）11月　第10次告示改正
・製材のJAS改正に伴う表記の変更

⑫平成20年（2008年）2月　第11次告示改正
・集成材のJAS改正に伴う表記の変更

⑬平成20年（2008年）8月　第12次告示改正
・単板積層材（LVL）のJAS改正に伴う表記の変更

⑭平成27年（2015年）6月　第13次告示改正
・枠組壁工法構造用製材等のJAS改正に伴う変更

⑮平成27年（2016年）8月　第14次告示改正
・床根太，天井根太に一般構造用溶接軽量H形鋼の追加
・耐力壁の上枠と同寸法の頭つなぎを設けない場合の規定の追加
・枠組壁工法構造用製材等規格に規定する寸法型式以外のたて枠の追加
・交さ部の耐力壁の配置に関する構造計算方法の合理化
・たるき配置に関する構造計算方法の合理化

⑯平成28年（2016年）6月　第15次告示改正
・合板のJAS改正に伴う表記の変更

新設住宅着工戸数の工法別推移

年度	西暦	全住宅 （戸）	木造 （戸）	全住宅に対する 割合（％）	プレハブ （戸）	全住宅に対する 割合（％）	枠組壁工法 （戸）	全住宅に対する 割合（％）
昭和49年度	1974	1,261,294	839,438	66.6	137,912	10.9	49年4月～52年3月	左記の間の住宅の
50	1975	1,427,719	950,805	66.6	143,182	10.0	の間の戸数	合計に対する割合
51	1976	1,530,475	986,527	64.5	150,605	9.8	3,668	0.09
52	1977	1,531,959	969,794	63.3	140,919	9.2	5,625	0.37
53	1978	1,498,438	907,073	60.5	134,612	9.0	6,184	0.41
54	1979	1,486,648	909,090	61.2	138,156	9.3	11,720	0.79
55	1980	1,213,859	711,724	58.6	124,080	10.2	13,192	1.09
56	1981	1,142,732	649,841	56.9	124,568	10.9	14,148	1.24
57	1982	1,157,100	659,182	57.0	141,535	12.2	16,459	1.42
58	1983	1,134,867	585,614	51.6	150,797	13.3	18,109	1.60
59	1984	1,207,147	599,608	49.7	166,849	13.8	21,041	1.74
60	1985	1,250,994	590,206	47.2	180,279	14.4	25,998	2.08
61	1986	1,399,833	648,966	46.4	211,409	15.1	32,183	2.30
62	1987	1,728,534	754,769	43.7	255,641	14.8	42,185	2.44
63	1988	1,662,616	690,879	41.6	205,905	12.4	42,064	2.53
平成元年度	1989	1,672,783	722,382	43.2	214,551	12.8	48,306	2.89
2	1990	1,665,367	706,767	42.4	217,989	13.1	50,395	3.03
3	1991	1,342,977	628,554	46.8	226,900	16.9	46,061	3.43
4	1992	1,419,752	673,818	47.5	253,424	17.8	54,006	3.80
5	1993	1,509,787	702,749	46.5	240,537	15.9	56,649	3.75
6	1994	1,560,620	719,945	46.1	224,008	14.4	66,543	4.26
7	1995	1,484,652	675,065	45.5	230,462	15.5	79,208	5.34
8	1996	1,630,378	746,680	45.8	247,317	15.2	92,675	5.68
9	1997	1,341,347	584,872	43.6	199,903	14.9	75,785	5.65
10	1998	1,179,536	548,239	46.5	182,076	15.4	68,429	5.80
11	1999	1,226,207	565,458	46.1	185,046	15.1	77,310	6.30
12	2000	1,213,157	548,329	45.2	171,310	14.1	78,768	6.49
13	2001	1,173,077	514,395	43.8	162,560	13.8	76,877	6.55
14	2002	1,145,553	506,278	44.1	161,728	14.0	79,207	6.86
15	2003	1,173,649	529,044	45.0	158,929	13.5	83,920	7.15
16	2004	1,193,038	541,960	45.4	159,945	13.4	91,327	7.65
17	2005	1,249,366	545,370	43.7	156,581	12.5	97,670	7.82
18	2006	1,285,246	556,101	43.3	159,544	12.4	105,824	8.23
19	2007	1,035,598	505,825	48.8	146,605	14.2	99,439	9.60
20	2008	1,039,214	492,908	47.4	148,592	14.3	104,279	·10.00
21	2009	775,277	436,698	56.3	124,361	16.0	92,883	11.98
22	2010	819,020	464,140	56.7	125,702	15.3	97,437	11.90
23	2011	841,246	466,434	55.4	128,216	15.2	98,680	11.73
24	2012	893,002	493,133	55.2	134,087	15.0	110,459	12.37
25	2013	987,254	413,715	41.9	149,756	15.2	120,520	12.21
26	2014	880,470	359,722	40.9	140,175	15.9	111,549	12.67
27	2015	920,537	381,632	41.5	143,164	15.6	115,391	12.54
28	2016	974,137	411,928	42.3	147,594	15.2	123,572	12.69

（国土交通省調べ，ただし，2×4住宅の昭和54～62年度分は日本ツーバイフォー建築協会の調査結果による）

2 横架材を決定するための構造計算

横架材の寸法型式を決定するということは，荷重によって部材に生ずる曲げモーメント・せん断力・たわみを，それぞれの許容値以下になるような樹種・寸法型式・等級を決定するということです。

枠組壁工法では，使用可能な樹種・寸法型式・等級が限定されているので，通常の場合の部材決定には，住宅金融公庫のスパン表が用いられます。

このようなスパン表を作成する場合に基本となる構造計算の方法のうち，等分布荷重を受ける単純ばりの計算公式と部材決定式，断面性能，許容たわみ量などを以下に掲げておきますので参考にして下さい。

A．単純ばりの公式と部材決定式
ⓐ計算公式

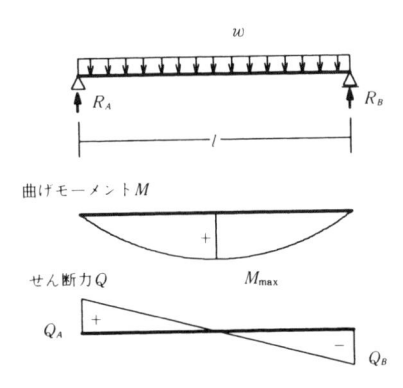

反力：$R_A = R_B = \dfrac{wl}{2}$

最大曲げモーメント：$M\max = \dfrac{wl^2}{8}$ （スパン中央）

最大せん断力：$Q\max = \dfrac{wl}{2}$ （スパンの両端）

最大たわみ量：$\delta\max = \dfrac{5wl^4}{384EI}$ （スパン中央）

ここに，w：等分布荷重(kg/cm)
　　　　l：スパン(cm)
　　　　E：ヤング係数(kg/cm²)
　　　　I：断面2次モーメント

《参考》
ヤング係数Eは，材料の力学的性質を表わす係数です。材料の変形(伸び)のしにくさを表わすと考えてかまわないでしょう。たとえば鉄鋼は210kN/mm²，コンクリートは21kN/mm²です。木材については，樹種・種別・等級によって異なり9～12kN/mm²の値です。

ⓑ部材の決定式

①曲げによるスパン

$\sigma = \dfrac{M}{Z} \leq f_b$ （許容曲げ応力度）

$\sigma = \dfrac{M\max}{Z} = \dfrac{wl_1^2}{8Z} \leq f_b \quad l_1 \leq \sqrt{\dfrac{8Zf_b}{w}}$

②せん断によるスパン

$\tau = \dfrac{3}{2}\dfrac{Q}{A} \leq f_s$ （許容せん断応力度）

$\tau = \dfrac{3}{2} \times \dfrac{wl_2}{A \cdot 2} \leq f_s \quad l_2 \leq \dfrac{4 \cdot A \cdot f_s}{3w}$

③たわみによるスパン（部材により異なる）

$\dfrac{l_3}{300}$ の場合　$\dfrac{l_3}{300} \geq \dfrac{5wl_3^4}{384EI} \quad l_3 \leq \sqrt[3]{\dfrac{384EI}{1,500w}}$

$\dfrac{l_3}{200}$ の場合　$\dfrac{l_3}{200} \geq \dfrac{5wl_3^4}{384EI} \quad l_3 \leq \sqrt[3]{\dfrac{384 \cdot EI}{1,000w}}$

1 cmの場合　$1 \geq \dfrac{5wl_3^4}{384EI} \quad l_3 \leq \sqrt[4]{\dfrac{384EI}{5w}}$

2 cmの場合　$2 \geq \dfrac{5wl_3^4}{384EI} \quad l_3 \leq \sqrt[4]{\dfrac{2 \times 384EI}{5w}}$

l_1, l_2, l_3のうちの最小値が，求める最大スパンとなります。

合わせばり・まぐさ等の場合，Z, A, Iは構成枚数を掛けた数値とします。

B. 許容応力度

許容応力度は製材の基準材料強度に基づいて，寸法調整係数，荷重継続時間，材の配置条件，使用環境を考慮して決定されます。

すなわち，許容応力度(f)＝(基準材料強度)×(寸法調整係数)×(荷重継続時間調整係数)×(システム係数)×(環境係数)

ⓐ 製材の基準材料強度

基準材料強度は，樹種・等級・寸法型式によって異なります。特に寸法型式に関係することに注意してください。

構造用製材および構造用たて継ぎ材の基準材料強度とヤング係数

(単位：N/mm²)

樹種群の記号	等 級		スパン表の表示	基準材料強度 (F) (N/mm²)				ヤング係数 (KN/mm²)
				曲げ	圧縮	引張	せん断	
D. Fir-L	甲種枠組材	1級	DF 1	24.6	22.2	16.2	2.4	11.7
		2級	DF 2	21.6	19.2	15.0		10.7
Hem-Fir	甲種枠組材	1級	HF 1	23.4	20.4	15.0	2.1	9.8
		2級	HF 2	20.4	18.6	12.6		9.1
S-P-F	甲種枠組材	1級	SPF 1	22.2	18.0	12.0	1.8	10.0
		2級	SPF 2	21.6	17.4	11.4		9.6

ⓑ 寸法調整係数

寸法調整係数 (F size)　　　　　　（せん断は1.0）

寸法	曲げ	引張	圧縮
204	1.00	1.00	1.00
206	0.84	0.84	0.96
208	0.75	0.75	0.93
210	0.68	0.68	0.91
212	0.63	0.63	0.89

ⓓ システム係数

製材が3本以上並列して使用されている場合（並列材）で，表の条件を満足している場合の割増し係数。下記条件以外は1.0。

ⓔ 環境係数

常時湿潤状態が予想される個所で使用する場合0.7。通常の場合　1.0。

ⓒ 荷重継続時間調整係数

基準材料強度に乗ずる係数 (F_d)

荷重の状態	一般の場合	多雪区域の場合
常　時	$(L)\ \dfrac{1.1}{3}=0.367$	
積雪時	$(M_S)\ \dfrac{2}{3}\times 0.8=0.533$	$(M_L)\ \dfrac{1.1}{3}\times 1.3=0.477$
暴風時，地震時	$(S)\ \dfrac{2}{3}=0.667$	

環境係数 (F_m) 常時を1.0とした場合の係数比

荷重の状態	一般の場合	多雪区域の場合
常　時	1.0	
積雪時	(M_S) 1.455	1.3
暴風時，地震時	2.0	

システム係数 (Fsys)

	間　隔	下　張　り		釘打ち間隔	システム係数
床根太 たるき 3本以上並列	60cm 以下	構造用合板 パーティクルボード 構造用パネル	15mm 厚以上 18mm 厚以上 1級	CN50 周辺 @150以下 中通り@200以下 BN50 周辺 @100以下 中通り@150以下	1.25
	50cm 以下	構造用合板 パーティクルボード 構造用パネル	12mm 厚以上 15mm 厚以上 2級以上		
	31cm 以下	構造用パネル	3級以上		
	60cm 以下	上記以外			1.15
合わせ梁3枚以上					

C．構造用製材の断面性能

構造用製材および構造用たて継ぎ材の計算断面と断面性能

寸法型式	公称断面 $b \times h$ (mm)	実断面 $b \times h$ (mm)	断面性能		
			A 断面積 (mm²)	Z 断面積 (mm³)	I 断面2次モーメント (mm⁴)
204	40× 90	38× 89	3380	50.1×10^3	223×10^4
206	40×143	38×140	5320	124.1×10^3	869×10^4
208	40×190	38×184	6990	214.4×10^3	1972×10^4
210	40×241	38×235	8930	349.7×10^3	4110×10^4
212	40×292	38×286	10870	518.0×10^3	7408×10^4

D．許容たわみ量

部位名	最大たわみ
床根太 床ばり	スパンの1/300以内，かつ2.0cm以内*
天井根太 屋根根太 たるき 屋根ばり	スパンの1/200以内，かつ2.0cm以内*
まぐさ	スパンの1/300以内，かつ1.0cm以内*

＊ 絶対変形量の制限については，クリープ後変形に関して考慮しない。

E．設計荷重の例

ⓐ 固定荷重

屋根	彩色石綿板（厚さ4.5mm）	200 N/m²
	金属板	100 N/m²
	日本瓦（葺き土なし）	590 N/m²
壁・床	モルタル（厚25mm）	490 N/m²
	せっこうボード（厚12mm）	
	釘受け材自重含む場合	150 N/m²
	釘受け材自重含まない場合	120 N/m²
	構造用合板	
	厚9 mm	60 N/m²
	厚12mm	80 N/m²
	畳	180 N/m²
	つり木等	50 N/m²
	間仕切壁（床ばり，まぐさ用）	490 N/m²
製材		（釘受け材自重含む）
	204	40 N/m
	206	50 N/m
	208	60 N/m
	210	80 N/m
	212	90 N/m
バルコニー手摺	（はり自重含む） 乾式工法	520 N/m
	モルタル仕上げ	850 N/m

ⓑ 積載荷量（住宅用）

床用	1800 N/m²
床ばり，まぐさ，たて枠，基礎用	1300 N/m²
地震用	600 N/m²

ⓒ 積雪荷重

〇 単位重量　20N/m²/cm〜30N/m²/cm

多雪区域では，雪止めのない場合，屋根勾配に応じて低減して考えることができる。

> 多雪区域では，雪止めのない場合，屋根勾配に応じて低減して考えることができる。

屋根形状係数　$\mu_b = \sqrt{\cos(1.5\beta)}$

β は屋根勾配（単位 度）

屋根勾配		屋根形状係数
勾配	β （度）	μ_b
2/10	11.3	0.98
3/10	16.7	0.95
4/10	21.8	0.92
5/10	26.6	0.88
5.5/10	28.8	0.85
6/10	31.0	0.83
7/10	35.0	0.78
10/10	45.0	0.62
17.3/10	60.0	0

ⓓ等分布荷重

w の求め方の例（床根太の場合）

図に示すように，床根太が負担する荷重幅は $S/2 + S/2$，つまり部材間隔 S になります。

部材（床根太）1 m が負担する荷重については，（固定荷重＋積載荷重）に S をかけ，さらに部材 1 m の自重を加えることにより 1 m 当たりの荷重 w を求めることができます。

○固定荷重
 畳　　　　　　　　180N/m²
 床合板　　　　　　 80N/m²　小計410N/m²
 石こうボード（天井）150N/m²
○積載荷重　　　　　1,800N/m²
 合計　　　　　　　2,210N/m²

部材間隔 S（負担幅）を0.455m とすると，長さ 1 m 当たりの荷重は $2,210 \times 0.455 = 1,005.55$ N/m

根太自重（212の床根太）90N/m を加えると，
$w = (2,210 \times 0.455) + 90 = 1,095.55$ （N/m）となります。

単位を mm とすると
w (N/mm) $= \dfrac{w\ (\text{N/m})}{1,000} = 1.096$ N/mm となります。

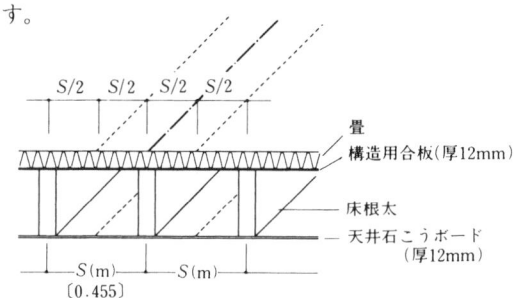

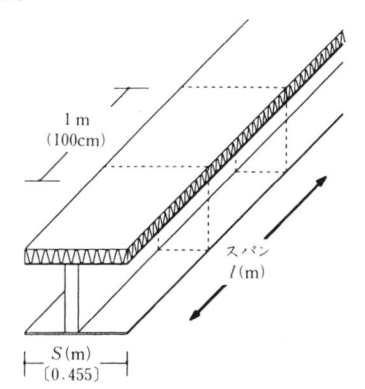

［例］ S-P-F・2級・212の床根太を455mm 間隔で配置し，構造用合板12mm 厚を CN50釘で打ちつけた場合

(1) 曲げモーメントによるスパンの制限

設計用長期許容曲げ応力度 $_Lf_b$ は，次のように決定されます。

$$_Lf_b = F \times F_{\text{size}} \times F_d \times F_{\text{sys}}$$

システム係数　1.25
荷重継続時間調整係数　長期 $\dfrac{1.1}{3} = 0.367$
寸法調整係数　0.63
基準材料強度　21.6N/mm²

$$= 21.6 \times 0.63 \times \dfrac{1.1}{3} \times 1.25$$

$$= 6.237\ (\text{N/mm}^2)$$

$$l_1 \leq \sqrt{\dfrac{8 \times Z \times {_Lf_b}}{w}}$$

$$= \sqrt{\dfrac{8 \times 518 \times 10^3 \times 6.237}{1.096}} = 4856\ (\text{mm})$$

(2) せん断によるスパンの制限

設計用長期せん断応力度 $_Lf_s$ は，次のように決定されます。

$$_Lf_s = F \times F_{\text{size}} \times F_d$$

$$= 1.8 \times 1.0 \times \dfrac{1.1}{3}$$

$$= 0.66\ (\text{N/mm}^2)$$

$$l_2 \leq \dfrac{4 \times A \times {_Lf_s}}{3w} = \dfrac{4 \times 10870 \times 0.66}{3 \times 1.096}$$

$$= 8727\ (\text{mm})$$

(3) たわみによる制限

スパンの $l/300$ かつ 2 cm（l が 6 m 以下の場合には $\dfrac{300}{l}$，l が 6 m 以上の場合には 2 cm で決まる。）

$$l_3 \leq \sqrt[3]{\dfrac{384 \times E \times I}{5 \times 300 \cdot w}}$$

$$= \sqrt[3]{\dfrac{384 \times 9.61 \times 10^3 \times 7408 \times 10^4}{5 \times 300 \times 1.096}}$$

$$= 5499\ (\text{mm})$$

l_1, l_2, l_3 のうち，最も小さいものは l_1 であり，許容スパン4856mm となる。

3 ドライウォール工法

　枠組壁工法では，石こうボードを用いて壁面などを構成する工法のことをドライウォール工法と呼んでいます。

　この一連の写真は，ドライウォール工法の施工順序の概略を示しています。

　建物を，簡易耐火構造並みにする場合の石こうボードの厚さ・大きさ・納まりなどは金融公庫の仕様書を参照して下さい。

配線・断熱工事まで完了した状態

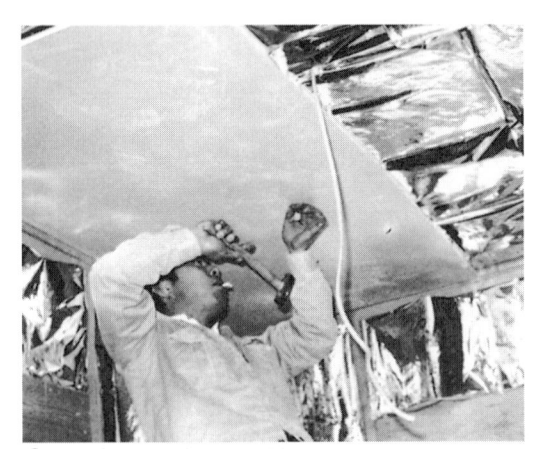

① 天井の石こうボード張り

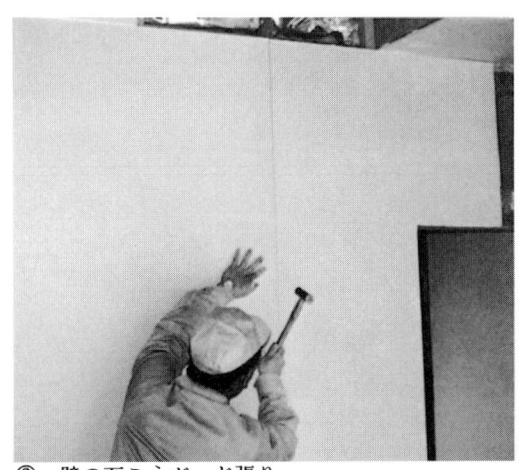

② 壁の石こうボード張り

③ 目地処理

⑥ 壁装材の取付け（壁）

④ 天井・壁の目地処理完成

⑦ 完成した状態

⑤ 壁装材の取付け（天井）

265

4 防腐・防蟻処理

建物の耐久性を高めるために，建設地に応じた防腐・防蟻処理をする必要があります。

A． 防腐・防蟻処理を必要とする地域

図は建設地別に推奨されている処理方法を示しています。

B． 防腐・防蟻処理を行なう部分

防腐・防蟻措置を必要とする箇所としては，次の部分が考えられます。

ⓐ 構造耐力上主要な部分である土台・側根太・添え側根太・端根太・端根太ころび止め・外周壁組（筋かい・下張りを含む）のうち，地盤面から1m以内の部分。

ⓑ 浴室の壁組（下張りを含む）・天井下地・床枠組（下張りを含む）。ただし，シージング石こうボードを使用した場合には石こうボードには処置しなくても良いことになっています。

ⓒ 台所の水掛りとなる恐れのある箇所の下張りを含む壁・床組。

ⓓ その他湿気の多い箇所の下張りおよび枠組材

ⓔ 防蟻のための土壌処理は，内外部布基礎並びに束石などの周辺20〜30cmの範囲に行ないます。

C． 木質部分の処理方法

処理方法には，現場処理と工場処理とがあります。

① 現場処理：塗布・吹付け・浸漬に使用する薬剤の量は，木材・下張り材の表面積1㎡当たり300ml程度とし，処理むらなどのないように，2回処理以上とします。なお，防蟻処理を併用する場合には防蟻薬剤の仕様書に準じて行ないます。特に，木材の木口・仕口・継手などの接合箇所，乾裂部分，コンクリートや束石などに接する部分などには，入念な処理をしておくようにします。

② 工場処理：製材の日本農林規格（JAS）に規定する防腐・防蟻処理を行なったもので，薬剤によって，防腐・防蟻処理剤と防腐処理剤があります。また，土台用としては，JIS A 9108（土台用加圧式防腐処理木材）の規格によるものがあります。いずれの材を使用する場合でも，現場において切断・穿孔などの加工を行なった場合には，その部分を現場処理の方法に準じて処理しておくことが必要です。

D． 現場処理用薬剤

ⓐ 防腐処理：JIS K 2439（クレオソート油・タールピッチ・加工タール・舗装タール）に適合するクレオソート油，㈳日本木材保存協会認定の防腐材

ⓑ 防蟻処理 ┐ ㈳日本しろあり対策協会，
ⓒ 防蟻用土壌処理 ┘ または㈳日本木材保存協会認定薬剤

建設地別の防腐・防蟻処理，土壌処理の適用区分

建設地\対象区分	木材		土 壌
	加圧注入処理木材	現場で行なう処理	
I	製材の日本農林規格の防腐・防蟻2種処理材以上	塗布または吹付けによる防腐・防蟻処理	土壌処理を行なう
II	製材の日本農林規格の防腐・防蟻2種処理材以上，またはJIS規格による木材	塗布または吹付けによる防腐・防蟻処理	ほとんどの地域で土壌処理を行なう
III		塗布または吹付けによる防腐・防蟻処理	一部の地域で土壌処理を行なう
IV	製材の日本農林規格の防腐3種処理材以上，またはJIS規格による木材	塗布または吹付けによる防腐または防腐・防蟻処理	必要に応じて土壌処理を行なう

「木造建築物等防腐・防蟻・防虫処理技術指針・同解説」による

5 設 計 例

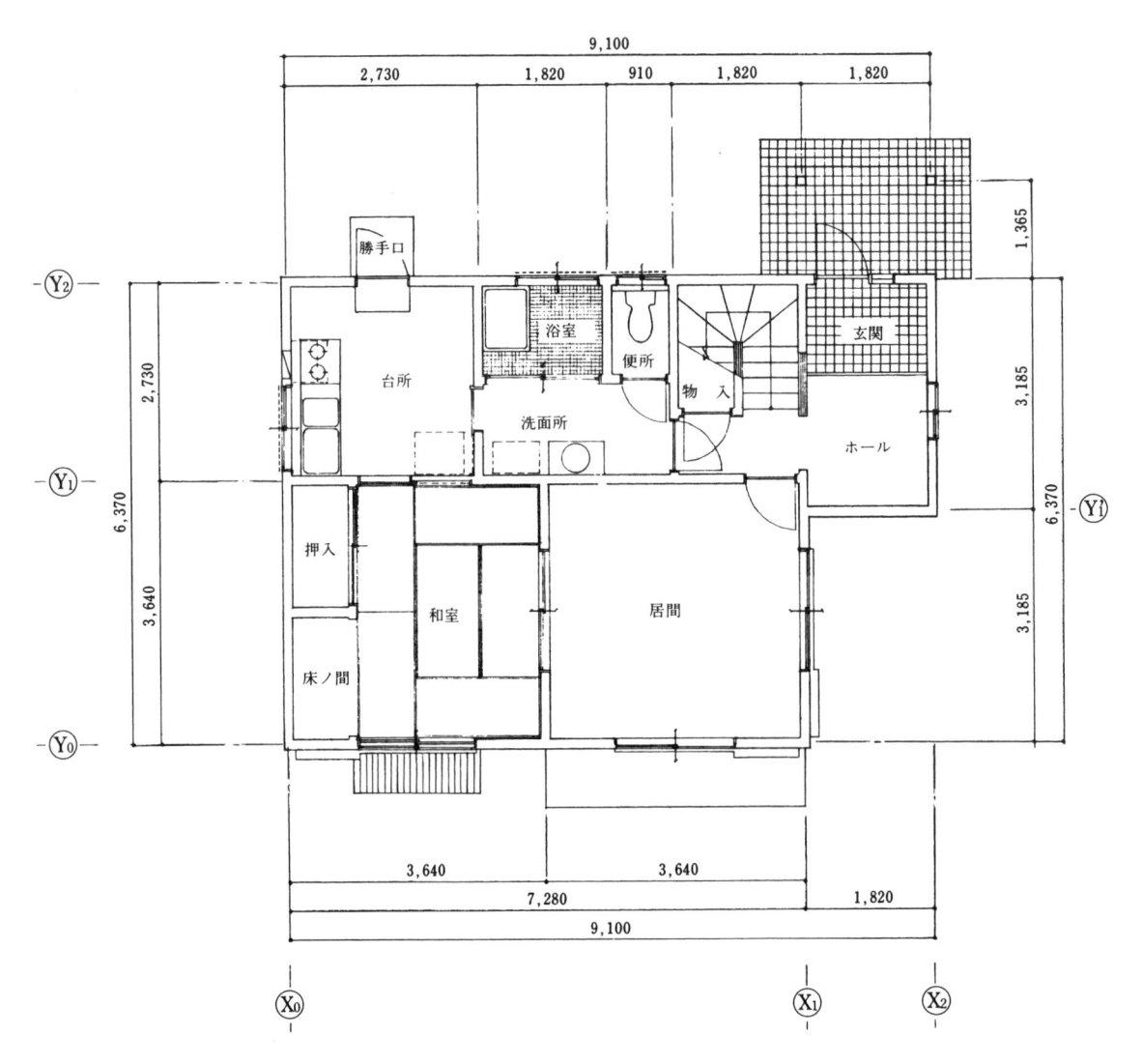

1階平面図 1/100

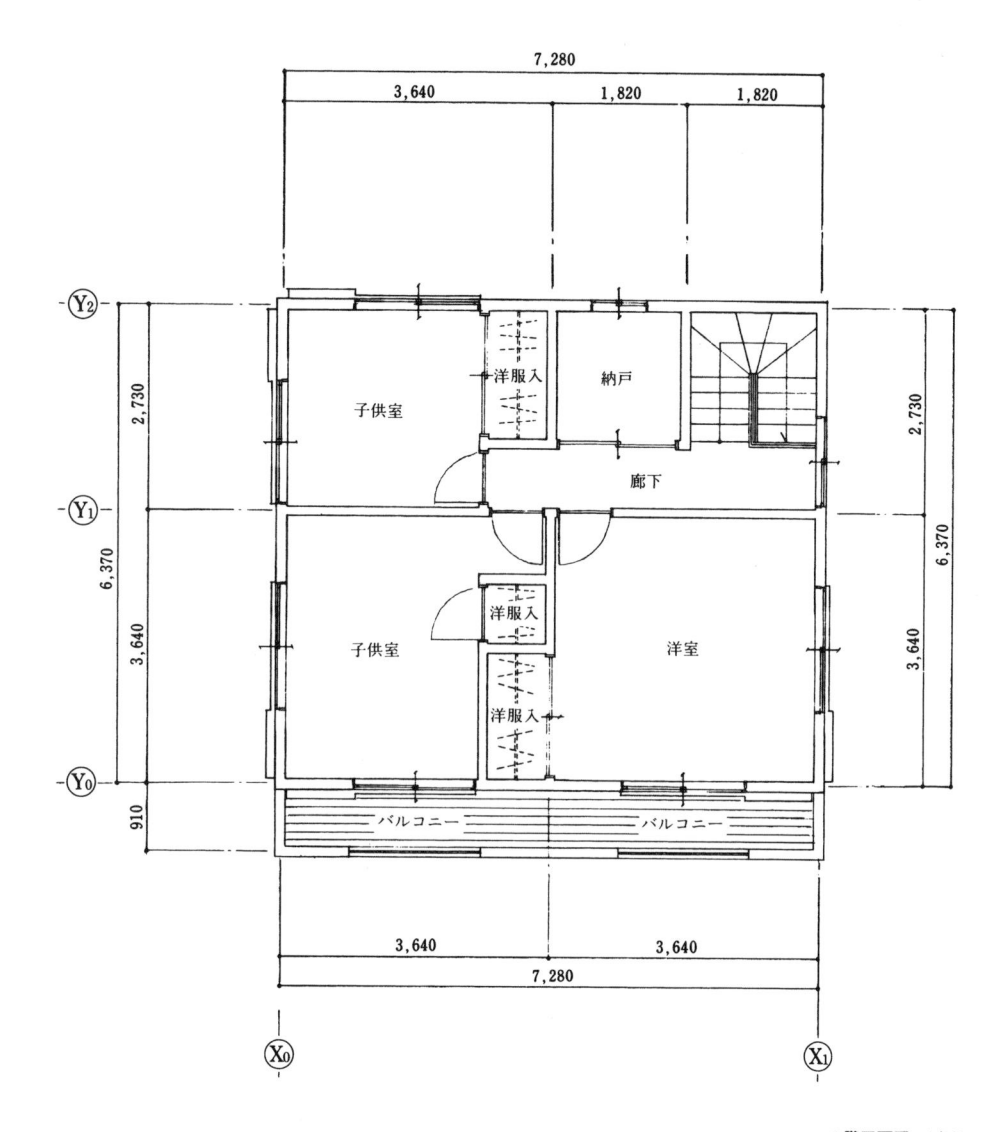

2階平面図 1/100

南側立面図 1/150

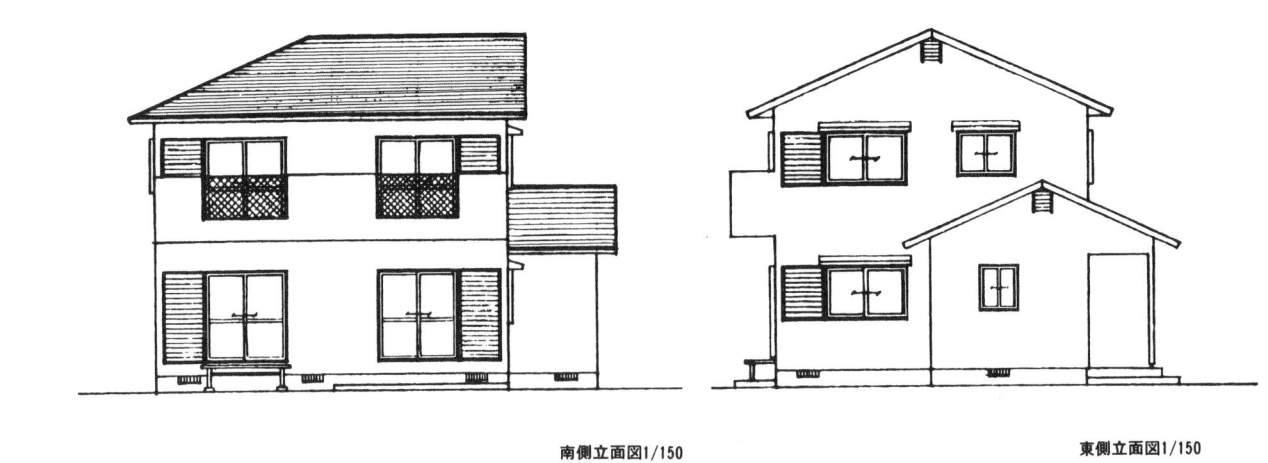

東側立面図 1/150

北側立面図 1/150

西側立面図 1/150

▽最高高さ　＋7,193

1,445

▽軒高　＋5,748

2,450

子供室　子供室

▽2F.L.　＋3,298

2,703

和室　台所

▽1F.L.　＋595

595

▽G.L.　±0

10 / 4

断面図 1/150

基礎伏図 1/100

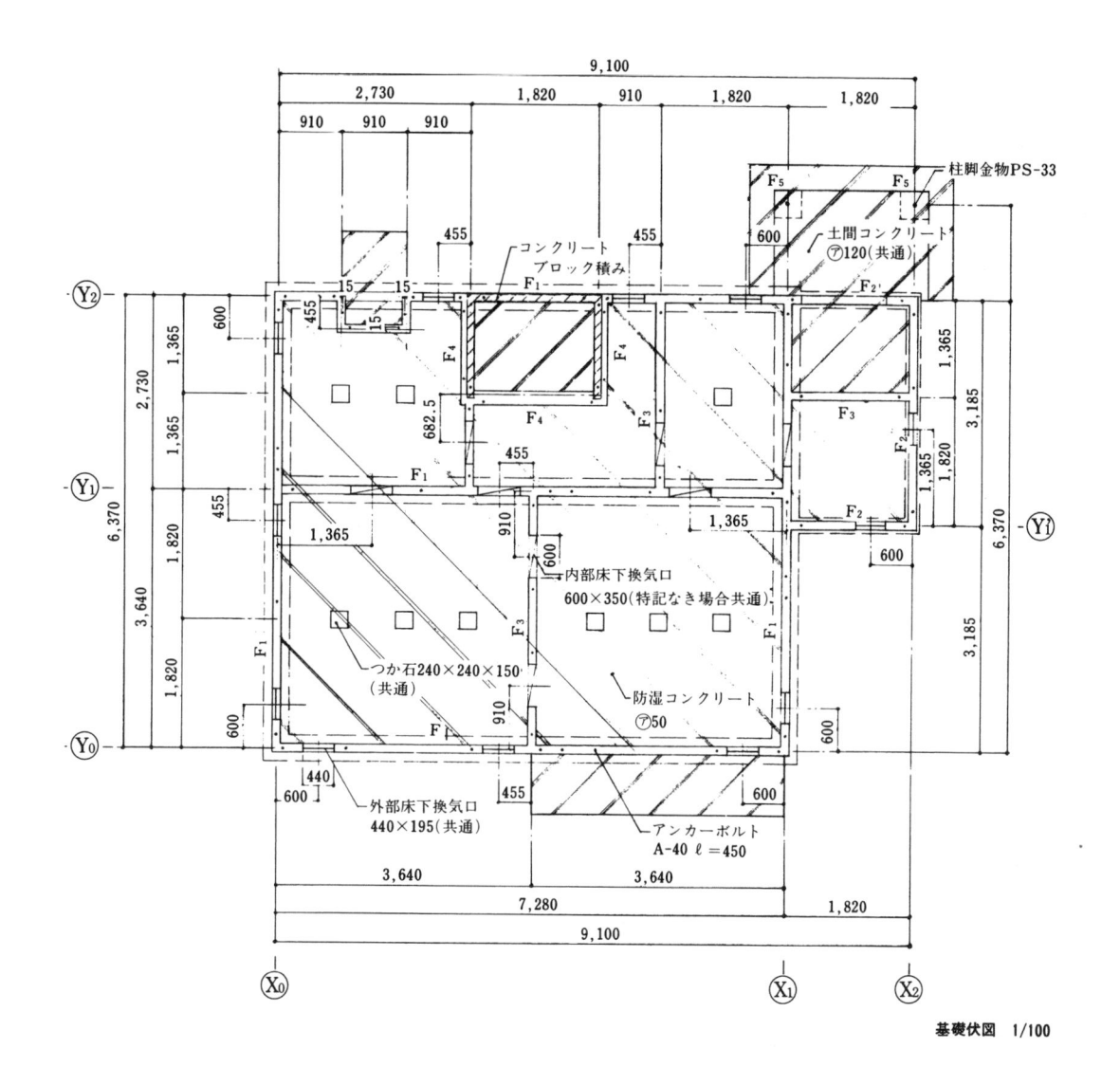

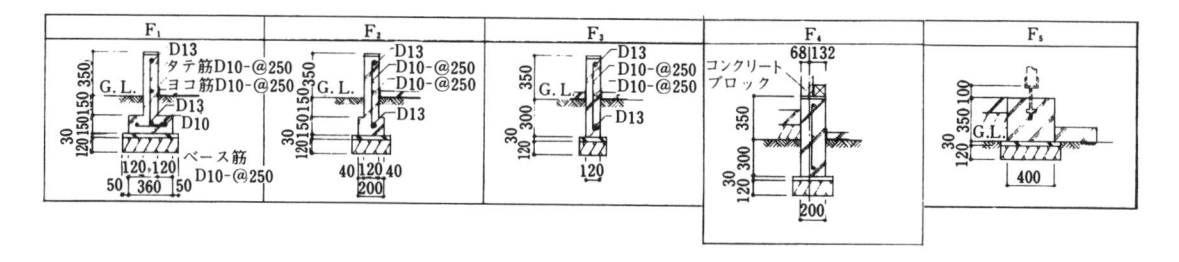

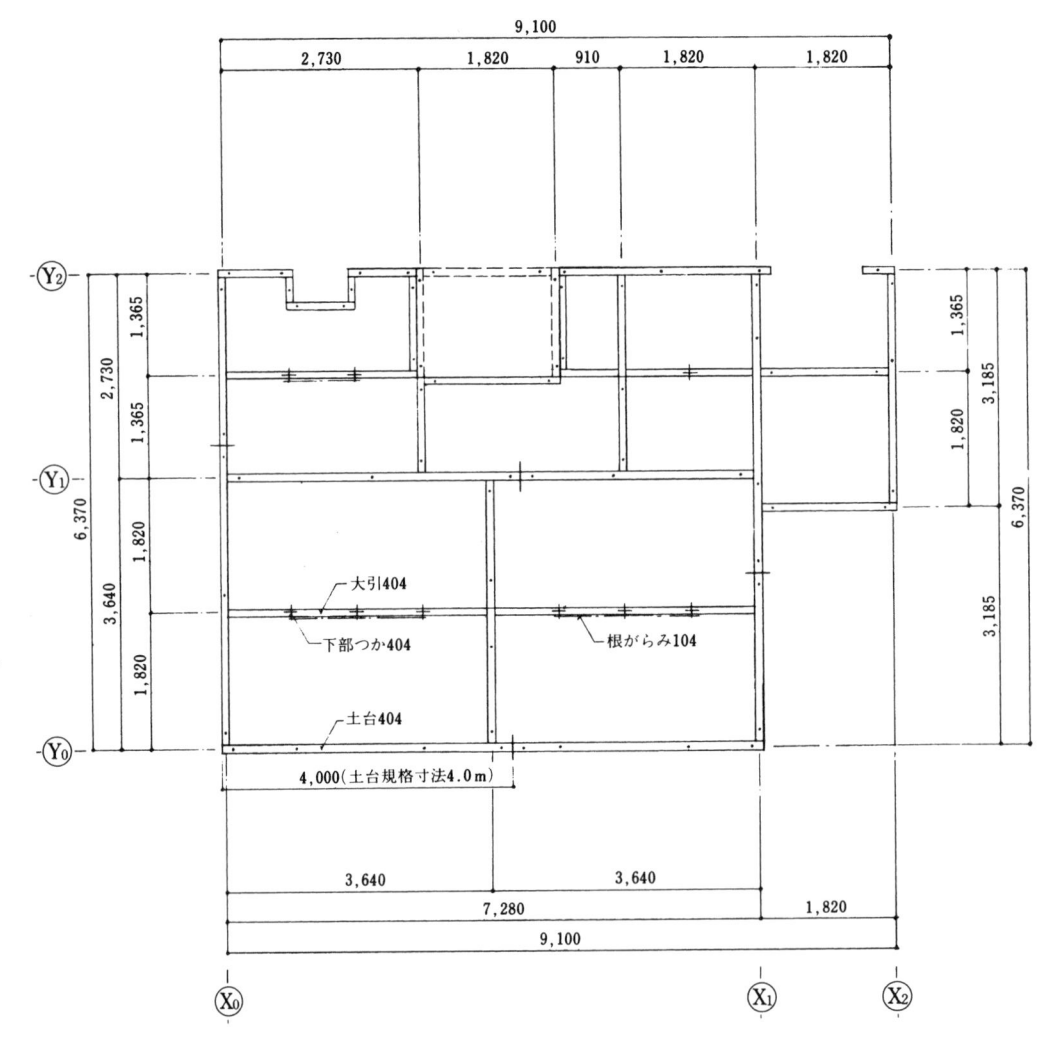

土台大引伏図 1/100

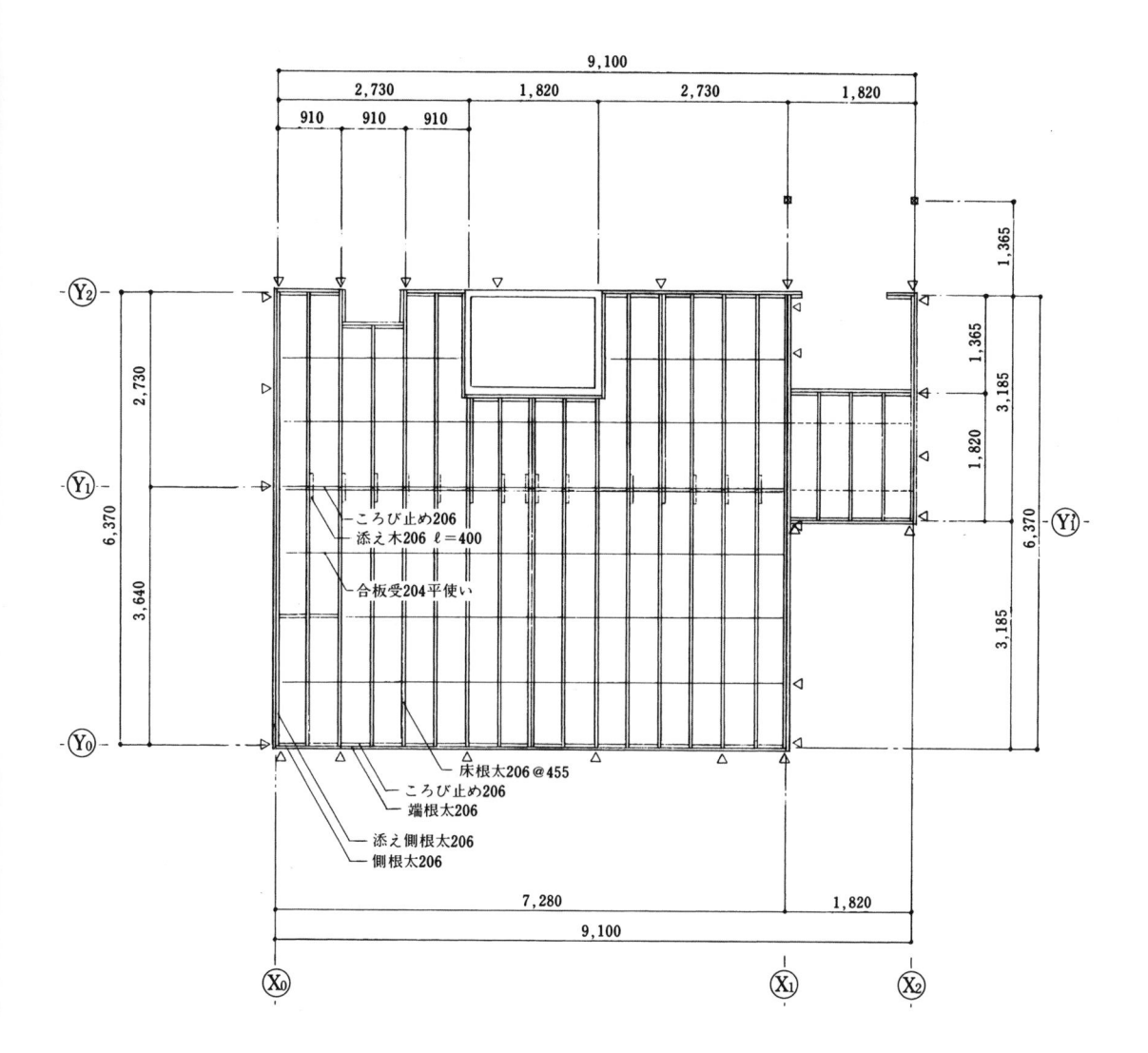

1階床伏図 1/100

床根太206@455
ころび止め206
添え木206 ℓ=400
合板受204平使い
端根太206
添え側根太206
側根太206

	共通事項
○	根太受金物JH210
◯	梁受金物BH2-210
∟	根太受金物JH-S
△	帯金物S-65
―	帯金物S-45(2本)
⌐	帯金物S-90
●	柱頭金物PC

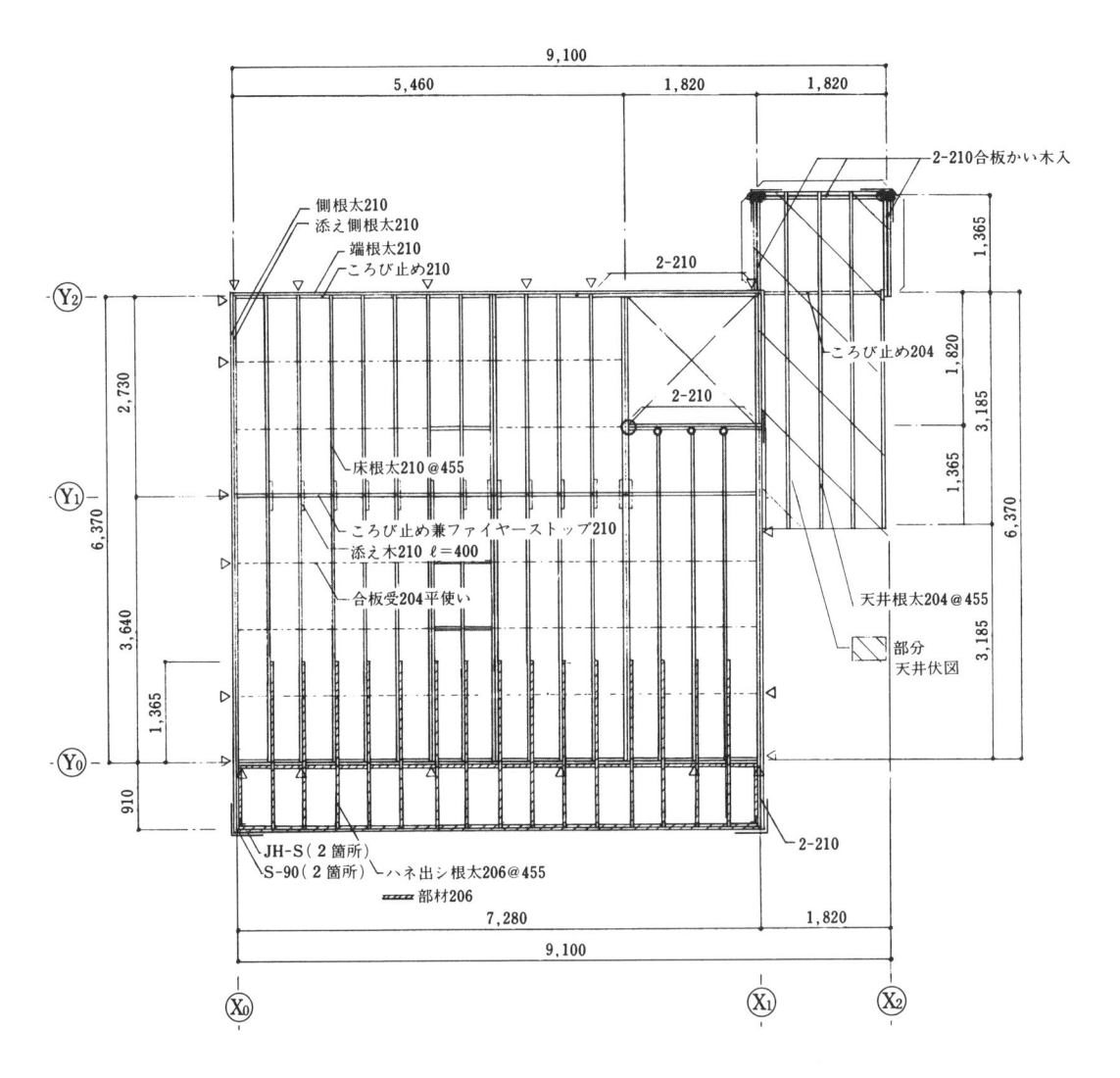

2 階床伏図　1/100

部分下屋屋根伏図

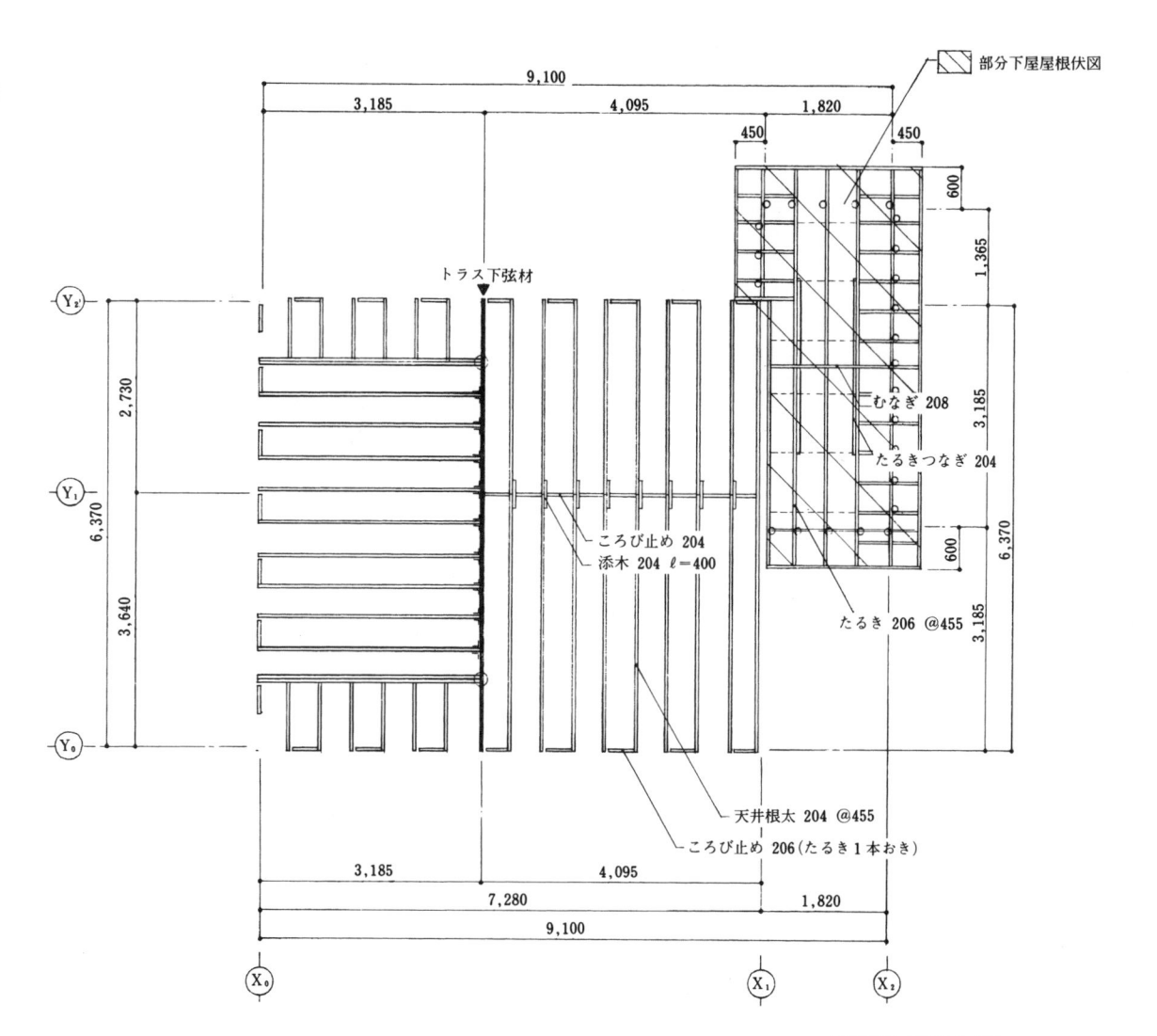

トラス下弦材

むなぎ 208
たるきつなぎ 204
たるき 206 @455

ころび止め 204
添木 204 ℓ=400

天井根太 204 @455
ころび止め 206(たるき1本おき)

天井伏図，下屋屋根伏図　1：100

共通事項	
○	あおり止め金物 T.S 又は TW
⊥	根太受け金物 J.H-S
◯	根太受け金物 J.H2-204
──	帯金物 S-90

隅たるき受けトラス（左図による）

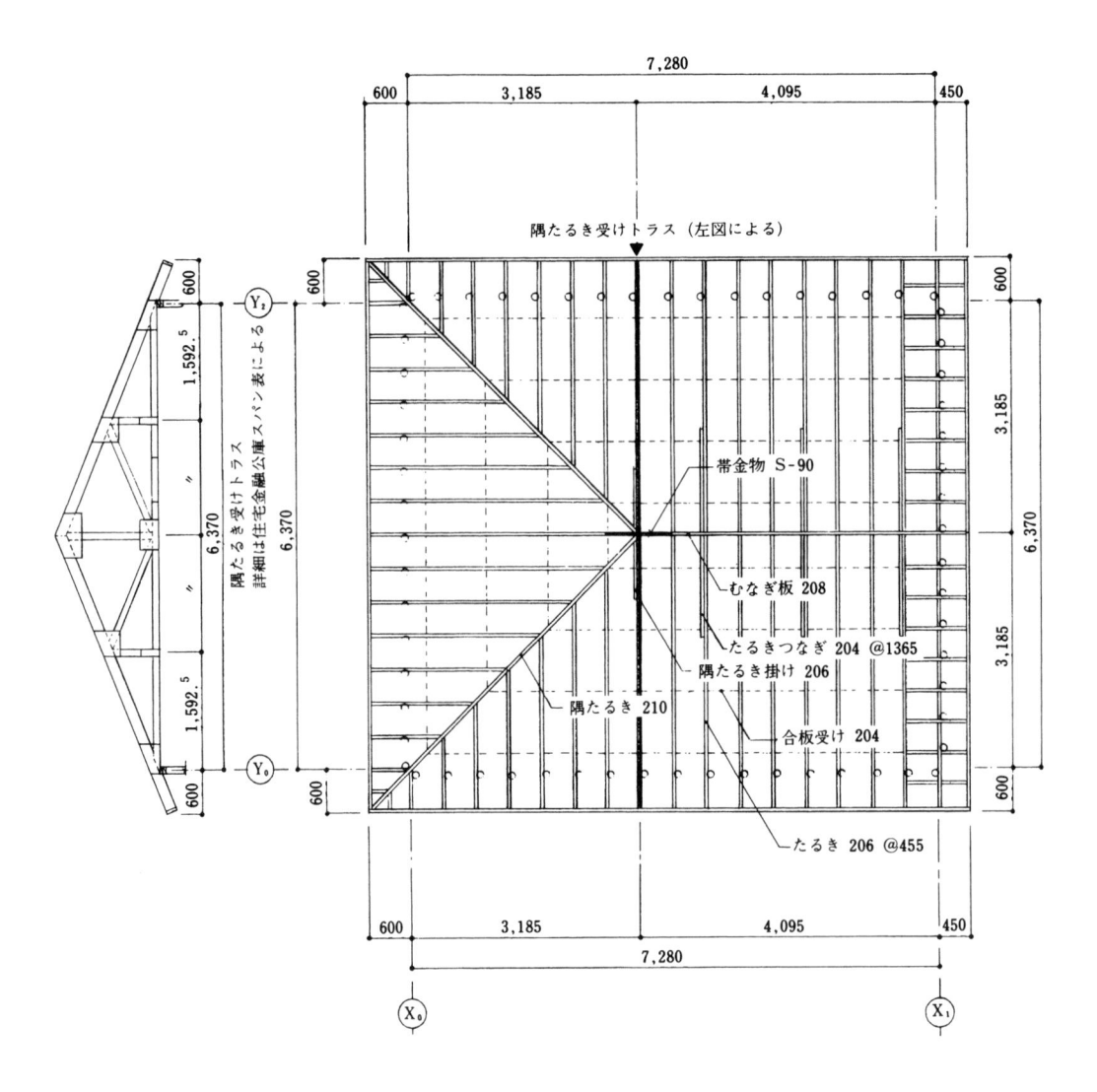

帯金物 S-90
むなぎ板 208
たるきつなぎ 204 @1365
隅たるき掛け 206
合板受け 204
隅たるき 210
たるき 206 @455

隅たるき受けトラス
詳細は住宅金融公庫スパン表による

小屋伏図　1/100

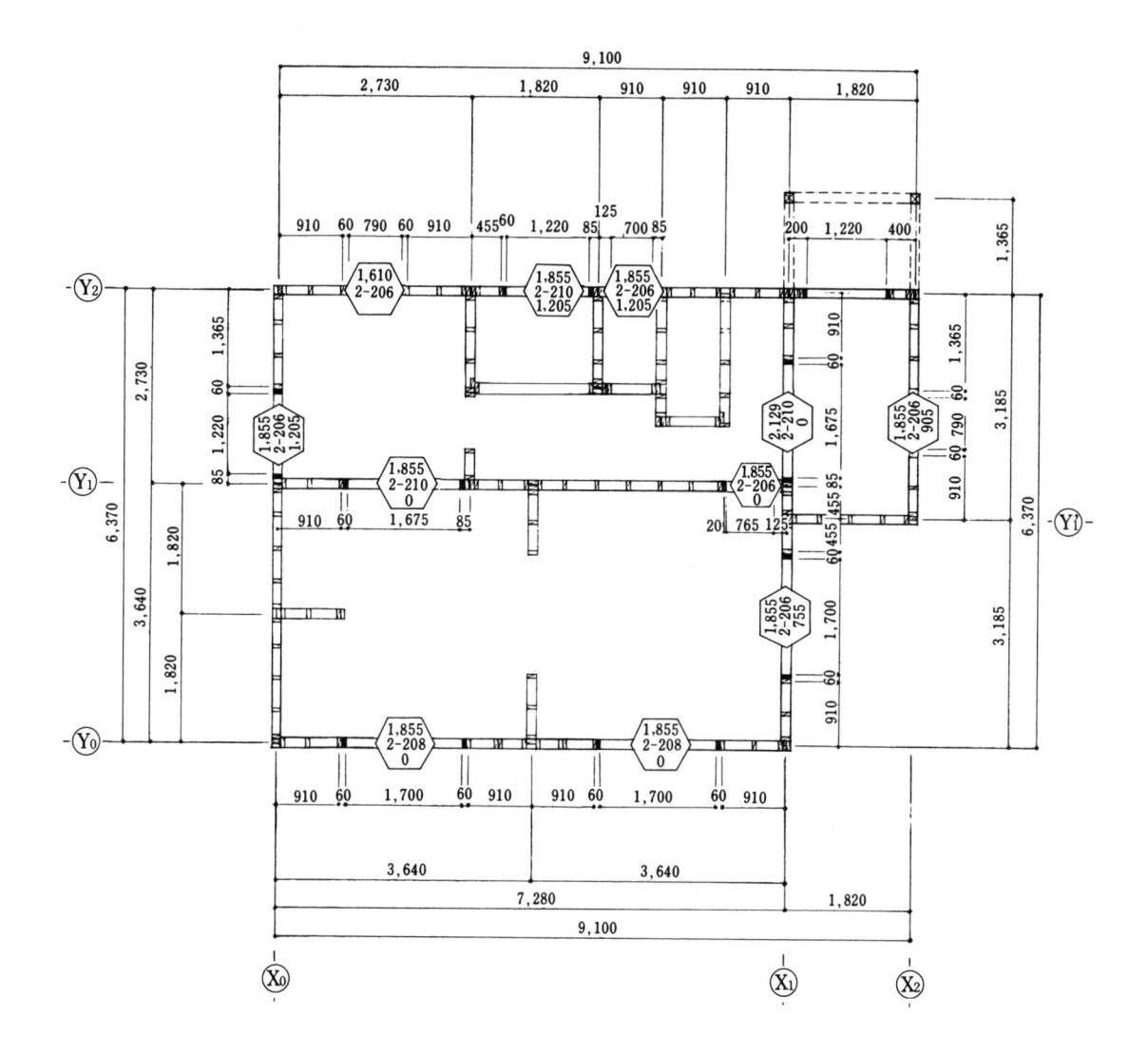

1階壁枠組図　1/100

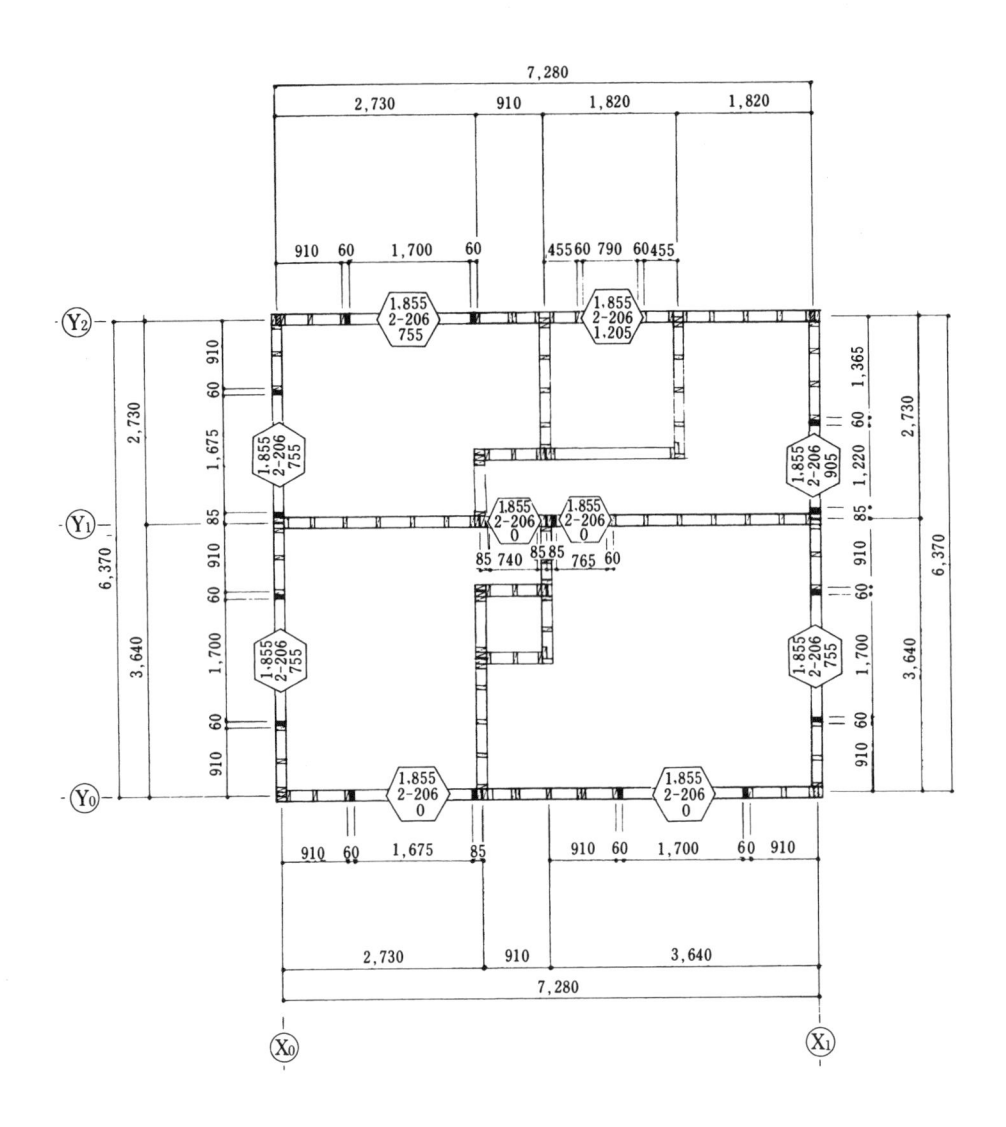

2階壁枠組図 1/100

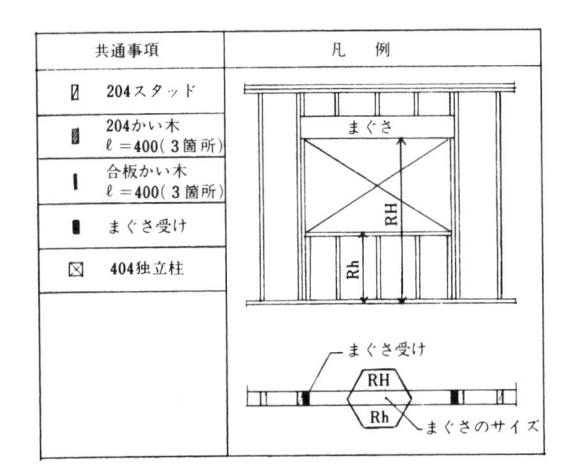

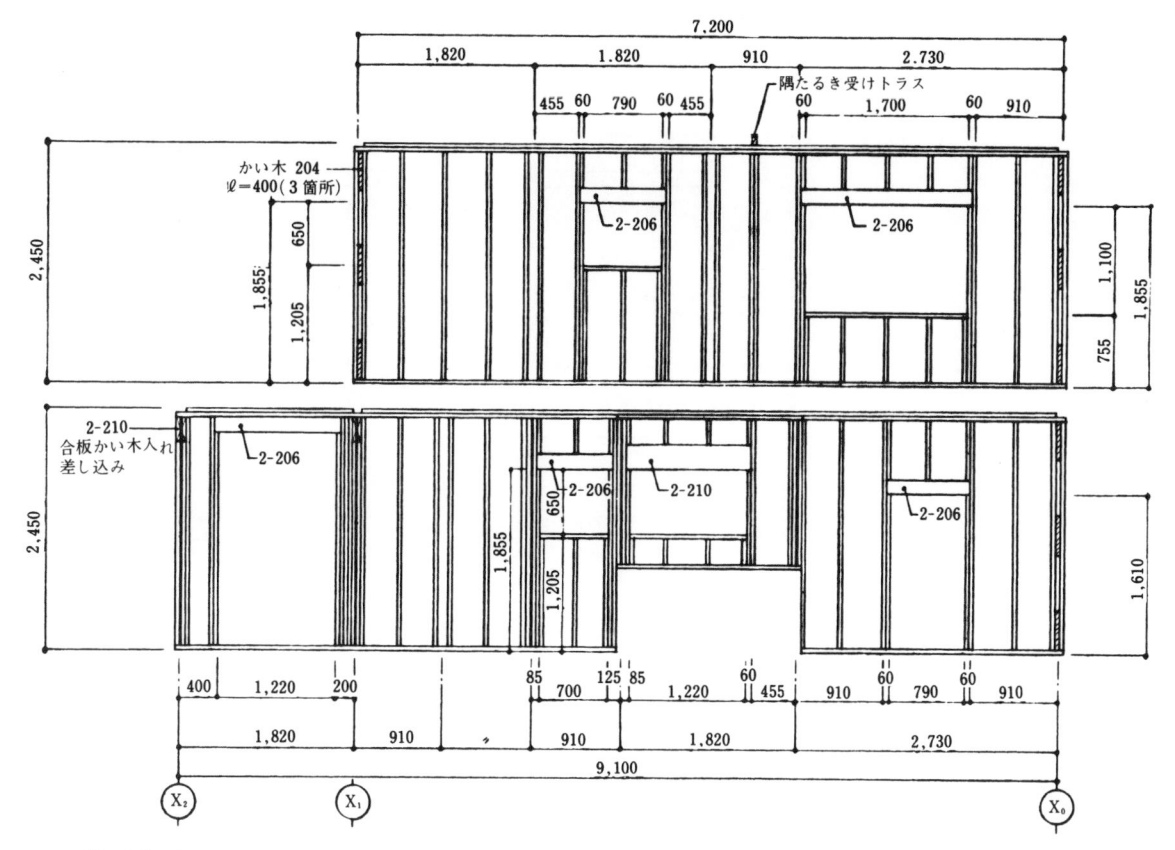

Y₂通り壁軸組図 1/75

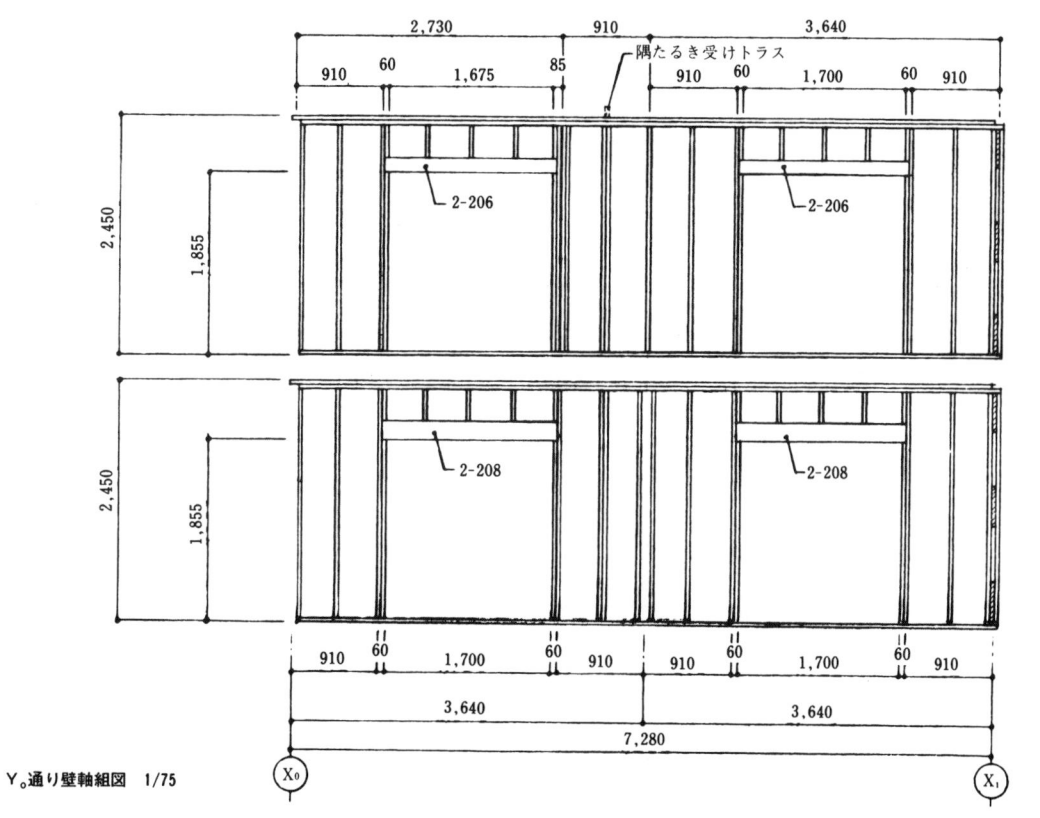

Y₀通り壁軸組図 1/75

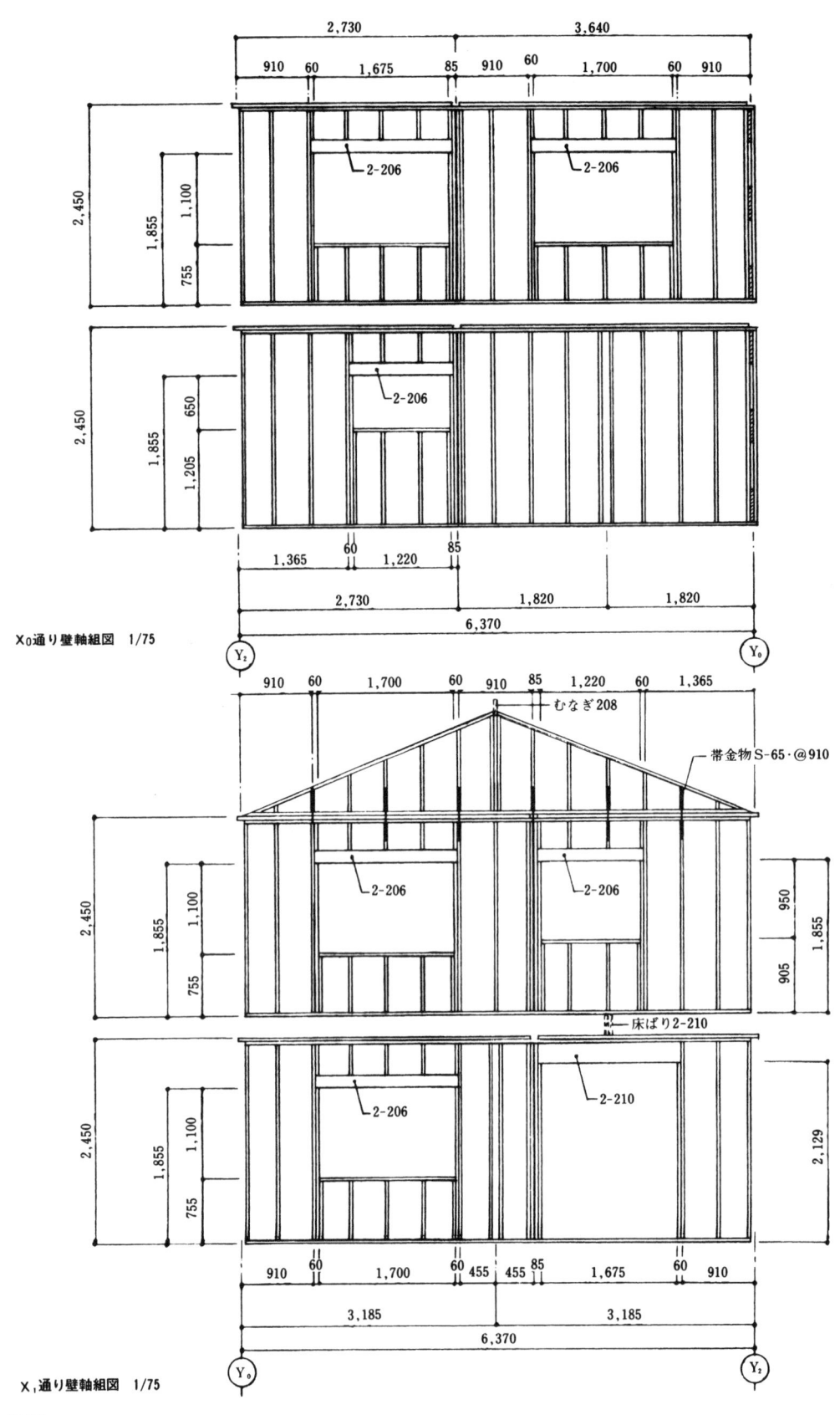

X₀通り壁軸組図　1/75

X₁通り壁軸組図　1/75

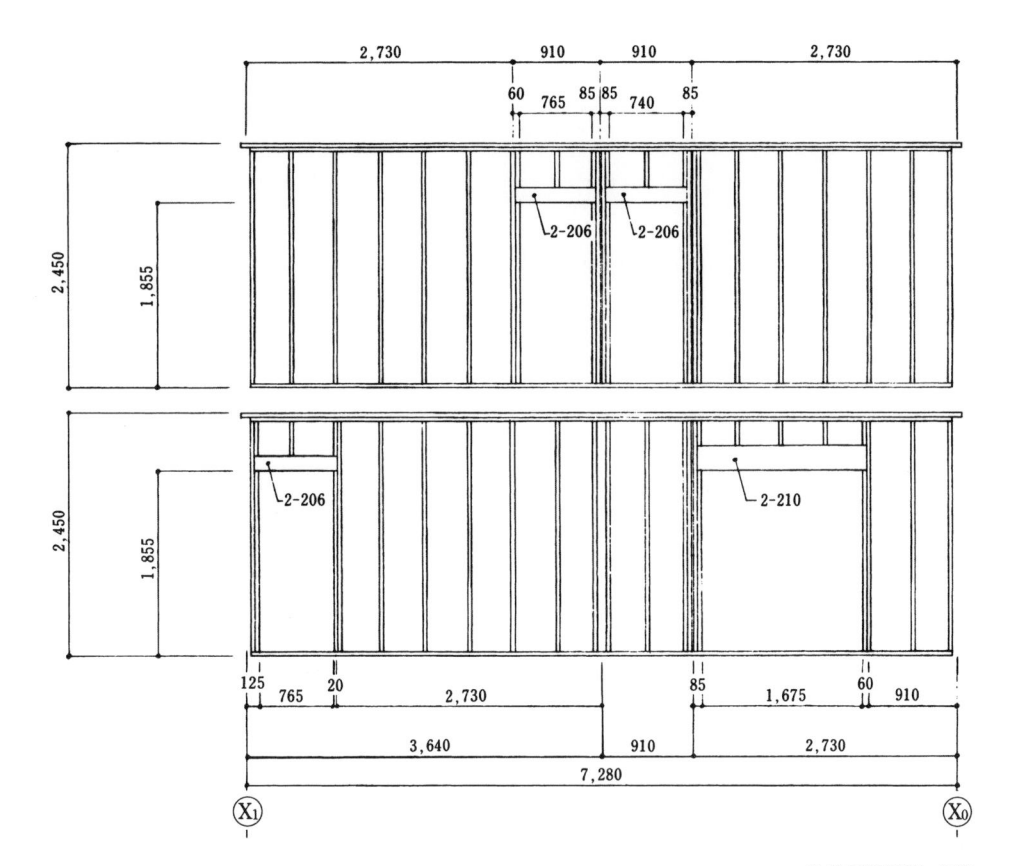

Y₁通り壁軸組図 1/75

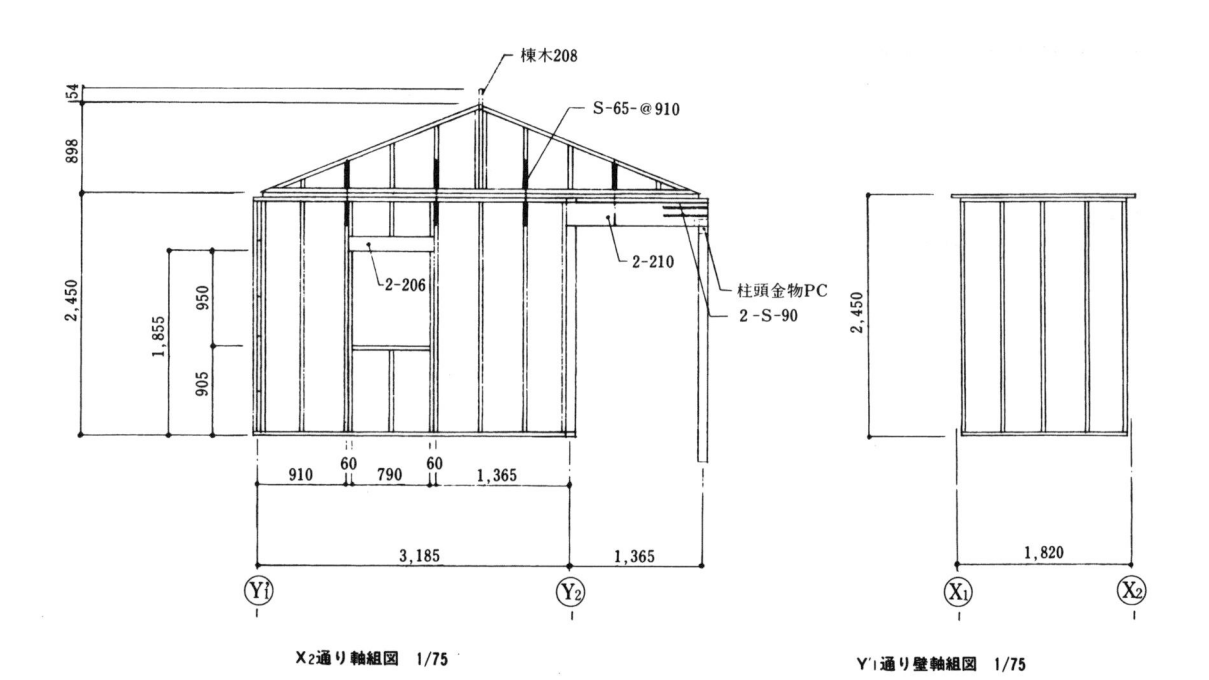

X₂通り軸組図 1/75

Y'₁通り壁軸組図 1/75

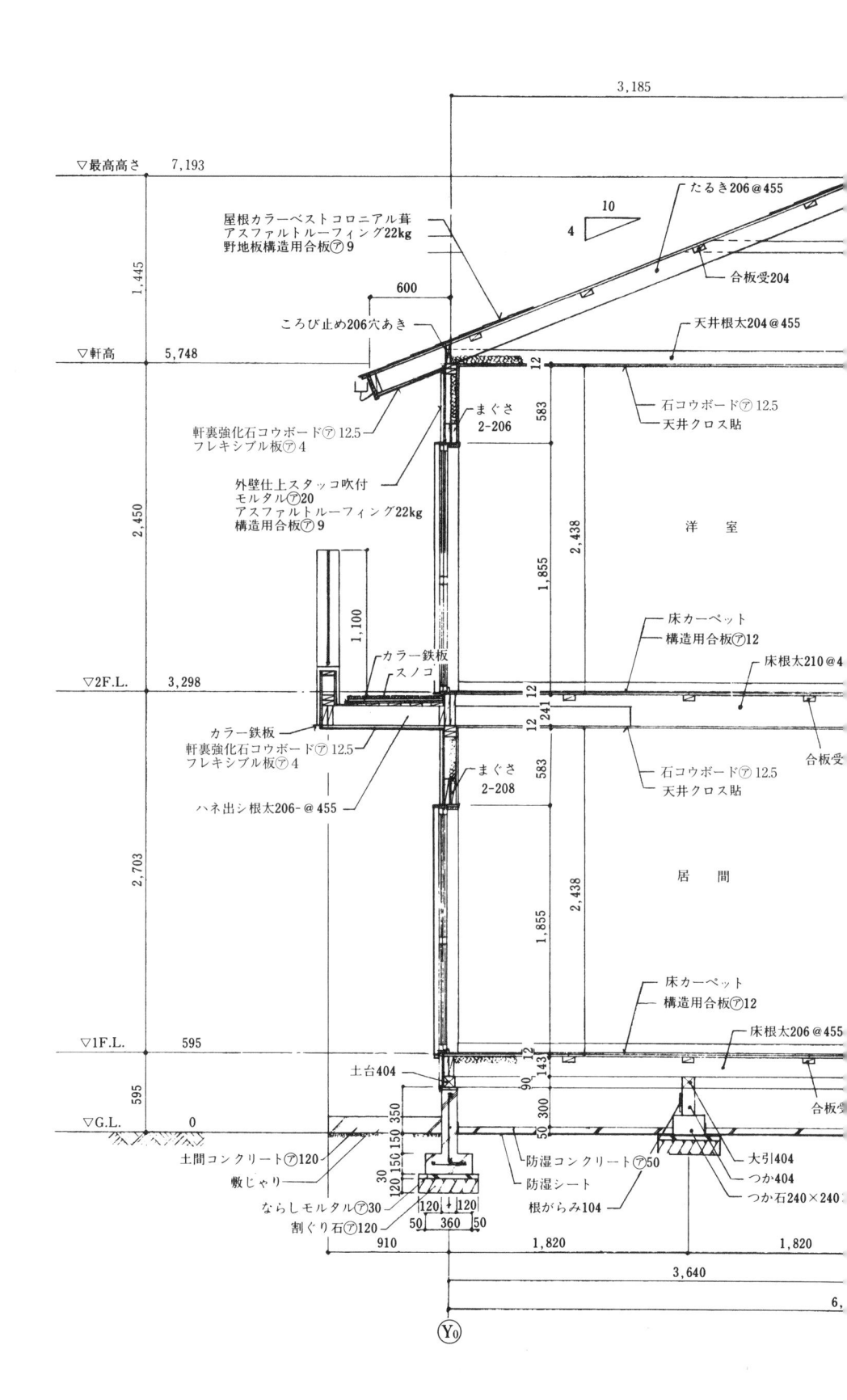

▽最高高さ 7,193

屋根カラーベストコロニアル葺
アスファルトルーフィング22kg
野地板構造用合板⑦9

たるき206@455
合板受204
天井根太204@455

▽軒高 5,748

ころび止め206穴あき
まぐさ 2-206
石コウボード⑦12.5
天井クロス貼

軒裏強化石コウボード⑦12.5
フレキシブル板⑦4

外壁仕上スタッコ吹付
モルタル⑦20
アスファルトルーフィング22kg
構造用合板9

洋室

カラー鉄板
スノコ

床カーペット
構造用合板⑦12
床根太210@4

▽2F.L. 3,298

カラー鉄板
軒裏強化石コウボード⑦12.5
フレキシブル板⑦4

ハネ出シ根太206-@455

まぐさ 2-208
石コウボード⑦12.5
天井クロス貼

居間

床カーペット
構造用合板⑦12
床根太206@455

▽1F.L. 595

土台404
合板受

▽G.L. 0

土間コンクリート⑦120
敷じゃり
ならしモルタル⑦30
割ぐり石⑦120

防湿コンクリート⑦50
防湿シート
根がらみ104

大引404
つか404
つか石240×240

Y₀

つなぎ204＠1365（たるき2本おき）

ころび止め204
添え木204 ℓ=400
断熱材 グラスウール⑦50
内壁クロス貼
石コウボード⑦12.5

2,275
棟木208
10
4
たるき206-＠455
合板受204
ころび止め兼ファイヤーストップ
添え木210 ℓ=400
210
たるきつなぎ204
天井根太204 ＠455
600
75
1,052

まぐさ
2-206
ころび止め204
2-210

内壁クロス貼
石コウボード⑦12.5

玄 関

3,045

添え木206 ℓ=400
断熱材 グラスウール⑦50
ころび止め206

185
350
土間コンクリート
割ぐり石⑦120
230
120
G.L.

30 300
120 150 150
120
30 150
40 120 40
200
400

1,365　　1,365　　1,365
2,730

Y₁　　Y₂

矩計図 1/45

283

見付面積

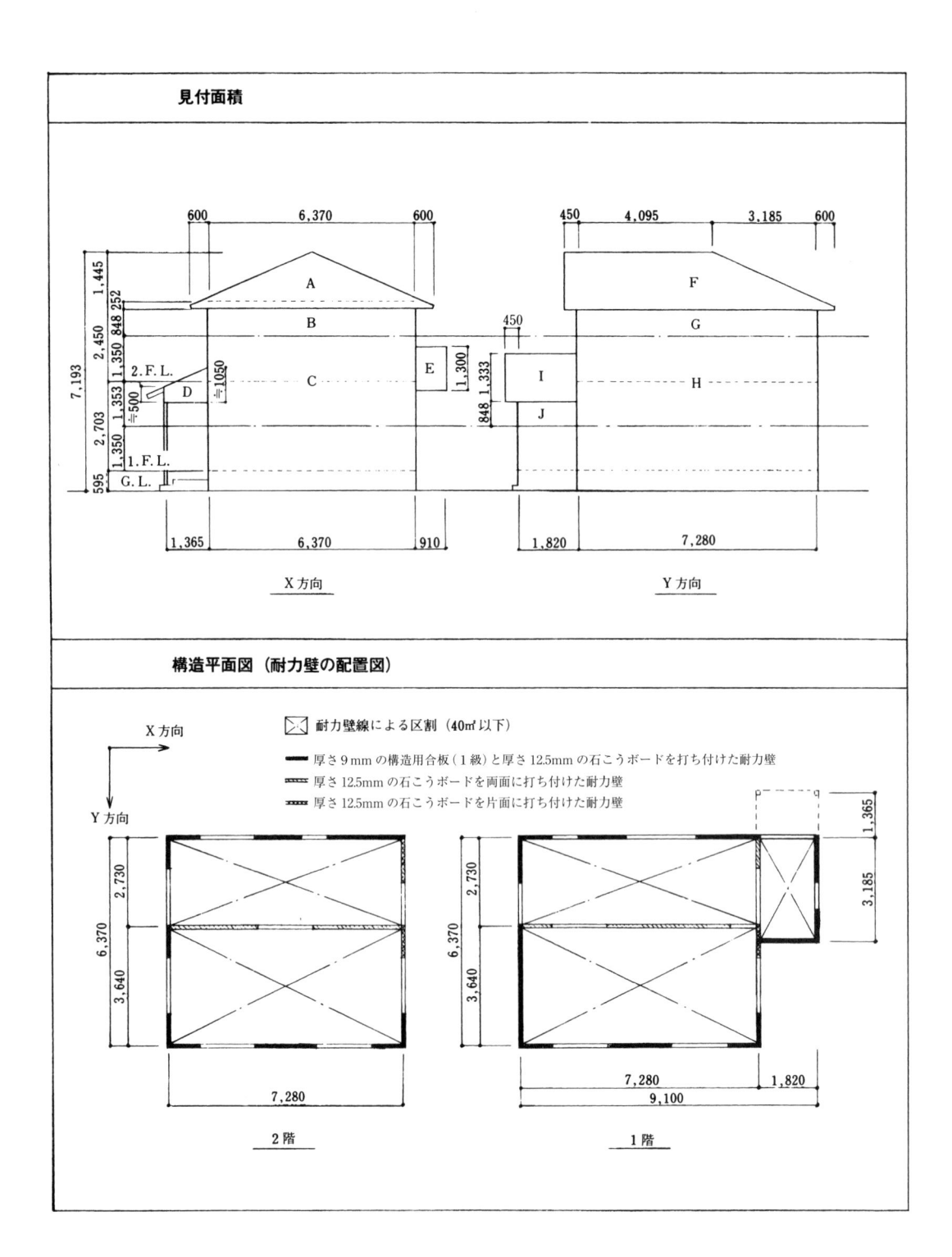

X方向

Y方向

構造平面図（耐力壁の配置図）

⊠ 耐力壁線による区割（40㎡以下）
― 厚さ9mmの構造用合板（1級）と厚さ12.5mmの石こうボードを打ち付けた耐力壁
▭ 厚さ12.5mmの石こうボードを両面に打ち付けた耐力壁
▭ 厚さ12.5mmの石こうボードを片面に打ち付けた耐力壁

2階

1階

見付面積計算表

		X 方向			Y 方向
2階	A	$(6.37+0.6+0.6) \times (1,445+0.252) \times \frac{1}{2} = 6.42$ ㎡	2階	F	$\{(0.45+4.095)+(7.28+0.45+0.6)\} \times (1,445+0.252) \times \frac{1}{2} = 10.92$ ㎡
	B	$6.37 \times 0.848 = 5.40$		G	$7.28 \times 0.848 = 6.17$
	合計	11.82㎡		合計	17.09㎡
1階	2階部分	$=11.82$ ㎡	1階	2階部分	$=17.09$ ㎡
	C	$6.37 \times 2.703 = 17.22$		H	$7.28 \times 2.703 = 19.68$
	D	$(0.5+1.05) \times 1.365 \times \frac{1}{2} = 1.06$		I	$(1.82+0.45) \times 1.333 = 3.03$
	E	$0.91 \times 1.3 = 1.18$		J	$1.82 \times 0.848 = 1.54$
	合計	31.28㎡		合計	41.34㎡

床面積計算表

2階	$7.28 \times 6.37 = 46.37$ ㎡			1階	$7.28 \times 6.37 = 46.37$ ㎡	
					$1.82 \times (3.185+1.365) = 8.28$	
合計	46.37㎡			合計	54.65㎡	

必要壁量計算表

	床面積による壁量計算	見付面積による壁量計算	
	X・Y方向	X 方向	Y 方向
2階	46.37 ㎡ $\times 15$ cm/㎡ $= 696$ cm	11.82 ㎡ $\times 50$ cm/㎡ $= 591$ cm	17.09 ㎡ $\times 50$ cm/㎡ $= 854.5$ cm
1階	54.65 ㎡ $\times 29$ cm/㎡ $= 1585$ cm	31.28 ㎡ $\times 50$ cm/㎡ $= 1564$ cm	41.34 ㎡ $\times 50$ cm/㎡ $= 2067$ cm

設計壁量計算表

	耐力壁の種類	X 方向				Y 方向			
		壁量(cm)	倍率	有効壁長(cm)	判定	壁量(cm)	倍率	有効壁長(cm)	判定
2階	(イ) 9mm厚構造用合板＋12.5mm厚の石こうボード	91×9.0	4.5	3685		91×4.0	4.5	1638	
	(ロ) 12.5mm厚の石こうボード両面	91×6.0	2.0	1092					
	(ハ) 12.5mm厚の石こうボード片面					91×2.5	1.0	227.5	
	合計			4777	必要 >696 O.K.			1865	必要 >854.5 O.K.
1階	(イ)の場合	91×10.5	4.5	4299		91×9.0	4.5	3685	
	(ロ)の場合	91×5.0	2.0	910		91×1.0	2.0	182	
	(ハ)の場合					91×1.0	1.0	91	
	合計			5209	必要 >1585 O.K.			3958	必要 >2067 O.K.

●参考・引用文献
(1)「枠組壁工法住宅工事共通仕様書」(1981～2005年版)㈶住宅金融普及協会
(2)「枠組壁工法住宅工事共通仕様書・スパン表」㈶住宅金融普及協会
(3)「枠組壁工法住宅標準詳細設計図集」(昭和56年版,同改定版)㈶住宅・都市整備公団建築部
(4)「枠組壁工法施工マニュアル 枠組建方工事編」三井ホーム㈱
(5)「枠組壁工法施工マニュアル 小屋組編」三井ホーム㈱
(6)「2×4工法の標準工程手引」㈳日本ツーバイフォー建築協会
(7)『2×4枠組壁工法施工マニュアル』佐藤勇 ユニットシステム研究所
(8)『図解 ツーバイフォーの詳細』日本ツーバイフォー研究会 彰国社
(9) "WOOD-FRAME HOUSE CONSTRUCTION" (Agriculture Hand Book No. 73) U. S. D. A. Forest Service
(10)『労働省認定教材 建築Ⅱ』㈶職業訓練教材研究会
(11)『ツーバイフォーフレーミング・マニュアル(全6巻)』①② 井上書院

●写真撮影協力
本書に使用した写真撮影に当たり,次の団体の方々に御協力をいただきました。ここに記して御礼申し上げます。
大建工業株式会社
三井ホーム株式会社
西武不動産株式会社
日本ツーバイフォー建築協会(第2回フレーミングコンペ実行本部ならびに参加各社)

● 執筆者略歴

鈴木秀三（すずきしゅうぞう）
　1948年　静岡県に生まれる
　1974年　明治大学大学院工学研究科修士課程(建築学専攻)修了
　1975年　東京大学農学部(木質材料学教室)研究生修了
　現　在　職業能力開発総合大学校名誉教授，工学博士
　著　書　『図解Ｑ＆Ａツーバイフォー〈基礎編〉』（井上書院）（共著）
　　　　　『図解Ｑ＆Ａツーバイフォー〈応用編〉』（井上書院）（共著）
　　　　　『木質構造建築読本』（井上書院）（共著）
　　　　　『３階建ツーバイフォーの設計』（井上書院）（共著）
　　　　　『図解建築の構造と構法』（井上書院）（編著）
　　　　　『図解 木造住宅の伏図［入門編］』（井上書院）（編著）
　　　　　『徹底解説 図解建築の力学Ⅰ』（井上書院）（共著）
　　　　　『建築技術の基礎知識』（霞ケ関出版）（共著）

友井政利（ともいまさとし）
　1950年　兵庫県に生まれる
　1974年　大阪工業大学建築学科卒業
　1977年　カナダ・ブリティッシュ・コロンビア州林産業審議会（大阪事務所）入社
　1991年　カナダ・ブリティッシュ・コロンビア大学大学院修士課程修了（木構造専攻）
　現　在　TTE 一級建築士事務所所長
　著　者　『図解Ｑ＆Ａツーバイフォー〈基礎編〉』（井上書院）（共著）
　　　　　『図解Ｑ＆Ａツーバイフォー〈応用編〉』（井上書院）（共著）

・本書の複製権・翻訳権・上映権・譲渡権・公衆送信権（送信可能化権を含む）は株式会社井上書院が保有します。
・JCOPY〈(社)出版社著作権管理機構 委託出版物〉
本書の無断複写は著作権法上での例外を除き禁じられています。複写される場合は，そのつど事前に(一社)出版社著作権管理機構（電話 03-3513-6969，FAX 03-3513-6979，e-mail：info@jcopy.or.jp）の許諾を得てください。

初めて学ぶ　図解・ツーバイフォー工法［改訂３版］

1984年12月20日　第１版第１刷発行
1989年１月25日　改訂版第１刷発行
2000年８月25日　改訂２版第１刷発行
2008年２月25日　改訂３版第１刷発行
2017年９月10日　改訂３版第５刷発行

著　者　　鈴木秀三・友井政利©
発行者　　石川泰章
発行所　　株式会社 井上書院
　　　　　東京都文京区湯島2-17-15 斉藤ビル
　　　　　電話（03）5689-5481　FAX（03）5689-5483
　　　　　http://www.inoueshoin.co.jp/
　　　　　振替00110-2-100535
装　幀　　帰山則之
印刷所　　株式会社ディグ
製本所　　誠製本株式会社

ISBN 978-4-7530-1918-2　C3052　　Printed in Japan

出版案内

図解 建築の構造と構法 〈改訂版〉

鈴木秀三編, 岩下陽市・古本勝則・奥屋和彦・磯野重浩著
A4判　164頁　本体3200円

建築生産工程の流れを通して建築構造全般の概要が学習できるよう徹底図解したテキスト。木造, 鉄筋コンクリート造, 鉄骨造ごとに, 特徴, 材料, 工法, 施工, ディテール, 法規等の基礎知識が理解できるよう, 一工程を見開きで構成し, 各構造について共通プランを用いて解説する。

図解 木造住宅の伏図 [入門編]

鈴木秀三編, 上中勝博・海江田勲著
A4判　218頁　本体3400円

初心者でも伏図の基本がマスターできるよう, 在来軸組工法の木造住宅の〈平家建〉〈2階建〉を例に, わかりやすい3D図面を用い, 建物の骨組構成・部材配置・部材断面などを理解して, 正しい小屋伏図, 床伏図, 基礎伏図が描けるよう, 演習をまじえて実践的に指導する。

建築現場実用語辞典 〈改訂版〉

建築慣用語研究会編
A5変形判　346頁　本体3400円

建築現場で使われている実用語を中心に5200余語と理解に役立つカラー図版640点を収録。建築実務の広がりにあわせて, 設計, 計画, 施工管理, 設備, 材料, 契約, 入札, 経営, IT関係, 安全管理, 環境, 福祉, 不動産, 法規等, 関連分野の必須用語を網羅した本格的用語辞典。

図解・建築施工用語辞典 〈改訂版〉

建築施工用語研究会編
A5変形判　360頁　本体3400円

建築技術者や実務者に必須の施工用語5500余語を収録。用語は施工計画から地盤調査, 仮設・土工事, 基礎・地業工事, 躯体工事, 内・外装工事まで施工全般を網羅し, 説明図は種別ごとあるいは付随するものをできるだけ多く取りあげ, 用語相互の理解に役立つよう配慮した。

建築携帯ブック 現場管理用語辞典

現場施工応援する会編
新書判　568頁　本体3200円

設計, 計画, 一般構造, 構造力学, 構造力学, 施工, 設備, 環境, 材料, 重機, 道具, 品質管理, 工程管理, 安全管理, 契約, 積算, 建築関係法規ほか, 現場管理や各種資格試験の準備に欠かせない必須用語4900語と図表2100点を収録した, コンパクトサイズの用語辞典。

木造建築士資格研修テキスト

藤澤好一監修
年度版　B5判　352頁　本体3800円

木造建築士の育成に向けて, 設計・計画から施工, 住まいの保守にいたるまで, 幅広い知識が身につくよう, 学科Ⅰ(建築計画), 学科Ⅱ(建築法規), 学科Ⅲ(建築構造), 学科Ⅳ(建築施工), 設計製図の試験科目ごとに要点を解説した。厳選過去問題, 前年度の学科試験問題・解答付。

基本建築関係法令集

国土交通省住宅局建築指導課・建築技術者試験研究会編
年度版〔法令編〕A5判　1690頁　本体2800円
年度版〔告示編〕A5判　1490頁　本体2800円

〔法令編〕 建築基準法および主要な関係法令を収録した試験場持込み可能の法令集。基本的な告示27本を精選しており, 受験対策はこの一冊で対応できる。通称「青本」。
〔告示編〕 建築基準法および関係法令に基づく主要な告示300本以上を収録。法令編との併用がたいへん便利。

上記の本体価格に, 別途消費税が加算されます。